国际科技合作政策与管理丛书

# 中外国际科技合作计划(基金)资助与管理汇编

Compilation of Funding and Management of Chinese and Foreign International Science and Technology Cooperation Program/Foundation

中国科学技术交流中心
北京理工大学科技评价与创新管理研究中心　编著

科学出版社
北京

**图书在版编目(CIP)数据**

中外国际科技合作计划（基金）资助与管理汇编 / 中国科学技术交流中心，北京理工大学科技评价与创新管理研究中心编著.—北京：科学出版社，2016

（国际科技合作政策与管理丛书）

ISBN 978-7-03-048793-3

Ⅰ. ①中…　Ⅱ. ①中… ②北…　Ⅲ. ①国际科技合作-汇编

Ⅳ. ①F113.2

中国版本图书馆 CIP 数据核字（2016）第131875号

责任编辑：邹　聪　田慧莹　宋　丽 / 责任校对：刘亚琦

责任印制：徐晓晨 / 封面设计：无极书装

编辑部电话：010-64035853

E-mail:houjunlin@mail. sciencep.com

科学出版社 出版

北京东黄城根北街 16 号

邮政编码：100717

http://www.sciencep.com

北京凌奇印刷有限责任公司 印刷

科学出版社发行　各地新华书店经销

*

2016 年 7 月第　一　版　开本：720 × 1000　1/16

2021 年 3 月第四次印刷　印张：22　3/4

字数：446 000

**定价：118.00元**

# 编 委 会

# FOREWORD

# 前　　言

当今世界正处在大发展、大变革、大调整时期，经济科技全球化的深度和广度不断拓展，引发了世界范围内经济、社会和产业格局的深层次变革。深化国际科技合作与交流，是抓住新科技革命和产业变革带来的机遇、消化吸收世界科技进步成果、提升自主创新能力和国际竞争力的重要途径，也是我国积极参与全球治理和保障国家外交战略的实施、发挥负责任大国作用的有效方式。

《国家中长期科学和技术发展规划纲要（2006—2020年）》明确指出，要“充分利用对外开放的有利条件，扩大多种形式的国际和地区科技合作与交流”，同时“支持我国科学家和科研机构参与或牵头组织国际和区域性大科学工程”。在全球范围内寻找、整合和利用国际科技创新资源，对于提升我国国际科技合作的层次和水平具有重要的现实意义。

参与国际科技合作计划是开展国际科技合作的重要形式。本书定位于对中外国际科技合作计划（基金）资助与管理信息的系统收集和整理。在计划（基金）选取过程中，编者主要遵照三个标准：一是国际性，即所选择的计划（基金）必须对外开放，属于国际科技合作的范畴；二是参与性，即中国科研人员可以参与合作；三是实效性，即在本书编辑出版后的3～5年内仍然可以申请参与。

本书共选取国际科技合作计划（基金）64项，按照计划（基金）的资助特点，分为六大类：国际大科学工程及研究计划、主要国家科学基金组织国际合作计划、国际组织国际科技合作计划、国外私人基金国际科技合作、中国国际科技合作计划、其他政府（私人）国际科技合作计划（基金）。本书主要对上述国际科技合作计划（基金）的发展现状、国际合作开放情况、中方参与方式以及申请与资助管理等方面内容进行介绍。同时，关于部分国际科技合作计划（基金），本书还提供了中国参与的案例。

本书在编撰过程中，得到了中国科学技术交流中心合作计划处、日本处、亚非与独联体处、欧洲处、美大处、网络平台处等处室领导和工作人员的大力支持，在此一并表示由衷的感谢！

编　者

2016 年 3 月

CONTENTS

# 目　录

第一章

# 国际大科学工程及研究计划组织与管理

“大科学”是国际科技界提出的新概念，目前尚无统一的定义，其研究特点主要表现为研究目标宏大、多学科交叉、投资强度大、需要昂贵且复杂的实验设备等。根据大型装置和项目目标的特点，可以将大科学研究分为两类，第一类是需要巨额投资建造、运行和维护大型研究设施的工程式的大科学研究，又称大科学工程，包括预研、设计、建设、运行、维护等一系列研究开发活动。例如，国际空间站计划、欧洲核子研究中心的大型强子对撞机计划 、Gemini 望远镜计划、Cassini 卫星探测计划、受控热核聚变反应堆等，这些大型设施是许多学科领域开展创新研究不可缺少的技术和手段支撑。同时，大科学工程本身又是科学技术高度发展的综合体现，是各国科技实力的重要标志。第二类是需要跨学科合作的大规模的前沿性科学研究项目，通常是围绕一个总体研究目标，由众多科学家有组织、有分工、有协作地开展研究，例如，人类基因计划、全球变化计划等即属于这类分布式的大科学研究。

从运行模式来看，大科学研究国际合作主要分为三个层次：科学家个人之间的合作；科研机构或大学之间的合作（一般有协议书）；政府间的合作（有国家级协议，如国际受控热核聚变反应堆、欧洲核子研究中心的大型强子对撞机计划等）。其中，各国政府组织的大科学研究国际合作占主导地位，其合作方式主要有合作研究、技术转移、专题研讨会、人员互访、研究生培养、学术进修、设施维护与运行等，其中，合作研究与专题研讨受到更多重视。

随着基础研究在科学前沿全方位的拓展，以及在微观和宏观层面的深入发展，许多科学问题的规模、范围、成本和复杂性远远超出一个国家的能力，因此，开展双边和多边的科技合作，组织或参与国际大科学研究计划及耗资巨大的大科学工程成为进入国际科学前沿和提高本国基础研究实力和水平的重要途径。

20 世纪 90 年代以来，各国政府和国际组织在各科学领域组织实施的具有代表性的大科学国际合作研究计划有 50 多项。随着我国综合国力及科技水平的提高，国际组织、外国政府及国外科技界邀请我国参加各类国际大科学工程或研究计划的案例不断增多，我国作为合作成员参加的计划约有 20 多项，主要集中在生态、环境、生物、地学和全球变化领域，大多以发达国家为主。然而，在核聚变、地面天文学、空间科学与空间天文学领域的大科学国际合作计划中，我国的参与存在空白。在高能物理与核物理领域，以参加欧洲核子中心大型强子对撞机（LHC）计划合作建造两个探测器为标志，表明我国在参与高能物理领域重大国际合作研究计划方面有了一个良好的开端。

本章主要收录了综合大洋钻探计划等 13 个国际大科学研究计划项目，并分别从计划发展概况、项目申请及中方参与等方面进行了阐述。

# 第一节　综合大洋钻探计划

## 一、综合大洋钻探计划概况

### （一）简要介绍

综合大洋钻探计划（Integrated Ocean Drilling Program，IODP）是由美国海洋研究所（United States Institute of Oceanography，USIO）负责实施的，在 IODP 计划以前，国际上曾有过两个大洋钻探计划：深海钻探计划（Deep-Sea Drilling Program，DSDP，1968 ～ 1983 年）和大洋钻探计划（Ocean Drilling Program，ODP，1983 ～ 2003 年）。IODP 是迄今为止历时最长、成效突出的国际科学合作计划。2003 年 10 月，一个科学目标更具挑战性、规模更加宏大的新的大洋钻探计划即 IODP 开始实施。

### （二）IODP 的任务

IODP 以“地球系统科学”思想为指导，计划打穿大洋壳，揭示地震机理，查明深海海底的深部生物圈和天然气水合物，理解极端气候和快速气候变化的过程，为深海新资源勘探开发、环境预测和防震减灾，以及为国际学术界构筑起新世纪地球系统科学研究的平台等目标服务。它将为人类研究地球变化、了解海底世界、勘探各种资源（矿产资源、油气资源和生物资源等）开辟一条新途径。

### （三）IODP 国际合作简介

世界上第一个提出及实施 IODP 的国家是美国，它成立了深海地球采样联合海洋研究所，多家科研机构加入其中。1973 年，第一个非美国成员莫斯科 PP Shirshov 海洋研究所加入深海地球采样联合海洋研究所。截至 1975 年，美国国内的成员增长到九个，而支持此项计划的国际伙伴又增加了四个。

中国自 1998 年加入 IODP，实现了南海深海钻探零的突破，建立了西太平洋最佳的深海地层剖面，在气候演变周期性、亚洲季风变迁和南海盆地演化等方面取得了创新成果，初步建立了一支多学科结合的深海基础研究队伍，并于2004年2月正式加入IODP资助计划，逐步建立了自己的IODP网络。

### （四）中国IODP及网站简介

中国于2003年10月1日正式加入IODP，国务院和有关部委高度重视我国深海基础研究，正式批准中国以每年100万美元的成员费加入IODP。这既为我国地学界开辟了参加国际竞争的途径，也使我国地学界面临着新的挑战。以探讨科学战略、迎接新挑战、从战略高度探讨我国深海基础研究为主题的“中国深海研究战略研讨会暨中国大洋钻探第四届学术讨论会”于2003年11月12～13日在北京成功召开。会议决定在正式的中国IODP新组织成立之前，先成立四个临时工作组，及时开展相关研究规划和组织工作。

中国综合大洋钻探（IODP-China）网站（http://www.iodp-china.org）由中国大洋钻探学术委员会联络与秘书组负责组织筹备和管理，于2003年12月1日正式开通。IODP-China网站作为国际IODP与中国IODP和中国科学家的主要科学交流平台，其主要功能包括：①介绍DSDP、ODP和IODP有关航次和科学成果的一般性知识；②联系中国IODP和国际IODP，以及中国科学家和国际IODP的主要科学交流平台；③报道国际IODP最新航次信息、工作动态和主要科学成果；④发布中国IODP的研究计划和工作动态；⑤指导中国科学家申请IODP航次考察和样品数据；⑥管理中国IODP科学研究成果（样品、数据、论文等）；⑦从事中国大洋钻探学术委员会及各工作组其他相关组织工作。

## 二、IODP成员及管理

### （一）IODP的组成成员

IODP有许多实体作为其国际合作伙伴。其中，美国国家科学基金会（National Science Foundation, NSF）、日本文部科技省是领导机构，欧洲海洋钻探财团为其做出过主要贡献，中国科技部及由韩国地理和矿产资源协会代表的临时亚洲财团都是准会员。准会员还包括澳大利亚－新西兰IODP财团、印度地球科学部。一切科学技术花费由NSF海洋钻探计划办公室负责。

### （二）IODP的实施平台

相比ODP，IODP拥有更加丰富的钻探平台，包括日本提供的立管钻探船、美国的非立管钻探船，以及欧洲的特定任务钻探平台，其中的非立管钻探船将在所有水深范围内实施钻探，并将继续探索 ODP 提出的各种重要的地球过程，另外一艘立管钻探船可以安全地钻探处于大陆边缘的巨厚沉积剖面，该船还可以钻进更深的地壳深处，使打穿莫霍面[①]不再是一个梦想。此外，欧洲的特定任务钻探平台可以在上述两艘大型钻探船无法涉足的一些海区实施钻探。总之，21 世纪的科学大洋钻探计划为科学家探索地球的奥秘提供了前所未有的机遇。

## 三、IODP 国际开放项目申请程序与资助管理

### （一）申请途径

IODP 首先从科学家那里获得钻探计划，然后通过科学顾问系统评估提议，最后接受同行评议。提案提交给 IODP 国际管理机构，该机构负责所有提议的提交和审查过程，并协助管理 IODP 网站调查数据银行。

### （二）申请注意事项

提议者应将有关材料作为一个单独的 PDF 文档提交，用 A4 纸或 US 通用纸张，12 号字体，1.5 倍行间距和 2.5 厘米页边距，数字要足够清晰。提议者如果不能满足所有的特定要求或相关材料不能用 Acrobat Reader 软件正确打印，该机构将不予接收。由 IODP 网站负责提交方案。其他的要求还包括提交初始方案、完整方案、项目附加方案、附件、附录和回复信等。如果成员连续三年没有参加一个正式项目或者是由科学顾问系统推荐的项目，IODP 国际管理机构将撤销其附加项目表。

### （三）中国科学家申请参加 IODP 航次程序

（1）登录 IODP 国际管理机构网站（http://www.iodp.org），了解拟申请航次具体科学目标及本人拟开展的科学研究工作；

（2）向中国 IODP 提出申请，具体联系中国 IODP 办公室（http://www.iodp-china.org）；请使用中国科学家参加 IODP 航次的表格（从网上下载 Word 文件填写）；

（3）经中国 IODP 确认和同意，向 IODP 的相关办公室推荐；

（4）IODP 进行资格确认后向拟申请航次的首席科学家推荐；

（5）首席科学家同意，由 IODP 向申请人发出邀请，并报中国 IODP 备案。

---

① 地壳同地幔间的分界面是南斯拉夫地震学家莫霍洛维奇于 1909 年发现的，故以他的名字命名，称为莫霍洛维奇不连续面，简称莫霍面（或莫氏面）。

## 四、IODP 联系方式

1）IODP 网址：http://www.idop.org/。

2）中国 IODP 网址：http://www.idop-China.org。

# 第二节　国际生物多样性计划

## 一、国际生物多样性计划概况

### （一）简要介绍

国际生物多样性计划（International Programme of Biodiversity Science，DIVERSITAS）是生物多样性领域内最大的国际合作研究计划，对有关国家和组织的研究工作起到了指导作用，已成为该领域具有向导性的核心计划。DIVERSITAS 于 1991 年成立，由联合国科教文组织（United Nations Educational, Scientific and Cultural Organization，UNESCO）、国际环境问题科学委员会（Scientific Committee on Problems of the Environment，SCOPE）和国际生物学联合会（International Union of Biological Science，IUBS）共同发起。1996 年，国际科学理事会（International Council for Science Union, ICSU）和国际微生物学会联盟（International Union of Microbiology Societies，IUMS）加入 DIVERSITAS。现在的 DIVERSITAS 是由五个国际组织共同发起的，非常关注以全球气候变化为标志的全球环境变化。

DIVERSITAS 的目标是联合生物学、生态学、社会科学等多学科，促进生物多样性科学综合发展，为生物多样性的保护和可持续利用提供科学基础。为了达到这一目标，DIVERSITAS 综合现有科学知识，识别知识缺陷和研究需要，倡导新的研究课题，并促进国别间和学科间的互动。

### （二）发展历程

1991 年，DIVERSITAS 的成立旨在发展一个国际的非政府伞形计划，以解决由于全球生物多样性损失和变化引起的科学问题。DIVERSITAS 的发展历程经历了以下两个阶段。

1. 第一阶段：使生物多样性问题在全球范围内得到关注

由 UNESCO、SCOPE 和 IUBS 发起的早期 DIVERSITAS 有三个核心计划：生物多样性的生态系统功能，生物多样性的起源和保持，以及系统性研究——生物多样性的编目和监测。

新组织的加入为 DIVERSITAS 扩大了研究领域和范围。1994 年，IUMS 参加到该项目中来，1995 年 ICSU 和国际地圈生物圈计划（International Geosphere-Biosphere Program，IGBP）的全球变化和陆生生态系统（Global Change and Terrestrial Ecosystem，GCTE）加入，并直接贡献于世界资源研究所（The World Resources Institute，WRI）主导的全球生物多样性评价项目。新发起者的加入将研究主题从三个扩展到九个方面，包括生物多样性的生态系统功能，生物多样性的起源、保持和丧失，生物多样性的编目、分类和相互关系，生物多样性的评估与监测，生物多样性的保育、恢复与持续利用，人为因素的影响，土壤和沉积物的生物多样性，海洋生物多样性，以及微生物多样性。1996 年由 IUBS、SCOPE、UNESCO、IUMS 和 IGBP/GCTE 发起了 DIVERSITAS 实施计划，共同确定了五个核心组分和五个特殊研究领域：五个核心组分为生物多样性对生态系统功能过程的影响，生物多样性起源、维持和变化，系统学编目与分类，生物多样性监测和生物多样性保护、恢复和持续利用等，五个特殊研究领域为土壤和沉积物的生物多样性、海洋生物多样性、内陆水体生物多样性、微生物生物多样性和人为因素的影响等。

在第一阶段的末期，DIVERSITAS 又主导了两个新的计划：一是开始于 1997 年的全球入侵性生物项目，主要研究生物入侵对生物多样性的影响；二是国际生物多样性观测年项目，帮助公众了解生物多样性的科学信息。此外，在第一阶段，DIVERSITAS 秘书处还主办了 UNESCO 的人与生物圈计划。

2. 第二阶段：生物多样性研究成为全球变化研究的一部分

在新阶段下，DIVERSITAS 旨在推动生物多样性研究成为全球变化研究的一部分。2001 年 7 月，世界气候研究计划（World Climate Research Programme，WCRP）、IGBP、国际全球环境变化人文因素计划（International Human Dimensions Programme on Global Environmental Change, IHDP）和 DIVERSITAS 四个国际组织共同建立了地球系统科学联盟（Earth System Science Partnership，ESSP）。DIVERSITAS 的五个主办者 ICSU、IUBS、IUMS、SCOPE 和 UNESCO 决定启动 DIVERSITAS 的第二阶段。他们通过 ICSU 在巴黎开设了一个新的秘

书处，其主要任务是通过特别工作组来制订一个具有全球变化特色的生物多样性研究计划。在 Bernard Schmid 和 Michel Loreau 两个合作主席的领导下，开展了一系列活动并在网络上建立了咨询平台，以吸引全球科学家参与。

2001 年 8 月 30 日至 9 月 2 日，在巴黎举行的会议上，科学家们起草了新的科学计划。同年，DIVERSITAS 成立了一个科学委员会来指导 DIVERSITAS 新计划的进行。

2002 年年底，DIVERSITAS 发布了三个核心计划和两个跨学科的交叉项目。

2004 年，DIVERSITAS 新设立了两个交叉网络：农业生物多样性网络和淡水生物多样性网络。

2005 年 11 月，DIVERSITAS 在墨西哥的瓦哈卡主办了第一次开放科学大会（DIVERSITAS-OSC1），吸引了来自 60 多个国家的 600 多名科学家和政策制定者。同年，生物多样性公约成为 DIVERSITAS 科学委员会的当然成员（ex-officio）。

2006 年，DIVERSITAS 科学委员会认为 bioDISCOVERY 的目标太大，难以有效率地专注于进化和生物分类的主要研究，因此，设立了新的核心计划——第四个核心计划——bioGENESIS。

### （三）DIVERSITAS 的主要任务和研究领域

DIVERSITAS 的主要任务是：通过确定科学问题和促进国际间合作，来加强对生物多样性的起源、功能、组成、持续与保护等基础性研究，以增进对生物多样性的认识、保护和可持续利用。

该计划研究的主要领域包括：

（1）生物多样性的起源、维持和丧失；

（2）生物多样性的编目、分类及其相互关系；

（3）生物多样性的生态系统功能；

（4）生物多样性的保护、恢复和持续利用；

（5）生物多样性的评价与监测；

（6）生物多样性的人类因素；

（7）土壤和沉积物的生物多样性；

（8）海洋生物多样性；

（9）微生物生物多样性。

其中后四项为学科交叉领域。

### （四）DIVERSITAS 的组织结构与组织形式

DIVERSITAS 的组织机构包括四个部分：顾问委员会、创始赞助组织、科学委员会、国际秘书处（图 1-1）。

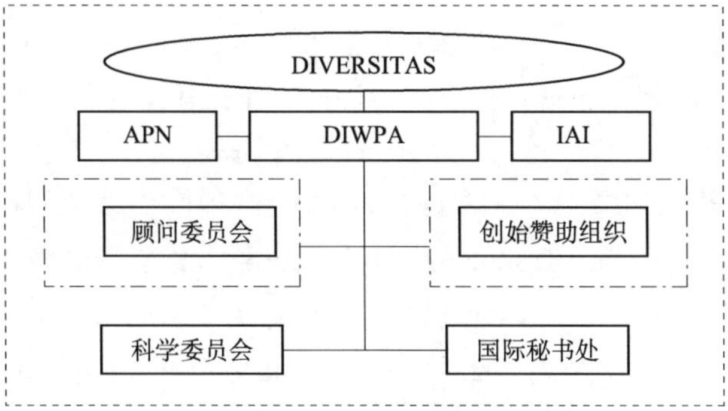


**图 1-1 DIVERSITAS 的组织结构**

顾问委员会由 14 位科学家组成，均为对 DIVERSITAS 的使命及实施计划非常赞同，并愿意帮助其实施计划的声名显赫的科学家。

创始赞助组织包括：ICSU、IUBS、IUMS、SCOPE 和 UNESCO。创始赞助组织为 DIVERSITAS 提供小部分的资金支持，主要是利用自身的科学家网络及影响力推广并促进科学计划的执行和发展。

科学委员会设主席一名、副主席两名、委员会若干名及出纳一名，是 DIVERSTIAS 最重要的组织机构。DIVERSITAS 的活动是在科学委员会指导下进行的。科学委员会包括来自全球的顶尖科学家们。创始资助机构的代表、全球环境变化计划包括地球系统科学联盟（IGBP、IHDP、WCRP），联盟主席具有当然委员（ex-officio members）资格。科学委员会具有在生物多样性科学各特定领域内广泛的专长，制订优先发展计划，指导其实施，并在相关的科学和决策活动及论坛中公布结果。它还与其他相关的国际全球环境变化项目保持联络与合作。该委员会通常由 12 名成员组成，任期三年，可连任一次。委员会成员的推选是根据他们在国际学术界的地位和他们在推动该计划的实施时所做出的承诺，并适当考虑到区域、性别和学科的平衡。委员会成员由 DIVERSITAS 的赞助机构正式任命，他们通常在每年的 4 月召开会议。

国际秘书处设在巴黎，成员共五人，是组织里仅有的专职人员。他们负责 DIVERSITAS 的各项执行活动。在执行主任的领导下，秘书处成员开展的工作包括协调项目总体进程、保证项目日常运行、协助科学委员会开展工作等。执行主任由 DIVERSITAS 科学委员会主席等人组成的猎首委员会推荐，并由创始赞助机构任命。

目前，DIVERSITAS 的国家委员会成员共有 30 个，其中，阿根廷、澳大利亚、比利时、中国台湾、法国、德国、荷兰、挪威、斯洛伐克共和国、南非、西班牙、瑞典、瑞士、英国、美国为完全会员（full member）；中国科协代表中国加入国家委员会，但未缴纳足额会费，因此并不是完全会员，而是非完全会员（affiliated member），但已经建立 DIVERSITAS 中国委员会（CNC-DIVERSITAS）。

区域委员会成员共有 3 个（包括亚洲–太平洋地区全球变化研究网络（Asia-Pacific Network for Global Change Research，APN）、DIVERSITAS 项目西太平洋与亚洲地区网络（The International Network for DIVERSITAS Sin-Western Pacific and Asia，DIWPA），以及美洲国家间全球变化研究所（Inter-American Institute for Global Change Research，IAI））。DIVERSITAS 对会员实行会费制，其主要运行资金来自国家资助，即国家委员会的资金，并根据资助额度与该国 GDP 的比例来确定其是否为 DIVERSITAS 的完全会员。会费达到额度的则为完全会员，其余建立国家委员会的国家则为非完全会员，我国就是非完全会员。

### （五）中方参与情况

中国科学院于 1992 年成立了生物多样性委员会，以协调院内外生物多样性研究工作。国家教育部也成立了高等院校生物多样性指导委员会，并组织了一些活动。但各部门缺乏必要的协调，难免出现重复、分散等情况。国际上不少国家，如澳大利亚、法国、德国等都成立了 DIVERSITAS 国家委员会。鉴于此，成立 DIVERSITAS 中国国家委员会（CNC-DIVERSITAS），以协调有关部门、推动中国生物多样性研究、加强国际合作、组织相关的学术活动，是很有必要的。在此背景下，科技部和中国科学技术协会同意成立 CNC-DIVERSITAS，下设科学委员会和科学咨询委员会。

## 二、DIVERSITAS 的资助政策

### （一）资助情况

DIVERSITAS 下设核心计划和交叉研究网络，都有开放的研究机会，由 DIVERSITAS 审核并提供合适的资助机会。根据其有关资助程序的文件“DIVERSITAS project endorsement procedure”，可以了解到其相关规定。

研究者可以自行向秘书处提交在 DIVERSITAS 研究框架下的研究计划，由秘

书处或相关核心计划及交叉研究网络的秘书处提交给科学委员会主席或成员征求意见，如果能得到认可，则由秘书处根据科学委员会意见向研究者发放资助书。

研究者可以从 DIVERSITAS 中获得以下效益：其研究作为 DIVERSITAS 的一部分，列入其资助计划中，并会出现在其网站和出版物里；向研究者开发参与 DIVERSITAS 研讨会及参与组织 DIVERSITAS 活动的机会；作为 DIVERSITAS 全球动员的一部分进行推广，并提供研究者与 DIVERSITAS 合作政策研究机构的联系机会，包括生物多样性研究策略欧洲平台、生物多样性科学家全球合作机制、全球地球观测网络等。

研究者的义务包括以下几方面：为 DIVERSITAS 网站和出版物提供不超过五页的年度报告；在公开出版物或其他成果中感谢 DIVERSITAS 的帮助，并规定了感谢格式—— “This paper contributes to the implementation of Focus X…in the Science Plan of the DIVERSITAS Core Projects Y”；允许 DIVERSITAS 应用该研究成果并展示其研究方案。

申请基金资助需提交一份不超过五页的执行报告来陈述这种需求，需用特定的语句指出这个项目是如何作用于生物多样性科学计划或核心项目或剖网络的。它应包括以下的内容：背景、目标、提议的活动、科研、与生物多样性科学计划优先领域的相关性、期望产出、可交付成果、领导力、科研贡献团体、时间表、资助计划等。

### （二）资助评审过程

资助评审过程主要包括以下三步。

第一步，提案首先被送到生物多样性秘书处以确保该计划适应生物多样性主题和框架。

第二步，秘书处将有效的提案送到生物多样性科学委员会成员或生物多样性核心计划或剖网络相关科学委员会主席那里，以获得他们的评论和认可。其中一组成员将决定是否接受该提案。时刻表和认可书被用来简化这个过程。

第三步，如果该提案被认可，秘书处或核心计划相关组织将书写一份认可书来代表生物多样性科学委员会或核心计划科学委员会或剖网络科学委员会。

### （三）评审标准

（1）一个提案只有在一定的期限内才能被采纳，它应该有一些或所有以下特点：有科学驱动性、与生物多样性核心计划目标或剖网络目标相一致、有国际元素。

（2）提案鼓励跨学科交流、多方调查和国际合作，以及与地球科学组织伙伴系统相关。

（3）被认可项目提案的资助请求将与资助项目获得同等对待。秘书处将保留一份所有认可项目的提案，被认可的项目提案及相关的网站将一并发布在生物多样性官方网站上。

## 三、CNC-DIVERSITAS 简介

### （一）CNC-DIVERSITAS 的任务

CNC-DIVERSITAS 的任务主要包括以下几方面。

（1）代表中国参加 DIVERSITAS 的有关活动，促进国际合作和交流；

（2）推动国内各有关单位开展生物多样性研究和学术交流活动；

（3）为国家生物多样性研究部署；

（4）为国家的生物资源、环境管理和可持续发展战略等提供科学咨询服务；

（5）参与有关部门委托的国内重大项目和国际合作项目论证；

（6）通过科普宣传促进社会公众生物多样性保护意识的增强。

### （二）CNC-DIVERSITAS 科学委员会组织结构

CNC-DIVERSITAS 科学委员会设立主席一人、副主席若干人、秘书长一人，主席原则上从挂靠单位产生；并设立常务委员会、工作组和秘书处。

（1）常务委员会由主席、副主席、秘书长、各工作组组长及若干位委员组成。

（2）工作组设立的条件是：能与 DIVERSITAS 核心计划接轨；针对中国生物多样性重大科学问题；有成熟的学科基础和合适的学术带头人；挂靠单位有适度的经费支持。工作组的职责包括：代表 CNC-DIVERSITAS 参加 DIVERSITAS 核心项目的科学活动；定期组织学术交流；参加 CNC-DIVERSITAS 活动。

（3）秘书处设在中国科学院，在委员会主席的领导下开展工作。秘书处由秘书长、副秘书长及若干工作人员组成。

### （三）CNC-DIVERSITAS 科学咨询委员会组织结构

CNC-DIVERSITAS 设立了科学咨询委员会，并聘任学术成就卓越、关注和从事生物多样性研究的资深科学家作为成员。科学咨询委员会设主任一人、副主任若干人。其主要职责是评议科学委员会的工作报告和年度工作计划，对科学委员会的工作提出意见和建议；对中国生物多样性研究和相关工作提出咨询意见。

### （四）CNC-DIVERSITAS 的管理

CNC-DIVERSITAS 科学委员会主席、副主席、委员，以及咨询委员会的主任、副主任、委员均实行任期制，每届任期四年，每届至少替换委员总数的四分之一。CNC-DIVERSITAS 科学委员会由有关政府管理部门、科研、教学等单位的代表组成。科学委员会委员人选由各组成单位或著名专家推荐，由 CNC-DIVERSITAS 上届常委协商确定产生，并报中国科学技术协会备案。CNC-DIVERSITAS 科学委员会委员的调整，由有关部门根据情况变化提出建议，经常务委员会讨论确定后通报各委员并报中国科学技术协会备案。CNC-DIVERSITAS 科学委员会当选委员应是活跃在生物多样性研究领域第一线的科学家和管理人员，连续两次不参加全委会的委员，视为自动退会。CNC-DIVERSITAS 科学委员会和科学咨询委员会一般每年召开一次全体会议，必要时临时召开会议。

### （五）CNC-DIVERSITAS 研究计划重点

1. 核心计划Ⅰ：生物多样性的发现

主要包括评价当前的生物多样性、监测生物多样性变化、理解和预测生物多样性的变化等。

2. 核心计划Ⅱ：生物多样性的服务功能

主要包括生物多样性和生态系统功能（BEF）、生态系统功能与提供的服务相联系、人类对生态系统服务变化的反应等。

3. 核心计划Ⅲ：生物多样性的可持续利用

主要包括评估当前生物多样性保护和可持续利用措施的成效，社会、政治和经济所导致的生物多样性丧失，通过社会选择确定如何进行生物多样性保护和可持续利用等内容。

## 四、DIVERSITAS 联系方式

### （一）相关网址

参见网址：http://www.diversitas-international.org。

### （二）驻中国办事处

参见网址：http://www.cncdiversitas.org/。

### （三）CNC-DIVERSITAS 相关研究所

CNC-DIVERSITAS 相关的研究所信息见表 1-1。

表 1-1 CNC-DIVERSITAS 相关研究所

| 序号 | 名称 | 序号 | 名称 | 序号 | 名称 |
|---|---|---|---|---|---|
| 1 | 中国科学院动物研究所 | 6 | 中国科学院植物研究所 | 11 | 中国科学院微生物研究所 |
| 2 | 中国科学院水生生物研究所 | 7 | 中国科学院南海海洋研究所 | 12 | 中国科学院昆明动物研究所 |
| 3 | 中国科学院昆明植物研究所 | 8 | 中国科学院西双版纳热带植物园 | 13 | 中国科学院华南植物研究所 |
| 4 | 中国科学院武汉植物研究所 | 9 | 中国科学院沈阳应用生态研究所 | 14 | 中国科学院西北高原生物研究所 |
| 5 | 中国科学院遗传与发育生物学研究所 | 10 | 中国科学院海洋研究所 | 15 | 中国科学院新疆生态与地理研究所 |

# 第三节 人与生物圈计划

## 一、人与生物圈计划概况

### （一）MAB 简介

1971 年，联合国教科文组织科学部门发起了一项政府间跨学科的大型综合性研究计划，即人与生物圈计划（Man and Biosphere Program，MAB），是于。生物圈保护区是 MAB 的核心部分，具有保护、可持续发展、提供科研教学、培训、监测基地等多种功能。其宗旨是通过自然科学和社会科学的结合，基础理论和应用技术的结合，以及科学技术人员、生产管理人员、政治决策者和广大人民的结合，系统研究生物圈不同区域的结构和功能，并预测人类活动引起的生物圈及其资源的变化，以及这种变化对人类本身的影响。

### （二）MAB 的宗旨和目标

MAB 通过全球范围的合作，以达到用生态学的方法研究人与环境之间的关系；通过多学科、综合性的研究，为有关资源和生态系统的保护及其合理利用提供科学依据；通过长期的系统监测，研究人类对生物圈的影响；为对生物圈自然资源进行有效管理而开展人员培训和信息交流；等等。

### （三）MAB 计划的研究内容

MAB 共有 15 个研究项目：

（1）人类活动对山地和冻原生态系统的影响；

（2）人类活动对干旱和半干旱地带生态系统动态的影响，特别注意灌溉的效果；

（3）人类活动和土地利用实践对放牧场、稀树干草原和草地（从温带到干旱地区）的影响；

（4）人类活动对湖泊、沼泽、河流、三角洲、河口、海湾和海岸地带的价值和资源的生态影响；

（5）环境质量的认识；

（6）环境污染及其对生物圈影响；

（7）环境变化和人口数量的适应性、人口学和遗传结构之间的相互作用；

（8）岛屿生态系统的生态和合理利用；

（9）主要工程建设对人及其环境的影响；

（10）自然区域及其所包含的遗传材料的保护；

（11）以能源利用为重点的城市系统的生态问题；

（12）日益增长的人类活动对热带、亚热带森林生态系统的影响；

（13）病虫害管理和肥料使用对陆生和水生生态系统的生态评价；

（14）不同的土地利用和管理实践对温带和地中海森林景观的生态影响；

（15）人与生物圈计划影响。

### （四）国际合作和中方参与情况

人与生物圈计划受到世界各国的重视，已有100多个国家参加，其中有的国家已成立了人与生物圈国家委员会。中国于1972年参加这一计划并当选为理事国，1978年成立了中国人与生物圈国家委员会。中国有10个课题被纳入人与生物圈计划，有26个自然保护区加入了世界生物圈保护区。

人与生物圈计划的协调管理机构是由30个理事国组成的人与生物圈国际协调理事会，每两年开一次会。理事会闭会期间，由主席一人、副主席四人、报告员一人组成执行局，下设秘书处（在教科文组织生态科学司内），主管协调双边或多边的国际合作，促进世界生物圈保护区网的建立，组织研究成果和情报资料的交流，举办各种学术讨论会和训练班等。

## 二、中国MAB

### （一）中国MAB简介

中国MAB国家委员会于1978年经国务院批准成立，委员会由有关政府部门官员及科技界、新闻界和学术团体的代表组成。中国科学院许智宏副院长现任中国 MAB 国家委员会主席。秘书处设在中国科学院生物局，韩念勇研究员为中国 MAB 国家委员会秘书长，负责 MAB 的日常工作。

## （二）中国 MAB 接纳项目的原则及宗旨

中国 MAB 面向全国，各部门、单位和团体均可向中国 MAB 委员会提出有关项目申请。中国 MAB 接纳项目的原则是：

（1）符合于中国 MAB 研究项目的范围；

（2）对解决中国资源与环境的迫切问题具有地区代表性和现实重要性；

（3）研究项目具有较高水平的学术带头人和固定的科研队伍，可代表中国该研究领域内的先进水平，并有经费保证；

（4）研究方法、路线符合 MAB 多学科、综合性的特点，并鼓励把科研、培训、教育、宣传结合起来；

（5）人员组成上有科学家、决策人员和当地居民共同参加；

（6）具备进行国际交流的条件。

通过全球范围的合作，中国 MAB 旨在达到如下目标：

（1）用生态学的方法研究人与环境之间的关系；

（2）通过多学科、综合性的研究，为有关资源和生态系统的保护及其合理利用提供科学依据；

（3）通过长期的系统监测，研究人类对生物圈的影响；

（4）为提供对生物圈自然资源的有效管理而开展人员培训和信息交流。

## （三）中国 MAB 的国家合作与交流

MAB 在全球建立了世界生物圈保护区网络，与之对应，中国人与生物圈国家委员会于 1993 年建立了中国生物圈保护区网络（Chinese Biosphere Reserves Network，CBRN）。

CBRN 开展的国际合作与交流多是通过 MAB 进行的。过去的十多年里，在 CBRN 所开展的上百个项目中，绝大多数是由 UNESCO、中国 MAB 和承接项目的自然保护区合作进行的。这些项目以小型活动为主，形式灵活多样，包括会议、研讨、评估、培训、互访、出版物等。通过 CBRN 的网络效应，UNESCO 的援助得以发挥其种子资金的作用。CBRB 还曾与美国、加拿大、荷兰、澳大利亚、德国和韩国等国家，国际 MAB 地区网络如东亚生物圈保护区网络（EABRN）和东南亚生物圈保护区网络（SeaBRnet），以及与有关的国际组织开展合作。尤其是与 EABRN 之间的合作互动，对在中国传播生物圈保护区的理念产生了较大的影响。

## 三、MAB 青年科学家奖

### （一）资助目的

MAB 青年科学家奖由人与生物圈计划国际协调理事会设立于 1989 年。其目的是鼓励青年科学家利用 MAB 研究基地及生物圈保护区从事相关研究工作，并促进相互间的信息交流。MAB 青年科学家奖资助那些符合 MAB 要求及想从事多学科研究的青年工作者；优先给予在生物圈保护区从事关于生态系统和水领域的多学科项目以资助；UNESCO 每年有 10 个资助名额；每年最大资助为 5 000 美元。

该奖项资助目的如下。

（1）鼓励年轻科学家，特别是来自发展中国家的科学家，在他们的研究中去使用 MAB 研究项目、研究项目站点和生物圈保护区；

（2）鼓励那些已经使用研究项目站点的青年科学家在其他站点或国外进行比较研究；

（3）帮助新一代科学家之间信息和经验的交流。

### （二）申请资格

MAB 青年科学家奖申请资格如下。

（1）申请者年龄不能超过 40 岁；

（2）每项资助额最大为 5 000 美元；

（3）通常国际旅行费用不被包括在此项资助中；

（4）受资助者的研究应当在两年内完成；

（5）在递交受资助的研究报告到巴黎 MAB 秘书处之前，该报告必须得到国家委员会的批准，并同意 UNESCO 可能公布他们的研究结果。

### （三）申请程序

MAB 青年科学家奖申请程序包括以下四步。

（1）申请者向中国国家委员会秘书处咨询；

（2）申请者认真领会 MAB 青年科学家奖 资助要求和领域；

（3）申请者填写 The MAB 青年科学家奖申请表，并由中国 MAB 国家委员会签署认可。中国 MAB 国家委员会每年仅可签署 3 位申请者；

（4）递交申请到 UNESCO MAB 秘书处。

## 四、MAB 联系方式

参见网址：http://ieeecss.org.cn。

# 第四节　人类脑计划

## 一、人类脑计划概况

### （一）HBP 的发展现状

人类脑计划（Human Brain Project，HBP）的基本概念起源于 20 世纪 80 年代初期。在美国国防部、国立卫生研究院（NIH）和国家科学基金会（NSF）联合召开的一次会议上，神经科学家和计算机专家集中讨论了“利用计算机技术建立脑的数据库和模型”的议题。美国科学院医学研究所于 1989 年成立了专家委员会，对利用现代信息学方法研究脑的科学性和可行性进行了论证，历时两年，收集了 150 名科学家意见，并于 1991 年发布了题为“Mapping the Brain and Its Function: Integrating Enabling Technologies into Neuroscience Research”的报告。建议设立一项研究计划，专门用于资助那些神经科学与信息学相互结合的研究，神经信息学从此诞生。

1992 年，美国国立精神健康研究院（NIMH）正式确定支持这一行动，成立了 HBP 联邦协调委员会，负责组织协调和指导这项工作。当年得到了四个部 15 个联邦机构的联合资助，包括美国国立卫生研究院（NIH）、美国国家科学基金会（NSF）、美国海军研究办公室（Office of Naval Research）、美国宇航局（NASA）和能源部（DOE）等。1993 年 4 月 2 日，美国联邦资助小组联合发布了 HBP 的第一个项目公告：HBP 的可行性研究，由美国国立卫生研究院承担。

1995 年 10 月该计划的修订版本发表，对 HBP 的重要性和特殊性予以确认，要求每个课题应包括脑（包括行为）和信息学两方面的研究内容。信息学重点研究内容包括三方面：建立适用于脑和行为研究的数据库、质询方式和修订工具；数据具体化、整合和合成的研究；在现有信息工具和资源之间建立桥梁的研究。关于脑的研究内容包括器官、组织、细胞、分子、基因水平的研究。行为研究主要是针对学习、记忆、认知、情感和语言等。

1997 年 HBP 在美国正式启动，美国 20 多家著名的大学和研究所参加了这个研究计划。50 位神经信息学的研究工作者得到了该项目的基金资助。首先他们充分利用各自实验室条件进行神经信息有关研究，同时与研究团体建立合作关系，相互交流。然后，科研团体之间利用电子网络或召开会议，互通信息，资源共享。经过三年多的努力，这方面的工作取得了初步结果，积累了一定经验。

### （二）HBP 的目的及内容

1996 年，以美国为首的神经信息学工作组建立，其目的是组织和协调全世界神经科学家和信息学家共同研究脑、开发脑、保护脑和创造脑。根据规定，成员国之间可利用电子网络寻求研究协作伙伴，进行数据交换和科研协作，免费使用通用神经信息学数据库和信息工具，共同承担科研任务，同享科研成果和脑研究资源。

HBP 实施促进了神经科学与信息学的交叉研究，形成了神经信息学的新兴交叉学科。其目标是利用现代化信息工具，使神经科学家和信息学家能够将脑的结构和功能研究结果联系起来，建立神经信息学数据库和有关神经系统所有数据的全球知识管理系统，将不同层有关脑的研究数据进行检索、比较、分析、整合、建模和仿真，绘制出脑功能图、结构和神经网络图谱，从而解决目前神经科学所面临的海量数据问题，在从基因到行为各个水平上加深人类对大脑的理解，达到“认识脑、保护脑和创造脑”的目标。

人脑的高度复杂性远远超出了我们目前的认识能力，传统的细胞生物学等的实验室研究对于解决人脑对复杂信息的获取、处理与加工及其高级认知功能的机制，犹如只见树木不见森林。神经信息学工具和数据库的应用，将使我们可能从现有的有限实验数据中找出神经信息获取、处理和整合的规律和法则，提出在各种刺激条件下，脑内信息加工的数学模型的实验假设，以及用计算机模拟脑内神经信息网络。可以说，HBP 近 20 年的发展历程处处都与神经信息学紧密相连。

### （三）HBP 的国际合作

1996 年在巴黎的政府间实体——经济合作与发展组织（Organization for Economic Co-operation and Development，OECD）的科学论坛批准建立以美国为

领头国家的神经信息学工作组，研究HBP，参与国包括美国、英国、德国、法国、瑞典、挪威、瑞士、澳大利亚、日本等19个国家，欧洲委员会也作为正式成员参加。

### （四）中方参与情况

继人类基因组计划之后，以神经信息学为核心的HBP成为又一国际性科研大项目。中国科学家已获得“入场券”——美国国立卫生研究院信息中心主任、国际神经信息学工作组总负责人考斯罗博士2001年发来邀请信，同意中国科学家参加始建于2000年的经济合作与发展全球科学论坛神经信息学工作组。解放军总医院神经内科尹岭教授、大连理工大学唐一源教授将作为正式代表，于2002年10月初赴瑞典出席有关HBP的全球工作会议。这标志着中国成为HBP的一员。

在国家自然科学基金委员会和科技部的大力支持下，中国脑科学在基础和临床研究方面取得了不少科研成果，在某些领域达到了国际先进水平。解放军301医院、大连理工大学、浙江大学、中科院等单位积极参与并组织关于中华人类脑计划和神经信息学的工作，在近一年中，先后召开了两次主题为“中华人类脑计划和神经信息学”的专家研讨会，专家们就许多关键的问题进行了深入探讨。2004年9月，由国内40余位神经、化学、数学、信息学等方面的专家会聚香山，召开了题为“人类脑计划与神经信息学”的第168次香山科学会议，专家们认真讨论了国内外脑研究的状况、我们如何应对国际形势等问题。

## 二、中国HBP

中国政府非常重视脑研究，通过国家自然科学基金委员会和科技部多方面支持，脑科学在基础和临床研究方面取得了不少科研成果，但在浩大的人类脑计划中，中国不可能处处涉足。我们必须找准切入点有所为而有所不为。发挥中国的长处，开展具有中国特色的人类脑计划研究工作。中国专家经过热烈讨论，一致认为中国在脑计划方面可能承担的研究应包括以下几个方面。

（1）针刺信息在中枢神经系统的获取、处理与整合及脑内神经网络的研究；

（2）汉语认知的脑功能成像及脑内信息加工网络与模式；

（3）中国人标准脑和脑疾病的脑功能成像图谱；

（4）感知觉的脑功能成像；

（5）建立中国人（正常和神经遗传性疾病）脑的基因数据库和蛋白质数据库。

目前，国内已经成立了“神经信息学联络组”，中国人民解放军总医院和浙江大学已分别成立了神经信息中心，以推动中国的脑科学的发展，参与全球人类脑计划。

# 第五节　世界气候研究计划

## 一、世界气候研究计划概况

### （一）WCRP发展历史

于1980年建立的世界气候研究计划（World Climate Research Program，WCRP）是四大国际科学计划中建立最早的一个。它建立之初曾是世界气候计划（WCP）的四个计划之一。WCRP由国际科学理事会（ICSU）、世界气象组织（WMO）联合发起，并于1993年吸引联合国教科文组织（UNESCO）的政府间海洋科学委员会（IOC）作为新增发起组织。

WCRP主要开展针对全球大气、海洋、地表、海冰和陆地冰等对理解地球自然气候系统有贡献的方面深入研究，尤其关注可以为气候及其变率等热点问题提供科学的定量回答的研究，例如，建立可以预测全球和区域的气候变率、极端时间发生频率和程度的变化等的研究基地。它主要针对三个时间尺度的气候问题进行工作：①建立月至季时间尺度气候预报的物理基础，进行洋面温度现场观测，提出有效的云辐射参数化方案，争取在陆面过程、降水和大范围云的研究方面取得进展；②年际全球气候变化的预测，了解热带大气-海洋耦合系统、极区大气-海洋-冰系统动力学；③描述年代和世纪气候变化特征，进行大洋环境观测和海气耦合模拟，评价气候对自然和人类活动的潜在影响。

世界气候研究计划建立30年来，全面推动了有关气候的基础研究、观测试验、资料收集处理和共享，气候模式的研发和数值模拟，以及气候预测试验；还对全球环境的评估[包括平流层臭氧洞的破坏和恢复、政府间气候变化专门委员会（IPCC）第四次评估报告、低温层和极地气候等的评估]做出过贡献。

## （二）WCRP 的目标

WCRP 的主要科学目标是确定气候在多大程度上可以被预测，以及人类活动对气候系统的影响程度。它探索气候的可预报性，扩充人类对气候机制的认识及人类对气候的影响程度，包括对全球大气、海洋、海冰与陆冰及地表的研究。WCRP 的长期目标是：改进和扩大对全球和区域气候的认识；发展气候系统模式，论证对各种时空尺度的气候的预报能力；研究气候如大气中 $CO_2$ 增加对人类活动的敏感性；设计和实施深入了解重大气候过程的观测和研究计划，包括海气相互作用、云与辐射间的相互作用、陆气相互作用。概括来说，WCRP 的目标有两个方面：一是气候的可预报程度，二是人类活动对气候的影响。

## （三）WCRP 研究计划

目前 WCRP 的主要研究计划包括以下六项。

1. 气候变率和可预报性研究（CLIVAR）计划

气候变率和可预报性研究（Climate Variability and Predictability，CLIVAR）计划建立在热带海洋与全球大气计划（TOGA）的基础上。该计划重点研究变化的大气和缓慢变化的陆面、海洋和冰雪过程，人类的影响，以及地球化学和生物物质的变化；也特别研究世界季风环流年循环强度的预报及海洋与其变率。CLIVAR 计划完成后，人类将对耦合的大气和海洋状况及其变化有新的、更深入的了解，对气候系统做出一年或多年的更准确的预测。

2. 平流层过程及其对气候的作用（SPARC）计划

平流层过程及其对气候的作用计划（ Stratospheric Processes and Their Role in Climate，SPARC）主要研究平流层过程在气候中的重要作用，包括平流层温度的变化趋势、大气成分的变化趋势（如水汽）及臭氧的垂直分布与变化等。具体的内容包括：重力波过程及中小尺度重力波在全球大气数值模式中作用的参数化；$O_3$ 的变化及其对气候的影响；平流层－对流层交换；对流层上部 / 平流层下部的化学－气候问题；准两年振荡及其在对流层和平流层耦合中的可能作用；气候变化的平流层指标，包括温度趋势（已确定平流层正在冷却）、痕量气体（水汽与臭氧等）的变化等；平流层对气候影响的模式研究；平流层基本气候参数的平均值和变率；UV 辐射活动的监测等。

3. 全球能量和水分循环（GEWEX）计划

全球能量和水分循环（The Global Energy and Water Cycle Experiment，

GEWEX）计划研究气候系统中的水文循环及其对全球变化的反应，特别是对温室气体增加的反应。在这一计划下进行了大量的大气 / 水文区域过程研究和试验，同时收集了相关气候参数，如云量、水汽、降水和气溶胶等。GEWEX 计划还实施了一个重大的协调加强观测计划（Coordinated Enhanced Observation Period，CEOP），计划于 2002 ～ 2003 年收集所有研究区域性（波罗的海、亚洲、美国大陆、加拿大麦克肯斯河和亚马逊河流域）的大气和水文的资料集，并进行观测试验。这将对大陆尺度的热量和水汽源对全球气候系统的影响做出独特的评估。该计划旨在更好地了解大陆水文气候过程对全球大气环流可预报性与水资源变化的影响，通过数值模拟发展相关的模式，重点研究推动和影响气候系统及其异常的热源和热汇区。

4. 世界大洋环流（WOCE）计划

世界大洋环流（World Ocean Circulation Experiment，WOCE）计划通过各种海洋测量、卫星观测和全球海洋模式来重点研究深海结构的作用和大尺度海洋环流及其在气候系统中的作用。WOCE 计划促进了用于各种精确测量海洋水位的卫星传感器等重要技术的发展，此外还改进了潮汐预报。这一计划目前正在对所有收集到的资料进行最后的综合，这将使我们对全球海洋有更完整的和动力学方面相一致的了解。

WOCE 的目的包括两方面：一是发展用于预报气候变化的海洋模式并收集用于检验海洋模式所需要的资料，这包括要了解海洋输送和与大气及冰雪间交换多少热量和淡水，海流怎样被大气强迫驱动，以及温度和盐度怎么由大气强迫决定等；二是了解海洋是怎样变化的，这包括海洋中的许多小涡旋在其中起什么作用，以及由海气相互作用决定的属性怎样围绕海洋运动等。WOCE 在 1990 ～ 1997 年进行了长期的外场观测试验，分析、解释、模式模拟和综合研究持续了 4 ～ 5 年直到 2002 年。

5. 北极气候系统研究（ACSYS）计划

北极气候系统研究（Arctic Climate System，ACSYS）计划是一个多学科的专门研究北冰洋水文和大陆架调查的研究计划。它揭示了北冰洋欧亚部分的上层海洋有明显增暖这一事实，并可能对该地区永久性冰层的形成有重要影响。ACSYS 研究的方面包括南极浮标计划、南极海冰厚度测量和研究 [ 用八个锚定浮标和声纳（ULS）]、海冰与海洋模式模拟研究，以及冰雪圈与气候研究等。

6. 热带海洋和全球大气（TOGA）计划

热带海洋与全球大气（Tropical Ocean and Global Atmosphere，TOGA）计划

历时 10 年（1985 ～ 1994 年），现已经成功地完成。它把大气的相互作用与热带海洋环流紧密联系起来。这个计划最突出的成果之一是使我们能够提前一年或更长的时间来预测厄尔尼诺现象。许多国家的政府和企业利用这种预报获得了巨大的经济效益。WCRP 的研究可以有力地解释地球气候系统研究中的不确定性问题，包括全球能量和水文循环、海洋中热量的储存和传输、云的形成及其对辐射的影响、冰冻圈在气候系统中的作用等。这些研究与政府间气候变化专门委员会（IPCC）所确定的优先领域相配合，为《联合国气候变化框架公约》（UNFCCC）关注的热点问题提供了科学基础。

### （四）WCRP 的国际合作

WCRP 组织或发起针对某一科学或规划问题的会议，参与 ICSU/WMO/IOC/UNEP 的全球气候观测系统（GCOS）的规划工作；还与全球气候观测系统、全球海洋观测系统联合成立海洋气候观测专门委员会（OOPC）总体负责 GCOS 海洋观测系统（也包括 GOOS 的气候观测部分）的实施；与 GCOS 联合成立大气气候观测专门委员会（AOPC）；在分析、研究和培训系统（START）的发展方面也与 IGBP 和 IHDP 开展了大量的合作。

## 二、WCRP 及中国 WCRP

中国是 WCRP 早期会员国之一，早在 1984 年，第五届联合科学委员会年会就曾在中国杭州举行。近十年内，中国有两名科学家丁一汇先生和吴国雄先生先后在 WCRP 的联合科学委员会（JSC）任职。吴国雄、张人禾、董文杰先后在 WCRP/CLIVAR 的科学指导委员会（SSC）任职，丁一汇、吴国雄、宇如聪先后在 WCRP/GEWEX 的 SSC 任职，秦大河在 WCRP/CLIC 的 SSC 任职。CNC-WCRP 的建立进一步加强了中国与 WCRP 之间的联系。WCRP-CNC 主要通过开展科学研究、推广研究结果、鼓励科学家在国际组织任职及参与国际合作、举办国际会议加强学术交流、翻译并出版 WCRP 著作、报道国际最新进展等来推进国际合作。

### （一）在 WCRP-JSC 任职，并承办 WCRP-JSC 年会

JSC 是 WCRP 最高指导机构，对 WCRP 的发展战略、科学研究等有重要指导意义，决定着 WCRP 核心事务包括制定发展战略、确定核心计划、构建组织框架，并负责向三个创始资助组织汇报。各国科学家在 WCRP-JSC 内担任委员是各国通过科学家参与 WCRP 发挥影响力的直接途径。中国从 WCRP 建立之初

就积极参与其中，多名中国科学家入选 WCRP-JSC 并担任官员，产生了较大的影响力，但是与部分主要参与国相比，我国影响力还有待提高。

为了了解中国科学家在 JSC 的影响力及与其他国影响力进行对比，本书进行了统计分析。限于数据源，仅对 2000 ～ 2010 年各国在 JSC 担任过委员的人数进行了统计①。中国只有丁一汇和吴国雄两位科学家在十年间担任过JSC委员，并先后在 JSC 中任职为主管。美国是拥有委员最多的国家，共有 9 人担任委员，法国、英国、俄罗斯为 4 人，印度、日本、德国、加拿大则有 3 人。曾经或现在担任主席的科学家有两位来自美国、一位来自德国、一位来自澳大利亚；曾经或现在担任副主席的科学家有两位来自英国、一位来自美国、一位来自澳大利亚。

JSC 开展工作的主要方式是每年举办年会，委员见面讨论过去一年的经验和收获，为下一年的工作做出指导，并向创始资助组织汇报及听取意见。JSC 年会是影响 WCRP 的重要会议，其会议地点是由委员提出邀请前往委员所代表国家举办。JSC 年会至今共举办了 31 届，其中第 30 届（2009 年）举办地不详，对 30 届 JSC 年会的举办地进行统计发现，我国仅在 1984 年举办了第五届 JSC 年会，在其后的 20 多年里没有再承办过 JSC 年会。30 年间，共有 21 个国家承办过 JSC 年会，其中美国和法国承办过三次，意大利、日本、德国、加拿大、英国分别承办过两次。

### （二）成立 WCRP 中国办公室

WCRP 中国委员会（Chinese Committee for WCRP，CNC-WCRP），即中国气候研究委员会，成立于 1985 年，是在中国科协的直接领导下，推动和组织我国参加 WCRP 的学术性机构，也是推动和促进我国气候研究的学术性机构。CNC-WCRP 的业务指导部门是中华人民共和国科学技术部国际合作司。CNC-WCRP 委员来自有关科研部门、教育部门、业务部门、学会团体、政府管理部门，是活跃在气候科学研究、管理和科普领域的人士。CNC-WCRP 设立主席、副主席、秘书长、副秘书长职位，并设立常务委员会、秘书处和工作组。现任主席为中国科学院大气物理研究所李崇银院士。

CNC-WCRP 的主要任务是：①代表中国参加 WCRP 的有关活动；②推动并协调国内各有关单位开展 WCRP 的研究和学术交流活动；③为与国民经济发展

① 本统计为人数而非人次数，即同一个人不管担任委员的时间多长都只统计一次，其中 2002 年、2007 年、2009 年三年缺乏直接委员数据，根据连任期限，本统计假定这三年中没有新增委员。

密切相关的气候与环境科学问题、国家的气候与环境外交，以及国家和地区的可持续发展战略的制定和实施提供知识储备和科学咨询服务；④积极为科技部、国家自然科学基金委员会及其他各部委在气候研究领域的立项提供建议和意见；⑤参与有关部门委托的国内重大项目和国际合作项目的论证。

## （三）积极参与核心计划，开展科学研究

WCRP 下设四个核心计划，每个核心计划都有自己的 SSC，SSC 由 10 名左右的科学家组成。表 1-2[①] 分别统计了四个核心计划的主导国家及我国科学家在四个核心计划中的任职情况。核心计划的提出及确定都是由 JSC 商议并在创始资助组织认可后达成的，它们代表着 WCRP 的科研方向和关注领域，也引领着世界气候研究的前沿。根据 WCRP 的规定，核心计划由主导国出资，并由 SSC 对核心计划做出指导，因此主导国和 SSC 成员对核心计划有很大的影响力。从表 1-2 中看出，中国在四个核心计划中的 SSC 参与程度不同，其中 SPARC 的参与度最低。

**表 1-2　WCRP 核心计划及工作组**

| 计划名称 | 主导国 | SSC 成员情况 | 中国委员 |
|---|---|---|---|
| CLIVAR（1995 年开始） | 英国、美国 | 12 名；第一任期三年，连任期两年（2003 年后改为第一任期四年） | 吴国雄（2000 ～ 2002 年）<br>张人禾（2003 ～ 2006 年）<br>董文杰（2007 ～ 2010 年） |
| GEWEX（1992 年开始） | 美国 | 12 名；第一任期四年，连任期两年 | 丁一汇（1997 ～ 2000 年）<br>吴国雄（2001 ～ 2005 年）<br>宇如聪（2006 ～ 2009 年） |
| SPARC（1992 年开始） | 加拿大 | 12 名；第一任期四年，连任期两年 | 无 |
| CLiC（原 ACSYS）（2003 年开始） | 挪威 | 12 名；第一任期四年，连任期两年 | 秦大河（2001 ～ 2008 年）<br>效存德（2009 年至今） |

除了在核心计划的 SSC 任职，中国还建立了核心计划的中国委员会，主要包括以下四个分委会。

（1）国际气候变化与可预测性研究计划分委员会（CNC-WCRP/CLIVAR），主任为王会军（中国科学院大气物理研究所）。

（2）全球能量和水循环试验分委员会（CNC-WCRP/GEWEX），主任为董文杰（北京师范大学）。

（3）平流层过程及其在气候中的作用分委员会（CNC-WCRP/SPARC），主

① 本表只获取了 2000 年以后的数据。

任为吕达仁（中国科学院大气物理研究所）。

（4）气候与冰冻圈项目分委员会（CNC-WCRP/CLIC），主任为秦大河（中国气象局）。

工作组是 WCRP 的另一种重要组织形式，WCRP 在 2010 年对具体工作组进行了部分调整和变更，本书对 2000 ～ 2009 年的五个工作组进行了人员分析（表 1-3），发现中国科学家极少能作为工作组成员参与工作。这些工作组主要是负责模拟和观测数据方面，而这些数据和建模能力正是 WCRP 的基础，正在被不断地强化，我国急需提升在这方面的参与度和能力。

**表 1-3　WCRP 工作组成员情况**

| 工作组名称 | 成员情况 | 中国科学家 |
|---|---|---|
| WGNE | 11 名；第一任期四年，连任期两年 | 陈德亮（1998 ～ 2007 年） |
| WGCM | 12 名；第一任期四年，连任期两年 | 无 |
| WGSF | 15 名，其中美国 6 人、法国 3 人、荷兰 2 人等；第一任期四年（始于 2004 年） | 无 |
| WMP | 10 名；第一任期四年（始于 2004 年） | 无 |
| WOAP | 14 名；第一任期四年（始于 2004 年） | 无 |

注：WGSF、WMP 已在新组织框架中被调整。

## （四）参与 IPCC 评估工作

WCRP 研究最大的贡献之一就是为环境评估工作提供了科学基础，其中多位科学家为 IPCC 评估报告的执笔人，多项科学研究成果直接被 IPCC 评估报告引用。CNC-WCRP 也积极参与了 IPCC 的评估工作。中国科学家在 IPCC 三个工作组的活动中做出了重要贡献。近 20 年来，中国已推荐了 100 多位科学家参加 IPCC 历次评估报告的编写和评审，并承办 IPCC 相关会议和活动。

中国科学家已经在气候研究领域取得了很多成绩，并参与了 IPCC 科学评估。中国科学家通过创新的海 - 气耦合模式研究了增强的温室效应对全球气候变化的影响，其结果分别被 1996 年和 2001 年 IPCC 的科学评估报告所引用。中国的海 - 气耦合模式作为发展中国家唯一的模式参加了国际耦合模式比较计划（CMIP）的第一和第二阶段的研究。CNC-WCRP 从 20 世纪 80 年代中期开始发展和应用的大气环流模式、海洋环流模式、海 - 气耦合模式和陆面过程模式，现在已经初具规模并自成体系。大气科学和地球流体力学数值模拟国家重点实验室已经发展和正在发展的共有四代全球耦合气候模式。其中，第二代

（M2+20）和第三代（GOALS）全球海－气耦合模式分别完成了两个长期积分，用来研究增强的温室效应对全球气候变化的影响。

从 IPCC 第一次评估报告编写过程，CNC-WCRP 的科学家就参与其中，见表 5。在 IPCC 第四次评估报告编写工作中，CNC-WCRP 委员、CLIC 分委员会主任秦大河院士担任 IPCC 主席团成员和第一工作组联合主席，任贾文研究员担任第四章（冰冻圈）部分的主笔作者和联合协调人。中国科学院大气物理研究所自己建立的“动力气候模式预测系统”取得的重要成果也在 IPCC 第四次评估报告中得到了承认与采纳。秦大河院士参与了 IPCC 第五次评估报告的编写工作。

### （五）举办国际会议

2006 年 11 月 9 ～ 12 日，由 CNC-WCRP 主办、国家气象局承办的 2006 年地球系统科学联盟（ESSP）全球变化科学大会在北京召开，主题为“全球环境变化——区域挑战”。参会人员有 1 000 余人，其中国外代表约 700 人，包括来自世界各地的自然科学、社会科学、工程科学等不同领域的专家学者，以及相关国际组织的官员。

CNC-IHDP、CNC-WCRP、CNC-IGBP 和 CNC-DIVERSITAS 于 2002 年成立了联席会议，并得到了中国科学技术协会的批复。从 2006 年起，四个委员会已连续多年联合举办学术年会。

### （六）中国 WCRP 信息中心简介

CNC-WCRP 于 1985 年成立，并于 2005 年 8 月 12 日通过了《关于成立 WCRP 中国委员会信息中心的申请报告》，在 CNC-WCRP 的框架下成立 CNC-WCRP 信息中心。该中心由 CNC-WCRP 授权，由资源环境科学信息中心（SICRE）贯彻执行。信息中心的执行机构是资源环境科学信息中心（SICRE），中国全球变化研究领域的重要信息服务机构，自 20 世纪 80 年代开始就致力于全球变化研究的信息分析与服务工作，也是国内最早系统介绍国际全球变化研究的信息机构，是收藏国际全球变化研究原版书刊最多的图书馆。它在文件服务，调查咨询，主题信息研究和在线 CD 信息恢复方面颇具优势。在 CNC-WCRP 的工作框架下，成立的 CNC-WCRP 信息中心将与 IGBP 中国国家委员会全球变化研究信息中心和 IHDP 中国国家委员会信息中心一道致力于构建中国全球环境变化研究的信息服务集成框架，为国内外的气候研究工作提供信息服务与交流的平台，推动中国气候科学研究和中国的全球环境变化研究工作的发展。

该中心作为 CNC-WCRP 的下属信息支撑机构挂靠在中国科学院资源环境科学信息中心，挂靠单位提供稳定的办公场所、人员、经费等业务支持。信息中心的业务工作由 WCRP 中国委员会予以指导和协调。

### 三、WCRP 联系方式

参见网址：http://www.wcrp-climate.org。

## 第六节 国际大陆科学钻探计划

### 一、国际大陆科学钻探计划计划概况

#### （一）ICDP 发展现状

大陆科学钻探的研究主题涵盖了所有地学领域的广泛目标，是当代地球科学领域的最前沿研究。它不仅需要一系列重大工程技术的支撑，而且将带动地球科学及相关学科和技术的重大发展。对于这样一个全球性的、投资巨大的、需要一系列高新技术支撑的大科学项目，国际合作是必由之路。

20 世纪 90 年代初，由德国牵头并在国际地学界的支持下，来自 28 个国家的 250 位专家出席并制订了国际大陆科学钻探计划（International Continental Scientific Drilling Program，ICDP）。1996 年 2 月 26 日，中、德、美三国正式签署备忘录，成为首批成员国，正式启动 ICDP。德国自然科学基金会、联合国教科文组织地学部、大洋科学钻探计划是该计划的联系成员，墨西哥、希腊、俄罗斯、法国、英国、加拿大、日本、欧洲科学基金会是该计划的成员国。

对 ICDP 的组织建立影响最深的一个关键是大科学论坛，该论坛以经济发展和合作委员会联合发起的深度钻探项目为主题，该项目于 1992 年 11 月在法国布雷斯特进行。会议目的主要是探究大科学在深度钻探领域发挥的重要作用，以及评价大陆和海洋领域的国际合作钻探。由于德国大陆深度钻探计划项目 KTB 取得了较大的成功，因此德国被邀请作为带头人和组织国际会议来对这样一个国际项目的公正性和管理需求进行监督。

## （二）ICDP 组织结构

ICDP 组织结构如图 1-2 所示。

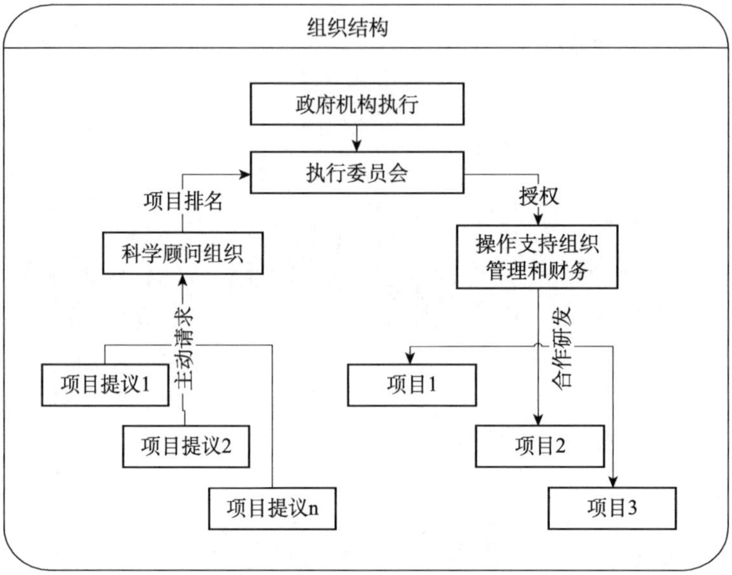


**图 1-2　ICDP 组织结构图**

上述组织设计的目的主要包括：

（1）对政策进行监督和决策——政府机构执行（AOG）；

（2）项目操作和管理，包括项目优先排序和预算分配，由执行委员会（EC）和它的非盈利性实体即所谓的操作支持组织（OSG）；

（3）科学顾问组织（SAG）负责对参与 ICDP 的项目提议进行科学评估；

（4）项目管理，这部分由东道国的主要项目负责小组（PIs）执行；

（5）项目监督，由执行委员会执行，并向政府组织汇报。

## （三）ICDP 研究主题

国际大陆科学钻探计划的研究主题包括：

（1）不同地质环境下矿床的形成；

（2）全球气候变化的方式与原因；

（3）如何安全处理核废料和有毒废料；

（4）沉积盆地与能源资源的产生与演化；

（5）深部生物圈及其与各种地质过程的关系；

（6）天体撞击对全球气候变化及大规模生物灭绝的影响；

（7）板块构造的机理，地壳内部热、物质和流体的迁移规律；

（8）如何更好地利用地球物理资料了解地壳内部的结构与性质；

（9）与地震、火山爆发有关的物理、化学过程及相关的减灾措施。

### （四）ICDP 管理方案

ICDP 作为一个多国参加的计划，需要协调实施的国际大陆科学钻探项目包括各种科学目标、各不相同的深度目标和技术难度。钻探项目将从主动提出的建议中选定，这些建议由成员国和具有成员身份国家的科学家根据他们的科学优势提出，也可由国际科学技术专家组提出。每个项目由 ICDP 中的一国、两国或多国联合研究行动（Joint Research Venture）组成，其他的参加者包括首席专家组（the Princple Investigatorls）和诸如政府机构、企业界、私人研究团体和基金组织等其他感兴趣者。这一联合研究行动要求参与者详细说明其科学目标、分担筹集资金的责任、运作程序和在一个具体项目中所有参加者技术合作和交流的条件。

### （五）ICDP 与中国

在中国，经国务院批准，由地矿部代表中国参与了 ICDP，并成为了首批成员国。中国除鼓励中国科学家参与 ICDP 研究活动外，还提出了“大别山超高压变质带”钻探项目。该项目被列入 ICDP 该类主题世界上唯一的候选项目，并于 1998 年在中国召开了大别山深钻计划的国际讨论会。目前，大别山深钻计划已列为我国大科学工程计划并开始实施，它将促进中国科学家在全球重大地球前沿问题上做出重要的贡献。

## 二、ICDP 项目立项过程

ICDP 项目的主要立项过程如图 1-3 所示。

如图 1-3 所示，ICDP 项目的提交建议和评审过程如下。

1）首席专家组（PI）向 SAG 提交书面建议。

2）SAG 评审书面建议，并分成值得赞同的和不值得赞同的两类。那些获得赞同的，决定通知并有兴趣为最终评审制订详细建议的 PI 可进一步修改建议。如果必要的话，PI 可向 SAG 和 EC 申请经费举办专题讨论会，以正式形成他们的建议。

3）PI 将编写的最后的、正式的建议提交给 SAG 供最终评审。其中有以下几点注意事项。

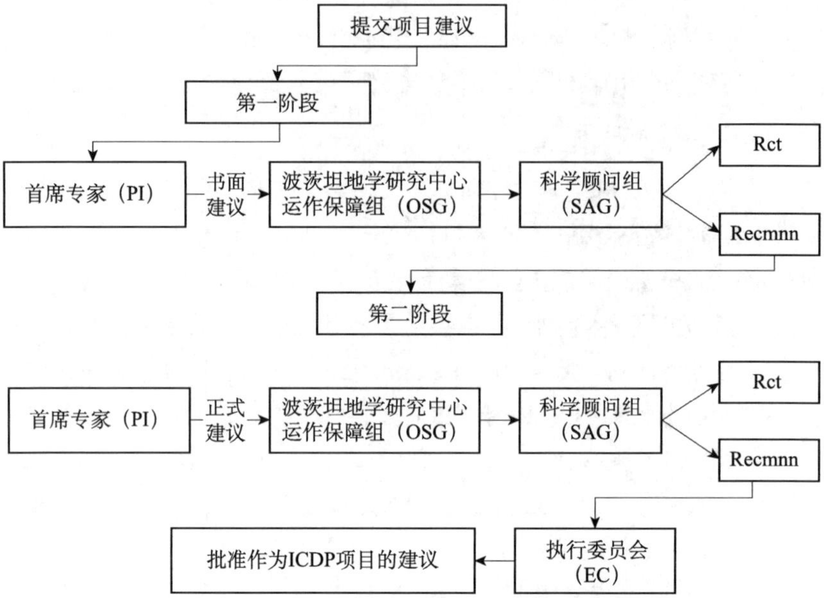


**图 1-3 ICDP 项目立项过程**

各 PI 负责场址调查；各成员国的科学家都可提交参加各自项目的建议；编写建议不得使用综合资金；建议必须包括科学目标、场址调查、批准机构、符合要求的环境影响评估、管理计划、运作方案和长期维护方案等；建议还必须包括联合研究行动的初步条款（注：在这一阶段 EC 要通过 OSG 向 PI 提供咨询去解决科学组尚不熟悉的问题）。

4）SAG 评审建议书，并通过 PI 和 OSG 反复交换意见，根据科学价值和可行性进行排序。建议书排序评定包括考虑进入现场、办理许可证等可行性。

5）得到 SAG 支持的建议可制订项目计划。项目计划包括项目的主要目标和通过机会通告（Announcement of opportunity）而增设的“附加科学”（Add on Science）。ICDP 以外支持的“附加科学”及其项目必须同 PI 合作并接受 SAG 的检查，以保证顺利地达到主要项目的各种目标。

6）PI 汇总能体现项目所有组成部分的最终项目计划（即原始建议计划和“附加科学”）。

7）EC 评审最终项目计划的可行性，要把年度计划和长期计划作为一个整体，这就涉及进一步考虑诸如办理许可证、环境影响、技术难度、安全、政策问题等。

8）EC 授权给 OSG 继续进行工作。把年度计划交给 OSG（综合资金只用于钻探和经协商安排、在联合研究行动中作出规定的项目特定目标）。

9）OSG 接着为每个项目议定一个联合研究行动，包括考虑下述内容。

（1）同钻探合同商、钻探工程师和 Pis 谈判；

（2）样品的管理、描述、分类和维护；

（3）数据库的建立和分布；

（4）出版要求和日程安排；

（5）原始报告；

（6）评估科学钻探记录；

（7）测井服务和孔内试验研究；

（8）每个项目在 PI、工程师、合同商和合作保障组的平等协商下进行管理。

## 三、国际大陆科学钻探中国委员会

### （一）ICDP-CHINA 简介

2006 年 3 月 18 日，国际大陆科学钻探中国委员会（ICDP-CHINA）正式成立。ICDP-CHINA 成立以来，组织了多次科研成果与进展交流，取得了许多进展：到 2011 年时共召开了三次学术研讨会，提出了中国大陆科学钻探整合计划，讨论了中国超深科学钻探（8 000 ～ 10 000m）选址，并参与了三个环境科学钻探项目的开钻仪式，帮助两个项目得到了 ICDP 的资助，派遣有关人员参与 ICDP 的培训及会议，推动了中国地壳探测计划的实施，促进了大陆科学钻探事业的发展。中国大陆科学钻探的发展与成就，受到了世界相关研究领域专家的普遍关注和高度评价，当然这是我国科学家高水平的研究和委员会全体成员共同努力的结果。

### （二）ICDP-CHINA 现状

首先，ICDP-CHINA 应进一步面向经济社会发展的主战场。目前，国土资源部正在推进找矿突破战略计划，其中一个重要任务是如何开展隐伏区和覆盖区的找矿工作。这项工作既需要地学理论的支撑，也离不开实用勘查方法技术。要通过构建新机制，加强基础地质调查，特别是三维地质填图工作，使深部钻探与找矿突破紧密联系起来。

其次，应充分发挥 ICDP-CHINA 的平台作用。ICDP-CHINA 既是 ICDP 与中国的沟通平台，也是统领国内相关研究机构、大学和工业部门等开展大陆科学钻探工作的协作平台。这就需要委员会着眼国内国际两个大局，加强与政府部门和相关科研机构的沟通协调，明确目标，形成合力。

再次，应积极组织编制中国大陆科学钻探"十二五"规划。委员会应从抢占国际地学前沿和关键技术制高点的高度，系统研究 ICDP 现状和发展趋势，以我国地学科技中长期发展规划和大陆科学钻探需求为基础，科学设定目标，突出重点任务，做好顶层设计，完善组织保障。

最后，应加强交流，做好协调。大陆科学钻探涉及地球科学的众多学科领域，要加强与不同学科领域的行业、机构和部门的科学家的沟通与交流，通过定期召开学术交流会、专题研讨会等，提炼科学目标，推进大型钻探计划。要加强与 ICDP 理事会和执委会的交流，并协调国内向 ICDP 申报项目的相关活动，建立机制，做好支撑。

# 第七节 大型强子对撞机计划

## 一、大型强子对撞机计划概况

### （一）LHC 简介

大型强子对撞机（Large Hadron Collider，LHC）是一座位于瑞士日内瓦近郊欧洲核子研究组织（European Organization for Nuclear Research，CERN）的粒子加速器与对撞机，为国际高能物理学研究之用。LHC 已经建造完成，并于北京时间 2008 年 9 月 10 日下午三点半正式开始运作，成为世界上最大的粒子加速器设施。LHC 是一个大科学装置国际合作计划，由 34 个国家超过 2 000 位物理学家所属的大学与实验室共同出资合作兴建。

### （二）研究内容

物理学家希望借由 LHC 来帮助他们解答下列的问题。

（1）标准模型中所流行的造成基本粒子质量的希格斯机制是真实的吗？如果真是如此的话，希格斯粒子有多少种，质量又分别是多少呢？

（2）当重子的质量被更精确地测量时，标准模型是否仍然成立的？

（3）粒子是否有相对应的超对称（SUSY）粒子存在？

（4）为何物质与反物质是不对称的？

（5）有更高维度的空间（Kaluza-Klein theory，extradimensions）存在吗？

（6）我们可以见到这启发弦论的现象吗？

（7）宇宙有96%的质量是目前天文学上无法观测到的，这些到底是什么？

（8）为何万有引力比起其他三个基本作用力（电磁力、强作用力、弱作用力）差了这么多个数量级？

虽然LHC的物理实验计划着重于研究质子对撞后的现象，然而，短期的如每年一个月的重离子对撞也在实验计划之中。虽然其他较轻的离子对撞实验也是可行的，目前主要的规划为铅离子的对撞实验。

### （三）LHC主要的研究计划

#### 1. LHC升级计划

有提议认为，在10年内LHC需要一个硬件性能的提升。理想中LHC升级的途径将是包含增加粒子束的流量，以及改进两个需要高亮度的ATLAS和CMS侦测器来配合。因此，LHC需要作基本上硬件的修改以提升它的亮度（单位截面碰撞发生的频率）。下一代超大型强子对撞器的入射能量需增加到1 TeV，前置入射装置也需做一个升级的动作，特别是在于超级质子同步加速器的部分。

#### 2. 分布式计算计划

LHC@Home是一个分布式计算的计划，用来支持LHC兴建与校正。这个计划是使用BOINC平台来模拟粒子如何在加速器隧道中运行。有了这项资讯，科学家便可以通过放置磁铁与调整功率来达到加速轨道运行的稳定。实际上，在美国RHIC开始实验之时，包含内部的研究者与其他外部的科学家都担心类似的实验可能会引发理论上的一些灾难，甚至摧毁地球或是整个宇宙，比如，创造出一个稳定的黑洞、比一般物质更稳定的奇异物质（构成假说中的奇异星的物质），或是促成质子衰变造成量子力学从真空态转变到另一个未知的相态的磁单极。RHIC与CERN都进行了一些研究调查，检视是否有可能产生如微黑洞，微小的奇异物质（奇异微子）或是磁单极等危险的事件。这份报告认为"我们找不到任何可以证实的危害"，除非某个未经证实的理论是对的，否则是不可能产生出微小黑洞的。即使真的有微黑洞产生了，预期会透过霍金辐射的机制，很快蒸发消失，所以会是无害的；而且认为关于LHC这样高能量的加速器的安全性，最有力的论点在于一个简单的事实：宇宙射线的能量是比LHC要高出非常多数量级的，太阳系星体从形成到现在这么多年下来，都不断地被宇宙射线轰击，既没有产生出微黑洞、微小的奇异物质或是磁单极来，太阳、地球和月球也都没有因此而被摧毁。然而，仍有一些人还是对 LHC 的安全性有疑虑：像这一个有着许多新的、未经测试过的实验，是没有办法完全保证上述的情况不会发生的。John Nelson 在伯明翰大学谈到 RHIC 说："这是非常不可能会有危害的——但是我无法百分之百保证。"另外在学术界，对于霍金辐射是否是正确的，也是有一些疑问。已知 RHIC 自 2000 年运作到现在，都没有产生足以摧毁地球的物质的迹象。

### （四）六大科学实验

利用 LHC 进行的六项实验均在国际合作的模式下完成，这些实验将世界各地研究机构的科学家聚集在一起共同见证激动人心的一刻。每一项实验都截然不同，这是由其使用的粒子探测器的独特性所决定的。

两项大规模实验——超环面仪器实验（ATLAS）和紧凑缪子线圈实验（CMS）——均建立在多用途探测器的基础上，用于分析在加速器中撞击时产生的数量庞大的粒子。两项实验的研究规模和研究层面均达到了前所未有的程度，其中，使用两个单独设计的探测器是交叉确认任何新发现的关键所在。

两项中型实验——大型离子对撞机实验（ALICE）和 LHC 底夸克实验（LHCb）——利用特殊的探测器分析与特殊现象有关的撞击。

另外两项实验——全截面弹性散射侦测器实验（TOTEM）和 LHC 前行粒子实验（LHCf）——的规模就要小得多，它们的焦点集中在"前行粒子"（质子或者重离子）身上。在粒子束发生碰撞时，这些粒子只是擦肩而过，而不是正面相撞。

ATLAS、CMS、ALICE 和 LHCb 探测器安装在四个地下巨洞，分布在 LHC 周围。TOTEM 实验用到的探测器位于 CMS 探测器附近，LHCf 实验用到的探测器则位于 ATLAS 探测器附近。

## 二、中方参与情况

2010 年 3 月 30 日 LHC 实施总能量达 7 万亿电子伏特的质子束流对撞成功，意味着人类在探索宇宙的奥秘方面又迈进重要一步。据中国科学院高能物理所前所长陈和生介绍，中国在这项研究中做出了重要贡献。这次对撞是 LHC 迄今为止实施的最高能级的质子流对撞试验，对撞完成将花费数小时甚至数天时间。欧洲核子研究中心公报说，科学家希望通过在对撞机内实现极高能级的粒子对撞，模拟出与宇宙大爆炸之后最初状态类似的环境，从而对宇宙起源和各种基本粒子特性开展深入研究。

LHC是世界上最大的大型强子对撞机，位于日内瓦附近、瑞士和法国交界地区地下100米深处的环形隧道内，隧道总长约27公里，隧道内安放了四个探测器，即CMS、ATLAS、LHCB和ALICE。中国参与了四个探测器的建造和实验。作为CMS实验项目中国组的负责人——陈和生研究员介绍说，中国科学院高能物理所和北京大学组成的CMS中国组成功建造了三分之一的端部缪子探测器阴极条室和阻性板室，并参与拟定了CMS技术设计报告。中国科学院上海硅酸盐研究所向CMS提供了核心探测材料——用于电磁量能器的5 000余根自主研制的钨酸铅（PWO）闪烁晶体。在整个过程中，中国科技大学参与了电磁量能器的研制。

同时，CMS中国合作组在中国科学院高能物理所建立了CMS实验远程控制中心，与欧洲核子研究中心和美国费米实验室一起轮班承担CMS实验的一部分实时控制工作。据ATLAS实验项目中国组负责人金山研究员介绍，ATLAS中国组包括中国科学院高能物理研究所、山东大学、中国科技大学和南京大学四个单位，他们为ATLAS实验的缪子探测器和电磁量能器的设计和建造作出了重要贡献。目前，CMS和ATLAS实验的中国科学家正积极参与探测器日常运行值班和复杂的模拟数据分析，为即将获取的包括黑格斯在内的新粒子和新物理实验数据做准备。

## 三、北京正负电子对撞机

### （一）BEPC简介

1988年10月中国科学院高能物理所建成的北京正负电子对撞机（The Beijing Electron Positron Collider，BEPC）坐落于北京西郊八宝山东侧，占地50 000平方米。它的主要科学目标是开展 $\tau$ 轻子与粲物理和同步辐射研究。为此，BEPC有两种运行模式：兼用模式专用于优化高能物理对撞实验，同时也提供同步辐射光；专用模式专用于同步辐射研究。

### （二）BEPC的组织结构

BEPC主要由注入器（BEL）、输运线、储存环、北京谱仪（BES）和同步辐射装置（BSRF）等几部分组成。注入器是一台200米长的直线加速器，用于为储存环提供能量为1.1～1.55GeV的正负电子束。输运线连接注入器和储存环，将注入器输出的正负电子分别传送到储存环里。储存环是一台周长为 240.4 米的环型加速器，它将正负电子加速到需要的能量，并加以储存。用于高能物理研究的大型探测器——北京谱仪位于储存环南侧对撞点。同步辐射装置则位于储存环第三和第四区，在这里，负电子经过弯转磁铁和扭摆器时发出的同步辐射光经前端区和光束线引至各个同步辐射实验站。

### （三）北京同步辐射装置简介

北京同步辐射装置（BSRF）是 BEPC 国家实验室的一部分，是一个向社会开放的大型公共科研设施。BSRF 贯彻“开放、联合、开拓、创新”八字方针，面向全国科研单位、高等院校和企业免费开放。自 1991 年以来，该实验室一直努力增强科研能力，同时创造良好的实验环境，以期更好地为用户服务。

目前，BSRF 拥有 12 个实验站，可提供从真空紫外到硬 X 波段的同步辐射光，包括 X 射线形貌术、X 射线成像、X 射线衍射、X 射线小角散射和漫散射、生物大分子结构、X 射线荧光分析、X 射线吸收精细结构、光电子能谱、圆二色谱、软 X 射线刻度和计量、中能 X 射线光学、高压项结构研究、LIGA 和 X 射线光刻等实验技术，可以为凝聚态物理、高压物理、化学化工、材料科学、生命科学、地球科学、环境科学、微电子、微机械加工、计量学、光学及探测技术等广泛学科的基础研究和应用基础研究提供强有力的实验研究手段。截至 2003 年年末，BSRF 已接待了国家重大攻关项目、中国科学院及其他部委研究所和高校的重大研究项目、国家自然科学基金项目及知识创新工程项目等 200 多个用户单位的 800 多个研究课题。

### （四）BSRF 课题组织管理

1. BSRF课题的申请

（1）申请人可随时向 BEPC 国家实验室办公室领取课题申请表、用户手册、课题申请指南等（也可到网上下载，网址：www.ihep/bsrfl/index.htm）。

（2）在填写课题申请表前，申请人须与 BSRF 实验站的科研人员取得联系，探讨实验技术方案的可行性并确定一位实验站人员为联系人。

（3）申请人应认真填写“北京正负电子对撞机国家实验室科研课题申请表”，一式四份。BEPC 国家实验室办公室全年接收课题申请表。

（4）欲申请重点课题的课题需同时填写“重点课题申请表”。

（5）未提出正式申请而要求先尝试的用户，必须经实验站负责人同意，并经 BEPC 国家实验室办公室认可，方可安排一次用光机时。试验确认可以继续做的课题，用户应补填申请表，并被列为正式用户，若不办理申请手续，将不再安排机时。

2. 课题的评审和管理

BEPC 国家实验室办公室收到课题申请表后，将按下列程序组织评审。

（1）BSRF 相应实验站工作人员对课题所提出的实验方案进行技术可行性评议；

（2）同行专家二人对申请课题进行科学意义和学术重要性的评议；

（3）由专业委员会或其委托的机构对课题进行评审，重点课题则必须经过专业委员会审定，每年评审一次；

（4）将评审结果通知申请人，申请课题一经批准即在 BSRF 立项管理；

（5）对特别重要、时效紧、机时需要不多的实验，用户可直接与 BSRF 负责人联系安排急需的实验机时。

3. 机时安排和使用

机时安排和使用原则如下。

（1）在课题审批时确定课题的总机时及年度机时的大致安排计划。

（2）每次实验的机时由课题负责人与 BSRF 实验站负责人协商确定，并由国家实验室办公室用“机时通知单”正式通知用户。

（3）由 BSRF 运行负责人及国家实验室办公室协调处理机时分配中遇到的问题。

（4）机时安排一经商定，原则上不得私自变动。若遇特殊情况必须临时变动的需得到用户及 BSRF 实验站工作人员双方的同意，并报国家实验室办公室备案。

（5）若遇加速器或光束线仪器设备的故障致使实验无法进行时，原则上用户的机时不往后顺延。机时的补偿由用户与实验站负责人协商解决。

（6）用户若不能按时来做实验，必须提前一个星期通知 BSRF 的联系人。因用户违反此规定造成实验站机时轮空的，或因用户准备不足造成机时浪费的，将视情况轻重酌情减少其用机时间，直至暂停其用户资格。

（7）若课题批准的总机时已用完，但课题还要进行的，需填写“增加机时申请表”，得到批准后方可继续安排实验机时。

（8）不得利用获得的机时开展与批准课题无关的实验。一经发现，将予以取消机时的处罚。

# 第八节　伽利略计划

## 一、伽利略计划概况

### （一）GP 的发展现状

欧洲伽利略计划（Galilean Program，GP）是欧洲计划建设的新一代民用全球卫星导航系统，按照规划，该系统由 30 颗中高度圆轨道卫星组成，其中 27 颗卫星为工作卫星，3 颗为候补卫星，卫星高度为 24 126km，位于 3 个倾角为 56 度的轨道平面内，另外还有 2 个地面控制中心，预计耗资约 27 亿美元。

众所周知，欧美关系一向甚笃，美国又一再表示可以给欧洲提供最好的 GPS 服务（含军用的 PPS），但是欧洲还是顶着来自美国方面的巨大打压，决心投入资金建设自己的伽利略系统。这一方面是由于新欧洲在形成和发展过程中需要有大项目或大工程来振奋士气，增强欧洲的凝聚力和向心力，强化独立于美国的精神，打破美国的独霸的一统天下的单极世界，营造更有发言权的多极世界。伽利略系统就是这样一张举足轻重的牌、一张颇具显示度的牌。另一方面，伽利略系统是现代科学技术，特别是空间技术及其应用技术的一种全面的大组合、大集成、大展现，会在很大程度上实现一系列技术领域的突破和创新，执行业和产业技术发展的牛耳。随着伽利略系统的建设和运作，一系列新服务和新应用的排比展开，会带来巨大的经济和社会效益，能增加 10 万人的就业机会，预计 2010 年以后在欧洲会形成每年超过 100 亿欧元的设备和服务的产值。

### （二）伽利略系统简介

伽利略系统由以下四段构成。

1. 空间段

伽利略系统看似只在“老三段”上增加了一个环境段，实际上内涵都在变，并体现了与时俱进的精神，使系统变得更先进、更高效、更精密、更安全、更完善、更可靠。伽利略系统的空间段由位于中高度（MEO）的30颗卫星构成，卫星绕地球旋转一周的时间为14小时04分钟，卫星重量为625kg，在轨寿命为15年，耗功1.5kW，发射频段为四个（包括SAR使用的频段），工作信道（基本信号）达11个。

2. 环境段

伽利略系统的环境段属于新增部分，其在GPS和全球卫星导航系统（Global Navigation Satellite System，GLONASS）中本是隐含的部分，但是由于实用需求的日益广泛和技术的进步，伽利略系统中明确将其提升到最关键的组成部分中。实际上，因为日益提高的定位精度和更加重分量的可靠性的客观需求，以及使用中遇到的各种各样的问题，环境段必然将被放到重要位置上加以考虑。环境段主要研究电离层、对流层、电波干扰和多径效应，以及它们的缓解技术和对策。

3. 地面段

伽利略系统的地面段主要有伽利略控制中心（2个）、C波段任务上行站（5个）、伽利略上行站（5个，TT&C-S波段和ULS-C波段）、伽利略传感器站（29个），以及Delta完好性处理装置和任务管理办公室。它们之间由伽利略数据链路和伽利略通信网络进行连接，外面相关的部门还包括搜索救援（SAR）中心、欧洲地球静止导航重叠服务（European Geostationary Navigation Overlay Service，EGNOS）和世界协调时部门。伽利略控制中心分为四大系统：完好性处理系统、精密定时系统、轨道同步和定时系统，以及伽利略资源控制系统。后者又包括服务产品部、卫星控制部和任务控制部。

4. 用户段

伽利略系统的用户段涉及海陆空各种应用领域。由于伽利略系统提供的服务及水平要比GPS高得多，所以对用户接收机的要求也更高，同时还需要兼顾到与GPS的兼容互动。需要特别指出的是，随着卫星导航的逐步深入人心，它们与各种电子设备的融合趋势锐不可当，尤其在汽车电子领域和个人通信领域的应用前景更为广阔。

### （三）国际合作

伽利略系统是个全球性的系统，只有走国际合作的道路，才能实现其利益的最大化，这也是系统计划的基础。通过国际合作能强化系统和产业的经验与实力，最大限度地降低技术和政治风险。

自然的合作者当然是现有GPS和GLONASS的两个国家，即美国与俄罗斯。由于要实现与GPS的兼容和互动，欧洲已经就一系列技术问题跟美国磋商。当然，欧洲也十分重视俄罗斯在开发与运作GLONASS上的经验。此外，伽利略系统还要和现有的卫星导航系统进行技术协调，良好的国际合作环境氛围将有利于地面设备的开发和建设，以及产品的广泛应用和市场拓展。目前已有若干非欧洲国家涉足伽利略系统的定义、研究和产业发展的合作。除了与美、俄展开实质性的合作谈判外，欧洲与中国经过近两年的准备，也于2003年5月16日正式开始中欧伽利略计划合作谈判。

### （四）中方参与情况

伽利略系统主要用于民用领域，而且面对的是GPS这个运行超过20年的市场垄断者，其市场开发的难度之大可想而知。因此，伽利略计划采用开放合作的模式，通过吸收合作伙伴来扩大市场份额。由于中国经济近年来快速发展，其庞大的潜在用户群对于确保伽利略系统的成功具有重要意义，所以中国从一开始就进入了欧洲的视线。

2000年，伽利略计划提出不久，欧盟委员会时任副主席德帕拉西奥在与时任中国国务院总理朱镕基会晤时就表示希望中国参与伽利略计划，得到了中国政府的积极回应。随后，中国同欧盟签署协议，在北京成立了中欧卫星导航技术培训合作中心，加强国内技术人员的培训和双边交流。而为了落实中方的责任与义务，中国成立了由多家公司参股的伽利略卫星导航有限公司。该公司作为国内的总承包商负责协调国内的相关单位和公司，完成中国在伽利略计划中所承担的任务。中国加入伽利略计划，对中欧双方都具有非同凡响的意义。从欧洲方面看，欧洲希望成为未来世界独立的一极，在世界事务中发挥积极的作用；通过与中国在空间技术上的合作，可以对美国的单边主义形成一定的牵制，所以欧洲在伽利略计划的合作中表现得更主动。而中国通过合作可以获得可观的经济收益，中国将向伽利略计划投资2亿欧元，根据比例获取相应收益；同时中国在整个系统的开发运作过程中可以提升本国的技术水平，学习市场开发的经验，为本国开发独立的卫星导航系统打下良好的基础。

## 二、中国与GP

### （一）中欧计划合作项目

中国是第一个参与GP的非欧盟国家，同15个成员国一样，中国承诺提供

2 亿欧元的研发经费。在中国国家遥感中心和欧洲伽利略联合执行体的共同努力下，中欧已经成功启动了 GP11 个合作项目的技术谈判，项目涵盖伽利略系统的空间段、地面段和应用段等各领域，已经签署合作协议的七个项目合同总金额超过 3 000 万欧元。这些项目包括电离层研究、上行站前端、搜救转发器、渔业应用项目、激光后向反射器、基于位置服务的标准研究、中国伽利略测试认证环境等。中国承担中欧伽利略合作项目的企业均为航天科技和卫星导航产业的骨干企业，集中了国内从方案设计、设备制造、系统集成到应用服务产业链上的优势力量。据中国专家估计，中国卫星导航应用产业的经济效益到 2020 年可达 2 600 亿元人民币。

### （二）中国伽利略卫星导航有限公司简介

中国伽利略卫星导航有限公司（China Galileo Industries，CGI）于 2004 年 12 月由中国航天科工集团公司、中国电子科技集团公司、中国卫星通信、中国空间技术研究院和上海伽利略工业集团根据中欧合作协议签订的合作计划成立。CGI 是专业从事研发卫星导航系统，制造和销售导航产品和服务开发、经营，以及提供其他相关服务的公司，同时也是中国在 GP，包括空间、地面、应用领域发展和参与资助的主要承包商。当前，CGI 正努力成为伽利略特许权在中国的获得者。在中国科技部的领导下，CGI 将动用中国卫星导航系统的所有资源到正在建设的 GP 上，成为中国卫星导航的领导者。

# 第九节　国际热核聚变实验堆计划

## 一、国际热核聚变实验堆计划计划概况

### （一）ITER 计划的发展现状

1985 年，作为结束冷战的标志性行动之一，时任苏联领导人戈尔巴乔夫和美国时任总统里根在日内瓦峰会上倡议，由美国、苏联、欧盟、日本共同启动国际热核聚变实验堆（International Thermonuclear Experimental Reactor，ITER）计划。ITER 计划是目前全球规模最大、影响最深远的国际科研合作项目之一。

计划的目标是要建造一个可自燃烧（即“点火”）的托可马克核聚变实验堆，以便对未来聚变示范堆及商用聚变堆的物理和工程问题做深入探索。

ITER 装置是一个能产生大规模核聚变反应的超导托克马克，俗称“人造太阳”。其装置的中心是高温氘氚等离子体环，其中存在 15 兆安的等离子体电流，核聚变反应功率达 50 万千瓦，每秒释放多达 1020 个高能中子。等离子体环在屏蔽包层的环型包套中，屏蔽包层将吸收 50 万千瓦热功率及核聚变反应所产生的所有中子。在包层外是巨大的环形真空室。在下侧有偏虑器与真空室相连，可排出核反应后的废气。真空室穿在 16 个大型超导环向场线圈（即纵场线圈）中。环向超导磁体将产生 5.3 特斯拉的环向强磁场，是装置的关键部件之一，价值超过 12 亿美元。穿过环的中心是一个巨大的超导线圈筒（中心螺管），在环向场线圈外侧还布有六个大型环向超导线圈，即极向场线圈。中心螺管和极向场线圈的作用是产生等离子体电流和控制等离子体位形。上述系统整个被罩于一个大杜瓦中，坐落于底座上，构成实验堆本体。在本体外分布有四个 10 兆瓦的强流粒子加速器、10 兆瓦的稳态毫米电磁波系统、20 兆瓦的射频波系统及数十种先进的等离子体诊断测量系统。整个体系还包括大型液氮、大型氚工厂、大型供水（包括去离子水）系统、大型供电系统、大型高真空系统、液氦低温系统等。ITER 本体内所有可能的调整和维修都是通过远程控制的机器人或机器手完成。ITER 装置不仅反映了国际聚变能研究的最新成果，而且综合了当今世界各领域的一些顶尖技术，如大型超导磁体技术、中能高流强加速器技术、复杂的远程控制技术，以及连续、大功率毫米波技术等。由于聚变能的研究不仅关系到最终能否解决人类能源问题，而且还涉及众多最先进且非常敏感的技术，因此，ITER 计划的形成除与科学技术本身的发展有关外，还始终与主要大国在政治和外交方面的考虑分不开。

最初，该计划仅确定由美国、俄罗斯、欧盟、日本四方参加，独立于联合国原子能委员会（IAEA）之外，总部分设美国、日本、欧盟三处。由于当时的科学和技术条件还不成熟，四方科技人员于 1996 年提出的 ITER 初步设计很不合理，且要求上百亿美元的投资。1998 年，美国出于国内政治原因宣布退出 ITER 计划。欧盟、日本、俄国三方则继续坚持合作，并基于 20 世纪 90 年代核聚变研究及其他高新技术的新发展，大幅度修改实验堆的设计。2001 年，欧、日、俄联合工作组完成了 ITER 装置新的工程设计（EDA）及主要部件的研制，预计建造费用为 50 亿美元（1998 年值），建造期为 8 ～ 10 年，运行期 20 年。其后，三方分别组织了独立的审查，都认为设计合理，基本上可以接受。

2002年，欧、日、俄三方以EDA为基础开始协商ITER计划的国际协议及相应国际组织的建立，并表示欢迎中国与美国参加ITER计划。中国于2003年1月初正式宣布参加协商，其后1月末美国由时任总统布什特别宣布重新参加ITER计划，韩国则在2005年被接受参加ITER计划协商。以上六方于2005年6月签订协议，一致同意把ITER建在法国核技术研究中心卡达拉舍，从而结束了激烈的“选址大战”。2006年，印度也加入了ITER协商。最终，七个成员国政府于2006年5月25日草签了建设ITER的国际协定。在ITER建设总投资的50亿美元（1998年值）中，欧盟贡献率为46%，美、日、俄、中、韩、印各贡献约9%。根据协议，中国贡献中的70%以上由我国制造所约定的ITER部件折算，10%由我国派出所需合格人员折算，需支付国际组织的外汇不到20%。目前国际组织正在组建，总干事和副总干事人选已确定，还有一些国家也正在考虑参加ITER计划。

作为聚变能实验堆，ITER要把上亿度由氘氚组成的高温等离子体约束在体积达837立方米的“磁笼”中，产生50万千瓦的聚变功率，持续时间达500秒。50万千瓦热功率已经相当于一个小型热电站的水平。这将是人类第一次在地球上获得持续的、有大量核聚变反应的高温等离子体，产生接近电站规模的受控聚变能。ITER的建设、运行和实验研究是人类发展聚变能的必要一步，有可能直接决定真正聚变示范电站（DEMO）的设计和建设，并进而促进商用聚变电站的更快实现。在ITER中开展的研究工作将揭示这种带有氘氚核聚变反应的高温等离子体的特性，探索它的约束、加热和能量损失机制，等离子体边界的行为，以及最佳的控制条件，从而为今后建设商用的核聚变反应堆奠定坚实的科学基础。对ITER装置工程整体及各部件在50万千瓦聚变功率长时间持续过程中产生的变化及可能出现问题的研究，不仅将验证受控热核聚变能的工程可行性，而且还将为今后如何设计和建造聚变反应堆提供必不可少的信息。

### （二）国际合作

ITER计划是目前全球规模最大、影响最深远的国际科研合作项目之一。它的建造大约需要10年，耗资50亿美元（1998年值）。ITER计划的实施结果将决定人类能否迅速地、大规模地使用聚变能，从而可能影响人类从根本上解决能源问题的进程。合作承担ITER计划的七个成员分别是欧盟、中国、韩国、俄罗斯、日本、印度和美国。这七方包括了全世界主要的核国家和主要的亚洲国家，覆盖的人口接近全球一半。在全世界都对人类能源、环境、资源前景等问题予以高度关注的今天，各国坚持协商、合作的精神，搁置诸多的矛盾和利害冲突，最终达成了各方都能接受的协议，并开始合力建设世界上第一座聚变实验堆。为建设 ITER，各国政府首脑在过去几年中都采取不同方式对参加 ITER 计划作出过正式表态，各参与方甚至专门协商组建了一个独立的国际组织。这些在国际科技合作史上都是前所未有的，充分显示了各国政府和科技界对该计划的高度重视。

### （三）中方参与情况

我国是一个持续高速发展的发展中大国，能源问题日益突出，因而长期以来一直对有可能彻底解决能源问题的核聚变能研究及国际上有关 ITER 计划的讨论给予高度关注。中方参与 ITER 计划的标志性事件见表 1-4。

**表 1-4　中方参与 ITER 计划的标志性事件**

| 时间 | 中方参与 ITER 计划的标志性事件 |
| --- | --- |
| 2002 年年底 | 国务院授权国家科学技术部代表我国政府参加 ITER 计划国际协商，并于当年决定在协商完成后的草签协议上签字 |
| 2003 年 2 月 | 我国正式加入 ITER 计划谈判 |
| 2003 年 11 月 | 国家中长期科技发展规划 ITER 专项论证专家组进行论证 |
| 2006 年 11 月 | 我国和参加 ITER 计划谈判的各方代表共同签署了《联合实施国际热核聚变实验堆计划建立国际聚变能组织的协定》（以下简称《组织协定》）、《联合实施国际热核聚变实验堆计划国际聚变能组织特权和豁免协定》（以下简称《特豁协定》）及其他相关文件 |
| 2007 年 2 月 | 国务院批准设立“ITER 计划专项” |
| 2007 年 8 月 | 全国人大常委会审议通过了《组织协定》和《特豁协定》 |
| 2007 年 9 月 | 中国政府向 ITER 组织正式提交由国家主席签署的两个协定批准书 |
| 2008 年 10 月 | 中国国内机构——中国国际核聚变能源计划执行中心成立，ITER 中国工作全面展开 |

## 二、中国与 ITER 计划

### （一）中国 ITER 计划执行中心主要任务

中国 ITER 计划执行中心主要任务主要包括以下几方面。

（1）全面参与 ITER 计划的决策和管理。我国作为 ITER 计划全权、平等的独立成员，全面参与 ITER 理事会及其附属机构议事决策和 ITER 组织管理，保障我国在 ITER 计划中的各项权益，履行我国参加 ITER 计划的承诺和义务。

（2）推动核聚变研究的双边和多边合作。我国积极推动 ITER 计划框架下核聚变研究国际多边、双边合作，加强与其他各方的交流合作，通过互派团组和访问学者，学习各国在聚变能源开发方面的先进技术和管理经验，加快我国聚变能开发的进程。

（3）建立健全采购包制造任务实施管理机制及其经费、进度、质量、标准管理体系，制定采购包实施方案，确保我国承担的采购包制造任务按时、保质、保量完成。

（4）从我国未来核聚变能发展的需要出发，部署人才教育和培养战略，逐步形成一支稳定、高水平的科研和工程技术队伍，开展核聚变相关基础研究。

（5）从有效参与 ITER 装置上的科学研究及充分利用 ITER 装置资源、实现我国核聚变研究目标出发，推动国内大中型聚变装置的改造，有计划、分步骤部署 ITER 实验研究的前期预研工作。

（6）消化、吸收、全面掌握 ITER 计划的研究技术成果，从我国自主设计、建造聚变能示范堆乃至商用堆的长远角度考虑，部署关键技术领域的研究和技术方案设计。

## （二）组织结构

中国 ITER 计划执行中心组织结构如图 1-4 所示。

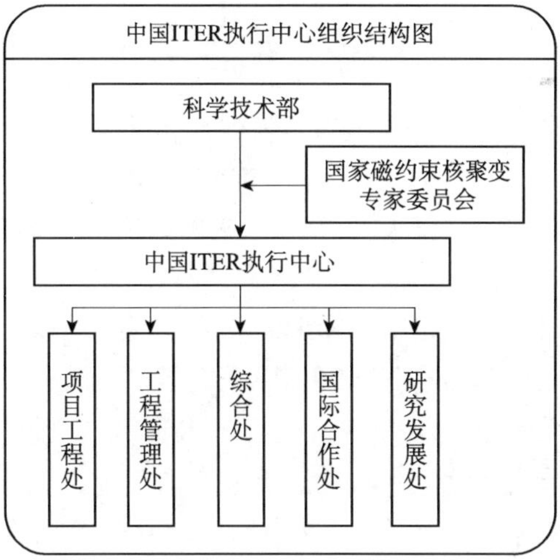


**图 1-4 中国 ITER 计划执行中心组织结构**

## （三）中国 ITER 计划现状及发展

ITER 计划专项国内配套研究项目的目的是使我国能在 ITER 装置建成后掌握其主要技术，有效地参加在 ITER 装置上的实验研究，能够独立开展聚变示范堆的设计和研发，主要包括四方面：改造我国核聚变研究装置，为有效利用ITER进行科学技术实验做好关键准备；培养一批高水平的科学和工程技术人才，积极开展核聚变能相关基础研究；消化、吸收并创新发展ITER计划的各项关键技术，特别是与我国未承担制造任务相关的技术；发展ITER计划未涵盖的相关关键技术。

1. 进展情况

2007年2月，国务院批准设立ITER计划专项，以切实履行我国承担ITER任务并造就和稳定一批聚变研究科学和技术人才队伍。2008年，ITER计划专项国内配套研究工作启动，当年共立项10项，研发内容涵盖了我国承担的采购包大部分相关技术的研究和开发。2009年批准立项9项，内容涉及聚变实验堆设计研究、托卡马克等离子体基本理论与数值模拟、固态增殖剂TMB设计及可行性研究、液态增殖剂TMB设计及可行性研究等；同时，设立8个人才课题，支持年轻人才参与ITER专项研究。截至2010年已经立项32项，研究内容涉及TBM、波加热、聚变材料、聚变堆的概念设计，以及相关等离子体理论研究等众多学科，包括托卡马克相关基础实验、聚变堆面向等离子体材料的基础研究、HL-2A高时空分辨等离子体诊断技术、EAST低杂波电流驱动等多个研究方向，并将继续安排人才课题。

2. 人才培养

加快我国磁约束核聚变人才培养的关键，是以需求为导向制订人才培养计划，逐步构建起一个层次分明、布局合理的磁约束核聚变科学与工程研究和技术研发的人才培养体系。为了更好地加强我国磁约束核聚变研究人才的培养，由科技部会同教育部、中国科学院和核工业集团公司共同发布的《关于加强我国磁约束核聚变研究人才培养意见》。我国拟利用10年左右时间，培养2 000名聚变科学与工程技术人才，为我国核聚变能源可持续发展提供强有力的人才保障。

3. 研究基地建设

磁约束核聚变研究基地的目标是建成具有“一流的研究设施、一流的研究团队、一流的科研成果、一流的学术氛围”的国际知名的磁约束核聚变国家级研究实验基地。磁约束核聚变研究基地是以国家能源战略需求和磁约束核聚变研究发展前沿为导向，以ITER及聚变堆重大基础研究、核聚变关键技术和系统集成技术研究为重点，以“自主创新为主，消化吸收为辅”为原则，全面参加ITER计划和积极开展国内磁约束核聚变研究，引领国家磁约束核聚变能开发及聚变相关技术工业领域快速发展，实现多学科交叉与融合的国际一流的磁约束核聚变国家研究实验基地。

## 第十节　国际地圈生物圈计划

### 一、国际地圈生物圈计划概况

#### （一）IGBP 发展现状

国际地圈生物圈计划（International Geosphere-Biosphere Programme，IGBP）是由 ICSU 于 20 世纪 80 年代在国际生物学计划（International Biological Programme，IBP）和国际人与生物圈计划（Man and Biosphere Programme，MAB）基础上发起并组织的重大国际科学计划。其科学目标是研究主导整个地球系统的相互作用的物理学、化学和生物学过程，特别着重研究那些时间尺度约为几十年到几百年、对人类活动最为敏感的相互作用过程和重大变化。计划的最终目标是提高人类对重大全球变化的预测能力。

"地球是一个不断变化的星球，当某一物种——人类具有了从全球尺度上改变其环境能力时，地球开始进入了一个独特的发展阶段。"这是美国国家宇航局（NASA）的 Goody 1982 年 8 月在马萨诸塞州伍兹霍尔（Woods Hole）召开的一次专题讨论会上的主题发言的篇首语。Goody 的讲话既说明了人类进行全球变化研究的原因，也指出了人类开始全球变化研究的时机。Woods Hole 会议是全球变化研究思想的动员会，也是全球变化研究国际行动的预备会。这次专题讨论会探讨了地球的可居住性问题，尤其是讨论了自然因素和人类活动引起的地球生命支持能力的变化问题。在 Woods Hole 会议精神的鼓舞下，1982 年冬，美国物理科学、数学和资源学国家研究会时任主席 Friedman 在国际地球物理年（IGY）25 周年年会上提出了 IGBP，希望全球科学家组织起来，共同致力于地圈、生物圈及其与人类相互作用的研究。他认为不管提"地圈"还是"生物圈"，都不能用狭隘的、教条式的术语来定义，需要一种全新的思维方法。Friedman 的提议很快在美国国家研究委员会（NRC）内部得到普遍的赞同。1983 年冬，科学家们在 Woods Hole 召开了第二次会议，就 IGBP 的目标和内容进行了讨论。大家经过讨论认为，全球大气研究计划（GARP）模型的思路是从社会需求出发，围绕着一个特定目标进行集中研究。这次会议展示了IGBP将以全球变化为中心来进行组织规划，是地球科学上的一个重要的转折点，将对各分支学科的发展起到重要作用。

由NRC任命以A. Eddy为主席的委员会，就IGBP的目标和内容作了部署。该委员会设想组织全球科学家用10年时间专注于几个重点领域的研究。这些重点领域包括过去环境变化的恢复、当前自然环境的变化、生物圈的全球变化、全球生物地球化学循环和全球水循环。与NRC和ICSU活动相平行，1983年，NASA顾问委员会成立了一个由F. P. Bretherton领导的地球系统科学委员会（ESSC），将透视和理解地球系统在所有时间尺度上的演化作为地球系统科学的最终目标，并把地球的进化和内部的运动列入研究日程；同时强调，解决人类面临的十年至百年尺度的关键性问题是ESSC的设计重点。该委员会通过一系列活动，集240余名科学家之智慧，于1988年出版了专题报告《地球系统科学》。该报告首次提出了地球系统科学的观点，强调从整体角度出发，将地球的大气圈、岩石圈、水圈（含冰冻圈）和生物圈视为一个有机联系的地球系统，发生在该系统中的各种时间尺度的全球变化是地球系统各分量（圈层）相互作用、三大基本过程（物理、化学和生物学过程）相互作用，以及人与环境（生命与维持生命系统）相互作用的结果；并首次提出将人类活动作为与太阳和地核并列的、能引发地球系统变化的驱动力——第三驱动因素。

在研究方法上，地球系统科学倡导用尺度分析的方法来建立地球系统运行的概念模型，将全球变化的主要时间尺度用五个时段来定义：几百万年至几十亿年、几千年至几十万年、几十年至几百年、几天至几个季度、几秒至几小时。其中，前两个时段是传统的地球物理学、地质学和地球化学涉猎的对象，后两个时段是大气科学、生物科学和海洋科学涉及的范围，而中间这个时段的全球变化问题正是当前人类面临的最大挑战，对于人类社会的利害关系和发展规划尤为重要，但目前的相关研究却基本处于空白状态。因此，地球系统科学首先要迎接这一挑战，融合地球科学、大气科学和海洋科学以及生物科学的知识，从本质上去认识十年至百年尺度的全球变化现象。其基本思路是对全球变化进行观测、理解、模拟和预测，用一些基本变量来描述全球变化，并通过全球范围长期、持续、同步的观测（卫星和地面观测）建立全球变量信息库。在研究程序上，地球系统科学建议首先开展过程研究，以加深对全球变化的认识和理解；其次在此基础上建立概念模型和数值模式，进行数值模拟；然后应用重建的过去环境记录检验模式；最后对地球系统状态变量的取值范围、变化趋势做统计性预报。该报告赞同 Eddy 等提出的 IGBP 科学目标，并对全球变化的概念及如何实施和组织全球变化计划提出了许多宝贵的建议。

IGBP 的发展经历了两个阶段：第一阶段从 1987 年对国际科学计划的框架和设想进行规划开始，1990 年正式实施，直至 2003 年年底全部完成，历时四年；2004 年以来，IGBP 进入第二阶段，现正处于第二阶段的规划和实施阶段。IGBP 第二阶段重新调整了原有研究计划，增加一些新的核心计划。这些计划在研究内容上涵盖了地球系统的各组成部分，包括陆地、海洋和大气，并更加突出组成部分间的界面相互作用。目前 IGBP 第二阶段有九个独立的科学计划（见表 1-5），即全球大气化学计划（IGAC）、全球土地计划（GLP）、全球海洋生态动力学 / 海洋生物地球化学和海洋生态系统集成研究（GLOBEC / IMBER）、表层海洋 - 底层大气研究（SOLAS）、陆地生态系统 - 大气过程集成研究（iLEAPS）、海岸带陆海相互作用（LOICZ）、过去全球变化研究（PAGES）、国际海洋生物地球化学及生态系统整合研究（AIMES）、快速启动倡议计划（FTIs）。在第二阶段中，IGBP 更加注重与研究伙伴的紧密合作，以进行地球系统的综合研究，包括通过推动各研究计划的合作，促进地球系统科学的集成研究；通过与社会人文科学计划的合作，更好地分析研究人类和环境耦合关系；通过加入并全力参与地球系统科学联盟（ESSP）的活动，积极支持全球可持续发展研究；除此之外，还积极推动新的实施战略和研究方法，加强能力建设，以期在气候变化研究领域收到更好的效果。

**表 1-5 IGBP 第二阶段计划调整**

| 计划名称 | 国际项目办公室所在地 | 计划历程 |
| --- | --- | --- |
| IGAC | 西雅图的美国 NOAA 太平洋海洋环境实验室 | 从第一阶段中延续下来，该计划产生于 20 世纪 80 年代末，但在研究议程上进行了重新调整 |
| GLP | 丹麦哥本哈根大学地理系 | 由第一阶段的两个陆地研究计划 GCTE 和 LUCC 共同产生，并作为二者的后续计划，由 IGBP 和 IHDP 共同发起 |
| GLOBEC/IMBER | GLOBEC 的国际项目办公室（IPO）位于英国普利茅斯海岸实验室；IMBER 的 IPO 位于法国普劳泽内的欧洲海洋研究所 | GLOBEC 由第一阶段延续下来，计划于 2009 年结束；IMBER 是 IGBP 第二阶段新成立的计划，由 IGBP 和 SCOR 共同发起 |
| SOLAS | 英国诺里奇的东英吉利大学 | 第二阶段新成立的计划，由 IGBP、SCOR、WCRP 和 CACGP 联合发起 |
| iLEAPS | 芬兰赫尔辛基大学的物理科学系 | 第二阶段中新成立的一个界面过程研究计划 |

续表

| 计划名称 | 国际项目办公室所在地 | 计划历程 |
|---|---|---|
| LOICZ | 德国基斯达赫特 GKSS 研究中心的海岸研究所 | 从第一阶段中延续下来，在第二阶段中扩展了研究范畴，纳入了人文因素的内容；IHDP 作为共同发起者 |
| PAGES | 瑞士伯尔尼 | 由第一阶段中延续下来，在第二阶段中重新提炼了研究方向，更加注重地球系统行为的研究 |
| AIMES | 美国国家大气研究中心（NCAR） | 作为 GAIM 的后续计划，是 IGBP 推出的地球系统集成研究前沿计划 |
| FTIs | 暂未建立 | 由 IGBP 科学委员会于 2003 年建立，用于促进 IGBP 科学计划的综合与集成，研究地球系统科学中的一些关键的交叉问题，促进研究计划和学科间的融合 |

### （二）IGBP 核心计划与支撑计划

IGBP 由八个核心研究计划和三个支撑计划所组成（第一阶段建立并开始实施）。八个核心研究计划的具体情况分别如下。

1. 国际全球大气化学（International Global Atmospheric Chemistry，IGAC）计划

由 IGBP 及国际气象和大气科学学会所属的大气化学和全球污染委员会共同支持的 IGAC 计划，目标是认识全球大气化学组成、陆地和海洋生物圈过程及人类活动对它的影响，以期在全球尺度上预测自然和人为因素对大气化学组成的影响。

2. 全球海洋通量联合研究（Joint Global Ocean Flux Study， JGOFS）计划

JGOFS 计划于 1990 年 3 月正式确定并开始实施，该计划关注海洋内部及海洋边界在海洋生物和化学、海洋循环和相关物理因素及人为活动的影响下的碳交换过程。它的目标是分析和预测区域至全球尺度大气 - 洋面 - 洋底系统的碳的季节和年际变化，为解释气候变化的成因服务。

3. 过去的全球变化研究（Past Global Changes，PAGES）计划

PAGES 的实施计划形成于 1991 年 3 月，它通过对自然记录（如保存在树木年轮、湖泊和海洋沉积物、珊瑚、冰芯中的自然信息）和历史资料的研究，并借助有效的现代物理、化学分析技术恢复过去环境的变化，以区分自然因素和人为因素的影响，在此基础上检验未来全球变化预测模型。该计划目前集中于研究两个时间阶段：一是晚第四纪的最后几十万年的冰期、间冰期旋回；二是最近 2 000 年的地球历史。

4. 全球变化与陆地生态系统（Global Change and Terrestrial Ecosystems，GCTE）计划

GCTE 计划旨在分析全球尺度上气候、大气成分、人类活动和其他环境变化对陆地生态系统结构和功能的影响，预测未来全球变化可能带来的土壤、林业、农业和生态系统复杂性的改变。该计划近期的工作主要围绕以下五个方面展开集成研究：①全球变化怎样影响陆地生态系统？②全球大气化学是如何发生作用的？在痕量气体的生消中，生物过程起到什么作用？③气候变化、海面升高和土地利用如何改变海岸生态系统，其后果是什么？④海洋生物地球化学过程如何影响和响应气候变化？⑤过去发生过什么重大的气候和环境变化，又是由于何种原因？

5. 水文循环的生物学方面（Biospheric Aspects of the Hydrological，BAHC）计划

BAHC 计划侧重研究植被在地表和大气水文过程中的作用。该计划的两个主要目标是：①通过野外测量，确定生物圈对水文循环的控制，发展从小块植被到大气环流模式（GCM）网格单元尺度上的土壤－植被－大气系统中能量和水通量模式；②建立能用于描述和验证生物圈和地球物理系统间相互作用模拟结果的适当数据库。

6. 海岸带的海陆相互作用（Land-Ocean Interactions in the Coastal Zone，LOICZ）计划

LOICZ 计划主要是模拟和预测 10 年尺度上海岸带对全球气候变化的响应，为沿海地区的可持续发展、经济和社会政策服务。研究内容包括四方面：①碳通量与痕量气体的排放；②海岸生物地貌学与海平面上升；③外力或边界条件的变化对近海通量的影响；④全球变化对海洋系统的经济和社会影响。

7. 全球海洋生态系统动力学（Global Ocean Ecosystem Dynamics，GLOBEC）计划

GLOBEC 计划于 1995 年确定，目的是认识全球海洋生态系统及其亚系统的结构和功能，提高海洋生态系统对全球变化响应的预测能力。与传统的为渔业服务的种群动态研究不同，它侧重于分析生态系统内部的相互作用。

8. 土地利用与土地覆盖变化（Land Use and Land Cover Change，LUCC）计划

20 世纪 90 年代以来，随着具有全球影响的两大组织 IGBP 和 IHDP 的推动，

全球环境变化研究领域逐渐加强了对 LUCC 的研究。这两个组织自 1990 年起开始积极筹划全球性综合研究计划，于 1995 年共同拟定并发表了《土地利用 / 土地覆被变化科学研究计划》，提出以下三个研究重点。

（1）土地利用的变化机制。通过区域性个例的比较研究，分析影响土地使用者或管理者改变土地利用和管理方式的自然和社会经济方面的主要驱动因子，建立区域性的土地利用 / 土地覆被变化的经验模型。

（2）土地覆被的变化机制。主要通过遥感图像分析，了解过去 20 年内土地覆被的空间变化过程，并将其与驱动因子联系起来，建立解释土地覆被时空变化和推断未来 10 ～ 20 年的土地覆被变化的经验诊断模型。

（3）建立全球和区域尺度的模型。根据驱动因子的变化来推断土地覆盖未来 50 ～ 100 年的变化趋势，建立宏观尺度的、包括与土地利用有关的各经济部门在内的土地利用 - 土地覆盖变化动态模型，为制定相应对策和全球环境变化研究任务提供可靠的科学依据。在未来 50 ～ 100 年的土地覆盖变化中，人类的土地利用活动将起到最主要的作用。因此，对自然和社会经济各种因素作用下的土地使用者和管理者的行为分析，是建立土地利用和土地覆盖变化模型的重要组成部分。这类分析是通过区域性个例研究进行，既为全球性模型的建立提供依据，也对后者进行验证。

三个支撑计划分别为全球分析、解释与建模（Global Analysis，Interpretation and Model，GAIM）计划，全球变化的分析、研究和培训系统（Global Change System for Analysis Research and Training，START）计划，以及 IGBP 数据与信息系统（IGBP Data and Information Systems，IGBP-DIS）计划。

### （三）组织形式

IGBP 的组织结构主要由四大模块构成：科学委员会（Scientific Committee-IGBP，简称 SC-IGBP）、秘书处、科学计划、国家委员会（图 1-5）。

IGBP 的核心机构是 SC-IGBP，每年举行一次大会，SC-IGBP 的成员在大会期间重点讨论未来政策和研究方向，对 IGBP 起着全局领导作用。SC-IGBP 由一名主席、一名财务主管、三名副主席及若干委员组成。除当然委员（即 IGBP 核心项目主席及合作组织主席，自动成为 SC-IGBP 当然委员）外，其余委员均由 ICSU 执行委员会指定（共 15 名）。委员的任命将考虑地区、性别及学科的平衡，通常一届任期为三年，同一委员任期可达两届，但一般不超过三届（除担任当然委员外）。

**图 1-5 IGBP 的组织形式**

秘书处和国际项目办公室发挥着桥梁的作用，促进信息互通和集成研究。秘书处直接支持 SC-IGBP 的活动，包括管理 SC-IGBP 会议和合作，以及项目科学指导委员会（SSC）的记录和相关信息。秘书处也负责对外宣传 IGBP 及其科学成果、管理财政等。秘书处由一名执行董事和八位职员组成，执行董事由 ICSU 执行委员会任命，以协助委员会主席的工作，负责每年 SC 会议的年度报告等事务，同样为三年一换届。

IGBP 的科学活动主要由其核心项目办公室来执行完成，接受其各自科学指导委员会（SSC）的科学管理。SSC 发挥领导作用，作用类似于 SC。IPO 的作用类似于秘书处，其主要工作包括确立、制定新的优先研究行动；促进国际间合作关系；建立决策者与科研工作者之间的沟通等。

国家委员会则相当于分布于各个国家和地区的联系点，协助在地方举办活动，是开展与国际学术界广泛接触的重要接口。IGBP 的项目活动经费主要来源于近 40 个国家的捐款，自 2000 年以来，国家捐款总额已基本稳定在每年 150 万美元左右，约占经费来源的百分之六七十，其中最大贡献者为美国，余下部分多为 IGBP 下属项目及相关会议活动的具体资助。通常情况下，约有三分之一的经费用于秘书处薪水，约二分之一的经费用于不含薪水在内的科学交流活动，十分之一用作秘书处的运作费用，余下部分用于 IGBP 出版物及网站维护。

此外，IGBP 也设有顾问小组（advisory panel），定期召开会议，对 SC-

IGBP 的工作提供建议。顾问小组主要由与 IGBP 相关的国际组织或项目的委员组成，如有其他组织的成员想加入顾问小组，需得到 SC-IGBP 主席的同意。

IGBP 秘书处、科学委员会和一些项目活动由来自 40 个国家的资金支持。2000 年以来，其资金持有量基本稳定在 150 万美元，2007 年的资金是由 37 个国家提供的，其中包括美国 20 万美元、瑞士 21 万美元、德国 22 万美元、日本 23 万美元等。

### （四）中方参与

1987 年，中国科学院资环局鉴于 IGBP 这一前沿性国际科学计划意义重大，向中国科学技术协会申请成立 IGBP 中国全国委员会，并加入国际 IGBP。根据中国科协 [1987] 发外字 281 号文件“关于同意建立 IGBP 中国全国委员会并建议该委员会挂靠在中国科学院”的精神，1987 年 11 月 12 日在中国科学院副院长孙鸿烈同志的主持下，IGBP 中国全国委员会筹委会议在中国科学院二楼 86 号会议室召开。出席会议的包括中国科学技术协会、国家教育委员会、水利部、国家自然科学基金委员会、农牧渔业部、林业部、国家环保局、中国科学院等单位的代表共 11 人。会议介绍了 IGBP 的由来和发展，讨论了 IGBP 中国全国委员会筹建工作，根据讨论结果，筹委会向中国科协提出了筹建 IGBP 中国全国委员会的书面报告，得到了中国科协的批复（[1987] 科协发外字 484 号）。1988 年 5 月 28 ～ 29 日 IGBP 中国全国委员会成立大会在北京召开，并以国际地圈生物圈计划中国全国委员会 [Chinese National Committee for the International Geophere-Biosphere Programme ，CNC-IGBP，又称全球变化中国全国委员会 ] 的名义加入了国际 IGBP，中国台湾也是国际 IGBP 成员。

## 二、CNC-IGBP 概况

### （一）主要任务

CNC-IGBP 是在中国科协的直接领导下推动和组织我国参加 IGBP 的学术性机构。它的任务包括：

（1）代表我国参加 IGBP 的有关活动，促进国际合作交流；

（2）推动并协调国内各有关单位开展全球变化的研究和学术交流活动；

（3）为国家全球变化研究部署，为国家的资源、环境管理和可持续发展战略等提供科学咨询服务；

（4）协助有关部门委托的国内重大项目和国际合作项目论证；

（5）加强科普宣传，促进社会公众环境保护意识的增强。

### （二）组织结构

CNC-IGBP 由有关学会、政府管理部门、事业单位的代表组成。CNC-IGBP 设立委员会和顾问委员会，下设秘书处和工作组。委员会由主席、副主席、秘书长、副秘书长、常委和委员组成；顾问委员会由主席、副主席和顾问委员组成。CNC-IGBP 的组成人员均实行任期制，每届任期四年，每届至少替换委员总数的四分之一。CNC-IGBP 下设的 10 个工作组及一个信息中心分别为：全球变化综合分析和模拟项目（GAIM）工作组、联合大洋通量与海岸带陆海相互作用计划（JGOFS/LOICZ）工作组、过去全球变化研究（PAGES）工作组、遥感与数据信息系统（RS/DIS）工作组、全球变化与陆地生态系统计划（GCTE）工作组、全球海洋生态系统动力学与国际海洋生物地球化学及生态系统整合研究（GLOBEC/IMBER）工作组、水循环生物学计划（BAHC）工作组、青藏高原与全球变化（TPGC）工作组、全球变化研究（IC/GCS）信息中心，土地利用与土地覆盖计划工作组及上层海洋－低层大气研究（SOLAS）工作组、全球变化研究（IC/GCS）信息中心。除了 JGOFS/LOICZ 工作组与 GLOBEC/IMBER 工作组设在青岛，以及 IC/GCS 信息中心设在兰州外，其余工作组均在北京。

### （三）中国参与情况

我国作为全球变化研究发起国之一，在全球变化领域作出了具有中国特色的国际性贡献。20 世纪 80 年代初，中国科学家就参加了全球变化科学重大国际计划的可行性研究，国家投入数亿元科研经费，其研究范围涉及大气、陆地、海洋各个领域，陆续建成了一批国家重点实验室或部门开放研究实验室，可供全球变化研究的国家和部门重点开放实验室有 40 多个，造就了一大批全球变化研究科学家。据不完全统计，“九五”计划“十五”计划以来，中国科学院、国家科学与技术部、国家自然科学基金委员会及国家有关部委支持了 240 多项全球变化项目，来自 50 多所科研部门和高等院校的 150 多位科学家、教授出任项目负责人；到 2003 年年底，已完成 44 项，为国际全球变化研究和国家需求作出了巨大贡献。

## 三、IGBP 项目申请与参与

各国可以通过以下方式参与 IGBP 项目。

1. IGBP出版物

（1）提交给全球变化时事通讯季刊，联系 IGBP 秘书长 Charlotte Wilson-Boss，请求将你的名字添加到 IGBP 邮件列表中。

（2）提交你的 IGBP 报告，联系人同上。

（3）主要作者联系 IGBP 出版社的主要负责人。

2. 会议

您可以通过查看 IGBP 网站上的会议日历来参加其开放会议或项目报告。

3. 研究网络

可以联系国际项目办公室或进行网络和项目搜索来了解活动信息，以便参与到 IGBP 网络研究中。

4. 国家委员会

联系 IGBP 或本国或本地区的全球变化委员会，可参考网站上的国家委员会联系方式。

## 四、中方参与情况

1. 参与的973计划项目情况

中国参与的 973 计划项目情况见表 1-6。

**表 1-6 中方参与的 973 项目列表（部分）**

| 项目名称 | 首席科学家 | 项目启动年份 |
|---|---|---|
| 青藏高原形成演化及其环境、资源效应 | 郑度 | 1998 年 |
| 我国重大气候和气象灾害形成机理与预测研究 | 黄容辉，倪允琪 | 1998 年 |
| 我国生存环境演变和北方干旱化趋势预测研究 | 符淙斌，安芷生 | 1999 年 |
| 中国边缘海的形成演化及其资源环境效应 | 高抒 | 2000 年 |

2. 参与的国家科学基金重点项目

我国参与的国家科学基金重点项目见表 1-7。

**表 1-7 国家科学基金重点项目（部分）**

| 项目名称 | 主持人 | 经费（万） | 年限 |
|---|---|---|---|
| 内蒙古半干旱草原土壤－植被－大气相互作用 | 达仁 | 500 | 1997 ～ 2000 年 |
| 中国季风区古环境演变机理及其与全球变化的动力学联系 | 刘东生 | 500 | 1998 ～ 2002 年 |
| 中国东部陆地农业生态系统与全球变化相互作用的机理研究 | 彭少麟，周晓峰 | 500 | 1998 ～ 2002 年 |
| 中国东北样带陆地生态系统和大气变换的稳定同位素研究 | 林光辉，周广胜 | 40 | 2001 ～ 2003 年 |
| 全球变化的中国东北森林－草原样带研究 | 周广胜 | 80 | 1998 ～ 2002 年 |

# 第十一节　亚太全球变化研究网络计划

## 一、亚太全球变化研究网络计划概况

### （一）APN 计划的发展现状

截至 2009 年年底，亚太全球变化研究网络（Asia-Pacific Network for Global Change Research，APN）计划的成员国数量达到 21 个。该组织致力于推进地区关于全球变化的研究，鼓励发展中国家的参与，加强科学界与政府部门的交流。APN 计划将全球变化定义为在地球物理、生物和社会系统中由于自然和人为因素引起的过程，当各个国家聚集在一起时，就上升为全球层面的问题。

APN 计划正逐渐吸纳发展中国家（地区）参与其中，以便使它们得益于全球合作网络。认识到地区互动过程的重要性后，APN 在全球规模的保护下，将它所资助的行动方案与其他地区相关的项目结合，同时确保研究结果有助于健全以科学为基础的适应性策略、政策和决策制定过程及发展科学能力来解决重要问题。

### （二）APN 核心战略目标

APN 的核心战略目标为鼓励和促进全球变化研究。该研究不仅能够提高当地对全球变化及其含义的理解，而且有潜力建立一个坚实的科学基础，为解决将全球变化作为一个重要因素产生的问题而制定的相关政策。

为实现其使命，APN 还提出了以下五个方面的具体目标，每个目标通过 APN 资助的活动得以实现。这些活动是从年度征集项目建议（ARCP）和 APN 能力建设项目（CAPaBLE）中挑选出来的。

（1）支持区域性合作，特别是亚太地区的全球变化问题研究；

（2）加强科学家与政策制定者之间的适当交流，为政策制定提供科学信息，并向公众传播科学知识；

（3）提高该地区国家的科学与技术能力；

（4）与其他全球变化网络和相关组织机构开展合作；

（5）推动研究设施建设、专有技术转移。

### （三）APN 研究主题

APN 围绕地球系统中自然和人文因素的变化开展相关知识的传播活动，主要集中在以下几个方面：气候；生态系统、生物多样性和土地利用；大气、陆地和海洋圈的变化；资源利用（食物 / 水 / 能源 / 原料）及可持续发展途径；跨学科问题及科学 - 政策的联系。

## （四）APN 国际合作情况

APN 成员国由 1996 年的 12 个成员国发展到当前的 21 个成员国，包括澳大利亚、孟加拉国、柬埔寨、中国、斐济、印度、印度尼西亚、日本、老挝、马来西亚、蒙古、尼泊尔、新西兰、巴基斯坦、菲律宾、韩国、俄罗斯、斯里兰卡、泰国、美国和越南。APN 每年召开一次会议，由各国政府代表（国家联络员，national focal point）参加，闭会期间由指导委员会代为开展工作。

2003 年 4 月，发展中国家可持续发展的科学能力建设 / 强化项目（CAPaBLE）正式启动，它是一项为落实可持续发展世界峰会（WSSD）执行计划第 107 ～ 114 部分的提案，并注册为 WSSD 合作伙伴提案。CAPaBLE 项目正在加强发展中国家的科学能力，以提高其在可持续发展相关问题决策制定的能力。这些问题包括气候变化、水和粮食安全，以及总体上的全球变化。这些工作正通过双轨进程来实现：针对有经验的著名科学家开展的能力强化活动和针对处于上升阶段科学家开展的能力建设活动。

## （五）APN 组织结构及管理模式

APN 由政策制定者（政府间会议，IGM）和科学家（科学计划小组，SPG）联合年会建立而成。IGM 是 APN 主要的决策机构。基于 SPG 的建议，IGM 批准 APN 下一年度的工作日程和预算，包括资助研究项目及相关活动。指导委员会和 APN 秘书处为 IGM 和 SPG 提供支持。APN 资助的研究项目是基于每年在其区域研究和能力建设项目（ARCP 和 CAPaBLE）下公开征集的建议。APN 组织结构见图 1-6。

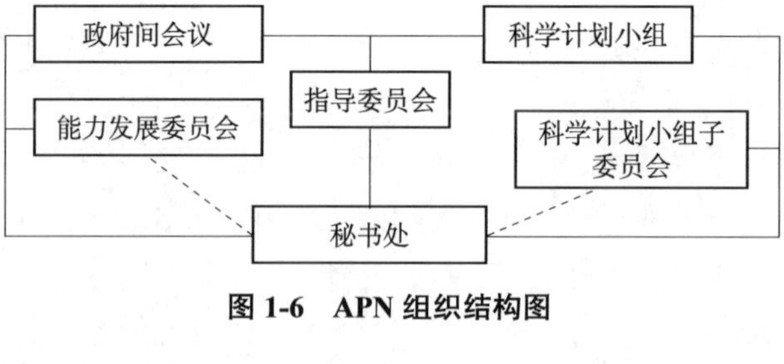


**图 1-6　APN 组织结构图**

## （六）APN 制度议程

APN 的制度议程包括以下三方面。

1. 成员国的积极参与

APN 寻找加强其成员国政府的所有权意识的途径，包括更加有效地确定其政策需求及与全球变化相关事件的优先权；加强 APN 成员、项目负责人、秘书处以及全球变化界之间的沟通；鼓励各成员国政府，特别是 APN 国家协调中心发挥积极作用以促进 APN 项目在本国的实施开展。

2. 资金来源

APN 的资金来源非常多样化，不仅包括资金捐赠，还包括来自参与 APN 活动的国家和机构贡献的各种资源，诸如设备、设施、人力资源及其他形式的实物。APN 筹集资金、资源的多种方式如下：①从成员国直接筹集更多的资金；②通过资金匹配和实物捐助扩大 APN 基金的影响力；③通过 APN 内部和外部，为其活动感兴趣的新渠道筹集更多的资金，用于APN科学和能力建设活动；④在 APN 的行政和各种各样的项目活动中，战略性地调配有效资源；⑤引入提高成本效率的措施。

3. 与全球变化界的结盟

APN 积极与其他涉及全球变化研究与政策制定的机构建立伙伴关系，共同使可获取的资源最大化并产出最佳成果。在合作过程中，APN 不断发掘新机遇，包括资金支持、研究和网络建设等多个方面。

## 二、APN 计划申请程序

以 2010 年的项目为例，APN 计划的申请程序大致分为六个步骤，如图 1-7 所示。

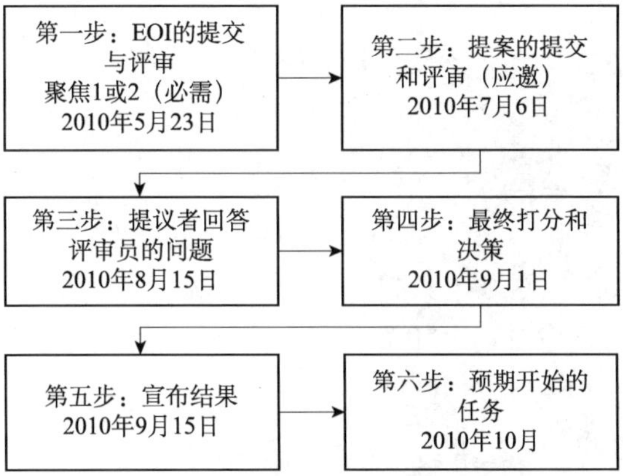


**图 1-7 APN 计划提交程序**

## 三、中国参与的 APN 项目及案例

2009/2010 年已被批准的继续执行的项目和新项目有以下三项。

1. 东南亚橡胶树种植园改变的土壤$CO_2$排放的温度灵敏性（ARCP2009-07CMY）

项目负责人：Xiaoming Zou、Fanglin Liu、Min Cao、中国科学院、西双版纳热带植物园

2. 枯木对碳捕集作用的定量研究（ARCP2009-18NMY）

项目负责人：Douglas Schaefer 博士、中国科学院西双版纳热带植物园

3. 亚洲水循环计划（AWCI）框架下的亚洲季风气候干旱监测与研究的能力建设（CBA2009-01CMY）

项目负责人：AILIKUN 博士、中国科学院

## 四、APN 联系方式

参见网址：http://www.apn-gcr.org。

# 第十二节　国际ARGO计划

## 一、国际 ARGO 计划概况

### （一）国际 ARGO 计划发展现状

1998 年，美国等国家的大气、海洋科学家共同推出了一个全球海洋观测试验项目，即国际地转海洋学实时观测阵（Array for real-time geostrophic oceanography，ARGO）计划，通俗称“ARGO 全球海洋观测网”，旨在快速、准确、大范围地收集全球海洋上层的海水温、盐度剖面资料，以提高气候预报的精度，有效防御全球日益严重的气候灾害（如台风、飓风、龙卷风、洪水、冰暴和干旱等）给人类造成的威胁。

ARGO 计划设想用 3 ～ 4 年的时间（2000 ～ 2003 年）在全球大洋中每隔 300 公里布放一个卫星跟踪浮标，总计为 3 000 个，组成一个庞大的 ARGO 全球

海洋观测网。卫星跟踪浮标将采用自律式的拉格朗日环流剖面观测浮标，它的设计寿命为 4 ～ 5 年，最大测量深度为 2 000 米，每隔 10 ～ 14 天会自动发送一组剖面实时观测数据，每年可提供多达 10 万个剖面的海水温度和盐度资料。

ARGO 全球海洋观测网的建设获得了世界各沿海国家、大气科学家的青睐，被誉为"海洋观测手段的一场革命"，实现了长期、自动、实时和连续获取大范围、深层海洋资料的能力，从根本上弥补了目前天气预报中对海洋内部信息缺少了解的局面，很大程度上提高了天气预报的精确度。

### （二）ARGO 计划的科学目的

首先，ARGO 计划将提供全球海洋 2 000 米深度以内的次表层温、盐度资料。世界大洋环流实验（WOCE）也曾进行过全球海洋观测，动用了大量船只，花了七年时间，才得以完成全球的观测任务。而 ARGO 计划实际上是一个实时的、海洋上层的 WOCE 计划，它将每隔 10 天提供一组全球海洋状态的资料。科学家们利用这些资料，并结合覆盖全球海洋表面的卫星观测，可以达到提高海洋、天气业务预报精度和科学研究水平的目的。

其次，这些资料将直接有助于提高对与恩索（EI Niño/La Niña-Southern Oscillation，ENSO) 有关的海洋、天气灾害（如洪水、干旱等）预报的能力，还将有助于提高海洋对气候的作用，以及其他与 ENSO 事件类似的，如北大西洋振荡（NAO）、太平洋十年振荡（PDO）、南极绕极波（ACW）和北极振荡（AO）等气候和海洋现象的认识，从而能对大尺度大洋环流，以及海洋内部的质量、热量和淡水输送平均状况和变化过程进行全球性描述。

ARGO 的资料还可以对大洋上层的演变过程及海洋 - 气候变化的模态（如热量和淡水的贮存和输运等）进行细致描述，还可以通过对海面以下温度、盐度垂直结构及参考层流速的测量来提升杰森卫星高度计资料的使用价值，并为解译由高度计获得的海面高度资料提供足够的覆盖范围和分辨率。

此外，ARGO 计划将为数据同化建立一个前所未有的数据库，帮助人们揭示海洋的物理状态，以及对预报模式进行初始化，全球海洋业务实时预报亦将变为现实。这个数据库还将经受新一代全球海 - 气耦合模式的连续性测试。通过测试可以了解耦合模式中海洋分量的变化，有助于提高相应的预测大气变化的能力。ARGO 全球海洋观测网的建成，正如天气观测中无线电探空仪资料可以准确地预报 3 ～ 5 天内的天气情况一样，将为人们更准确地进行短期气候预报作出贡献。

### （三）ARGO 计划预期成果

ARGO 计划不仅仅可以提供大量的原始观测数据，还会给人类带来以下几个方面的利益。

（1）首次实现理论化的实时全球海洋预报；

（2）建立一个精确的随深度变化的温度、盐度月平均全球气候数据库；

（3）为由表层热量和淡水交换所建立的大气模型提供大尺度约束条件；

（4）完成对大尺度海洋环流平均状态和变化的描述，其中包括对大洋内部水体、热量及淡水输送等的描述；

（5）建立一个时间序列的数据库，其中包括热量和淡水贮存，以及中层水团和温跃层水体的温盐结构和体积等信息；

（6）通过确定海面高度变化同海面以下温度、盐度变化的关系，有效解译用卫星高度计所观测的海面高度异常（SSH）；

（7）为建立新一代全球海洋和大气耦合模型的初始化条件、数据同化和动力一致性检验提供了一个前所未有的巨大数据库；

（8）直接解译海面高度异常，通过对降水与蒸发差、冷热差、热量和淡水对流，以及由风力驱动的水体重新分配的研究，了解厄尔尼诺（El Niño）所造成的全球海面变化；

（9）提供全球海面的绝对高度图，其精度在一年或更长的时间尺度内可以达到 2cm，从而使杰森高度计资料与 ARGO 资料在研究较大空间和时间尺度的问题上结合得更好；

（10）确定温度、盐度年际变化的主要形式及演变过程，例如，通过对海 - 气耦合模型的分析，找出全球海洋中存在的其他类似 ENSO 事件的现象，以及它们对改进季节 - 年际气候预报的影响。

## 二、ARGO 计划与中国

### （一）中国加入 ARGO 计划的背景

ARGO 全球海洋观测网建设的原则遵循国际惯例，即共同参与、资料共享。1994 年国际上曾在热带太平洋海域建成第一个热带大气海洋观测网（拥有 69 个锚碇 ATLAS 浮标），当时我国大陆因未参与施放长期观测浮标，而无法及时获得该观测网发布的实时观测资料，从而使我国海洋和气象学家失去了一次深刻认识和了解发生在热带太平洋的 El Niño 和拉尼娜（La Nina）现象及 ENSO 对中国大陆气候如何造成影响等问题的机会。当前，我国正在开展或即将开展的几个大型调查研究项目，如我国重大气候灾害的形成机理和预测研究（973 项目）、中国近海环流形成变异机理、数值预测方法及对环流影响的研究（973 项目）、印度洋－太平洋暖池及其海流系统和海－气相互作用前期研究（973 前期研究项目）等项目，均要求收集西北太平洋和印度洋海域，乃至整个太平洋和全球海洋的第一手资料。因此，在未来三年内建成的 ARGO 全球海洋观测网，无论从观测浮标的数量、观测覆盖区域，还是观测资料的代表性和应用价值来看，均明显优于 TAO 观测网，且其观测资料具有不可估量的科学价值。

美国、英国、日本、澳大利亚等国均成立了专门机构收集 ARGO 浮标资料，制订了详细的计划和时间表进行 ARGO 浮标资料的同化方法研究；建设经数据同化后的高精度网格点数据库；并进一步利用同化后的 ARGO 资料改进海洋及短期气候预测模式的预报能力。例如，美国国家环境预报中心（NCEP）、英国 Hadley 气候中心、澳大利亚气象局（BMRC）等均已将 ARGO 同化资料投入业务预报试运行，虽然还存在一些问题，但已显示出良好的发展前景。相比之下，我国还没有开展这方面的工作。在对 ARGO 浮标资料的变分同化处理和利用其改善长期天气预报和短期气候预测模式的预报能力方面，西方发达国家已先于我们起步。我国必须尽快开展这方面的研究工作，以便有效地提高数值模式的模拟和预测能力，这对我国的社会和经济发展具有非凡的意义。

此外，由于 ARGO 浮标可在水下长时间随海水流动而漂移，并连续工作，故可方便地获取漂移沿程的大量海洋环境要素资料，对沿海国的权益亦会构成一定的威胁。从这一点来讲，我国也迫切需要掌握和应用这一技术，以便为捍卫国家权益服务。

### （二）中国 ARGO 计划的目标

中国 ARGO 计划的总体目标是：通过引进国际上新一代先进的沉浮式海洋观测浮标（即 ARGO 剖面浮标），并将其施放于邻近我国的西北太平洋海域（少量浮标将视情形布放到东印度洋和南大洋海域），建成我国新一代海洋实时观测系统（ARGO）中的大洋观测网，使中国成为国际 ARGO 计划中的重要成员国；同时能共享全球海洋中 3 000 个 ARGO 浮标资料，丰富我国海洋和气象界承担的相关研究项目的资料源，并为该系统的近海观测网建设提供强有力的技术支撑，即通过大洋观测网建设，来了解和掌握该高新海洋观测技术的性能和特点，走技术引进、消化吸收和自行研制之路，使未来大洋观测网的维持由国产 ARGO

浮标代替，而近海观测网则完全采用国产 ARGO 的浮标组成，最终建成我国自成系统的海洋实时观测网络，为我国的海洋研究、海洋开发、海洋管理和其他海上活动等提供实时观测资料和产品。

### （三）中国 ARGO 计划的组织结构

中国 ARGO 计划的组织结构见图 1-8。

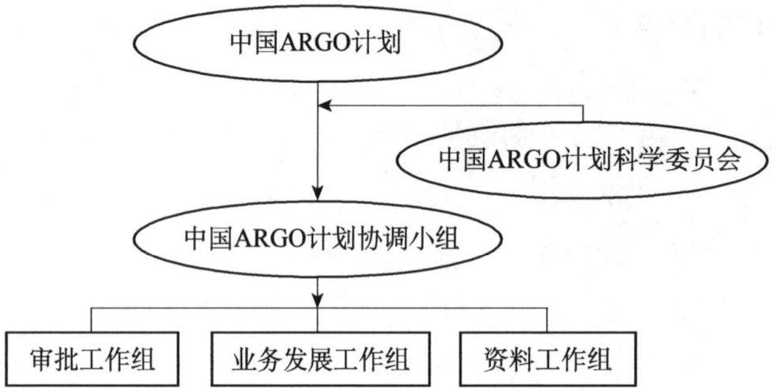


**图 1-8　中国 ARGO 计划的组织管理结构**

### （四）中国 ARGO 实时资料中心网

中国 ARGO 实时资料中心网的前身为中国 ARGO 网，创建于 2002 年 4 月 5 日。中国 ARGO 网在国家科技部基础研究司及国家海洋局科技司、国际合作司、第二海洋研究所和海洋动力过程与卫星海洋学重点实验室等部门和单位的支持下，在扩大中国 ARGO 计划的影响力、沟通与国际 ARGO 计划组织和各参与国之间的联系、推动中国和全球 ARGO 浮标资料共享等方面起到了积极的作用。

随着中国 ARGO 计划的发展和中国 ARGO 资料中心网的建立，中国 ARGO 网已经完成其神圣使命。经调整后的中国 ARGO 实时资料中心网将继续按国家科技部基础研究司对项目的要求，承担中国 ARGO 浮标的布放、实时资料的接收和处理、资料质量控制技术 / 方法的研究与开发、快速向项目承担单位和相关部门提供 ARGO 资料，以及及时反映我国科学家在 ARGO 资料应用研究方面所取得的成果等工作。无疑，中国 ARGO 实时资料中心网是中国 ARGO 网资料中心的一个重要组成部分。

中国 ARGO 实时资料中心网将继承中国 ARGO 网的服务宗旨，坚定不移地为促进中国 ARGO 计划的发展和 ARGO 资料的共享，以及沟通与各 ARGO 计划成员国的科学家之间的合作与交流提供更有效的服务，以回馈各界的大力支持和热忱帮助。

## 三、中国参与的ARGO计划案例

国家重点基础研究发展规划（973计划）项目基于ARGO计划的上层海洋结构、变异及预测研究——第二航次（布放ARGO浮标）的报告内容如下（2009年7月）。

### （一）任务来源

本航次任务来源于国家科技部国家重点基础研究发展规划（973计划）项目——“基于全球实时海洋观测计划（ARGO）的上层海洋结构、变异及预测研究”（课题编号：2007CB816000），旨在充分利用ARGO观测网的大范围、立体、同步和实时的特点，结合其他观测手段和数值模式，以西北太平洋和热带印-太海洋为立足点，探讨“上层海洋温盐结构的分布特征和形成机理”，以及“上层海洋变异的天气气候效应和可预测性”两个关键科学问题，从而为提高我国海洋环境与天气气候的监测和预报水平提供科学依据。

### （二）调查船

本航次由中国海洋大学“东方红2号”科学考察船执行。该船主要性能如下：排水量为3 235吨；经济航速为12.5节；全长96米；最大航速为18节；型宽15米；定员196人（包括船员45人）；吃水5米；建造年月为1995年12月；主机马力为1600千瓦 ×2；建造厂为上海中华造船厂。

### （三）调查区域与测站位置

本航次调查区域位于（120°20′E，21°18′N）、（120°20′E，21°00′N）、（123°00′E，21°18′N）、（123°00′E，20°00′N）等包围的吕宋海峡附近海域。除了布放五个ARGO剖面浮标及进行CTD仪比较观测和采集水样外，还进行了断面CTD站、回收和布放潜标等作业。浮标布放工作始于2009年7月5日，结束于2009年7月8日。五个浮标基本上沿着原设计的20°N断面由西向东布放，只是经度位置与原设计方案略有不同。在布放完每个浮标后，按计划在附近区域进行了CTD仪比较观测和采集水样，以便带回实验室进行盐度测量。

### （四）调查项目与内容

按项目调查计划，本航次的调查项目主要有ARGO剖面浮标观测，以及采用船载CTD仪比较观测和玫瑰型采水器采集特定层次上的水样等。观测内容包括水温、电导率（盐度）、压力及浮标漂移轨迹等。其中ARGO浮标的剖面观测深度为 0 ～ 2 000m，漂移深度为 1 000m，且利用 ARGO 卫星通讯，每隔 10 天发送一组温度、电导率和压力剖面数据（约 71 层）及浮标在海面上的漂移位置信息等；船载 CTD 仪的剖面观测深度为 0 ～ 2 500m，采样速率为 24Hz，约每米采集 32 个数据；采水层次分别为 100m、200m、300m、500m、800m、1 000m、1 500m、2 000m 等八层。

### （五）调查仪器设备

本航次投放的剖面浮标均为美国 Webb 公司生产的新颖的 APF9A 型 ARGO 浮标，并采用了美国海鸟公司生产的 SBE-911 型 CTD 仪及加拿大 Guildline 公司生产的 AUTOSAL 8400B 型实验室高精度盐度计等。

### （六）主要调查成果

按预定计划，本航次顺利投放了五个 ARGO 剖面浮标。根据这些浮标的工作寿命（3 ～ 4 年）和性能（每隔 10 天观测一个 2 000m 水深到表层的剖面），预计可获得至少 500 多个温度、盐度和压力剖面。这些浮标的第一个剖面信息可以在布放后的 24 小时内从法国 ARGOs 卫星地面服务中心获取；此外，还获得了五个 0 ～ 2 500m 水深内的 CTD 仪观测剖面，以及每个 CTD 站八个特定层次上的水样，每层采集 2 个，计 72 个，其中的 Argo-02 站由于玫瑰型采水器发生故障，未能采到 500m 层以下四个层次上的水样。航次结束回到实验室后，从法国 ARGO 卫星地面服务中心收到了五个浮标分别在 7 月 6 日、8 日及 9 日观测到的第一个剖面资料，其中在 ARGO-05 站上布放的一个浮标（WMO 编号为 2900179），由于尚不知原因的故障，未能正常收到盐度观测资料；使用 AUTOSAL 8400B 型高精度盐度计对 72 个水样进行了盐度测量，获得了 36 个盐度值。

## 四、ARGO 计划联系方式

参见网址：http://support.argo.net。

# 第十三节　国际全球环境变化人文因素计划

21 世纪人类正面临着全球环境变化（GEC）和社会可持续发展的巨大挑战，人类不仅受到来自变化中地球的冲击，而且人类活动正以前所未有的幅度和速度影响着地球系统，进而影响到人类的生活质量与可持续发展水平。自20世纪80年代起，国际科学界先后发起并组织实施了四大全球环境变化研究计划：世界气候研究计划（WCRP）、国际地圈生物圈计划（IGBP）、国际全球环境变化人文因素计划（IHDP）、生物多样性计划（DIVERSITAS）。这四大计划统称为地球系统科学联盟（ESSP），其共同使命是传播科学知识，以及促进人类社会与地球环境协调发展。每一项计划均从整个使命的某些方面着手，侧重于更加特定的科学目标。其中，IHDP在GEC研究中的作用日益突显。

作为全球变化四大科学计划中较为年轻的一员，IHDP经历十多年的迅速发展，在促进自然科学与社会科学的交叉、综合研究方面发挥了重要影响。中国成立IHDP中国国家委员会的时间不长，但也积累了一定的国际合作经验。

## 一、国际全球环境变化人文因素计划概况

### （一）IHDP的发展现状

1990年，国际社会科学联盟理事会（ISSC）曾发起人文因素计划（Human Dimensions Programme，简称HDP），这是国际全球环境变化人文因素计划（International Human Dimensions Programme on Global Environmental Change，IHDP）早期的雏形。1996年2月，国际科学联盟理事会（ICSU）联同ISSC共同作为项目发起者，项目名称因此由HDP演变为IHDP。各计划之间通过可持续性联合计划建立了密切的合作关系。IHDP侧重描述、分析和理解全球环境变化中的人文因素（HDGEC），研究全球环境变化背景下环境变化的制度因素，人类安全，土地利用/土地覆盖变化，可持续性生产、消费系统，以及食物和水的问题、全球碳循环等重大问题。IHDP计划围绕着三个主要目标开展、实施——科学研究、科研能力建设和国际化的科学网络。IHDP强调自然与社会、科学与政策的跨学科交叉研究，其研究成果对科学与决策团体间的对话有所裨益，并服务于GEC的评估工作，在HDGEC研究的国家与区域会议中，IHDP发挥着领导作用。

在全球变化思想的形成过程中，国际科学界特别关注人类活动究竟在多大程度上干扰着全球环境，以及全球环境发生变化后对人类的生存有何影响，并将这种干扰和影响统称为“人文因素”（“因素”一词的英文表达为dimension，可以理解为“方面”或“系统”）。大气、土壤、海洋及其他自然系统都是地球系统的子系统，它们通过相互作用构成了地球系统。人类不是处于全球环境变化之外的观察者，而是处于这个正在变化着的系统之中。人类同其他自然子系统

一样，也是地球系统的一个子系统，是一个重要的组成部分。然而，人类具有主观能动性，可以在认识自然的基础上以自己的行为适应或影响未来的自然变化。描述人类系统与其他系统间的相互作用的过程，以及认识人类系统所具有的功能及特点，是科学家努力实现的目标。因此，是否将全球变化的人文因素方面纳入 IGBP 的框架始终是 IGBP 设计中的争论焦点。从可操作性出发，考虑到 IGBP 涉及的面太广，比较一致的意见是将全球变化的人文因素方面作为并行的姊妹计划单列，并由国际社会科学联合会（ISSU）具体组织实施。

1986 年 12 月，ISSU 年会首次讨论了全球环境变化中的人文因素问题，讨论并设计了社会科学家参与全球环境变化研究的途径，号召社会科学家与自然科学家一道参与全球变化研究。加拿大、挪威、瑞典和美国先后举行了与本次 ISSU 会议议题相类似的国际研讨会。经过研讨交流，国际科学界普遍认识到全球变化研究不是自然科学家的独家领地，解决全球性资源、环境问题需要全人类的共同努力，尤其需要社会科学家的参与。以自然科学家为主体设计的 WCRP 与 IGBP 计划，对于解决全球变化的重大问题是不完善的，当今社会需要另一个侧重于人文因素研究的国际科学计划来丰富全球变化的研究内容。因为人类子系统在 IGBP 的框架中是一个黑箱，要想把这个黑箱变成可见的、有理论依据的图像，为人类社会可持续发展提出科学意见，则必须要求一个新的、有社会科学家参与设计的国际计划的实施。

1987 年，世界环境与发展委员会在《我们共同的未来》一书中引用了“可持续发展”（Sustainable Development）这一概念，要求当代人类在满足自身经济和社会发展的需求时不应造成对后代资源环境要求的损害，维持社会的可持续发展，并要求科学家给出在环境变化的人文因素方面的科学性建议。这本书引起了世界各方面的广泛关注。

1990 年 ISSU 大会确定了 IHDP 七个研究方向：①土地利用和土地覆被变化；②工业交通与能源利用；③资源利用的社会因素；④对全球环境条件及其变化的预测和评估；⑤社会、经济和政治构架及体制在地区、国家和国际层次上的影响；⑥工业增长；⑦环境保障与可持续发展。这七大研究方向为之后 IHDP 科学计划的设立提供了理论基础。在 IHDP 发展的第二个 10 年内，发起机构由原来的两个增加到了三个，除原有的 ICSU 与 ISSC 外，联合国大学也加入这一行列。IHDP 的进一步国际化更有效地调动了国际资源以促进自身的发展。

与 IGBP 等研究计划相比，IHDP 尚不够成熟。在最初的 10 年时间内，

IHDP 并没有提出明确的战略规划，更多的是在借鉴其他全球变化研究团体尤其是 IGBP 的经验，处于摸索阶段。之后 IHDP 的工作取得了一定成效，不仅体现为参与核心计划与联合计划研究的科学家取得的诸多进展，也体现为人们意识的改变。正如 ICSU 领导下的外部评估委员会所指出的，IHDP 已经成功地促进了社会科学界对全球变化问题的参与，并提升了政治家与公众对全球变化人文因素的关注。迄今，IHDP 在认识论和方法论上成果最为显著：①提高了人们对人文因素视角在 GEC 研究中重要性的认识；②获得了在 GEC 研究中如何考虑并加强社会科学研究的经验；③得到了社会科学、自然科学及二者结合的理论和方法；④在 GEC 集成研究方法中加强了对南方集团的关注。

在新的战略规划中，IHDP 对自身的定位是：IHDP 不是一个科学评价机构，而是一个科学产出组织；其扮演的角色是遴选与制定若干关键研究主题，并促进对此感兴趣的学术团体的研究活动；其目标在于汇集来自各个学科、各个国家的科学家，就其共同关心的问题展开综合与长期的合作研究。该规划主要分成研究规划、能力建设规划、科学 - 政策联络规划三个部分，在研究方面提出了三维的研究策略：第一个维度是 IHDP 核心计划与联合计划；第二维是 IHDP 提出的四个交叉研究主题（四个横向交叉研究主题即脆弱性、恢复性与适应，阈值与转型，治理，社会学习与知识）；第三维是改进与整合方法论，如改进统计方法、个例研究、描述、系统分析与模拟等。为实施上述策略，IHDP 需要与 IHDP 及 ESSP 的主要成员之间建立密切有效的联系，在能力建设和科学政策联络方面加强合作。在加强科学与政策之间的联系方面，规划草案也提出了若干建议措施，例如，建立科学家与专业人员的互动论坛、建立科学委员会与核心计划发言人机制、将科学成果转化为目标受众更广泛的出版物、扩大媒体宣传、开展联络能力建设等。上述建议充分体现出 IHDP 重视将科学研究成果应用于决策服务。

### （二）计划内容

IHDP 的科学计划阐明涉及全球环境变化人文因素研究的关键性问题。它是产生前沿科学领域中新的 IHDP 的关键机制。当 IHDP 科学委员会确立了优先行动主题，或是当一个（或更多的）国家委员会及其他的科学组织对 IHDP 直接提出建议，这些科学计划就会有所进展。所有的 IHDP 研究行动都围绕脆弱性 / 恢复力、阈值 / 转型、管理、学习 / 适应这四个关键问题展开。目前，IHDP 有七个核心科学计划。

（1）土地利用/土地覆盖变化（Land-Use and Land-Cover Change，简称 LUCC，与 IGBP 共同发起）；

（2）地球系统管理（Earth System Governance，ESG）；

（3）全球环境变化与人类安全（Global Environmental Change and Human Security，GECHS）；

（4）工业转型（Industrial Transformation，IT）；

（5）海岸带陆海相互作用（Land-Ocean Interactions in the Coastal Zone，LOICZ，目前已进入第二阶段）；

（6）城市化与全球环境变化（Urbanization and Global Environmental Change，UGEC）；

（7）全球土地计划（Global Land Project，GLP，与 IGBP 共同发起）。

IHDP 及其他三个 ESSP 计划已经开始实施六个可持续性联合计划，即全球环境变化与食物系统（GECAFS），全球碳计划（GCP），全球水系统计划（GWSP），全球环境变化与人类健康（GECHH），季风亚洲区域集成研究计划（MAIRS）和全球变化的分析、研究和培训系统（START）。ESSP 联合计划分别着重研究粮食、碳、水、人类安全等四大关乎人类生计与生存的关键可持续性问题，主要目的是综合研究地球系统变化及其对全球可持续性的影响。这些计划均采取综合集成、跨学科交叉的研究方法（图 1-9）。

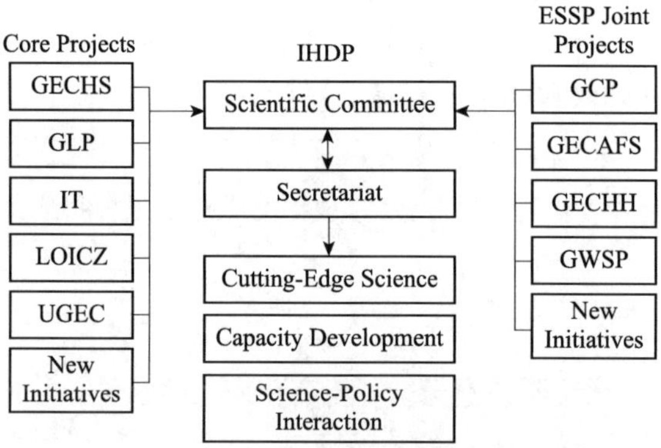


**图 1-9　IHDP 科学计划结构图**

## （三）组织形式

IHDP 的组织机构由五大模块组成：发起机构、科学委员会（SC-IHDP）、秘书处、科学计划（包括核心科学计划和联合科学计划）、国家委员会（图 1-10）。

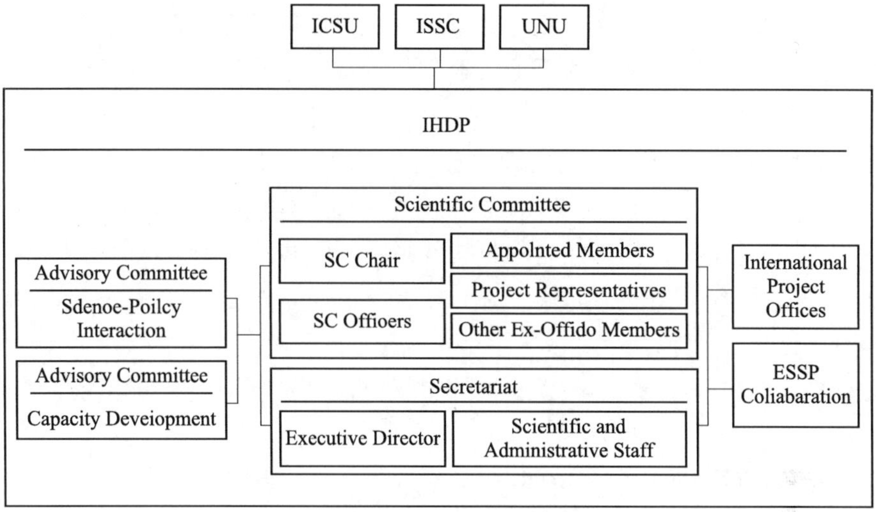


**图 1-10 IHDP 组织结构图**

目前，IHDP的发起机构扩展到三个，即ICSU、ISSC、联合国大学（United Nations University，UNU），以增强其在国际上的影响力。至此，IHDP已成功将自己纳入科学研究机构、国际政策决定组织及执行性组织的网络之中。发起机构从宏观层面指导整个计划，并选定SC-IHDP的主席和秘书处的执行主任。

SC-IHDP发挥着重要的领导作用，指导IHDP工作日程安排，批准科学计划，选举科学指导委员会（Scientific Steering Committees，SSC），并对影响IHDP全局的事情做最终决定。SC-IHDP由来自世界各地的社会科学、人文科学及自然科学领域的科学家组成。科学委员会包括主席一名、财务主管一名、副主席三名、指定委员（appointed members）若干名，由相关研究组织提名，委员会成员选举任命；还包括当然委员（ex-officio members）若干名，由各核心计划及合作组织的主席组成。

IHDP国际秘书处设在德国波恩大学。秘书处负责整个计划的协调运作，处在网络运行所有节点的轴心。其具体工作包括收集信息、传播成果、举办活动、扩大交流等。秘书处在科学计划与决策者间扮演着知识经纪人的角色，将成果带往最能受用的地方。秘书处使科学计划团结成一个有机整体，通过各种途径提升研究成果的影响力，以实现IHDP的终极目标。秘书处由一位执行董事及若干职员构成，其职员采取全球招聘的形式。

各核心计划通过各自的国际项目办公室（IPO）协调其运作，并接受来自其各自SSC的科学管理。SSC的作用类似于SC，发挥实质性的领导作用。IPO的作用类似于秘书处，其主要工作包括确立、制定新的优先研究行动；促进国际间合作关系；建立决策者与科研工作者之间的沟通。

目前 IHDP 的会员有 16 个，即阿根廷、玻利维亚、巴西、保加利亚、中国、美国佐治亚州、日本、肯尼亚、尼泊尔、尼日利亚、俄罗斯、西班牙、瑞士、中国台北、英国、美国。各成员会交纳一定比例的会费，赞助 IHDP 的运行。IHDP 的经费由国内外的科学机构及国家政府共同资助，目前国家捐款总额的一半左右为德国政府贡献（图 1-11 为 2006 年和 2007 年 IHDP 经费来源比例图）。

此外，IHDP 也设有顾问委员会，参与科学 - 政策互动及能力建设，但并不发挥决定性作用。

通过这样的组织机制，IHDP 加强了与科学家、决策者、项目资助者的合作，通过了一系列政策导向报告、网站建设、通讯等多种方式交流研究成果，目的在于给决策者提供坚实的科学基础。

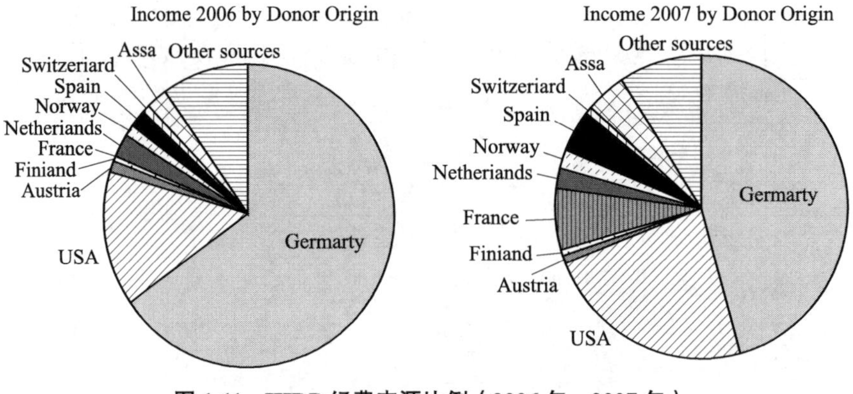


**图 1-11　IHDP 经费来源比例（2006 年、2007 年）**

## 二、中国参与 IHDP 情况

### （一）IHDP 中国委员会简介

在国外全球变化领域兴起和我国环境问题亟待解决与社会可持续发展迫切需要的前提下，我国研究者必须尽快纳入 GEC 的人文因素研究及 IHDP 研究的国际网络中去，这样才能更好地服务于国家生产建设与国家利益。2004 年 8 月 30 日，由中国科学技术协会、科技部和 IHDP 中国委员会筹备处联合主办的国际全球环境变化人文因素计划中国委员会（CNC-IHDP）在北京成立。

CNC-IHDP 的任务是代表我国参加 IHDP 的有关活动；为国家的资源、环境管理，生态建设，环境外交，以及国家和地区的可持续发展战略的制定和实施提供知识储备和科学咨询服务；推动并协调国内各有关单位开展 IHDP 的研究和学术交流活动；参与有关部门委托的国内重大项目和国际合作项目的论证；促进社会公众环境保护意识的增强。因为 CNC-IHDP 的发展目标是与国家目标和国际前沿紧密结合的，为此，中国开展 HDGEC 研究应着重解决以下问题：①国家发展的科学问题；②经济、社会转型的科学问题；③国家经济宏观调控与区域发展的科学问题；④人地系统研究与发展需求相结合的问题；⑤与国际接轨的科学问题。

CNC-IHDP 设立常务委员会和顾问委员会，下设秘书处和七个工作组。秘书处位于中国科学院地理科学与资源研究所（图 1-12 为 CNC-IHDP 组织结构图）。七个工作组中包括四个 CNC-IHDP 工作组。

（1）产业转型工作组（Working Group for the Industrial Transformation，CNC-IHDP/IT）；

（2）全球环境变化与人类安全工作组（Working Group for the Global Environmental Change and Human Security，CNC-IHDP /GECHS）；

（3）城市化计划工作组（Working Group for the Urbanization Project，CNC-IHDP/UP）；

（4）风险管理工作组（Working Group for Risk Governance，CNC-IHDP/RG）。

此外还包括三个 CNC-IHDP、CNC-IGBP 联合工作组（信息中心）。

1. 海岸带陆海相互作用工作组（Joint Working Group for the Land-Ocean Interactions in the Coastal Zone II，CNC-IGBP&CNC-IHDP /LOICZ II）；

2. 全球土地计划工作组（Joint Working Group for the Global Land Project，CNC-IGBP&CNC-IHDP/GLP）；

3. 全球环境变化研究信息中心（Information Center for Global Environmental Change Studies，CNC-IGBP&CNC-IHDP/IC）。

下属各工作组及联合工作组的建立标志着 CNC-IHDP 组织架构基本形成。目前 CNC-IHDP 共有委员 69 人，其中常委委员 13 人。各工作组成员共 200 余人分别来自各高等院校、科研院所、社会企业、学会团体及政府机关等相关领域，初步形成了覆盖广泛的全球环境变化人文因素研究网络，如图 1-12 所示。

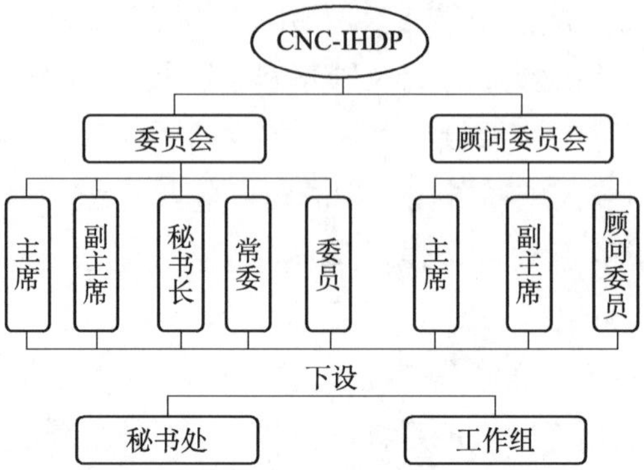


**图 1-12　CNC-IGBP 组织结构图**

## （二）中国在 IHDP 中的参与情况

鉴于 CNC-IGBP 成立十几年来所取得的宝贵经验，CNC-IHDP 自 2004 年成立以来，就以较快的速度融入国际 IHDP，积极参与国际事务，并不断将国际合作推向深入。CNC-IHDP 开展的国际合作，不再限于保持日常联络、参加国际会议、派遣人员互访、组织出版研究成果等常规交流活动，而通过主导建立国际核心科学计划、利用国外智力资源开展国际合作项目、邀请国外科学家为中国发声、推荐中国科学家在国际 IHDP 及其相关组织中担任重要职务等更为深入的方式，逐步发挥引导国际科技发展的作用，形成了自己的特色。

1. 主导建立国际核心科学计划

2006 年 11 月在 IHDP 中国区域会议期间，CNC-IHDP 提出了关于“在 IHDP 框架下建立风险管理核心计划”的设想，并与 IHDP 有关负责人进行了多回合的深入探讨与交流。IHDP 主席等与会代表均同意 CNC-IHDP 的建议，希望 CNC-IHDP 能够尽快向 IHDP 科学委员会提交相关材料，同时联络其他国际学术团体开展筹备工作，并要求 CNC-IHDP 派专员在 2007 年 3 月举行的 IHDP 科学委员会会议上汇报核心计划成立有关方案。2007 年 3 月，在第 14 次 IHDP 科学委员会会议（SC Meeting）上，CNC-IHDP 的代表向 IHDP 递交了关于“建立 IHDP 综合风险防范核心科学计划”的建议书，同时应 IHDP 主席邀请就建议书内容进行了报告，受到 IHDP 负责人及科学委员会委员的广泛关注与重视。会议最终决定通过这一倡议，并将“综合风险防范”（IRG）列为 IHDP 未来新设立的核心计划的第一项。会议同时明确了在 2008 年建立 IHDP-IRG 核心科学计划的工作目标。

此次会议后，为进一步完善该核心科学计划书的内容，并落实其中的项目范围、工作时间表、未来项目管理、研究内容、研究重点等诸多重要事项，CNC-IHDP分别在2007年6月和9月参与举办了全球环境变化与综合风险防范国际研讨会和IHDP-IRG核心科学计划第一次国际科学委员会会议。2008年6月，全球环境变化国际合作基地与CNC-IHDP一同协办并派代表参加了在美国召开的IHDP-IRG核心科学计划第二次国际科学委员会会议。该科学委员会共由20多名中外专家组成（其中国外专家所占比例超过80%），并由CNC-IHDP的中方科学家出任委员会联合主席。在2009年5月召开的第七届国际全球环境变化人文因素开放科学大会上，国际IHDP在主会场为该计划举办特别会议，会议由IHDP秘书处执行主任Andreas Rechkemmer博士亲自主持，IHDP科学委员会时任主席Oran Young博士出席并作讲话，此外还对中方支持和引领的IHDP综合风险防范领域的国际合作表示了感谢。必须指出的是，这是世界上第一个由发展中国家提出的IHDP框架下的科学计划，也是全球环境变化领域第一个由中国科学家自主提出并申请设立的跨国家、跨区域的核心科学计划，在我国引领国际全球环境变化研究方面具有重要的开创意义，它将有力扭转我国在全球环境变化领域长期以跟踪国外研究为主的局面，对我国今后在国际科学计划中提出并建立自己的核心计划具有很强的指导意义，影响较为深远。

2. 实施国际合作项目，利用国外智力资源

CNC-IHDP自成立以来就一直致力于加强与国际IHDP的紧密联系，积极投入到IHDP的工作中去。除此之外，CNC-IHDP还主动同其他国际学术组织发展友好关系。自成立以来，CNC-IHDP同德国全球环境变化国家委员会（German National Committee on Global Change Research，简称NKGCF）展开了较为密切的合作，共同实施了一系列国际合作项目。在2004年和2005年，CNC-IHDP秘书处分别组织申请并实施了两项科技部国际科技合作重点项目，即“中国对全球变化的响应与适应研究”和“中德全球环境变化联合研究”。2007年，基于《CNC-IHDP与NKGCF关于“加强合作并建立中德全球变化联合研究中心”的合作意向书》及《关于CNC-IHDP与NKGCF共同努力推动全球变化研究的理解备忘录》等多项重要文件，中国与德国在鄱阳湖流域开展的“鄱阳湖流域生态系统综合治理研究”国际合作项目正式启动。通过开展该项项目合作，我方将引进和吸收2000年以来德国科学家在多瑙河流域综合治理研究中所建立和发展而成的流域治理综合模型及高空间分辨率区域气候建模方法，以解决生态系统综合监测及评估中所存在的一系列关键科学与技术问题。2008年3月，该项

目在北京、南昌和九江分三段成功举行了工作会议暨项目学术顾问委员会会议。除此之外，这类区域性的合作项目还包括京津计划、青岛计划、干旱/半干旱地区生态重建计划。

由 NKGCF 和 CNC-IHDP 联合主办的“中德全球变化合作研究”项目第一次工作会议于 2005 年 11 月 11 日在北京举行。翌年同日，由 NKGCF 与 CNC-IHDP 联合主办的第二次工作会议——“IHDP 框架下的双边合作：以中德合作为例”会议再度在北京召开。该会议的召开进一步促进了中德双边合作，有效地扩大了 CNC-IGBP 在 ESSP 各参会代表中的影响。除了 CNC-IHDP 秘书处在中间所发挥的重要组织作用外，各个工作组在国际项目的实施和合作方面同样扮演了十分积极的角色。此外，城市化计划工作组（CNC-IHDP/UP）同德国的科隆大学建立了稳定的合作关系。全球环境变化与人类安全工作组（CNC-IHDP/GECHS）开展了澳大利亚合作项目“中国城市流动人口社区研究”，以及联合国计划开发署合作项目（UNDP）“中国东北地区的跨境迁移和艾滋病预防”。通过这些项目的实施，我国引进了国外先进研究成果和技术手段，利用了国外智力资源，有利于我国科研水平的提高，促进我国可持续发展。

3. 加强与其他科学计划组织的合作，共同开展国际交流活动，邀请外国专家为中国发声

2007 年 1 月 20 ～ 22 日，由全球变化四大研究计划 WCRP、IHDP、IGBP、DIVERSITAS 的中国国家委员会主席和世界数据中心（WDC）中国中心秘书长共同发起的“CNC-IGBP、CNC-WCRP、CNC-IHDP、CNC-DIVERSITAS 和 WDC-China 2006 年联合学术大会”在北京举行。大会的主题定为“地球系统过程与人类活动”，主要围绕地球系统模式与模拟研究、地球系统科学战略与研究方法、极端事件与社会可持续发展等议题展开讨论。2009 年 1 月 10 ～ 11 日，“CNC-IGBP、CNC-WCRP、CNC-IHDP、CNC-DIVERSITAS 和 WDC-China 2008 年联合学术大会”在北京再次举行。此次大会的召开有利于从组织层面促进我国全球变化和地球系统科学研究的学科交叉及综合集成研究，并有利于推动我国地球系统科学研究领域的理论体系建设与学科发展。

2007 年 12 月，依托 CNC-IHDP、CNC-IGBP 及中国科协联合国环境咨商委员会（WGUNEC-CAST）建立的“全球环境变化国际合作基地”正式成立。该基地基于以往良好的国际合作基础，充分发挥了国家级联合研究中心的平台作用。基地成立后，充分利用联合国气候变化大会暨《联合国气候变化框架公约》缔约方大会（UNFCCC/COP）边会这一重要舞台，结合气候变化科学研究的发

展和国际谈判形势的变化，采用不同的主题组织历次边会报告，直接配合了我国政府关于气候变化的谈判立场，争取了国际社会对中国的理解与支持。每次边会都吸引了至少 60 位各国代表前来听取边会报告，并与中国科学家进行讨论交流。在 2008 年波兰波兹南的 UNFCCC COP 第 14 次会议上，该基地组织了以“弹性适应：因时制宜地适应气候变化”为主题的边会，并一改以往边会全部由中国科学家做报告的做法，邀请美国科罗拉多大学的 Michael Glantz 博士做了“关于弹性适应的设想”的边会报告。报告指出，在关于气候变化的基础科学问题及其社会影响的研究都还存在很大的不确定性时，我们应不断吸收新的经验和认识，因时制宜、因地制宜地调整、创新适应行为和策略，而不是固守现已制定的刚性政策。这一观点因其强调气候变化科学研究的不确定性、反对基于不确定的认识来制定强制性的国际条约，从实质上支持了我国政府在国际气候变化谈判中的立场，从而为我国延缓承担强制性的温室气体减排义务提供了新的科学依据。

4. 推荐人员在国际IHDP中任职

2007 年，IHDP 科学委员会决定提名 CNC-IHDP 时任主席刘燕华研究员担任 IHDP 副主席，任期自 2008 年 1 月 1 日开始。这一任职为我国科学家在国际全球变化研究四大科学计划（IGBP、IHDP、WCRP 和 DIVERSITAS）中担任的最高级别职务。据统计，从 20 世纪 90 年代开始，在 CNC-IGBP 和 CNC-IHDP 的委员中，已先后有 43 人担任 IGBP 或 IHDP 核心科学计划科学指导委员会委员以上的职务（表 1-8 列出的是在 IHDP、IHDP 核心计划及 ESSP 联合计划中在任的中国科学家名单）。这一直接有效的方式有助于不断提高我国在全球环境变化研究领域的影响力，也有助于增强我国在气候变化双边或多边谈判中的话语权。

**表 1-8　中国科学家在 IHDP、IHDP 核心计划及 ESSP 联合计划中任职情况（现任）**

| 姓名 | 国际组织中任职 | 任期 |
|---|---|---|
| 刘燕华 | SC-IHDP，Vice Chair | 2008 至今 |
| 王金霞 | GECHS SSC | 2007 至今 |
| 刘纪远 | GLP SSC | 2006 至今 |
| 陈中原 | LOICZ SSC | 2010 至今 |
| 邓祥征 | UGEC SSC | 2006 至今 |
| 齐晔 | GCP SSC（ESSP 联合研究计划） | 2006 至今 |
| 夏军 | GWSP SSC（同上） | 2009 至今 |
| 符淙斌 | Chair of MAIRS SSC | 2006 至今 |

# 第十四节 国际大科学工程及研究计划的国内认证管理

国际大科学工程或研究计划涉及国内学科发展、产业发展、科技发展优先领域、人才培养、外交谈判及国际规则制定、科研经费安排和分配、国际合作、国内配套工作及国内外工作结合、协调等多方面工作，关系重大。目前我国参加的国际大科学工程和研究计划尚无统一的规划与论证标准，均以个案形式处理。为加强国内的宏观统筹与协调管理，科技部在 2012 年 1 月发布了《参加国际大科学工程及研究计划国内论证指南（试行）》①。

## 一、国内认证的主要内容

国际大科学工程及研究计划的国内认证主要内容共包括以下五个方面。

1. 国际大科学工程及研究计划的重要性与可行性分析

国内认证的主要内容为：首先，列举该项目 / 计划所涉及的学科领域、主要的科学目标和工程技术指标，以及对相关领域科学进步和工程技术发展的重要意义，并阐述对全球政治、经济、社会发展的意义和长远影响；其次，还需阐述各国政府、相关国际组织或其他出资方、国际学术界对该项目 / 计划的可行性、重要性、必要性、优先程度和紧迫性、风险和不确定性等方面的意见，明确说明参与各方是否已经就项目 / 计划达成基本一致的意见；最后，还需要分析主导该项目 / 计划的相关国家在制造能力、人力资源、科学、工程技术等多方面的实力与因素。

2. 我国参加该项目/ 计划的重要性和必要性分析

需要明确该项目 / 计划的主要内容是否属于国家经济社会发展规划、科技发展规划、战略性新兴产业发展规划或者高新技术产业发展规划确定的优先领域，并论述参加该项目 / 计划对于实施上述规划的意义和作用。此外，国内学术界就该项目 / 计划的重要性、可行性、必要性、风险等重要方面是否达成一致意见也很重要。对于国家大科学工程，还应开展对生态环境影响的评估。

3. 我国以不同方式参与该项目/计划的权利义务对比分析

不同方式是指中国可以以单个项目参与方、观察员、伙伴成员等多个方式

① 引自网址：http://www.most.gov.cn/kjbgz/201201/t20120119_92077.htm。

参与该项目 / 计划。需要对比分析我国在参加与否，以及以不同身份参加该项目 / 计划的情况下在出资方式、比例与金额，决策投票权，知识产权等成果的收益与分配，人员交流与培养等多个方面的权利和义务的差别；此外，还应对总投入、阶段性投入、投入额度与比例等多个方面进行论证，分析该项目 / 计划的组织运行管理架构、资金方案和决策机制对我方是否有利。

4. 我国参加该项目/计划的可行性分析

根据项目 / 计划的规模、时间进度、存续时间，以及对当前和未来我国经济形势、科研投入趋势的判断，分析国内是否有充足的资金保障参加该项目 / 计划；分析国内是否有充足的科学和工程技术知识基础，相应的研究、制造能力和人才储备，以及谈判、项目管理和国际合作经验，去满足项目对各参与方在时间进度、人力投入、实物贡献的数量和质量等各方面的要求；还需分析我国参加该项目 / 计划对相关领域的国内科技及产业发展、学科发展、科研经费安排和分配、国内拟建或在建的大科学装置、已启动或拟启动的研究计划、人才培养、管理经验、其他双边或多边科技合作等各方面可能产生的重大影响。

5. 我国参加该项目/计划的国内收益评估分析

该部分需要分析我国参加该项目 / 计划投入和产出的社会经济效益，在科学、工程技术、产业发展、国际合作、人才培养、管理经验等方面可能获得的收益，以及对国内相关工作起到的促进作用。进一步来说，论述为实现上述收益，应如何系统安排国内配套工作，包括科研布局、人才培养、产业发展、国内协调管理、国际合作等，特别是科技界和产业界的相关科研机构和企业应该如何组成团队来参与该项目 / 计划。

## 二、认证前需要的背景资料信息及预备工作

### （一）项目 / 计划基本属性判断

项目 / 计划基本属性的判断工作主要包括以下几个方面。

1. 判断项目/计划是国际大科学工程项目还是国际研究计划

判断项目 / 计划是否已经发展成为政府间国际组织、非政府间组织或多边合作机制。国际组织（特别是政府间国际组织）一般需要签署国际协定（或条约、协议、规约、宪章）等有法律效力的文件，明确各成员方的权利与义务，规定加入及退出机制；项目 / 计划设有总部或秘书处，有固定雇员和办公地点、固定的预算、会费或捐款；与东道国签署协议，享有特权与豁免权；通常还在联合

国备案。多边合作机制一般指松散的合作机制，虽可能签署合作文件，但一般没有法律约束力；没有固定的雇员和办公地点，由各成员方轮流承担秘书处的职责；机制框架下所开展的活动由各成员方自愿参与、自行出资承担；成员加入和退出机制都相对比较灵活。

2. 判断以不同方式参加该项目/计划的可能性

根据该项目/计划的有关协定（或条约、协议、章程等文件）的规定及各成员方的意见，判断中方是否能以正式成员、伙伴成员、观察员、单个子项目的参与方等不同方式参加该项目/计划？是否已确定相应的加入标准（如承担的预算份额等）与权利义务？参加方式、加入标准、权利义务是否仍需协商谈判确定？

3. 判断对加入该项目/计划的主体的要求

根据该项目/计划的有关协定（或条约、协议、章程、规约等文件）的规定及各成员方的所持意见，确定是否只允许中方以国家或政府的名义加入，还是能够以科研机构或其他名义加入。

### （二）该项目/计划当前所处阶段及进展状况

确定该项目/计划是否已完成了相关国际协定（或条约、协议、宪章、规约等文件）的谈判，如尚未完成谈判，列举尚未达成一致意见的重点议题、各方立场及可能的妥协结果，并基于此准备中方的预案确定是否以不同身份参加该项目/计划，在前期论证、设计预研、谈判和批准、建造、运行及实施各阶段的不同权利义务，特别是涉及的经费分摊方案、成果收益分配方式、决策机制（包括投票规则）和组织运行管理架构等重点议题。如属国际大科学工程，是否已确定实物贡献部分或其他子项目的分配方案，项目建成后具体操作阶段的实验机时分配方案，评审和批准科研项目或实验申请的程序及标准，科研和管理岗位的分配方案，国际职员招聘方法，以及研究人员和实习生的选派标准等？如属国际研究计划，是否已确定国际研究计划申请项目资助的资格或额度，以及项目申请、评审和结题验收的标准和程序？

### （三）项目/计划的决策机制和组织运行管理架构

各方如以相同或不同身份参加该项目/计划，是否已确定在前期论证、设计预研、谈判、批准、建造、运行与实施各阶段的决策机制（包括投票规则）和组织运行架构？还是尚需协商谈判？如各方已确定了决策机制和组织运行管理架构，中方是需在正式参加该项目/计划前表示明确接受，还是在商讨参加的过程中可进一步就此开展谈判并可以做出修改?

### （四）项目 / 计划的预算和资金筹措方式

关于项目 / 计划的预算和资金筹措方式主要考虑以下几方面：①政府进行全额投入，或引导社会市场力量积极参与。②预计项目总投入，以及在设计预研、建设、运行、维护等阶段及各财政年度的资金投入。③以不同身份如正式成员、伙伴成员、观察员等参加项目，所需的不同出资额及占项目总投入的不同份额。④项目预算中，预计不同阶段各成员方现金出资贡献（in-cash）和实物贡献（in-kind）的比例和金额，以及现金出资中属于会费性质的支出及其他现金支出的比例及金额；实物贡献中人（人力资源）和物（仪器设备、部件等）投入比例及计价折算金额。⑤实物贡献（包括人和物）的计价方式。⑥项目实施中如出现经费缺口，预算经费调整的决策程序及可能的应对处理方案。

第二章

# 主要国家科学基金组织国际合作资助与管理

本章重点介绍美国、日本、英国、德国、加拿大及澳大利亚等主要国家的科学基金组织资助国际合作的情况。美国国家科学基金会（NSF）、国立卫生院基金会是美国政府资助基础研究的重要渠道。德意志研究联合会（Deutsche Forschungsgemeinschaft，DFG）是德国政府最大的研究资助组织，现有89个成员，其中65个来自高等院校，14个来自科研机构，另有7个研究院成员和3个科技协会成员。英国研究理事会（Research Councils UK，RCUK）通过运用透明的同行评议竞争机制为大学和其他研究机构提供研究经费，RCUK是英国7个研究理事会的联合会，协助和支持7个研究理事会的科研和联络工作。日本学术振兴会负责管理的科学研究费补助金是日本政府出资的科学研究基金中资助金额最大、资助范围最广、资助项目数量最多的竞争性科学基金。澳大利亚研究理事会（Australian Research Council，ARC）通过科学基金制支持政府创新、产业、科学和研究组合。加拿大自然科学与工程研究理事会（Natural Sciences and Engineering Research Council of Canada，NSERC）是一个为全加拿大科学和技术发展进行战略性投入的资助机构，通过研究基金的形式资助大学的基础研究及产学联合项目研究和人才培养。

# 第一节 美国国家科学基金会

## 一、美国国家科学基金会概况

### （一）简要介绍

美国国家科学基金会（National Science Foundation，NSF）是1950年依据一项美国国家科学基金会法案（已修正）（42 USC 1861-75）决议设立的独立的联邦机构。从成立之日起，NSF在联邦政府中就有独一无二的地位。法案中明确NSF的目标是“支持科学和工程各个领域的研究和教育，促进科学进步，增进国家健康、繁荣和福利”。NSF的计划分为基础研究计划、科学教育计划、应用研究计划、科学政策计划和国际合作计划共5类。其各项职能均通过这些计划得以实施。NSF设有专门的科学研究中心，并配备资助研究设备的费用。

由 NSF 资助的国家科学中心及由其他途径资助建设而成的先进的科学设备、信息和资料中心能够保证全美范围内获得 NSF 项目资助的科学家每年可以自由申请科学设备和仪器的使用。NSF 所资助的研究范围几乎覆盖了全部科学及工程领域，资助的形式包括提供研究经费，以及与 2 000 多家大学、K-12 学校系统、企业、非正式科研机构及其他研究机构开展合作等方式。在 NSF 每年收到的约 4 万份关于研究、教育及培训项目的申请中，约有 1.1 万份可以获准得到 NSF 的拨款资助。获得资助的研究项目大部分是来自个体研究者或小型研究机构的申请，也有少量是由研究中心申请，或者是提供实验仪器、设备形式的项目。NSF 组织结构如图 2-1 所示。

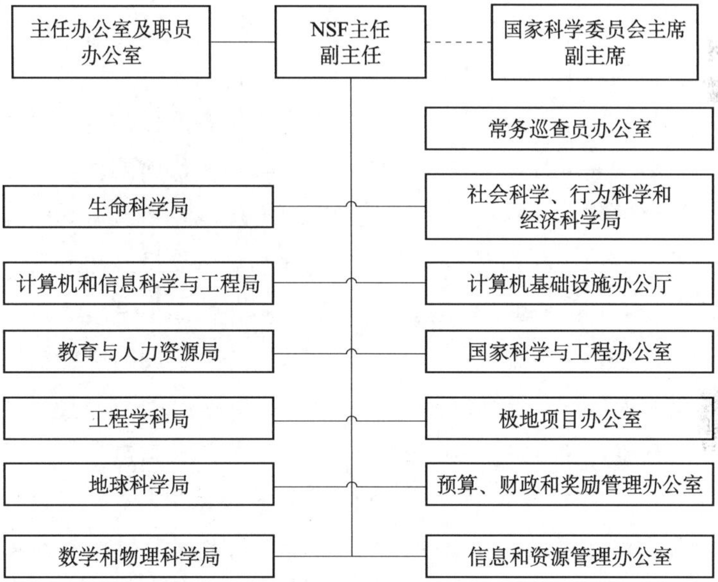


**图 2-1 NSF 组织结构**

## （二）NSF 的任务和资助对象

NSF 的任务是保障科学与工程的各个领域的整体健康，通过对基础研究计划的资助，改进科学与教育，增进国际科学合作，以促进美国科学的发展。该基金会也承诺为国家提供科学家、工程师及科学和工程教育工作者。NSF 致力于为大多数领域的科学与工程研究和教育提供资金。它通过签订合作协议或直接赠款，为遍布于美国的研究机构提供各种资助，这其中包括了 2 000 多个院校、K-12 学校系统、企业、非正式的科学组织和其他研究机构。该基金资助的基础研究学术机构大约占联邦政府所支持的机构的四分之一。

### （三）NSF的基金资助机制与范围

NSF的计划分为基础研究计划、科学教育计划、应用研究计划、国际合作计划、科学政策计划五类。它的职能通过各项计划得以实施。该机构设有自己的实验室，它分布于国家研究中心、用户设施及某些海洋船舶和南极研究基地等。

该基金接受以个人或组织为代表的机构提交的资助申请，同时对于跨学科的申请也会给予一定考虑。该基金会也支持大学和企业之间的合作研究、美国参与的国际科学和工程方面的项目、各层次学术水平的教育活动等。该基金会每年还会收到约几千份的硕士、博士研究生的申请。

通过几次大的战略调整，NSF目前定位于促进国家科技进步，推动国家健康、繁荣和富足，以及保障国防安全等三大方面。资助目标则主要聚焦于研究人才、科学思想和研究支撑系统三大方面，即致力于最前沿领域的开拓研发和科学发展对社会的服务；致力于多样化的、具有国际竞争力及全球视野的高质量人才的培养；致力于达到最新技术水平的便利型研究设备和可共享的信息与资料库的建设。NSF的资助范围除基础研究、应用基础研究、工程技术中心外，还包括科学信息建设、仪器设备及科学教育等。NSF资助的研究领域包括生物科学、数学与物理科学、计算机科学与工程、教育与人力资源，以及包括社会、行为与经济科学在内的12个分支（理事会），每一分支又包含更为具体的研究领域，共计有30多个研究领域，且分别由专门办公室负责。比如，社会、行为与经济科学分支包括了科学资源统计、行为与认知科学和社会与经济科学三个子类。NSF每年会发布各分支的研究计划（program），征集研究者所提交的各研究项目（project）申请。通常研究计划是由某一分支中的某一办公室来具体负责管理，也有不少研究计划是跨领域的，鼓励申请者组成跨领域的研究团队进行相应的研究项目申请。

## 二、NSF资助的国际合作研究情况

在没有特殊规定的情况下，NSF致力于鼓励国际合作，并且没有种族、肤色、性别、年龄、国籍等差异。但是，NSF很少资助外国组织独自研究的项目，而是对那些与国内合作并且以合作为目的的项目进行资助。

NSF的国际合作活动往往服从于人才、思想与工具三个层面的关键战略目标，即投资于多样性的、具有国际竞争力和全球开拓能力的科学家、工程师及高素质的国民；投资于科学与工程前沿领域的新发现，从而连接学术界与创新界并服务于社会；广泛支持在研究与教育领域最先进的工具。

在美国联邦政府机构中，NSF所资助的科学与工程国际合作领域最为广泛，国际合作项目资助范围覆盖了研究与教育活动的所有科学与工程领域，其资助重点有五个方面。

1. 支持美国科学家参与全球尺度的研究计划和合作研究网络

具体来说，NSF在约24个全球尺度研究计划中发挥了领导作用，此外还支持了美国科学家参与许多其他的全球尺度项目。近年来，NSF资助的一些较为重要的国际性大科学研究计划和研究网络有全球变化研究计划、极地紫外线辐射研究网络、全球测地学计划、国际空间气候计划、拟南芥基因组、海洋钻探计划、南极条约等。

2. 支持在美国本土及海外的国际性研究设施类项目

NSF是许多国际研究设施的主要资助者。这其中包括一些建造在海外的研究设施，这些设施基于明确的多国支持的框架，与外国合作者共同资助，如在智利的南部双子座设施。而那些建在美国本土的研究设施，通常其建造和运行的成本由国际合作提供资助。1999年6月在夏威夷建成的北部双子座设施，是在美国本土建造的、国际分担成本的研究设施的一个较为典型的案例。

3. 支持美国科学家与其他国家科学家的合作研究项目及美国科学家利用国外研究设施进行研究的项目

除了支持全球尺度研究计划中所述的全球或区域性国际合作研究计划外，NSF还支持美国科学家参与的政府间科技合作协议项目，以及其他类型的国际合作项目，如与法国、墨西哥在计算机、信息科学领域开展的合作研究计划，美、日光电子学合作研究计划，美国欧盟基础研究合作计划，中美地震研究合作项目等。通过分析NSF所支持的美国科学家利用国外设施研究项目所在领域发现，除了地学和天文学领域外，该基金会目前重点支持物质科学领域，尤其是物理学和材料科学领域。

4. 增加美国年轻科学家和工程师的国际研究经历

NSF目前支持的对象主要是博士后和青年研究人员、研究生及大学生。

5. 及时跟踪和获得国际科学与工程信息

NSF 通过参加开展国际调查与评估及国际会议，以及在东京和巴黎设立办事处等途径，跟踪其他国家在研究与教育领域的发展动态。

NSF 资助的国际合作活动主要是由各科学部的学科计划或交叉研究计划执行。通常来说，NSF 各科学部对国际合作项目不设立专项基金，它们只是资助体系的一部分。除了这一主要的资助渠道之外，国际科学与工程办公室承担着推动和资助所有科学与工程领域进行广泛国际合作的任务，它主要面向国际合作的启动和为早期计划提供资助。2002 年，该基金会的国际科学与工程办公室（Office of International Science and Engineering，OISE）对其资助项目进行了大幅调整，对各类小规模国际合作交流项目进行了整合，从而将重点放在具有实质性合作意义的长期的、大规模的项目和培养具有国际合作经历的青年科学家队伍上，重点资助以下三类项目。

（1）访问计划与研讨会。支持可快速响应的、有助于建立创新的国际伙伴关系、培训活动和合作研究的互访与研讨会。

（2）全球科学家和工程师项目。包括一系列旨在为美国学生和处于职业生涯早期的科学家和工程师提供国际研究与教育经历的项目和活动，主要包括：①发展全球性科学家与工程师，为大学生或研究生的小组及博士论文研究提供国际研究经历。②大学生研究经历，这是 NSF 的一项范围较广的活动，包括建立支持国际性大学生研究经历的站点，以及增加国内活动在国际方面的内容等。③美国研究生东亚和太平洋暑期研究院，活动共为期八周，主要向研究生介绍东亚和太平洋地区科学与工程的研究进展，并且提供个人联系方式用以建立未来的合作关系。④泛美洲高级研究院，活动为期 2 ～ 4 周，通过讲授最新的科技知识，鼓励美洲研究人员在工程、数学、物理和生物科学等领域建立合作关系。⑤博士后国际研究奖学金，支持博士后研究人员和青年研究人员在受资助的领域开展国际性研究。

（3）国际研究与教育伙伴关系项目。这是一类新的项目，旨在支持优秀研究机构之间开展长期的国际性研究与教育合作活动，为各个层次的美国研究人员提供国际合作经历。OISE 协同 NSF 各科学部，共同支持 NSF 较大范围的学科项目，尤其是优先领域的国际合作。研究人员可以向有关国家和地区办事处的官员咨询有关合作机构的信息。

# 第二节 美国能源基金会

## 一、能源基金会概况

### （一）EF 的发展现状

能源基金会（the Energy Foundation，EF）作为一家非政府、非营利性机构，是支持可持续能源的几个民间基金会的联合组织。EF 由约翰与凯瑟琳·麦克阿瑟基金会、皮氏慈善基金会和洛克菲勒基金会于 1991 年共同创建。此外，乔伊斯·默兹吉尔墨基金会和麦克耐特基金会分别在 1997 年和 1998 年作为基金合伙人加入该组织。

EF 的创办人认为，通过改变国家能源政策的集中能够产生更为清洁的能源供应体系。因此基金会把其目标定为努力提高能源的使用效率，发展可再生能源和推动未来清洁能源重要组成技术的转化应用。在操作层面上，EF 试图努力改变国家、行业等层面的相关政策，使基金会赞助的资金能够起到事半功倍的作用。值得说明的是，基金会还以积极的姿态与现有的环境组织一起工作，在必要的时候协助他们，并一直保持着对这些组织能力的极大信任。

EF 在美国的计划主要集中于五个领域：建筑节能、可再生能源、电力、先进技术车辆和综合问题。目前来看，EF 在美国本土的工作主要集中在州的层面上，其研究成果已经对各州政府在发布清洁能源政策和推动可持续发展方面产生了深远影响。

长期以来，除了美国本土外，EF 将对外合作的重点主要放在中国，因为他们认为，中国是世界上最大、发展最快的能源市场。1999 年，大卫与露西·派克德基金会加入能源基金会。经向中美两国政策制定者、商界领袖、科学家及分析专家咨询后，大卫与露西·派克德基金会和 EF 于 1999 年 3 月启动了中国可持续能源项目。随后，威廉与佛洛拉·休利特基金会于 2002 年加入该项目联盟。该项目的宗旨是通过提高能源效率和推动可再生能源产业发展，帮助中国创造可持续能源的未来。中国可持续能源项目还在北京建立了项目办公室。近年来，该项目在中国的能源发展领域做出了积极的贡献。

### （二）资助对象和范围

EF 主要致力于以下四个方面的工作。

1. 电力

EF 致力于提高能源的效率，发展可再生能源，减少传统的火力发电，以降低工业用电用气的碳排放量。在美国，发电厂产生的二氧化硫排放量约占全美总排放量的四分之三，二氧化碳、氮氧化物、颗粒物均占三分之一，核废料占二分之一，有毒重金属占四分之一。过去 10 年，风能、地热、生物能等可再生能源技术均取得了长足进步。基于政策指导，美国政府培养了一个达到 700 亿美元的可再生能源市场。未来，可再生能源将在满足美国能源需求方面发挥重要的作用。为了实现这个目标，EF 从各个层面推动政策改革，在保护环境与野生动植物的前提下，将可再生能源输送至人口较为密集地区。此外，提高能源效率还可以有效解决目前及未来对电力和天然气的需求问题。未来，美国电气需求的三分之一都可以通过提高能源效率得以满足。

2. 建筑

EF 通过推动政策的制定实施，提高家庭和企业能效，减少碳排放。在美国，建筑能耗占总能耗的 40% 左右，在提高能效方面拥有巨大潜力。建筑业和房地产业的萧条使人们开始关注通过建筑翻修所获得的就业机会。此外，建筑业也开始采取更为严格的技术规范。同时，清洁技术的发展将把提高能效的技术推向市场。美国政府也推动实施了能源部及环保署的能效项目，运用各种手段提高建筑能效。

3. 交通

EF 推动制定相关政策，减少交通工具的温室气体排放及石油消耗。新技术和新燃料将降低空气污染、交通运输油耗及温室气体排放。EF 通过项目资助，推动了包括开发高能效发动机、新传输技术及混合燃料交通工具在内的一系列技术的发展。此外，基金会还推动开发电力、氢、生物燃料等新型燃料。在开发新兴市场、减少石油进口、清洁交通技术商品化、应对全球变暖方面，政策引导往往起着至关重要的作用。基金会通过资助推动政策革新，目标包括减少交通工具温室气体排放、鼓励使用低碳燃料及限制使用高碳燃料等。基金会致力于实施切实可行的规范标准，并采取激励措施引导市场选择清洁燃料和技术。

4. 气候

EF 推动联邦政府就对碳排放进行限制并征税的政策进行讨论，目的是减少温室气体排放，并尽力实现到 2050 年减排 80% 的目标。此外，联邦政府需要通过发布政策就气候变化做出回应；各州政府也在政治上进行引导，制定实验性政策，并继续在政策创新和执行方面发挥重要作用。

EF 的资助策略加强了人们对气候变化所带来的影响的认识，并推动了联邦政府和各州政府制定的具体政策措施。基金会资助对象包括国家安全部门、企业、劳动等组织机构，具体工作领域包括以下方面：进行政策分析，例如，评估气候政策对消费者、企业、就业和国内生产总值的影响，模拟对各州的影响，以及评估补贴分配等问题上政策规划的各种选择；争取社会各阶层对气候保护的支持，包括企业协会、退役军人组织、宗教组织等；对意见领袖和重要人物进行教育，提高其对气候变化和气候政策的认识；支持各州有关气候的法律及协议的实施；提高人们对美国在国际气候协议中的作用的认识。

### （三）EF 与中国

除了美国本土的项目外，EF 也在中国开展了能源项目合作。中国可持续能源项目致力于支持中国提高能源效率和开发可再生能源有关政策的制定和实施。该项目对国家政策制定和地方实施并重，致力于加强中国的能力建设，分析节能和可再生能源发展的未来机遇，并制定把握机遇的政策。本项目的目标是帮助中国机构、专家和企业家共同应对能源挑战。

EF 于 1999 年在北京设立了办事处，该办事处主要由中方人员组成。作为 EF 的分支机构，办事处以进行能源政策研究的非政府组织的身份与中国政府及政策研究机构联系。值得说明的是，基金会还成立了两个顾问委员会，包括高级政策顾问委员会（省部级）和对话工作组（司局级）。高级政策顾问委员会由中央及省级政府的高级官员、国际相关的政府官员所组成；对话工作组由能源领域政府部门司局长及中国能源政策研究机构的主要负责人组成。

## 二、EF 对中国科学家开放与资助情况

### （一）资助宗旨、范围与重点

EF 中国可持续能源项目致力于加强中国的能力建设，分析节能和可再生能源的未来发展机遇，并支持根据中国的现行政策重点制定进一步推动节能和可再生能源发展的政策，以及协助中央和地方政府贯彻实施这些政策。本项目旨在帮助中国机构、企业家及专家自行应对能源挑战，并基于中国政府官员或组织的要求引进国际先进经验。

中国可持续能源项目主要致力于以下领域的工作。

1. 低碳发展之路

该项目旨在帮助中国在实现经济发展目标的同时，较大程度地降低能源消

耗和碳排放。项目致力于确保中国政府制定并实施关于长期应对气候变化的目标，创造并运用市场机制，以及实施相关政策等。该项目支持以下几个方面的工作。

（1）确保中国在进行系统分析研究的基础上，在“十二五”规划和更长期规划中，设定能效提高目标和低碳发展目标；

（2）确保中国制定并实施低碳发展政策，指导经济长期发展；

（3）加强低碳发展规划在地方层面的能力建设，有效实施低碳政策；

（4）对二氧化碳等温室气体的烟尘排放税和总量管制交易机制等进行分析研究。

2. 交通

交通项目通过支持相关政策实施，降低交通工具温室气体排放和能耗，减少常规空气污染物的尾气排放，改善空气质量。该项目致力于以下几个方面工作。

（1）推动新型燃料交通工具的发展和商业化，实现燃料技术和生产的跨越式发展；

（2）支持建立燃料能效规范，并不断接近国际先进水平；

（3）支持发展新的交通工具排放标准及清洁燃料标准，并尽快付诸实施；

（4）推动道路、铁路等交通运输方式的结合，过渡到更高效的长途运输模式。

3. 建筑

建筑项目鼓励建造高能效建筑及制造高效建筑设施。此外，项目支持制定并实施居住及商用建筑相关法规，宣传“绿色建筑”理念，制定建筑设施能效标准，以及构建标识工程。该项目致力于以下几个方面工作。

（1）推广实施更为严格的建筑规范，改进规范在试点省市的实施效果；

（2）实施建筑设施标准及标识工程，引导消费者选择更为高效的产品；

（3）在国家层面创造政策环境，开展标识工程，以推动“绿色建筑”在地方的发展和实施。

4. 工业

工业项目支持制定实施相关政策，提高能效，逐步淘汰传统能源密集行业高污染、低能效的生产能力。项目致力于以下几个方面工作。

（1）开展工业生产设备标准和标识工程，在能源密集行业实施能耗规范及配额，提高工业设备和产品能效；

（2）提供技术支持，推动能源设计、审计和检测环节的能力建设，支持能源密集行业提高能效；

（3）制定实施政策并采取措施，提高工业能效，推广高能效产品技术，逐步淘汰过时、低效、高污染的生产能力。

5. 电力

电力项目旨在帮助政府制定新的政策，鼓励投资从化石燃料发电转向提高能效和可再生能源方面。项目执行单位努力协助政府提高其政策制定和实施能力，包括鼓励电力公司的投资需求方管理、推进电价改革使能效投资项目赢利，以及加强电厂污染排放控制和建立绩效标准。综合运用以上措施可以最大程度地减少电力消费和促进可再生能源发展。项目致力于以下几个方面工作。

（1）在发电企业实施更为严格的能效和温室气体排放标准；

（2）制定政策，采取激励措施，加强能力建设，实施大规模需求方能效项目；

（3）通过分析、示范和运用，确保政府和企业采用煤气化联合循环发电及碳采集和吸收技术。

6. 可再生能源

可再生能源项目旨在支持政府制定和实施新的可再生能源政策，通过政策鼓励电力公司和独立发电商大量购买可再生能源，从而降低成本，加速可再生能源技术的采用。项目致力于以下几个方面工作。

（1）制定可再生能源技术早期发展规划和示范项目；

（2）支持调整可再生能源政策法规，鼓励投资；

（3）从体制、经济和技术途径寻求可再生能源网络整合方法；

（4）支持中央和地方可再生能源规划，探索低成本可再生能源发展途径。

7. 环境管理

环境管理项目旨在通过提高中国综合环境监管能力的政策研究和示范项目，加强国家和地方层面的环境管理部门应对严重大气污染及全球变暖所带来的双重挑战的能力。项目致力于以下几个方面的工作。

（1）支持政府环境管理部门的能力建设和体制改革；

（2）建立严格的空气质量标准和排放标准；

（3）改进减缓气候变化和控制空气污染综合策略及空气质量管理措施；

（4）推动制定实施环境法律法规，特别是关于能源政策和应对气候变化策略的法规；

（5）在各地区、各行业开展空气质量管理措施试点。

8. 可持续城市

可持续城市项目强调绿色社区、公共交通引导型发展和绿色建筑的推广，目标是帮助政府规划及开发环境友好型可持续城市。在城市规划阶段的参与、互动是贯彻可持续城市规划的重点。项目致力于以下几个方面的工作。

（1）开展以交通为导向的城市设计和紧凑型城市试点，并将示范成果用于指导国家政策；

（2）通过对重要政府官员和技术人员的培训，加强可持续城市规划和发展能力建设；

（3）通过制定政策、采取激励措施、进行技术分析并提供支持，推动城市交通系统改革，实现高效的公共交通系统和非机动车交通方式的结合；

（4）在政策和实施方面，与“生态城市”发展结合。

### （二）资助类型、强度和中方研究人员参与的方式

自成立以来，EF 在中国已投资超过 5 000 万美元，其中包括 380 笔拨款，在中国 19 个省份开展了 80 多个政策制定和实施项目。中国的高能耗行业，包括建筑、工业（钢铁、水泥、石化）、电力和交通更是本项目的研究重点。对于那些能大幅度降低二氧化碳排放的项目，基金会将优先拨款。

该项目将中国专家与其他国家的经验相结合，大大促进了能力建设和技术政策的传递。当研究领域中有需求尚未得到满足时，除了作为资助提供者的主要角色外，中国可持续能源项目还将召集研讨会，征集预约文章。

## 三、EF 项目申请与资助管理

### （一）申请者资格及其他要求

从 EF 的工作领域可以看出，EF 工作与能源密切相关，旨在提高能效、开发可再生能源、减少污染、实现可持续发展。关于项目申请者资格和资金的用途，EF 有一系列明确规定。

（1）一般来说，EF 仅为符合美国国内收入署关于 501C3 公益机构分类的非盈利性组织[①] 提供经费。值得说明的是，基金会不能直接向个人提供资助。

（2）EF 主要为中国的节能和可再生能源政策制定提供支持，不为应用于其

① 美国国内收入署规定，此类组织包括社团、社区福利基金、基金、合作协会等，目的仅限于支持宗教、慈善、科学、公共安全、文艺、教育活动，或发展国内外业余体育比赛，或防止虐待儿童和动物。

他国家的项目提供经费。

（3）基金分配建立在竞争的基础上，依据申请者在提升持久的和可实施的能源效率和关于可再生能源政策及应用的能力来决定。那些能够从其他来源，特别从中国有关方面，争取到较多共同资助资金的申请书将会被优先考虑。

（4）对于旨在支持政治候选人、影响立法或支持不同教派或宗教的申请，基金会不提供经费。

（5）EF 不为技术研发提供经费（如资助开发混合动力汽车或将某项发明商品化）。

（6）EF 不为社区能源项目提供经费。

（7）EF 不为技术示范项目提供经费（如太阳能房屋模型）。

（8）EF 不为捐赠或减债提供经费，同时也不提供综合支持经费。基金会不支持年度筹资活动或基础建设。基金会不支持规划、更新、维修、改造甚至购置建筑，也不支持购买设备或土地（即使这些活动的目的是节约能源）。

申请者在提交申请前，应认真阅读上述要求。如果不能确定申请项目是否符合要求，可向基金会邮寄英文短信介绍该项目的目的及需要的资金。基金会将通知申请者是否需要提交完整的申请书。基金会随时接受申请，没有设立特定的期限。

### （二）申请材料主要内容

申请材料须包括申请表（英文）、申请书（英文）和相关证明文件。申请书没有固定格式，但一份完整的申请书应包括以下内容：填写好的申请表作为首页；清楚地阐述将要解决的问题和满足的需求；能够解决这些问题的政策表述；战略；背景说明；目标决策人；时间表；该项目的预期成果；项目预算（包括对预算的简略解释、项目的其他实际和潜在资助来源，以及如何落实其他资助来源的说明）；

判断项目是否会成功的标准；

申请者组织机构的相关情况，包括宗旨和目标；

相关证明文件（包括该组织的预算、经过审计的近期财务报表、最新的年度报告、董事会及主要管理人员名单、参与该项目的主要人员的简历等）。

### （三）申请评议标准、程序与方法

EF 通过与政府机构、非政府组织及顾问进行对话来确定其优先资助的政策领域，并根据项目与优先政策领域的直接关联程度进行评审。申请书的评审标准涉及以下方面：项目的可行性；推动实现优先政策目标的能力；减少二氧化碳排放量的能力；根据项目目标，设计和制定评价与监督项目进展情况的方案；推动可实施的政策变化的能力；外部同行对项目设计的评议。

基金会还将评估申请组织的以下能力：提高中国能源效率和开发可再生能源的实际效果；加强国内组织能力建设的能力，更深入地推动中国可持续能源政策的发展的能力。

所有中国可持续能源项目给予的资助必须经过 EF 的董事会批准。董事会会议每年召开三次，分别在三月份第一周、六月份第三周和十一月份第一周。但是，基金会需要在董事会召开前四个月左右接到初步询问信，才会考虑将资助申请列入董事会的议事日程中。在接到申请后，基金会需要约六周时间对询问信和申请书进行评审，然后给予答复。

### （四）申请注意事项

EF 项目的申请应注意以下几点：首先，申请前应仔细阅读申请指南，申请内容紧扣指南要求。其次，由于基金会资源有限，不可能向所有的资助申请都提供资金，对于那些能够从其他来源争取到较多的共同资助资金的项目申请书，将会进行优先考虑。所以申请者如果已有其他科研经费，不妨写在申请材料中，或者将先期投入购买的仪器设备换算成经费作为匹配资金。

### （五）处理结果反馈形式

获得批准正式立项的项目不会在 EF 和中国可持续能源项目的官方网站上公示，但各项目组会将评审结果通知申请者。

## 四、中方参与案例

中方从 2003 年开始参与了多个项目，这些项目均为期一年，项目执行单位包括大学、研究机构、行业协会等类型，具体信息如表 2-1 所示。

**表 2-1　中方参与的项目案例**

| 项目执行单位 | 涉及工作领域 | 时间 | 金额 / 美元 | 期限 | 简介 |
| --- | --- | --- | --- | --- | --- |
| 北京大学环境医学研究所 | 低碳发展之路 | 2006 年 | 30 000 | 1 年 | 研究分析中国国家环境监管制度和地方环境监管体制及能力等；综合国际经验，提出强化环境监管的改革途径和政策建议 |

续表

| 项目执行单位 | 涉及工作领域 | 时间 | 金额 / 美元 | 期限 | 简介 |
|---|---|---|---|---|---|
| 北京绿城环境能源研究所 | 低碳发展之路 | 2003 年 | 20 000 | 1 年 | 支持制定经济领域的能效政策和法规，包括推动中国整体能源效率提高的具体措施，并向相关政府部门提交政策建议 |
| 北京能效中心 | 低碳发展之路 | 2005 年 | 100 000 | 1 年 | 由北京能源效率中心牵头，联合其他中国重点研究机构，开发“自下而上”的分析模型，以配合实施 2020 年国家能源计划，通过可持续能源发展保障中国 2020 年的经济社会发展目标的实现 |
| 北京交通大学交通运输学院 | 交通 | 2008 年 | 100 000 | 1 年 | 支持交通大学通过建立国家层面的排放模型和排放数据库，以帮助交通相关污染物控制政策的制定 |
| 广东省节能中心 | 电力 | 2008 年 | 80 000 | 1 年 | 支持在中国南方电力市场实施节能环保调度政策 |
| 北京可持续发展协会 | 建筑 | 2006 年 | 40 000 | 1 年 | 支持空调超前能效标准在北京和上海的实施 |
| 北京大学自然与社会研究院 | 环境管理 | 2008 年 | 75 000 | 1 年 | 为《大气法》的修订进行相关政策研究和调研 |
| 广西市长协会 | 可持续城市 | 2008 年 | 100 000 | 1 年 | 支持广西壮族自治区制定政策鼓励城市快速公交系统的发展 |

### 五、EF 的联系方式

EF 官方网站网址：http://www.ef.org/home.cfm。

中国可持续能源项目官方网址：http://www.efchina.org/CSEPCN/FHome.do。

## 第三节　德意志研究联合会

### 一、德意志研究联合会概况

#### （一）发展现状

德意志研究联合会（Deutsche Forschungsgemeinschaft,DFG）是德国最大的

独立性研究资助组织，目前共有 89 个成员，其中 65 个来自高等院校，14 个来自科研机构，另有 7 个研究院成员和 3 个科技协会成员。德意志研究联合会的主要任务是为研究项目提供经费支持；资助青年科学家；资助研究人员之间的合作；担任议会和行政机构的科技顾问，并提供科研政策方面的咨询；促进科技和经济的发展，以及与国外科技界的合作与联系。

DFG 主要资助项目、机构和个人三大板块的研究活动，其中项目经费占总经费的 60%，资助合作研究中心的经费约占总经费的 25%。在国际方面，DFG 是几个科学政策协会的会员，在促进国际对话、研究人员之间的合作及促进欧洲研究方面起到很大的作用，资助过很多国内外的研究院。

### （二）DFG 基金的来源

DFG 的宗旨是通过资助德国的大学与科研机构的研究项目，为德国的科学和人文领域的研究服务。DFG 的经费几乎全部由国家投入（占总经费的 97%），其中联邦政府和州政府的出资比例为 6 ∶ 4，但对某些类别的项目而言，经费来源可能有所不同，如特殊研究领域和莱布尼兹项目，联邦和州政府的出资比例分别 75% 和 25%。DFG 的总部位于波恩，在柏林也设有分部。

### （三）DFG 基金的资助原则

DFG 旨在通过资助研究项目和研究人员之间的合作，促进科学和人文分支的发展。其资助原则包括以下三点。

（1）资助研究事业。DFG 通过对已确定的教育和青年科学家进行优先资助来确立其学术界的地位。

（2）平等机会。DFG 通过其资助计划促进科学和学术界精益求精，并积极鼓励多样性和平等机会研究。

（3）提案的科学总结是 DFG 资助过程中不可或缺的一部分。评论家由总公司根据其技术专长认真挑选，并根据评论家给出的评估建议考察科学成就的相关性和独创性。

## 二、DFG 资助的国际合作研究情况

DFG 资助的国际合作研究的项目类型包括以下三个方面。

### （一）国际性研究资助

DFG 资助的国际性研究资助项目包括以下几个。

（1）面上合作研究项目。DFG 以面上项目、项目前期准备或联合项目的形

式资助国际研究合作。

（2）地区专项资助。DFG 为德国科学家与发展中国家的研究机构和科研人员合作开展的研究项目提供资助。

（3）主题专项资助。DFG 对特定领域（如化学、物理和地球科学）的高水平国际合作可提供附加的资助，如在化学领域担当欧洲研究理事会化学委员会主席，在物理学领域参加了欧洲物理研究组织联盟，或是地学领域进行的欧洲科学基金会 EUROMARGINS 计划和大洋钻探计划。

（4）其他资助类型。包括资助德国大学邀请国外高水平的科学家和研究者来他们的机构完成 DFG 资助项目、会议、讲座和信息交流，以及莫卡托项目。

（5）DFG 为在德国工作的研究人员进行科研项目所进行的出国旅行提供资助。

### （二）青年研究人员的国际资助

DFG 资助的青年研究人员项目包括以下几个。

（1）海森伯格计划。主要资助已获得教授资格的杰出青年（通常为 35 岁以下，最多不能超过 39 岁），保证他们能够安心地从事科学研究工作。除了正常奖学金以外，这些科学家还可以向 DFG 申请用于购买设备的经费。通过海森伯格计划资助的青年学者能获得组建科研工作小组的权利。

（2）合作研究中心的独立青年研究小组。合作研究中心是持续时间较长的大学研究中心，其中科学家和研究者可以共同进行跨学科的研究计划。

（3）研究机构的独立青年研究小组。其目的是加强在特殊研究项目中几个杰出青年科学家之间的紧密合作。

（4）国际研究训练小组。它主要向博士生提供参加德国高校与国外高校间合作的博士培训计划的机会，博士生可在合作伙伴的机构中工作产六个月。

### （三）DFG 的国际代表处

DFG 在其所选择的战略重点国家设立海外代表处，如在北京设立的中德科学促进中心、在华盛顿与莫斯科均设立的联络办公室等。其首要目标是促进德国与各国科学家和研究机构之间及与科学基金组织之间的合作，并提供专项资助。

## 三、中方参与情况

（1）中国社会科学院民族文学研究所研究员韩戈金受 DFG 科学合作协议项目的资助，于 2005 年前往德国波恩大学访学。

（2）兰州大学资源环境学院环境科学系张成君副教授受德国 DFG 及中国教育部联合资助赴德国参加短期合作交流项目，进行为期一年的访学。

（3）中国科学院地理科学与资源研究所郭庆军 2003 年获得中国科学院研究生院博士学位（中德联合培养），参与 DFG 资助项目“扬子地台早寒武世沉积环境和生物演化的有机碳和不同形态硫同位素研究”及“Reconstructing Earth’s surface oxidation across the Archean-Proterozoic transition”。

## 四、DFG 联系方式

参见网址：http://www.sinogermanscience.org.cn。

# 第四节　英国科学研究理事会

## 一、英国科学研究理事会概况

### （一）发展现状

英国科研资助体系中主要包括两个公共基金：一是大学拨款委员会（Higher Education Funding Council for England，HEFCE），为大学提供基金，维持其基本的科研基础设施、科研能力及教学经费；二是英国科学研究理事会（Research Councils UK，RCUK），运用透明的同行评议竞争机制为大学和研究机构提供研究经费。其中 RCUK 是英国七个研究理事会的联合会，主要负责协助和支持七个研究理事会的科研和联络工作。其下属的每一个研究理事会均负责一个专门的学科领域，分别是艺术及人文科学研究理事会（Arts and Humanities Research Council，AHRC）、生物技术及生物科学研究理事会（Biotechnology and Biological Sciences Research Council，BBSRC）、工程及自然科学研究理事会（The Engineering and Physical Sciences Research Council，EPSRC）、经济及社会科学研究理事会（Economic and Social Research Council，ESRC）、医学研究理事会（The UK Medical Research Council，MRC）、自然环境研究理事会（Natural Environment Research Council，NERC）、科学及技术设施理事会（Science and Technology Facilities Council，STFC）。

RCUK资助的研究项目申请大多来自于英国的大学。BBSRC、MRC和NERC三个理事会主要负责运作和给研究院所提供研究资金，这些院所一般需要长期稳定的资源和科研基础设施。其研究人员也可以与大学或独立研究机构一起竞争研究项目。每个研究理事会都有一定的运作机制，以适应它所在研究领域的需要，如标准研究经费（5年期以上的项目）、小额经费（1～2年的项目）、初始经费（针对青年研究人员）、研究项目（一个既定课题的几个衔接项目）、研究中心或平台的启动经费（在需要潜心研究的领域给予长期的支持），以及差旅资助经费。RCUK重点资助学科参见表2-2。

**表2-2 RCUK重点资助学科（2008年9月至2010年11月）** （单位：个）

| 领域 | AHRC | BBSRC | EPSRC | ESRC | MRC | NERC | STFC | 总计 |
|---|---|---|---|---|---|---|---|---|
| 能源 | | 23 | 240 | 20 | | 22 | 14 | 319 |
| 环境 | 5 | 16 | 26 | 20 | 57 | 237 | 2 | 363 |
| 全球安全 | 21 | 5 | 17 | 23 | 45 | 1 | 2 | 113 |
| 老年化 | 1 | 41 | 31 | 30 | 370 | 1 | 12 | 485 |
| 数字经济 | 5 | | 39 | 3 | 11 | | | 58 |
| 纳米科学 | | 15 | 16 | 1 | 9 | 2 | 8 | 50 |

### （二）RCUK的任务和资助对象

该基金依托自己的优势，追求卓越，致力于支持被国际同业评审所认可的最高质量的研究，为英国提供竞争优势。RCUK每年投资3亿英镑到医疗、生物科技、天文学、物理学、化学、工程学、社会科学、经济、环境、艺术及人类学这一系列学科的研究当中。这些研究中产生的新知识、技术和信息通常被用于商业和工业，为研发新产品服务，例如，通过英国国民健康保险制度为病人提供更好的帮助，为政府和执政者提供更好的政策，传达更好的公共服务，最终使社会经济、环境和文化受益。

### （三）RCUK的基金资助机制与资助范围

每个理事会都覆盖广泛的学科，而且同其他的理事会也有一定的合作关系。各理事会的研究领域也都能在各自的网站上查到。想要申请研究基金的人员及机构可以向相关研究理事会询问。以下是各个研究理事会所研究的领域的概要。

每年RCUK从英国创新、大学与技能部（Department of Innovation, Universities and Skills，DIUS）获得大约35亿英镑的公共基金用于英国的学术研究及研究生培养，涉及学术研究的各个领域，包括医学、生物学、天文学、物理学、化学、工程学、经济学、社会科学、艺术和人文科学等，以及全世界范围内的重大前沿课题领域，包括环境变化、全球稳定、数字经济、纳米技术、健康老年和新能源六大主题。RCUK 研究基金所资助的大部分项目都是采用竞争的方式，通过严格和公正的同行评议在英国评选出最优秀的科研项目进行资助。

目前 RCUK 资助项目主要集中在大型的跨学科、跨部门的项目上，资助目标是发展新领域的领先科学研究，如纳米科学、系统生物学或电子科学，或是解决需要不同科学领域投入的重大问题，如气候变化、传染病、环境可持续发展和减少贫困。RCUK 六个主要跨领域研究项目将把来自各种学科领域中的研究人员汇聚到一起，包括政府及商界的各种组织，就共同的战略和工作目标共同努力。

## 二、RCUK 资助国际合作研究情况

英国研究人员在跨边界合作方面取得了优秀的成绩。在 2008 年发表的文章中有大约超过 90 000 份文章是由英国研究人员与来自另一个国家的研究人员合作发表的。与非英国研究人员合作产生的论文著作往往能产生重大影响，例如，在英国研究基地，与美国、德国和法国的合著论文有 50% 以上的影响力。在英国的高等教育机构中有超过一半（54%）的研究生和大约 16% 的永久学术人员为非英国国民，而且这些比例均呈现出逐年上升的趋势，这体现了英国的国际化研究基地的影响力。

2010 年 3 月，英国科学研究理事会公布了《国际合作战略》（*Our Vision For International Collaboration*），旨在加强理事会在国际研究战略和政策发展上的影响，鼓励英国优秀研究人员积极参与国际合作，提高国际合作研究价值和影响，并承诺将积极参与解决世界公共危机。

### （一）RCUK 中国代表处资助项目

#### 1. RCUK中国学术研修班

（1）目的：加强中英双方研究机构开展联合研究的能力，促进青年科研人员及研究生与来自对方国家的专家和研究人员进行交流并从中受益。

（2）经费：每个成功申请的项目可获得 12 000 英镑的资助，用以支付来访国家人员的差旅费，对于青年科研人员和研究生的申请会优先考虑。

（3）申请资格：必须由中英两国科研机构联合提交申请；项目为研修班性质（不包括研讨会、系列讲座、会议等）；中英两国科研机构须已签订正式合作协议，就研究和相关活动做出约定。

2. RCUK中国科学专题研讨会

（1）目的：支持英国研究理事会认为有可能与中国开展实质性联合研究的课题。受资助课题需得到RCUK中国代表处（与中国合作机构磋商）与相关英国研究理事会的一致同意。课题选定后，中英两国的组织者需根据RCUK要求联合举办研讨会。

（2）经费：RCUK中国代表处为每个研讨会提供最多不超过15 000英镑的资金，同时寻求中国方面的合作资助方。若研究人员在当前优先领域中有令人信服的课题，并与对方国家的优秀研究小组保持了良好关系，欢迎就研讨会议题提供建议。但此类建议不能作为研讨会的申请依据，仅作为RCUK中国代表处和相关英国研究理事会考虑年度计划时的参考信息。

3. 科研管理政策座谈会

（1）目的：使科研机构的工作人员了解中英两国在研究政策、程序和运作等方面的异同，以促进中英科研资助机构的相互合作。

（2）经费：RCUK中国代表处与中国合作伙伴每年将资助举办两次座谈会。本计划于2009年启动，首次座谈会包括与中国国家自然科学基金委员会共同资助的“同行评议”，以及与中国科学院共同资助的如何支持并甄别“优秀研究”。

4. 科研资助机构工作人员交流活动

（1）目的：使受资助机构的科研管理人员与对方国家的同行能够进行更好的交流，更好地理解双方合作的政策、程序和可能性。

### （二）RCUK资助中国的机会

（1）亚洲人权委员会。为期两年的项目最多，截止日期是开放的。

（2）BBSRC国际科学交流计划（International Scientific Interchange Scheme，ISIS）。这项计划的资金仅涵盖旅费和生活费用。该项目的截止日期也是开放的。

（3）联合项目，寻找伙伴院校。

## 三、中方参与情况

对于中国科研人员，一些理事会的项目是针对与中国科研合作的，例如，NERC研究理事会的“与环境共存”项目（Living With Environmental Change，LWEC）、2010年的“生态系统服务与扶贫”子项目，围绕中国、南亚、非洲撒哈拉和南美亚马逊安第斯四个地区的合作。EPSRC 研究理事会每年都会与国家自然基金委联合资助研究项目，例如，2009 年资助了纳米自旋电子学领域，2010 年资助了碳捕集与埋存领域。通过这种方式成功推动了中英两国科学家开展实质性合作研究。

由于中英科研交流较多而实质合作项目数量相对较少，因此 RCUK 选择在北京设立代表处，以建立两国研究资助机构之间部门水平的合作和协议，寻求双方共同资助项目的机会，并通过举办一系列学术讨论、合作研讨、互访等活动，加速中英不同科研体制的融合，促成跨领域、跨学科的中英联合前沿课题研究。

目前 RCUK 中国代表处负责集中受理与英方有合作协议基础的项目申请，每年大约资助至少 10 个的 Summer School 项目（学术研修班，资助额度为 12 000 英镑，每年 10 月份为申请截止日），以及资助大约 10 个 Workshop 项目（学术研讨会，资助额度为 15 000 英镑），并为研究人员提供差旅资助，加强中英双方研究人员之间的联系，以达到促进研究机构之间“强强联手”的目的。

总的来说，RCUK 的资助主要针对全世界范围基础研究领域的重大科学前沿课题，中国科学家通过参与 RCUK 各研究理事会及中国代表处的项目，拓展中英国际合作的空间，提升自身的科研实力和创新能力。

其他的成功案例还有以下两项。

（1）RCUK 资助中英防止鸟类灭绝合作项目。来自英国、澳大利亚和中国（中方合作者是北京林业大学生物科学和生物技术学院）的国际研究小组认为，人们可以使用一种统一的、标准的方式在互联网上报告鸟类的踪迹。来自伦敦帝国学院自然环境研究理事会中心的 Elizabeth Boakes 博士领导这一项目。小组成员将分散的数据集中展示在一个网站上，使得信息显示更加清晰明了。

（2）中英可持续农业创新协作网项目。在 2010 年 5 月南京农业大学召开的有机肥评价课题启动会上，来自英国北怀克研究所、南京农业大学、西北农林科技大学和中国农业大学共四家合作单位的研究人员（包括硕士和博士研究生）共同探讨了课题执行计划，并且走访了江苏省部分有机肥生产加工企业。负责人为沈其荣（南京农业大学，shenqirong@njau.edu.cn）和 Dave Chadwick（英国北怀克研究，dave.chadwick@bbsrc.ac.uk）。

## 四、RUCK 中国办事处的联系方式

参见相关网站：http：//www.rcuk.ac.uk/research/Pages/Howtoapply.aspx；http：//www.rcuk.ac.uk/research/Pages/Funding.aspx。

# 第五节 日本学术振兴会

## 一、日本学术振兴会概况

### （一）发展现状

日本学术振兴会（Japan Society for the Promotion of Science，JSPS），是一个半官方组织，由教育部、科技部、体育部和文化部共同管理，对日本的各类科学和学术活动的管理发挥了重要作用。1932 年，它以非营利基金会的形式成立，为扩大其任务和活动目的，于 1967 年根据《日本科学协会促进法》（*Japan Society for the Promotion of Science Act*）成为准政府组织。日本学术振兴会是日本最大的科学基金机构，相当于日本的国家科学基金委，其负责管理的科学研究费补助金是由日本政府出资的科学研究基金中资助金额最大、资助范围最广、资助项目数量最多的竞争性科学基金。

### （二）JSPS 的任务和资助对象

JSPS 基金通过资助科学研究、培养科研人才，以及促进国际合作，为支持日本跨学科领域的发展做出了重要贡献。JSPS 基金每年资助大约 500 名来自世界各国的已经取得博士学位或在科研方面有较大发展前途的优秀青年到日本著名的大学或研究机构在学术造诣高深的教授指导下从事高水平的课题研究工作。该基金特别强调培养有才能的优秀青年科研人员，以促进学术事业的发展，推动国际学术交流与合作。值得说明的是，JSPS 对自然科学、人文和社会科学领域的基础研究进行支持和资助，在促进日本的科学进步，尤其是加强日本科学界的国际地位和国际竞争力方面，JSPS 发挥着独特的作用。

### （三）JSPS 的基金资助机制与范围

JSPS 在研究人员的培养方面主要设立了特别研究人员、海外研究人员和 JSPS 奖三种制度。为了促进人才流动和学术交流，JSPS 还鼓励研究人员到其获得博士学位以外的研究机构从事研究活动。JSPS 的基金资助范围大体上可以分为理工、生物、人文科学及其他，具体资助范围包括自然科学、社会人文科学、人才培养、吸引国外科技人才、对外交流与合作、提供资料信息、评审国际生物学奖等。鼓励创新型基础研究是 JSPS 近年来的工作重点之一，同时该会还利用海外特别研究基金广泛吸纳外国优秀科技人才。从各研究领域资助项目所占比率来看，人文社会科学所占比重呈逐年平稳上升的趋势，生物类和理工类课题则表现出微弱下滑趋势，理工类中的环境、自然灾害、能源科学及地球与宇宙科学的变化则不太明显。

## 二、JSPS 资助国际合作研究情况

JSPS 与美、加、英、德、法及欧盟等 39 个国家和国际组织签有合作协议或备忘录。除国家自然科学基金委员会外，该会还与中国科学院、中国教育部、中国社会科学院、中国卫生部签有合作协议。

### （一）国际合作的目标

JSPS 希望与发达国家建立研究网络以加强学科前沿的研究，同时加强同亚洲国家的合作，增加研究人员的国际交流，推动在日本国内或在国外召开国际研讨会，以支持和加强日本研究人员开展国际合作。

### （二）国际合作资助项目类型

1. 协议项目

JSPS 与世界上 43 个国家的 77 个学术机构或研究理事会签署了合作备忘录和其他协议，在此基础上开展了多种形式的国际合作交流，主要形式有日本科学家出访、邀请国外同行访问日本、人员交流、合作研究、召开双边研讨会、多边合作等。协议项目的主要类型包括以下几种。

（1）日美科学前沿研讨会（Japanese-American Frontiers of Science，JAFoS）。1996 年 8 月 JSPS 与美国科学院（The National Academy of Sciences，NAS）共同举办了首届“日美科学前沿研讨会”。以后的每次会议中，两国青年科学家（45 岁以下）都会围绕选定的八个议题进行交叉学科讨论。

（2）大学群项目。这是 JSPS 在亚洲国家中开展的最大的科技合作项目，从 1978 年开始实施，最初仅限于东南亚国家，后来扩大到了韩国和中国；至今正在实施的有 29 项，其中中国 5 项、韩国 6 项、泰国 6 项、印度尼西亚 5 项、菲律宾 2 项、越南 2 项、马来西亚 1 项、多边合作 2 项。中国的五个项目分别为中国科学院高能物理所、中国科学院等离子体所、中国科学院南京土壤所、生物系统（北京大学等）、城市环境（清华大学等），其中 2 个协议由中国教育部与 JSPS 签订，另外 3 个由中国科学院与 JSPS 签订。

（3）论文博士学位项目（RONPAKU Program）。该项目旨在资助来自亚洲

国家的研究人员，不经过博士课程的学习，通过提交论文，在日本的大学直接获得博士学位。博士论文的研究期限不能超过五年，同时要求每年在日本的大学做 90 天的研究。

（4）亚洲科学研讨会（Asian Science Seminar）。JSPS 每年在日本或其他亚洲国家举办三次亚洲科学研讨会，通过向与会的年轻研究人员介绍最新的科学成果，以激励亚洲地区的整体科学发展。

（5）研究中心合作计划（Inter-Research Centers Cooperative Program）。该项目旨在促进和支持日本的研究机构（研究所或研究组）与其他国家开展合作研究，通常资助期限为三年，资助经费可用于国际旅费、生活费，以及直接用于合作研究。

（6）高等科学研究院（Advanced Science Institute）。该项目在 10 年之内为来自东亚地区的 30 ～ 40 名研究人员（获得博士学位的）提供交流的机会，每期时间大约七天，目的是建立长期稳定的国际合作研究关系；聘请世界著名科学家授课或对研讨会、交流会给予指导。目前与 JSPS 进行该类合作的机构有澳大利亚研究理事会、加拿大全国研究委员会、中国科学院和国家自然科学基金委员会、韩国科学工程基金会和 NSF。

2. 接收国外研究者

（1）外国博士后研究人员奖励计划。该计划开始于 1988 年，支持日本大学和研究所的研究人员邀请国外优秀博士（获博士学位不超过六年）在日本研究员指导下进行为期 12 ～ 24 个月的合作研究；资助北美、欧洲的博士（获博士学位不超过 10 年或将在两年内获得博士学位）在日本进行 15 天至 12 个月的研究。

（2）邀请外国研究人员到日本进行研究。邀请与日本建立外交关系国家的高级研究员、大学教授到日本进行 14 ～ 60 天的短期研究；邀请与日本建立外交关系国家的获得博士学位六年以上的大学教授、副教授或研究助理在日本参加为期 2 ～ 10 个月的研究。

（3）在日举办国际科学会议。由日本研究人员提交会议申请，会议规模不超过 100 人，其中至少有四分之一是外国与会人员。通过邀请来自多国的顶级科学家在日本举行学术会议，可大大促进国际合作与交流。JSPS 每年会资助 10 个类似的国际科学会议。

## 三、中方参与情况

（1）JSPS、韩国科学与工程基金会（Korea Science and Engineering Foundation，KSEF）与中国国家自然科学基金委员会（Natural Science Foundation of China，NSFC）作为合作伙伴资助三国共同研究的合作项目，目的是在亚洲建立一流的研究基地。每个财政年度的研究课题由三方机构磋商确定。每个机构会在三年内各提供 3 千万日元的等值资金。

（2）日中医学交流项目。此项目从 2005 年开始，利用制药企业的捐款，资助中日两国医学研究人员开展共同研究和举办交流研讨会，资助共为期五年。

# 第六节　澳大利亚研究理事会

## 一、澳大利亚研究理事会概况

### （一）发展现状

澳大利亚研究理事会（Australian Research Council，ARC）成立于 1988 年，是澳大利亚国家就业、教育与培训委员会（National Branch on Employment, Education and Training，NBEET）的重要组成部分。ARC 的前身是成立于 1965 年的澳大利亚研究拨款项目委员会，负责资助国内大学较高水平的科学研究。ARC 主要资助澳大利亚的政府创新、产业、科学和研究课题。在 2000 年，ARC 共资助全澳大约 4 000 个大中小型研究项目。ARC 也注重合作，在社会科学和人文科学的所有领域建立了广泛的合作关系，与中国的许多研究机构、学院、政府组织、企事业单位及国际组织也建立了合作关系。

### （二）ARC 的任务和资助对象

ARC 的职责是管理科学研究和教育项目计划，并就国家优先研究领域或政策的协调等问题向 NBEET 提供咨询，承担国家就业、教育、培训与青年事务部（Department of Employment,Education,Training and Youth Affairs，DEETYA） 和 NBEET 交付的任务，促进澳大利亚科学研究与全球创新的结合，以助于澳大利亚国家总体的发展。

### （三）ARC 的资助机制与范围

一个新的国家竞争基金计划从 2001 年开始替代 ARC 现有的大部分资助计

划。它将资助体系压缩为两大块："发现"和"联系"。评审系统将被继续保留并加以完善，继续对各申请项目进行评价、排序和资助。"发现"和"联系"两个计划的申请从 2001 年 3 月开始。

"发现"计划将资助最优秀、最有前途的研究人员通过公开和透明竞争的方法获得公共资助，并激励他们建立课题组，支持优秀研究团队的发展。该计划将为高质量的基础研究体系和研究培训制定基本的原则，支持年轻科研人员的成长，以及推动新的创新理念及技术的评价。最具创新能力的研究人员可以承担长期项目。

"发现"计划的资助策略如下。

（1）使用更先进的国际同行评议系统对最具国际竞争力、水平最高的项目进行资源配置；

（2）国家竞争计划的灵活性和适应性保证需求，满足优先资助领域，抓住契机；

（3）培养以团体为基础、解决问题型的研究方式；

（4）支持优秀的青年科学家和创新理念与技术；

（5）可延长对全国最优秀、最富创造性的研究人员的资助，以鼓励创新和高影响力研究；

（6）澳大利亚的研究和基础设施要达到国际水平，以驱动研究水平的提高；

（7）建立 ARC 重点实验室，囊括大型研究网络，如地区、国家和国际的研究，以及研究培训创新平台；

（8）项目资助最大强度为每年 50 万澳元，最长资助年限为五年。

"联系"计划将鼓励并拓展研究所、企业和大学之间的联合研究，并对具有战略意义的国家和国际性研究基础设施进行投入。"联系"项目将尽量扩大与英联邦相关项目的合作机会。

"联系"计划的资助策略如下。

（1）产业界的一系列伙伴关系将促进创新系统中的人员流动；

（2）鼓励共享澳大利亚和国外研究基础设施和主要设备的发展和使用；

（3）"联系"项目的灵活性将把高质量的、具有国际竞争力的研究与产业相结合，并鼓励在创新系统中进行合作；

（4）资助的刺激作用将鼓励科学研究面向工业的需求，从而最大限度地使国家受益；

（5）通过与其他政府部门的合作，发展壮大优先领域中的科研人员队伍，并增加支持力度；

（6）更多地与国外研究机构建立对等的同盟关系，为提高澳大利亚科学研究对世界的影响创造更多的机会；

（7）建立重点实验室，作为区域、国家和国际研究和研究培训的创新网络平台；

（8）创造机会，推动公共和私人增加对科研的投入；

（9）项目资助最大强度为每年 50 万澳元，最长资助年限为五年。

## 二、ARC 资助国际合作研究情况

### （一）国际合作目标

ARC 资助的国际合作研究目标如下。

（1）在澳大利亚与海外杰出研究群体或研究中心之间建立稳固且长期的合作关系，包括初级和高级研究人员之间的交流；

（2）增加博士生和博士后等年轻研究人员的国际合作研究经历；

（3）在高级研究人员之间加强现有的合作关系，并发展出新的合作关系。

### （二）国际合作项目资助类型

ARC 资助的国际合作项目类型如下。

（1）奖学金。基于国际合作协议相互派遣博士后研究人员，资助经过遴选的研究人员在澳大利亚工作一年，资助经费包括薪水及其他支出（包括往返国际旅费、日常消费及会议支出）。现有的国际合作协议国家包括法国、德国、韩国和英国。

（2）合作项目。ARC 资助广泛的国际合作，鼓励外国与澳大利亚的优秀研究中心建立合作关系。资助经费包括与合作有关的直接成本（包括旅费、补助和日常消费）。资助对象为任何国家合适的研究人员，并优先资助与澳大利亚签订谅解备忘录的国家（包括奥地利、中国、捷克、法国、韩国、瑞典、瑞士、德国、印尼、意大利、日本和荷兰等），以及与澳大利亚具有传统合作关系的国家（包括美国、加拿大、英国、新西兰和印度等）。

（3）建立优秀的联合研究中心。发展新的优秀研究中心计划，资助有关机构和人员建立优秀的国际性研究中心。

（4）参与国际学术组织。鼓励澳大利亚科学家参加国际性学术组织，支持澳大利亚科研机构与国外著名科研机构建立战略联盟。

### （三）国际合作重点资助领域

ARC资助的国际合作项目重点为新兴研究领域，如结构基因学、生物信息学、生物技术、纳米技术、农业科学（水土管理、农业经济等）、信息与通讯科学、环境管理、可再生能源、全球气候变化、海洋科学、水产学、采矿与金属等。

## 三、ARC基金联系方式

参见网址：http://www.dfg.de/en/index.jsp。

# 第七节 加拿大自然科学与工程研究理事会

## 一、加拿大自然科学与工程研究理事会概况

### （一）发展现状

加拿大自然科学与工程研究理事会（Natural Sciences and Engineering Research Council，NSERC）创建于1987年，是一个为全加拿大科技发展进行战略性投入的国家机构。它通过研究基金的形式资助大学的基础研究，通过建立产学联盟的方式支持项目研究，同时也支持为培养这两个领域中高水平人才而进行的高级培训。NSERC由一个22人组成的理事会监管，主要通过工业部向国会报告。

### （二）NSERC的任务和资助对象

NSERC对人才培养、科学发现和创新进行投入，以增强加拿大的经济实力，提高加拿大国民的生活水平。它支持大学与学院的科学研究、科学家与工程师的研究培训，以及面向研究的创新理事会，大力促进在创新和认识新知识的过程中出现的智力创新成果，并尽最大能力为国民提供国际先进的知识和技能，促使加拿大在21世纪的蓬勃发展。为了实现这些目标，理事会组织同行评议，以竞争的方式向资助对象提供奖学金和研究基金，并与高校、政府和民间机构建立伙伴关系。为达到这些任务，目前理事会也在进行自身的制度创新和

变革。

### （三）NSERC 的基金资助机制与范围

它主要支持高校的科学研究、科学家和工程师的研究培训，以及以研究为基础的创新。NSERC 每年在人才方面资助 9 000 多名大学生、研究生及博士后，此外还资助 8 700 多名研究人员以促进知识发现，鼓励多家加拿大公司对大学研究进行投资以推动科技创新。

## 二、NSERC 资助国际合作研究情况

### 国际合作项目资助类型

1. 国际机会专项基金

国际机会专项基金（International Opportunity Fund，IOF）支持加拿大的科研人员参与特殊的国际合作，如支持加拿大研究小组与国外研究小组开展国际合作项目，以及支持加拿大科研人员参与重大国际项目及利用国际上重要的研究设施。IOF 资助的是国际合作研究项目或计划的发起，或处于前期阶段的国际性活动。该计划不支持计划实施阶段，主要资助建立和发展国际合作研究关系的有关前期活动，包括研讨会国际旅行及启动管理等费用。该专项基金旨在促使加拿大科研人员加入新的国际研究合作活动，如以促发国际合作为目的的国际会议及参与国际合作项目的前期工作等。基金会目前的预算为每年 150 万加元，随时受理资助申请，并会于八周内给予答复。只有加方课题组有资格申请该基金，如要求支持国外的合作伙伴则需进行特别申报并通过审批。如果合作伙伴所在国存在与 NSERC 签订谅解备忘录的组织或国际组织，则还需向这些组织申请经费，或至少声明已获得相应的经费资助渠道。目前与 NSERC 签订谅解备忘录的组织有 NSFC（于 1987 年 9 月 30 日签署）、芬兰科学院、韩国科学与工程基金会、JSPS、英国皇家学会。

2. 合作研究机会专项资助

合作研究机会专项资助（Cooperative Research Opportunities，CRO）支持加拿大研究小组参与重大的或者跨学科的国际合作研究项目，以获得特别的合作机会。一般来说，合作研究机会专项不适合申报 NSERC 其他计划，通常申请资助强度为每年约 10 万加元。它的主要资助领域包括为解决某个特殊问题需要进行的大规模跨学科的合作研究；及时和有效地利用特殊研究资源或研究设施；参加重大国际研究计划（项目），如欧盟科技框架计划；为筹划合作研究计划组

织的国际研讨会；特殊的全球事件。

此类项目的内容常包括以下几点。

（1）特殊研究资源或能力的及时提供；

（2）参加大型国际研究活动，如欧盟第五框架计划；

（3）解决某具体问题时产生的对大规模跨学科研究力量的需求；

（4）总结国际研讨会的成果，用于制订下一步合作研究计划；

（5）特殊国际事件。

这些活动涉及不同的国家机构和部门，必要时它们可以进行联合申请。该基金的遴选委员会在每年 6 月和 12 月召开评审会议，资助的申请日期没有严格规定，但应在评审会召开前三个月即 3 月 1 日或 9 月 1 日前递交相关材料。

3. 研究资助

获得研究资助的加拿大研究人员在开展国际合作方面拥有很大的自由度，其活动包括国际旅行、与国外合作者开展合作研究、接待来加拿大学习访问的研究人员和学生等。

4. 奖学金

NSERC 的研究生奖学金和博士后奖学金可用于在海外的研究学习。

5. 研究伙伴

研究伙伴计划旨在推动大学与产业之间的合作，外国合作者只要对该项目有实质性贡献并对研究成果有消化能力也可以参加。NSERC 与国家研究理事会的工业研究援助计划（Industrial Research Assistance Program，IRAP）建立了合作关系，共同支持加拿大大学与产业界合作参与国际性项目。为寻求新的国际合作机会，国际探索访问项目将提供国际旅费和相关费用。而在合作研究与发展资助计划中，NSERC 为学术界的参与者提供资助，IRAP 为产业界的参与者提供资助。NSERC 与 IRAP 还联合资助国外学术界和产业界已获得资助的国际合作项目。

## 三、NSERC 基金的联系方式

参见网址：http://www.nserc.ca。

第三章

# 国际组织对国际科技合作计划（项目）的资助与管理

国际组织亦称国际团体或国际机构，是具有国际行为特征的组织，是三个或三个以上国家（或其他国际法主体）为实现共同的政治经济目的，依据其缔结的条约或其他正式法律文件建立的有一定规章制度的常设性机构。国际组织大致可以分为政治类组织、经济类组织及科技、文化、体育等专业类组织三类。很多国际组织设有专门的基金用于资助特定领域的国际合作与交流。本章重点介绍包括联合国系统在内的十余个国际组织及其资助的国际科技合作项目的资助与管理情况。

# 第一节 联合国组织

## 一、联合国概况

### （一）发展现状

1945年10月，联合国（United Nations，UN）在美国加州旧金山成立，是当今世界最大、最重要、最具代表性和权威性的国际组织，其国际集体安全机制的功能已经得到国际社会的广泛认可。联合国在维护世界和平、缓和国际紧张局势、解决地区矛盾冲突、协调国际经济关系、促进世界各国经济科学文化的合作与交流等方面都发挥着较为重要的作用。

### （二）UN的宗旨和主要职能

UN的宗旨是维护国际和平与安全；发展国际间以尊重各国人民平等权利及自主原则为基础的友好关系；进行国际合作，以解决国际间经济、社会、文化和人道主义性质的问题，并且促进对于全体人类的人权和基本自由的尊重。

UN的主要职能则体现在促进和维护世界和平、人道主义援助及促进社会与经济发展三个方面。

### （三）UN经费来源

一般来说，UN机构主要通过两种方式取得经费：成员国会费与捐款。UN及其机构两年一度的财政预算主要来自各成员国所缴纳的会费。UN大会审查UN经费，并确定各国应付的会费款额。各国的会费主要依据各国的经济实力及其他因素确定。具体来说，会费由经常性预算、维和费用和国际法院费用三部分组成。

UN 的特别项目则不在常规经费预算之内，这些项目是通过成员国的捐款来运作的。捐款的很大部分用于为所需要国家提供农产品或生活必需品，但主要还是资金方面的支援。

## 二、UN 系统组织

UN 根据《联合国宪章》设立了六个主要机关：大会、安全理事会、经济及社会理事会、托管理事会、国际法院和秘书处。此外，UN 系统组织还包括 15 个专门机构和一些方案及其他实体，这里主要介绍与国际科技合作有关的几个组织。

### （一）联合国开发计划署

联合国开发计划署（The United Nations Development Programme，UNDP）总部位于纽约，是世界上目前最大的负责进行技术援助的多边机构。UNDP 的工作是为发展中国家提供技术上的建议、人才的培训及相关设备，特别是为最不发达的国家提供援助。

#### 1. UNDP管理的特殊基金和项目

UNDP 管理的特殊基金和项目包括以下几个。

（1）联合国资本开发基金（United Nations Capital Development Fund，UN-CDF），向不发达国家，尤其是农村地区的扶贫项目提供资金帮助；

（2）国际志愿人员组织，向发展中国家派遣来自发达及发展中国家的技术志愿人员，为其提供急需的技术知识；

（3）联合国妇女开发基金，向发展中国家提供直接的资金和技术支持，帮助建立有利于男女平等和可持续发展的创新项目；

（4）贷款援助下的发展项目，由国际及地区性的金融机构，如世界银行、亚洲开发银行、非洲开发银行、泛美开发银行等，向发展中国家的发展项目提供贷款。

#### 2. 资金来源及分配

UNDP 的经费主要来源于各国的自愿性捐款（称为核心资源）。按照规定，资金的 80% 被指定用于人均国民生产总值低于 500 美元的低收入国家，其中 60% 用于最不发达国家。UNDP 的活动主要是向发展中国家提供无偿的技术援助，包括提供国内外专家、考察及购买有限的硬件设备、资助国内外培训等一系列内容。

3. UNDP在中国

在中国，UNDP 主要致力于促进人类发展，赋予女性和男性平等的权利，以共同创造更美好的生活。作为联合国的发展机构，UNDP 利用其丰富的国际经验，帮助中国寻求应对发展与挑战的解决之道。通过建立伙伴关系和不断地开拓创新，UNDP 在中国注重消除贫困、加强法治、促进环境的可持续性及防治艾滋病的蔓延，为实现千年发展目标和公平的小康社会而不懈努力。

UNDP 与中国政府于 1979 年 9 月共同签署了标准基本协定，并正式在中国行使相关职能。迄今，UNDP 已经完成了 900 多个项目，涉及的领域非常广泛，包括农业、工业、经济重建、能源、公共卫生、减贫及许多交叉领域。自 1982 年以来，UNDP 推出并实施了多年期的“国别方案”及“合作框架”，重点关注特定课题和成果。目前 UNDP 已经与中国政府的密切合作伙伴（商务部下属的中国国际经济技术交流中心）成功完成了五次该框架的实施活动。

如今，UNDP 在中国推广完成的项目 84% 以上是直接与十多个政府部门、非政府组织及私营机构合作执行的。UNDP 在中国的发展项目资金来源较为多元化，包括中国政府资助、UNDP 核心资助、其他赞助方贡献、全球信托基金（如全球环境基金、蒙特利尔议定书）和企业的贡献。

4. 经典案例

开发妇女的领导能力项目是联合国妇女发展基金在山东临朐实施的援助项目。

山东省临朐县妇女领导能力发展项目是联合国妇女发展基金在亚洲唯一的妇女参政类援助项目，总投资共 21 万美元，项目实施期限为两年，主要是通过开展与妇女能力相关的一系列培训活动，推动全县妇女参政议政能力的提高和女企业家管理能力的提高，培养造就了一批高素质的妇女干部。

## （二）联合国环境规划署

联合国环境规划署（United Nations Environment Programme，UNEP）成立于 1972 年，是联合国在全球仅有的两个将总部设在发展中国家的联合国机构之一。到 2009 年，已有 100 多个国家参加过其活动。其宗旨是在联合国系统内提供指导和协调环境规划总政策，并审查规划的定期报告；促进环境领域内的国际合作，并提出政策建议；经常审查国家和国际环境政策和措施对发展中国家带来的影响和费用增加的问题；审查世界环境状况，以确保可能出现的具有广泛国际影响的环境问题得到各国政府的适当考虑；促进环境知识的取得和情报的交流。UNEP 所涉及的道德活动主要包括环境评估、环境管理、环境法和支持性措施四个方面。

1. 资金来源及分配

环境基金作为国际环境活动的主要经费来源，主要来自成员国自愿认捐。环境基金为 UNEP 提供正常预算外资金，用于支付 UN 机构从事环境活动所需的全部或部分经费，以及与其他 UN 机构、国际机构、各国政府和非政府组织进行合作所花费的费用。

2. UNEP主要活动

UNEP 成立以后，其主要活动包含以下几方面。

（1）环境评估：具体工作部门包括全球资料查询系统、全球环境监测系统等。

（2）环境管理：包括人类健康与环境卫生、人类住区的环境规划、陆地生态系统、海洋、自然灾害、能源、环境与发展和环境法等。

（3）支持性措施：包括环境教育、环境情报、培训的技术协助等。

（4）环境法。

3. UNEP和中国

中国自 1973 年以来一直是 UNEP 理事会成员。1976 年中国在内罗毕设立驻 UNEP 代表处。从 1976 年起，中国开始向 UNEP 基金捐款，并于 1982 年起改为每年定期捐款。1987 年，UNEP 同中国政府就在中国设立“国际沙漠化治理研究培训中心”达成协议，并将中心总部定在兰州。

### （三）联合国教科文组织

联合国教育、科学及文化组织（United Nations Educational, Scientific, and Cultural Organization，UNESCO）简称“联合国教科文组织”。UNESCO 于 1946 年 11 月正式成立，其宗旨是“通过教育、科学及文化促进各国间合作，对和平与安全做出贡献，确保世界上不同种族、性别、语言或宗教的人民均享有人权与基本自由”。

1. UNESCO的主要职能

UNESCO 共设置了五大职能。

（1）支持前瞻性研究：如明天的世界需要什么样的教育、科学、文化和传播。

（2）知识的发展、传播与交流：主要依靠研究、培训和教学。

（3）制定准则：起草和通过国际文件和法律建议。

（4）推广知识和技术：以技术合作的形式提供给会员国，帮助其制定发展政策和发展计划。

（5）专门化信息的交流。

2. UNESCO管理组织机构

UNESCO 的管理组织机构主要有以下三个。

（1）大会是 UNESCO 最高权力机构，由全体会员国参加，每两年举行一次届会。

（2）执行局是大会闭幕期间行使形式监督、管理职能的机构。

（3）秘书处为常设的执行机构。

3. UNESCO的主要从事领域

UNESCO 在其主管的教育、科学、文化、传播与信息等业务范围内设立了十多个政府间机构及大型合作计划，以推动全球范围内的智力合作，其中主要包括国际教育局、政府间海洋学委员会、社会变革管理计划、人与生物圈计划、国际地质对比计划、国际水文计划、世界遗产委员会、促使文化财产归还原主国或归还非法占有文化财产政府间委员会、国际传播发展计划、综合信息计划、政府间信息学计划、世界版权公约政府间委员会、政府间体育运动委员会等。此外，UNESCO 还同全球超过 300 个在教育、科学、文化等领域有重要地位和影响的非政府国际性组织建立了正式（协作类、咨询类）关系或业务合作关系。

4. UNESCO 在中国的活动

目前 UNESCO 对于会员国的援助主要是通过智力合作的方式来体现，如派遣专家、组织召开大型或专业国际会议 / 研讨会、人员培训、制定国际准则性文件、参与会员国在相关领域的能力建设、提出或倡导新思想新理念等。

UNESCO 在中国的活动主要涉及以下领域。

1）教育领域

UNESCO 在教育方面开展的活动形式主要是：

（1）举办各种类型的国际会议，促进政策性对话；

（2）开展教育研究，对当今世界教育方面的某些热点问题进行探讨；

（3）举办培训活动；

（4）开展实验项目；

（5）促进教育人员与教育成果交流，通过发行出版物和建立信息网促进信息传递与交换。

2）科学领域

UNESCO 专门设立了如下重点计划项目。

（1）人和生物圈计划。该计划是 UNESCO 针对全球面临的人口、资源、环境问题而发起的一项政府间科学计划。

（2）国际地质对比计划（International Geological Correlation Programmes，IGCP）。该计划的主要目标是：①增强对全球环境控制因素的了解与认识，改善人类生存条件；②为能源、矿产等自然资源的开发与利用提出更有效的解决途径；③通过对全球若干典型地区的对比研究，提高对地质作用与地质概念的认识；④提高研究方法和科技水平。

（3）国际水文计划。国际水文计划以开展全球性水科学研究、进行水科学的国际培训和信息交流、提高各国决策人员和公众对水科学的认识、帮助会员国制定水资源总体规划、帮助解决重大的水资源问题和与水有关的社会经济发展问题为主要目标。

（4）政府间海洋学委员会（Intergovernmental Oceanographic Commission，IOC）。IOC 的宗旨是促进海洋科学调查并提供相关服务，以便通过会员国的一致行动了解海洋性质和海洋资源状况，帮助各国尤其是发展中国家提高海洋科研能力。

3）文化领域

我国近年来参与 UNESCO 文化领域的活动主要集中在以下方面：非物质文化遗产的保护；世界遗产的申报和保护；关于文化政策的讨论；参与一些文物保护方面的国际公约的制定与修订。

## （四）联合国工业发展组织

联合国工业发展组织（United Nations Industrial Development Organization，UNIDO）成立于 1966 年，是联合国系统中的专门机构。UNIDO 的宗旨是同 170 多个成员国共同合作促进和加速发展中国家的工业化进程及实施可持续性发展战略。

### 1. UNIDO简介

UNIDO 总部位于奥地利维也纳，在 36 个国家和区域设有办事处，在 13 个国家设有投资与技术促进办事处。UNIDO 的使命是针对当前各国面临的工业问题，特别是在有竞争力的经济、良好的环境和有效地就业（3Es）三个方面，面向政府、机构和企业三个层次，提供一揽子的服务方案。

2. UNIDO的主要从事领域

UNIDO 以其中立性、多边性、广泛性及专业性著称，目前已在 160 多个发展中国家和地区实施了上万个技术援助及投资促进项目。为满足发展中国家和经济转型国家的需求，UNIDO 新的整体服务方案已经由工业领域扩展到农业、农产品加工、开采业、基础设施、医疗健康、环保、旅游休闲、新兴服务产业等 26 个领域。

3. UNIDO在中国的活动

1972 年 12 月，我国首次派观察员出席 UNIDO 第一届常务委员会。据统计，目前正在实施的 UNIDO 与我国的合作项目总金额约为 5 000 万美元，其执行额占该组织全球执行额的五分之一左右，占亚太地区执行额的一半以上。项目内容涉及环境保护、工业管理、中小企业发展、投资与技术促进、供应链管理及综合方案等领域。近年来，在中国政府和 UNIDO 的共同努力下，双方又开拓了信托基金（Trust Fund）项目，主要涉及投资促进、可持续能源、供应链管理，以及帮助中小企业提高竞争能力等领域。

UNIDO 中国代表处设立于 1979 年，并于 2006 年提升为区域代表处，管辖范围包括中国、蒙古、朝鲜和韩国四个国家，同时也负责保持与驻中国、日本和韩国的 UNIDO 投资与技术促进办公室的联络。

### （五）联合国粮农组织

1. UNFAO简介

联合国粮农组织（United Nations Food and Agriculture Organization，NFAO）是联合国系统内成立时间最早的常设专门机构。其宗旨是提高人民的营养水平和生活标准、改进农产品的生产和分配机制、改善农村和农民的经济状况、促进世界经济的发展并保证人类免于饥饿的威胁。

2. UNFAO的主要职能

UNFAO 的主要职能包括以下几点。

（1）搜集、整理、分析和传播世界粮农生产及贸易信息；

（2）向成员国提供粮农政策和计划的咨询服务；

（3）向成员国提供技术援助，动员国际社会进行投资，并执行国际开发和金融机构的农业发展项目；

（4）讨论国际粮农领域的重大问题，制定有关国际行为准则和法规，谈判制定粮农领域的国际标准和协议，加强成员国之间的磋商和合作。

可以说，UNFAO 是一个信息中心，是一个开发机构，是一个咨询机构，是一个国际讲坛，还是一个制定粮农国际标准的中心。

3. UNFAO的工作重点

UNFAO 的工作重点是帮助发展中国家制定农业发展政策和战略，以及为发展中国家提供技术援助，目的是加强世界粮食安全，推动农业技术合作，以及促进环境保护与可持续发展。

UNFAO 的主要活动有以下几项：

（1）通过国际农产品市场形势分析和质量预测组织政府间协商，促进农产品的国际贸易；

（2）向成员国提供世界粮食形势的分析情报和统计资料，对世界粮农领域的重要政策提出建议并交理事会和大会审议；

（3）帮助发展中国家研究制定发展农业的总体规划，按照规划向多边援助机构和发达国家寻求援助和贷款，并负责组织各种援助项目；

（4）作为第三方为某一个受援国寻找捐赠国组成以粮农组织、受援国和捐赠国为三方的信托基金；

（5）通过提供资料、召开专业会议、举办培训班、提供专家咨询等多种形式推广新技术，组织农业技术交流。

4. UNFAO在中国的活动

UNFAO 在中国的活动包括以下两项。

（1）UNFAO 在中国六省实施的林业项目。该项目涉及六省近 6 000 名林农，由 FAO 与中国国家林业局政策法规司联合实施，为期三年。

（2）UNFAO 水稻病虫害综合防治项目。UNFAO 国家间水稻病虫害综合防治项目是由澳大利亚、荷兰、瑞士政府和阿拉伯海湾基金会共同提供资助，并由 UNFAO 实施的国家间项目，目前正在实施项目的第四期，项目改名为“FAO 亚洲社区水稻病虫害综合防治（IPM）项目”。该项目的目标是通过综合防治技术试验、示范和农民培训，提升农民科学种田知识，提高农民素质和病虫害防治水平，避免滥用农药，减少农药对生态、环境的影响，维持水稻高产、稳产。

## 三、相关网站

参见以下网址：http：//www.undp.cn/；http：//www.unep.cn/；http：//www.unesco.cn/；http：//www.unido.cn/；http：//www.fao.cn/。

# 第二节　世界卫生组织

## 一、世界卫生组织概况

### （一）WHO 发展现状

世界卫生组织（World Health Organization，WHO）是 UN 系统内负责卫生工作的国际性机构，共包括 192 个国家和两个准会员。WHO 的专家制定卫生指导原则和标准，并帮助国家解决公共卫生问题。此外，WHO 还支持和促进卫生研究。通过 WHO，各国政府可以联合解决全球性卫生问题，并提升人们的健康福利。

### （二）WHO 的核心职能

WHO 内有作为最高权力机构的世界卫生组织大会、作为最高执行机构的执行委员会、常设机构秘书处、地区组织及驻国家代表五个组织机构。而在专业组织内，有顾问和临时顾问、专家委员会（咨询团有 47 个，成员有 2 600 多人，其中中国有 96 人）、全球和地区医学研究顾问委员会和合作中心。

WHO 的宗旨是使全世界人民获得尽可能高水平的健康。其工作总规划确定其核心职能为：

（1）制定规范和标准并促进和监测其实施；

（2）阐明合乎伦理并以证据为基础的政策方案；

（3）领导对卫生至关重要的事项并在需要联合行动时参加伙伴关系；

（4）提供技术支持，促进变革并发展可持续的机构能力；

（5）制定研究议程，促进开发、传播和应用具有价值的知识；

（6）监测卫生情况并评估卫生趋势。

### （三）中方参与情况

中国是 WHO 的创始国之一。1945 年 4 月 25 日至 6 月 26 日，在旧金山召开的联合国成立大会上，中国代表施思明会同巴西代表苏札提交的“建立一个国际性卫生组织的宣言”，为创建世界卫生组织奠定了坚实基础。1972 年 5 月 10 日，第 25 届世界卫生大会通过一致决议，恢复了中国在 WHO 的合法席位。此后，中国出席了 WHO 历届大会和地区委员会会议，并被选为执委会委员，与 WHO 签订了关于卫生技术合作的备忘录和基本协议。1978 年 10 月，中国卫生部长和 WHO 总干事在北京共同签署了“卫生技术合作谅解备忘录”；1981 年该组织在北京设立驻华代表处；1991 年中国卫生部部长陈敏章还被 WHO 授予最高荣誉奖——“人人享有卫生保健”金质奖章。迄今，我国与该组织共召开过 18 次技术合作协调规划会议，该组织向我国提供的各种援助达约 9 600 万美元。

## 二、WHO 国际合作概况

### （一）WHO 的经费来源及支出

WHO 的经费主要由会员国交纳的会费，构成“正常预算”；促进组织志愿基金、儿童基金会、控制药品滥用基金、泛美卫生组织、环境规划署、紧急活动、难民事务告急专员署、救灾署、世界银行等提供的专款；以及其他收入三项构成。

其经费支出则分为四个相互依存的类别。

（1）基本卫生干预（如回应流行病预警及降低孕产妇和儿童死亡率）；

（2）卫生系统、政策和成品（如药品和技术的质量）；

（3）健康决定因素（如营养和烟草等）；

（4）对会员国的有效支持（如增加对知识管理和信息技术等方面的投资，并确保人员安全）。

### （二）WHO 的合作中心

WHO 合作中心（由研究所、大学院系等机构构成）是由 WHO 总干事指定的一所机构，是 WHO 建立的机构间合作网络的一个重要部分，由总干事指定开展活动支持本组织各规划，并酌情支持 WHO 在国家内部、国家间、区域内部、区域间和全球各级的规划。目前，在 80 个会员国中有 800 多所 WHO 合作中心，与 WHO 一同从事护理、职业卫生、精神卫生、慢性病、传染病、营养和卫生技术等领域的工作。

合作中心的组织作用主要是促进卫生的研究和发展，统一卫生规划中的科学与技术名词（包括规范和标准）。合作中心的作用是实现 WHO 成员国之间的技术合作。可以说，合作中心是发展中国家之间互相信息、经验及专业知识交流的重要渠道，是促进发展中国家科技发展的重要途径。其功能主要体现在标准化工作、信息的收集与传播、服务功能、研究功能、培训工作、协调工作，以及通过提供信息、服务与咨询等方面。

## （三）WHO 经费资助概况

WHO 不会提供用于开展研究的奖研金或资助金规划，但 WHO 的某些特别规划和部门可资助一些研究（如热带病研究或生殖卫生和研究），另外就是各会员国的区域办事处会与各国卫生部合作开展奖研金和奖学金规划项目。

## （四）WHO 在中国的合作中心

中国的 WHO 合作中心目前已达到 61 个，涉及各个学科共 30 余个专业，如表 3-1 所示。

**表 3-1 WHO 在中国的合作中心名单**

| 合作中心名称 | 省市 | 机构名称 |
|---|---|---|
| WHO 烟草或健康合作中心 | 北京 | 北京朝阳医院 |
| WHO 神经科学研究与培训合作中心 | 北京 | 北京市神经外科研究所 |
| WHO 结核病研究培训合作中心 | 北京 | 中国 CDC 结核病防治临床中心 |
| WHO 儿童卫生合作中心 | 北京 | 首都儿科研究所 |
| WHO 遗传病（地中海贫血）社区控制合作中心 | 北京 | 中国医学科学院基础医学研究所 |
| WHO 城市卫生发展合作中心 | 北京 | 北京市东城区卫生局 |
| WHO 传统医学合作中心 | 北京 | 中国中医科学院针灸研究所 |
| WHO 传统医学（中药）合作中心 | 北京 | 中国中医科学院中药研究所 |
| WHO 传统医学合作中心 | 北京 | 中国中医科学院临床与信息研究所 |
| WHO 卫生与生物医学信息合作中心 | 北京 | 中国医学科学院医学信息研究所 |
| WHO 传统医学合作中心 | 北京 | 中国医学科学院药用植物研究所 |
| WHO 生殖健康与人口科学合作中心 | 北京 | 北京大学人口研究所 |
| WHO 慢性非传染病疾病社区综合防治合作中心 | 北京 | 中国 CDC 慢性非传染性疾控预防控制中心 |
| WHO 药品质量保证合作中心 | 北京 | 国家药品和生物制品检定所 |
| WHO 食物污染监测合作中心 | 北京 | 中国 CDC 营养与食品安全所 |
| WHO 职业卫生合作中心 | 北京 | 中国 CDC 劳动卫生与职业病研究所 |
| WHO 人类生殖研究合作中心 | 北京 | 国家人口计划生育委员会科学技术研究所 |
| WHO 疾病分类合作中心 | 北京 | 北京协和医院 |
| WHO 妇儿保健研究培训合作中心 | 北京 | 北京大学妇儿保健研究培训合作中心 |
| WHO 预防牙科学科研与培训合作中心 | 北京 | 北京大学口腔医学研究所 |
| WHO 人力资源合作中心 | 北京 | 卫生部人才交流中心 |
| WHO 自杀干预研究与培训合作中心 | 北京 | 北京回龙观医院 |
| WHO 艾滋病治疗和关爱综合管理合作中心 | 北京 | 北京地坛医院 |
| WHO 防聋合作中心 | 北京 | 北京同仁医院 |
| WHO 听力损伤预防和康复合作中心 | 北京 | 聋儿康复研究中心 |
| WHO 流感合作中心 | 北京 | 中国疾控中心国家流感中心 |

续表

| 合作中心名称 | 省市 | 机构名称 |
| --- | --- | --- |
| WHO 护理政策制定和质量管理合作中心 | 北京 | 协和医科大学护理学院 |
| WHO 基因合成表达合作中心 | 上海 | 第二军医大学病原生物学系 |
| WHO 城市初级卫生保健发展合作中心 | 上海 | 上海市虹口区卫生局 |
| WHO 传统医学合作中心 | 上海 | 复旦大学医学院针刺原理研究所 |
| WHO 神经科学与培训合作中心 | 上海 | 复旦大学医学院神经病学研究所 |
| WHO 初级卫生保健合作中心 | 上海 | 上海市嘉定区卫生局 |
| WHO 疟疾、血吸虫和丝虫病合作中心 | 上海 | 中国 CDC 寄生虫病预防控制所 |
| WHO 职业卫生合作中心 | 上海 | 复旦大学公共卫生学院 |
| WHO 输血合作中心 | 上海 | 上海市血液中心 |
| WHO 试剂生产合作中心 | 上海 | 上海市临床检验中心 |
| WHO 上海健康教育与健康促进合作中心 | 上海 | 上海市健康教育所 |
| WHO 心血管病研究和培训合作中心 | 上海 | 上海市心血管病研究所 |
| WHO 人类生殖研究合作中心 | 上海 | 上海市计划生育科学研究所 |
| WHO 院前急救研究和培训合作中心 | 上海 | 上海市医疗急救中心 |
| WHO 精神卫生研究和培训合作中心 | 上海 | 上海市精神卫生中心 |
| WHO 传统医学合作中心 | 上海 | 上海中医药大学 |
| WHO 卫生技术评估合作中心 | 上海 | 复旦大学卫生技术评估国家重点实验室 |
| WHO 城市健康促进合作中心 | 上海 | 上海健康促进委员会 |
| WHO 人类生殖研究合作中心 | 天津 | 天津市计划生育研究所 |
| WHO 口腔卫生合作中心 | 山西 | 山西运城地区口腔卫生学校 |
| WHO 淋巴丝虫病和绦 / 囊虫病合作中心 | 山东 | 山东省寄生虫病防治研究所 |
| WHO 人类生殖研究合作中心 | 四川 | 四川省计划生育科研所 |
| WHO 康复合作中心 | 湖北 | 同济医学院同济医院康复医学教研室 |
| WHO 湖区血吸虫病防治研究合作中心 | 湖南 | 湖南省寄生虫病防治研究所 |
| WHO 社会心理因素、成瘾行为与健康合作研究合作中心 | 湖南 | 中南大学湘雅二院精神卫生研究所 |
| WHO 儿童心理卫生研究和培训合作中心 | 江苏 | 南京脑科医院 |
| WHO 传统医学合作中心 | 江苏 | 南京中医药大学 |
| WHO 性病预防与控制合作中心 | 江苏 | 中国 CDC 性病控制中心 |
| WHO 防聋和听力损伤合作中心 | 江苏 | 南京医科大学 |
| WHO 新发传染病监测、研究与培训合作中心 | 广东 | 广东省疾病预防控制中心 |
| WHO 康复合作中心 | 广东 | 中山大学附属第一医院康复医学教研室 |
| WHO 心血管研究和培训合作中心 | 广东 | 广东省心血管病研究所 |
| WHO 初级卫生保健信息合作中心 | 黑龙江 | 黑龙江省绥化市卫生局 |

## 三、申请程序及资助管理

### （一）WHO合作中心申请及资助管理

1. WHO合作中心选择标准

选择一个机构作为WHO合作中心的标准包括以下几个方面。

（1）该机构的人员、工作及资金来源的稳定性；

（2）该机构同国内及国际上其他机构已建立的工作关系；

（3）该机构的科学技术领导权的资格，职工的数量与质量，设备、实验室、教学设备及其他设施的充足程度；

（4）根据该机构最近的工作成果和正在进行的工作情况，其科学与技术标准已达到国家和国际标准；

（5）该机构在该国卫生、科技及教育结构中所处的地位，以及它同有关国家政府之间的关系，特别是它对国家卫生规划所作的贡献，以及它从政府那里获得的支持；

（6）该机构可投入到WHO计划的工作中的能力、工作量及潜力，包括支持国家的计划和参与国际合作计划；

（7）该机构利用WHO支持来发挥其潜力的愿望；

（8）该机构能在一个足够长的时间内提供较全面的工作服务能力和潜力。

2. WHO合作中心任命过程

WHO合作中心任命过程如下。

（1）由地区主任对拟任命的机构及其政府作初步调查，并与全球或地区的有关项目的官员进行磋商，听取相关意见；在此基础上，地区主任向WHO总干事提议将任命的WHO合作中心的机构。

（2）地区主任在向总干事提议时须提交下述资料：希望该合作中心所承担的要求即必须执行的功能；该机构与条例中的标准及总干事所提要求的符合程度；其政府及机构同意被任命。

（3）任命必须是在与其所在国家政府磋商后，经该机构的负责人同意，由地区主任执行对该机构的任命。

（4）WHO合作中心首届任期为四年。之后，根据项目的要求及评价结果可继续连任四年或少于四年。

3. WHO合作中心的管理、评价与监督

WHO合作中心的管理、评价与监督内容如下。

（1）一个组织一旦被任命后，就可使用“WHO 合作中心”的正式名称；在进行通讯时，可根据 WHO 规定的要求与格式，使用印有“WHO”字样和 WHO 徽章的信笺。

（2）WHO 合作中心由 WHO 的地区主任负责管理，但在全球范围行使功能的合作中心可同世界卫生组织主管有关项目的部门进行技术上的合作联系。

（3）合作中心合作的成功与否主要取决于负责项目的管理者对合作机构的认识与理解。通过借助全球和各地区的卫生研究顾问委员会的帮助，根据项目的重要性与复杂程度，在专家小组成员等卫生顾问的协助下，由有关项目的管理者开展对合作中心工作的技术评价。

（4）每年年终，合作中心必须递交一份有关计划项目的合作工作报告，报告内容包括工作计划所取得的进展、遇到的问题及对今后合作的建议。

## （二）WHO 在中国的项目申请

### 1. 项目编制原则

项目申请书应紧密结合我国深化医药卫生体制改革和“十二五”卫生事业发展规划的需要，并考虑 WHO 在全球、地区和国家层面的重点工作领域，关注弱势人群，鼓励东中西部的合作，鼓励开展全球和地区性的南南合作。

### 2. 项目申请单位资格

各 WHO 在中国的合作中心可提交一份项目申请书；各西部省份的卫生技术机构可提交一份项目申请书（申请书须经省卫生厅审核同意）；曾经执行 WHO 合作项目的单位能够以一级单位的名义提交一份项目申请书。

### 3. 项目编制注意事项

项目编制注意事项包括以下四点。

（1）WHO 正规预算项目是 WHO 实施其战略目标的重要手段，项目单位应给予其充分重视，并要珍惜项目经费的使用与分配。

（2）WHO 实行以结果为基础的预算编制方法。这种编制方法的特点就是强调以结果为导向，用可衡量的指标来评价所取得的成果；实行系统和综合的规划管理程序，包括预算编制、实施、监测和评价，依据预先确定的目标和预期成果来编制规划预算；根据预期结果提出资源的需求，用工作指标客观衡量实际工作所取得的有关成果。因此在制订具体的项目活动计划时，应当首先确定项目的具体目标，并以目标为中心设计具体的活动内容。无论是调研活动、培训班，还是国外考察，所有活动都应该围绕项目目标进行，以便获得实质性的、符合目标的产出。

（3）各单位应指派专人负责 WHO 合作项目的协调和管理，并认真填写申请表中所需要的各项信息，尤其是联系方式。

（4）各项目单位在制订具体的活动计划时，应从本单位项目领域的实际需要出发，充分考虑 WHO 的战略重点和规定，重点开展中央或地方政府财政所不能支持的工作。

4. 项目评审

卫生部国际司将对项目申请书进行资格初审，然后委托由中外专家组成的专家评审组根据上述原则确定评分标准，对项目申请书进行评审，并根据评分结果确定中标项目。

## 四、中方参与情况

### （一）合作概况

世界卫生组织驻华代表处与中国相关领域的工作人员共同合作，在以下方面开展工作。

（1）卫生系统发展；（2）免疫；（3）结核病控制；（4）艾滋病控制；（5）母婴保健；（6）预防伤害；（7）禽流感控制；（8）食品安全；（9）烟草控制；（10）非传染性疾病的控制；（11）环境与卫生；（12）传染病监测与反应。

### （二）SARS 案例

自 2002 年 11 月在中国广东省发现首例严重急性呼吸道综合症（Severe Acute Respiratory Syndrome，SARS）患者以来，截至 2003 年 6 月 5 日，这种疾病蔓延到全球 29 个国家，全世界共有 8403 人感染，775 人死亡。SARS 已经衍生成了一个全球性问题。

WHO 在 2000 年 4 月建立了“重大疫情全球警报系统”（The Global Outbreak Alert and Response Network，GOARN）。这个系统是将各个机构和网络的人力、技术资源进行整合，通过制度性协调与合作，对世界突发疾病、传染病进行快速确认并做出迅速反应。这个系统提供了一种合作框架，向全球社会提供专业技术的支持，对各种突发威胁积极警惕应对。其目标是面向全球健康安全对受疾病影响的国家提供特别技术援助；对抗全球性疾病爆发、传播；建立对传染病的长期警惕状态及能力建设；有效地对全球公共卫生问题进行治理。

在 2003 年 3 月 12 日 WHO 宣布第一则全球旅游紧急通告之后，WHO 总部成立了“非典”紧急事态小组，24 小时实时监控全球疫情状况。由此，WHO 的疫情全球警报系统也迅速采取了包括建立各国疫情信息通报制度和旅游警告制度、派出卫生专家对各国治理 SARS 进行培训、协调各国科学研究合作机制，以及世界卫生组织大会强化成员国的沟通与合作等四个方面的措施。通过以上有效的机制与措施，WHO 在这次全球共同抗 SARS 中起到了不可替代的作用，不仅增强了 WHO 在成员国之中甚至在全球范围的权威与地位，同时大大提高了它的全球治理能力。

### 五、WHO 联系方式

参见网址：http：//www.whocc.org；http：//www.who.int。

## 第三节　世界银行组织

### 一、世界银行组织概况

#### （一）WBG 的发展现状

世界银行组织（World Bank Group，WBG）于 1994 年成立，它由归 186 个成员国所有的两个机构，即国际开发协会（International Development Association，IDA）与国际复兴开发银行（International Bank for Reconstruction and Development，IBRD）组成，前者旨在减少信誉良好的较贫困国家的贫困人口和中等收入国家的贫困人口，而后者则注重支持世界贫困国家。两个机构的工作由国际金融公司（International Finance Corporation，IFC）、国际投资争端解决中心和多边投资担保机构（Multilateral Investment Guarantee Agency，MIGA）和国际投资争端解决中心（International Center for Settlement of Investment Disputes，ICSID）的工作给予补充。

#### （二）WBG 的资助领域及使命

WBG 作为世界上最大的发展援助机构之一，向全世界发展中国家提供金融和技术援助。其使命是以专业精神和热情实现持久减贫，通过提供资源、建立能力、共享知识及培育公共和私营部门合作，帮助人们实现自助。它平均每年提供贷款200多亿美元，贷款主要用于以下方面：为借款国的国民提供基本卫生和教育服务；保护环境；加强政府的能力；支持和鼓励民营企业发展；促进改革，创造有利于投资和长期规划的环境；注重社会发展、见证和参与机构建设，以及鼓励各国完善巩固、吸引及保持私人投资需要具备的基本条件。

### （三）中方参与情况

WBG通过贷款与分析研究服务等多种方式支持中国展开相关工作，对中国的发展做出了重要的贡献，主要体现在以下五个方面：减少贫困、不平等和社会排斥；促进中国融入世界经济；应对资源稀缺和环境挑战；加强公共部门和市场制度及深化金融中介作用。

截至2010年6月30日，WBG在中国发行的贷款累计超过474.1亿美元，援助实施项目达323个。截至2011年2月，其中的68个项目仍在实施，其中还包括多个信托基金项目，主要集中在环境、交通运输、城市建设、能源、农村发展、水资源管理和人类发展等领域。

## 二、WBG国际贷款项目

### （一）WBG贷款项目概况

2010年，WBG向发展中国家的303个项目累计提供了469亿美元资金。目前为止，WBG先后参与了1800多个项目的建设，几乎涉及所有部门和发展中国家，项目涉及的内容很广泛，如在墨西哥改进保健服务、在波黑提供小额信贷、在孟加拉国支持女童教育、在圭亚那提高艾滋病预防意识、帮助东帝汶开展独立后重建工作、帮助印度古加拉特省在灾难性地震后开展重建工作等。

### （二）WBG贷款类型介绍

#### 1. 投资贷款和发展政策贷款

不拖欠WBG贷款的国际开发协会借款国和国际复兴开发银行可以获得投资贷款与发展政策贷款。

投资贷款向减贫及可持续发展所需的各类活动提供资金，大部分投资贷款属于特定投资贷款或维护贷款与部门投资。过去20年间，年平均投资贷款额度约占WBG年度总贷款的75%～80%，支持领域涉及社会发展、制度建设及促进私营部门介入的公共政策基础设施建设，支出项目包括既定设备、材料、技术与咨询服务、土建工程、研究及增量经常性费用。

发展政策贷款主要向需要外部融资的国家提供支付型援助，以支持某个部门或整个经济领域进行结构性改革。宗旨是推广竞争性市场、纠正激励机制扭曲，建立安全保障体系与适当监测、鼓励私营部门开展活动、营造有利于民营部门投资的环境、促进良政治理，以及缓解发展政策的短期不利影响。

2. 信托基金与赠款

捐赠国政府、公共机构和广泛的私营机构将款项存入由 WBG 保管的信托基金，该基金对各类发展项目的实施进行资助，除此之外 WBG 也为国际开发协会提供优惠融资和赠款资源，为非贷款类咨询服务和技术援助提供资金，以满足发展中国家的特殊需求。其作用体现在减轻重债穷国的债务负担、改善供水设施和卫生条件、支持免疫接种工作、阻击艾滋病流行、降低疟疾等传染病的发病率、资助公民社会组织，以及制订温室气体减排计划等方面。

3. 分析研究和信息服务

WBG 也向其成员国提供信息和分析研究服务，以便实现成员国人民所需的持久经济和社会发展。WBG 通过贸易、环境、贫困和全球化等领域的经济研究和数据采集和开展国别非贷款类工作的方式提供信息和服务，以及通过考察一国的银行业系统和金融市场及基础设施、贸易、贫困和社会保障网络等事项评估其经济前景。

4. 能力建设

WBG 的另一项核心任务是增强发展中国家合作伙伴关系和 WBG 工作人员的能力，帮助他们改善政府绩效、获得技术援助并提供服务、促进经济增长和持续实施减贫计划所需的技能和知识。WBG 建立了与知识共享网络的链接，用于满足开展发展问题对话和对发展信息的需求。

## 三、项目申请程序及资助管理

### （一）贷款申请资格简介

WBG 贷款有如下规定。

（1）贷款对象：会员国官方、私营企业、国有企业。若借款人不是政府，则要政府担保。

（2）贷款用途：多为项目贷款，用于农业、工业、能源、运输、教育等诸多领域。银行只提供项目建设总投资额的 20% ～ 50%，其余差额部分由借款国自己筹措。

（3）贷款期限：20 ～ 30 年，宽限期 5 ～ 10 年。

（4）贷款利率：根据 WBG 从资金市场筹资的利率来决定，每季度或半年调整一次。贷款利率低于市场利率时，对贷款收取的杂费也较少，但要对签约后未支付的贷款收取 0.75% 的承诺费。

（5）贷款额度：根据借款国人均国民生产总值、借款国发展目标和需要、债务信用强弱、投资项目的可行性及在世界经济发展中的次序而定。

（6）贷款种类：具体投资贷款、结构调整贷款、部门贷款、技术援助贷款及紧急复兴贷款。

（7）贷款手续：手续较繁琐，要求严格，一般需一年半到两年的时间。

（8）还款：到期归还，不得延期，不得改变还款日期。

（9）风险承担：借款国家应承担汇率变动的风险。

## （二）WBG 项目周期图

简单地说，WBG 项目的整个周期从选项（立项）开始，到项目实施结束 WBG 进行后评估，共有七个步骤，项目的前期准备工作则大约需要 2 ～ 3 年的时间，具体如图 3-1 所示。

**图 3-1　WGB 项目周期图**

## （三）详细工作流程

1. 选项（立项）

确定应优先考虑，适合银行提供资金，同时银行、政府和借款人均有兴趣考虑的项目。这些项目需要经受可行性的初步试验——费用支出应与预期好处相匹配，这一点可以从技术上和机构上找到解决办法。项目经确定之后，这些规划就被列入对每个国家多年度的贷款规划，这一规划就成为 WBG 在该国家今后工作的基础。

选项工作的第一步是建立项目库，应注意以下几个原则。

（1）选择规模较大的整体项目，避免在项目中包含过多子项目，导致项目的中心目标不突出、不明确。

（2）选择在城市规划中的中期规划骨干项目，应接近 WBG 贷款项目的要求。

（3）尽量避免选择移民拆迁量较大的项目，WBG 不主张由于项目的实施而导致大量的移民拆迁，WBG 贷款也不应用于支付移民拆迁的相关支出。

（4）尽量避免或者减少涉及 WBG 十大政策的项目，减少在项目中不必要的程序与工作。

项目选定后，根据 WBG 在该地区的投资方向，确定项目背景、必要性、范围、投资额与贷款额和规模等基本情况，然后将材料报至当地财政局与发改局，得到同意后由发改局和财政局一起上报当地政府；获得政府批准后，应联系设计单位编写项目的建议书，以当地政府的名义由发改局上报省发改委申请立项。

2. 准备

每个项目编入贷款规划时都要准备一份项目概要说明，说明它的目的，确定主要问题，并为今后的工作制定时间表。准备阶段必须包括项目达到目标所需要的技术、机构、经济和财政条件的全部范围，还需进行可行性的研究，以确定和准备各种可供选择的技术性及机构性的初步设计方案，然后比较它们各自的成本和效益，再对更有希望的方案进行更为详细的调查，直到最后得到满意的解决办法。

国内程序中，在立项批准以后，各设计单位编写项目可行性研究报告、移民安置计划报告及环境影响评价报告。可研和环评报告是国内审批程序的必要文件，移民安置计划则是针对 WBG 程序而必须编写的。通过当地发改局将可研报告送往省发改委后，将由省发改委确定是否将项目上报国家发改委及财政部，若获批准，项目将由财政部和国家发改委和上报到国务院，经国务院批准，项目最终确定被列入国家多年度的贷款规划，项目的国内审批程序便完成了。

另外，WBG 将在项目准备阶段派遣项目准备团队前往当地了解项目的准备情况，并对可研、环评与移民安置计划报告提出补充及修改意见。

3. 评估

评估包括项目的四个重要方面——技术、经济、机构和和财务方面。评估纯粹是 WBG 的任务，由 WBG 工作人员或者借助于个别顾问来完成，通常需要在实地工作 3 ～ 4 周。

4. 谈判

谈判是 WBG 和借款人为确保项目成功、力求就所采取的必要措施达成协议的阶段，并将这些协议变成法律义务，列入贷款文件。

5. 提交执董会审批

谈判以后，应将反映达成的协议的评估报告连同行长的报告和贷款文件，一并提交 WBG 执行董事会。若执行董事会批准这项任务，贷款协定就在简单仪式中签订。这标志着项目周期中一个阶段的结束和另一个阶段的开始。在提交执董会前，项目的安全计划须公示 100 天，通常是将资料在网上进行公示。

6. 实施和监督

项目监督的重要内容涉及用贷款采购商品和工程。采购则是按照列入每个贷款协议的指导方针进行的，这些指导方针是为了确保能用最有效和最经济的方式采购到所需的商品和工程而设计出来的。

7. 后评估

由 WBG 提供资金的项目都要接受事后审核。为了保证审核的独立和客观，它由业务评价局（Operation Evaluation Department，OED）负责。项目工作人员会在末期为每个项目准备一份完成报告，而每份报告都要接受 OED 的检查，OED 再提出自己的评价报告，两份报告一般都送交执行董事会。

## （四）项目准备阶段所需文件

初选符合 WBG 贷款的项目必须提交包括项目可行性研究报告、环境评价报告、移民拆迁安置计划及财务和经济分析报告等文件。

1. 项目的可行性研究报告

编制可研报告时应注意以下几点。

（1）建议在可研报告中定量和定性分析项目的必要性和重要性，体现项目在城市建设中的战略意义。

（2）在项目建议书及可研报告书的编制依据上，应当采用符合城市可持续发展原则且最新的规划作为编制依据。

（3）比选方案不应少于三个，且要从经济、环境、社会、技术等方面考虑并且将其量化。

2. 项目的环境影响评价报告

环评报告是 WBG 鉴定项目对环境影响的一个重要依据，在项目评审时，环评具有一票否决权，即若环评报告达不到 WBG 的要求，项目就不会被批准获得贷款，所以应该按照 WBG 要求完成环评报告的编写。

在环境评价的问题上，WBG 要求准备环评报告、环评摘要和环境管理计划三个文件。

3. 项目的移民安置计划报告

WBG 贷款不用于移民安置，但 WBG 对移民安置计划也相当地重视。建议尽量减少拆迁，拆迁量不要超过工程总投资的 40%，从而降低项目成本及其造成的影响。另外，如何安置好移民也是 WBG 考虑的要点。

移民安置计划报告里必须包含少数民族和社会弱势群体问题，应考虑工程和拆迁对少数民族和弱势群体的影响和如何安置，并在项目建议书中体现政府对弱势群体的优惠政策。

4. 项目的财务分析和经济分析

财务分析和经济分析是可行性研究报告中最重要的组成部分，财务分析和经济分析的不同点如表 3-2 所示。

**表 3-2　项目财务分析与经济分析表**

| | 财务分析 | 经济分析 |
|---|---|---|
| 关注点 | 资金投资的净回报 | 全社会的净回报 |
| 目的 | 项目是否被采纳的动因 | 从经济效益角度确定政府投资是否合理 |
| 价格 | 市场或者计划价格 | 影子价格 |
| 税收 | 生产成本 | 社会总收益的一部分 |
| 补贴 | 收入的一部分 | 社会总成本的一部分 |
| 贷款 | 增加可用的资本量 | 转移支付 |
| 利息 | 财务成本 | 转移支付 |
| 贴现率 | 资本的边际成本或市场借贷率 | 资本的支付成本或社会的时间偏好率 |
| 收入分配 | 通过各生产要素的净回报加以衡量 | 可不考虑 |

## （五）申请注意事项

项目申请有以下几点需注意。

（1）总体规划必须完善，要把规划和项目结合起来，定量且定性分析项目的重要性和必要性，明确项目建设的目的和意义，在可研报告书中应该明确项目建设在整体规划中的作用和地位，明确项目建设的目标及成效，明确达到这些目标及成效的方式和建成后衡量成效的方法。

（2）控制项目总拆迁量，尽量将拆迁量控制在总投资 40% 以内，并注意多方案比选，并且与无拆迁方案进行比较。

（3）当 WBG 十大政策与国内政策相违背时，必须和 WBG 方面进行商讨，尽量在不违背两者基本原则的情况下进行工作。

（4）国际咨询公司参与工作的时间最好是在项目立项后，这样来说比较经济、适时。

（5）WBG 在机构设立方面仍有一定的要求，一般要求在当地设立项目办公室，人数不应少于六人，项目办须由专业人员组成，包括英语翻译、国际法律、财务、环境等专业人才，而且对项目办工作人员的英语水平都有一定的要求，特别重视表达能力和书写能力。

## 四、中方参与情况——WBG 中国贷款项目成果

### （一）黄土高原水土保持项目

该项目致力于恢复黄土高原地区面貌，通过项目的实施，250 多万人摆脱了贫困，自然资源得到保护，收入翻番，多年生植被覆盖率从 17% 提高到 34%，就业率增加，年人均粮食产量从 365 公斤增加到 591 公斤，粮食供应得以保证，使这片被普遍认为无可救药的广袤地区恢复了生态平衡。

### （二）可再生能源开发项目

该项目推动建立了可持续太阳能光伏发电市场，并向远离电网的村民提供了廉价、可靠和环境友好型能源。项目支持向 40 万农户及机构出售太阳能系统，为偏远地区半游牧居民供应的太阳能电力使更多人享受到通信和教育服务、减少了二氧化碳排放量并改善了室外空气质量。在项目帮助下，国际先进技术与中国的低成本产相结合，使得中国成为世界第一大太阳能设备与零部件生产国。

### （三）贫困地区林业发展项目

在该项目帮助下，中国中西部贫困偏远山区的贫困率大幅下降，从 1998 年的 40% 下降到 2005 年的 17.5%。同 1997 年水平相比，人均年收入增加了 1.5 倍，森林覆盖率提高了 6.7%。

### （四）西部地区基础教育项目

该项目重点解决教育质量差异和教育机会不均等的根源问题，尤其是少数

民族儿童和农村地区女童的入学问题。项目新建和改造了 1525 所学校，提供了近 700 万册教材，并向近 1100 名校长和超过 15.4 万名教师提供了培训。

### （五）重庆城市环境项目

2003 年以来，重庆市的水质得到了稳步提高。到 2006 年，经过处理后供水百分之百达到了安全饮用水的标准，尽管污染负荷大幅增加，但有机废弃物总量趋于下降或至少保持了稳定，一座达到国际标准的现代化卫生填埋场取代了小区垃圾堆放点及有害垃圾随意堆放点。

### （六）中国结核病控制

该项目覆盖了 16 个省份的 6.68 亿人口。该项目实现了所有目标，并超额完成了结核病病例检测和治愈率等具体目标。该项目登记并治疗新增患者约 160 万人，其中完成治疗 150 万人，治愈约 150 万人。

## 五、WBG 联系方式

参见网址：http：//web.worldbank.org。

# 第四节　亚太经合组织

## 一、亚太经合组织概况

### （一）发展现状

成立于 1989 年的亚太经济合作组织（Asia-Pacific Economic Cooperation，APEC）是亚太地区一个主要的经济合作组织。作为亚太地区重要的经济合作论坛，它在推动区域贸易投资自由化、加强成员国间经济技术合作等方面发挥了不可替代的作用。

### （二）APEC 的使命

APEC 旨在保持经济的增长和发展、促进成员间经济相互依存、加强开放的多边贸易体制、减少区域贸易和投资壁垒，以及维护本地区人民的共同利益。其使命是通过支持建立自由和开放的贸易和投资、促进并加速区域经济一体化、加强人类安全、鼓励经济和技术合作、促进有利可持续的商业环境并形成和谐的亚太社区，把组织的福利政策转变成为切实的利益和具体的结果。

### （三）APEC 的组织结构简介

（1）领导人非正式会议是 APEC 最高级别的会议。会议就有关经济的问题发表见解、交换看法，于会议中形成的领导人宣言是指导 APEC 各项工作的重要纲领性文件。

（2）部长级会议是 APEC 决策机制中一个重要的组成部分。会议的主要任务是为领导人非正式会议做准备、贯彻执行领导人非正式会议所通过的各项指示、讨论区域内的重要经济问题并且决定 APEC 的合作方向与内容。

（3）高官会议是组织的协调机构。会议始于 1989 年，通常是由当年举办领导人非正式会议的东道主主办，每年举行 3 ～ 4 次会议，主要负责执行领导人与部长级会议的决定，审议各工作组和秘书处的活动，筹备领导人非正式会议、部长级会议及其后续行动等事宜。

（4）秘书处为 APEC 各层次的活动提供支持与服务。

（5）工商咨询理事会是组织的常设机构。理事会于 1995 年 11 月在日本大阪正式成立，其主要任务是对 APEC 经济技术合作、贸易投资自由化及创造有利的工商环境提出设想和建议，并向领导人与部长级会议提交咨询报告。

（6）中小企业部长会议的目的是为找出影响 APEC 中小企业发展的领域，协调政策措施并讨论如何在这些方面加强合作，推动成员中小企业的共同发展。

（7）妇女领导人会议是为亚太地区妇女设立一个交流的论坛，由亚太地区经济体中商业、学术界和民间、政府、社会等方面的妇女领导人组成，是 APEC 框架内形成的妇女论坛，不设领导机构和常设机构。

### （四）APEC 的工作范围及成就

#### 1. 工作范围

APEC 的工作主要集中于贸易和投资自由化、商务便利化及经济和技术合作三个领域。

（1）贸易和投资自由化

贸易投资便利化和自由化是 1994 年印尼通过的《茂物宣言》中所确定的 APEC 的长远目标，其目的是降低贸易和投资自由化，并最终消除关税和非关税贸易壁垒和投资，目标为 APEC 发展中成员和发达成员分别于 2010 年和 2020 年实现投资自由化。此后 APEC 先后在 1995 年和 1996 年通过了实施《茂物宣言》

的《马尼拉行动计划》和《大阪行动议程》，开始通过集体行动计划和单边行动计划两种途径，落实各成员对贸易投资自由化的承诺。

自 1994 年以来，各成员主要是通过执行和单边行动计划的范式，使得 APEC 在贸易自由化领域的工作取得较大的进展，而投资自由化进程则仍以信息交流和政策对话为主。受金融危机的影响，1999 年 APEC 推动贸易投资自由化的步伐有所放慢，但成员总体上仍然认同自由化的目标。在单边行动计划中，各成员的改进措施与实现茂物目标的联系更为紧密。

（2）商务便利化

商务便利化的业务重点在于减少交易的成本、提高信息的获取和调整贸易政策及商业战略，以促进贸易的增长和开放。

1994 年 11 月在印尼茂物年会上，批准在贸易和投资委员会下设立标准和合格认证分委会及海关手续分委会，以求建立 APEC 海关数据信息联网系统、规范和简化成员间的通关程序、提高商品的技术标准和规定的统一化、降低交易成本。APEC 的各成员就商务便利化在简化投资手续、协调商业法规与竞争政策、方便国际旅行等方面也做出了不少单边努力。

（3）经济和技术合作方面

《大阪行动议程》把经济技术合作放在与自由化并行同等重要的位置，并列出了实施合作的 13 个具体领域。经济技术合作致力于提供培训与合作，利用全球的贸易优势，进行组织成员经济体的能力建设，在机构与个人层面协助 APEC 成员经济体和人民获得必要的技能，满足其经济潜力。

2. 成就

APEC 根据商业便利化、贸易和投资自由化及经济技术合作这三大支柱工作，帮助推动亚太地区经济增长，并提高人民的生活水平，自 APEC 成立以来，亚太地区贸易总额增长 395%，国内生产总值增加两倍。

### （五）APEC 与中国

1991 年 11 月，在“一个中国”和“区别主权国家和地区经济”原则基础上，中国、中国台北及中国香港一起正式加入了 APEC。此后，中国一直积极、深入地参与 APEC 各领域的合作，在推进 APEC 合作进程方面发挥了重要建设性作用。

1. 中国参与APEC领导人会议情况

1993 ～ 2010 年，中国国家主席出席了历次 APEC 领导人非正式会议，就全球及地区形势、APEC 未来发展、亚太区域合作等一系列重大问题阐述了看法和主张，为历次会议取得成功发挥了建设性的和积极的作用。

2010 年 11 月 12 ～ 13 日，在日本横滨举行的 APEC 第 18 次领导人非正式会议上，时任国家主席胡锦涛出席并发表重要讲话，阐述了中国对亚太地区经济实现平衡、包容、创新、可持续、安全增长的主张和对 APEC 未来发展的看法，并介绍了中国对亚太区域合作的立场主张。

胡锦涛出席了 APEC 工商领导人峰会和领导人与工商咨询理事会代表对话会，围绕“亚太新兴市场国家”这一主题，发表了题为《共同发展　共享繁荣》的重要演讲。

2. 中国主办APEC相关会议情况

2001 年 10 月 20 ～ 21 日，APEC 第九次领导人非正式会议在中国上海成功举行。

2010 年，中国积极主办 APEC 相关系列会议。5 月，APEC 智慧城市智能产业高端会议于河北廊坊举行，会议以“智慧城市”和“智能产业”为主题，主要探讨了亚太地区建设未来的可持续发展的环保、生态、低碳、友好、和谐的企业和城市。6 月底及 7 月初，第六届 APEC 中小企业技术交流暨展览会于福州举行。9 月，第五届 APEC 人力资源开发部长级会议在北京举行，会议主题是“大力促进就业、开发人力资源、实现包容性增长”。12 月，APEC 中小企业峰会在四川宜宾举行，会议围绕“中小企业的创造力”这一主题，就“E 消费”“中国市场的创造力”“融资之路——正在打开的天窗”“无线互联”和“绿色商业创新”“解决方案”“品牌梦想”与“中小企业实际需求”等十大热点议题进行了深入探讨。

## 二、APEC 国际合作概况

### （一）项目概述

项目作为 APEC 进程的重要组成部分，帮助亚太地区人民把部长会议和经济领导人确定的政策转变为实在的利益。APEC 每年向 100 多个项目提供约 800 万美元的资助，这些资助大部分集中在成员之间知识和技能的转移及能力建设上，使每个经济行动都能够实现《茂物宣言》中贸易投资便利化和自由化的目标。

项目领域除涵盖贸易自由化合作外，还支持使用通用标准进行产品测试，通过高效的运输路线、开发安全及提供每个会员进出口监管和立法所需的信息等项目来实现贸易和经商更有效、更容易的目标。

APEC 还致力于支持最大限度地利用全球化的好处的项目，特别是支持公众健康，提高工人技能，提高对紧急情况和自然灾害的反应来减少风险，帮助小型、微型和中型企业发展壮大并进入市场的项目。

### （二）资助类型

APEC 项目是由成员国提供资助的，有以下三种资助类型。

1. 正常账户

账号资金主要来源于个成员经济体缴纳的会费，为 APEC 中关于经济技术合作（Economic and Technical Cooperation, ECOTECH）的项目提供资金支持。

2. 贸易投资自由化与便利化特别账户（Trade and Investment Liberalization and Facilitation，TILF）

在 1995 年 APEC 经济领导人会议上，日本宣布提供 10 亿日元项目基金鼓励贸易投资自由化和便利化，建立 TILF 账户，此后围绕大阪行动议程的协助 APEC 成员经济体实现自由贸易和投资目标的 600 个项目得到了 TILF 支持。

3. APEC支持基金（APEC Support Fund, ASF）

ASF 成立于 2005 年，支持解决 APEC 发展成员能力建设的项目，具体包括人类安全、技术、禽流感和流行病、能源和 APEC 第二次便利化行动等在内的项目。ASF 可细分为以下几类。

（1）普通基金。成立于2005年5月，普通基金优先支持的领域包括11方面：经济技术合作，特别是开发人力资本；通过结构改革发展稳定、有效和安全的资本市场；加强经济基础设施建设；促进治理技术和技术流动；通过环保型增长的提高生活质量；发展加强中小型企业（Small-sized Enterprises and Medium Enterprises, SMEs）的活力；融入全球经济；推动知识型经济发展；人类安全和反恐能力建设在社会维度上解决全球化问题等。

（2）ASF 人类安全子基金。主要致力于卫生安全，支持反恐和贸易安全，包括禽流感和大流行性流感及艾滋病毒 / 艾滋病、应急准备及能源安全等领域。

（3）ASF 人类安全 - 优先 2 子基金。致力于人类安全子基金中的第二项即人类安全、大流行性流感和禽流感。

（4）ASF 第二次贸易便利化行动子基金。为第二次贸易便利化行动计划实行的能力建设项目提供资金支持。

（5）ASF 科技发展子基金。支持治理技术和促进成员之间技术流动项目。

（6）ASF 能源效率子基金。支持在亚太地区推广有助于提高能源效率的项目。

### （三）中方参与情况

我国财政部于 2010 年设立中国亚太经合组织合作基金，主要资助国内单位组织或参与的亚太经合组织合作与交流项目。基金总规模为 1000 万美元，由财政部统一管理，使用期限暂定为 10 年，原则上每年安排 100 万美元，优先资助新能源、节能减排和环境保护等方面的科技合作、信息技术合作、人力资源开发、交通运输与相关服务行业发展，以及促进创新、提高管理能力等领域的中小企业合作等。

## 三、项目申请程序及注意事项

### （一）申请程序

项目申请程序如下。

（1）所有 APEC 成员经济体在向相关工作组提出项目申请时，必须争取两个以上的其他成员经济体作为项目共提方（co-sponsor）。

（2）申请项目单位首先填写一份三页纸的项目申请简表（Concept Note），并将简表按照项目的领域选择一个工作组提交。该工作组将按照 APEC 项目申请质量评估表（Quality Assessment Framework，QAF）对项目质量进行评估。

（3）工作组将审核通过并排序后的项目申请与质量评估表报 APEC 秘书处。

（4）APEC 秘书处按照前述标准对项目进行审核、分类并打分，并将相关材料上传 BMC 网站。

（5）BMC 根据秘书处的评估意见对项目进行初审，并将“原则上获得通过”的项目清单交由工作组的项目主管（Program Director）予以公布。初审获得通过的项目的申报单位开始填写全表（Project Proposal Format），一般在下一个审批周期开始前后必须将全表通过工作组的项目主管递交秘书处。秘书处项目管理中心（Project Management Center, PMC）的专家将按照前述五项标准及 APEC 项目有关规定再次审核项目申请书，并且提出修改意见以反馈给项目申请方。申请方应根据 PMU 意见修改及完善项目设想。这一过程会多次反复，直到 PMU 对项目申请满意为止。秘书处将对全表的审核意见上报 BMC，并等待 BMC 终审。

（6）工作组项目主管公布最终获得通过的项目清单。

### （二）项目审批标准

APEC 项目质量审批标准包括以下几方面：

1. 相关度（relevance），即项目目标与落实 APEC 领导人及部长指示的关联度，以及项目是否符合 APEC 合作的优先领域；

2. 预期效果（effectiveness），即项目结果对落实 APEC 领导人及部长指示有何帮助，以及项目的实施是否将采取最佳方法；

3. 影响力（impact），即项目要带来怎样的变化、对项目受益方产生怎样的影响、项目结果如何对外宣传、项目具有哪些近期及长远意义；

4. 效率（efficiency），即项目的投入及产出比是否最优化，以及项目是否遵循了 APEC 预算管理的有关原则；

5. 可持续性（sustainability），即项目结束后能否对该领域合作持续产生影响、项目如何与本领域合作重点相契合，以及是否规划了后续行动。

### （三）注意事项

（1）提高项目申请的技巧和针对性，避免某一工作组内的项目申请过于集中在某一个账户。

（2）严格按照《APEC 项目申请指南》（*Guide Book on APEC Projects*）的规定填写项目申请，遵守项目申请时限，确保项目申请内容清晰、表达正确，以及无重大语法和拼写错误。

（3）提高项目与领导人、部长会议和 APEC 当年确定的优先领域的关联，以提升项目总体排序。

### （四）APEC 与中国——财政部中国亚太经合组织合作基金

1. 基金概况

我国财政部于 2010 年设立了“中国亚太经合组织合作基金”，主要用于资助我国组织或参与的亚太经合组织交流和合作项目。基金总规模为 1000 万美元，均由财政部统一管理，使用期限暂定 10 年，原则上每年安排 100 万美元。

2. 基金来源及资助范围

基金由中央财政专项资金 500 万美元、国家经贸委预算中的技术创新等资金 250 万美元及科技部预算中的研究和开发等资金 250 万美元构成。

该基金资助优先领域包括节能减排、新能源、环境保护等方面的科技合作；信息技术合作、人力资源开发、交通运输及相关服务行业发展；提高管理能力、促进创新等方面的中小企业合作；农业技术合作等。基金主要用于资助我国组织或参与的科技产业合作项目。

3. 基金的申请程序

APEC 所有成员应按下列程序提出申请。

（1）国内单位申请项目逐级报送其主管部门，APEC 成员申请的项目由 APEC 成员报送外交部转有关主部门。

（2）申请使用该基金的项目，须提供统一的中国 APEC 基金使用项目可行性研究报告、申请书，APEC 其他成员的申请需提供主管部门的意见书或初步审定报告等申报材料。

（3）项目的审批应该在每年的第一季度进行。

## 四、APEC 联系方式

参见网址：http：//www.apec.org。

# 第五节　世界气象组织

## 一、世界气象组织概况

### （一）WMO 发展现状

世界气象组织（World Meteorological Organization，WMO）成立于 1947 年 9 月，是联合国有关气象（天气和气候）、相关地球物理科学和业务水文的一个专属机构。WMO 拥有 189 个国家会员和地区会员（截至 2009 年 12 月 4 日）。WMO 的愿景是在天气、水文和水资源、气候及相关环境问题的专业领域和国际合作方面发挥世界领导作用，并借此为全世界人民的安康及福祉、各国的经济效益做出一定的贡献。

### （二）WMO 的任务介绍

WMO 的任务包括以下几个方面。

（1）推动网站建设方面的国际合作，以进行气象及与气象有关的地球物理和水文观测，促进各类提供气象及其相关服务的中心的组建和维护；

（2）促进气象及相关观测的标准化，确保以统一的规格出版观测和统计资料；促进气象及其相关情报快速交换系统的建设和维护；

（3）推进气象学应用于航空、水问题、海运、农业和其他人类活动；

（4）促进业务水文活动，增进气象和水文部门间的密切合作；

（5）鼓励气象及相关领域内的培训活动和研究，帮助协调在研究和培训方面的国际性问题。

## （三）WMO 组织机构

WMO 组织机构包括世界气象大会、执行理事会、区域协会、技术委员会、秘书处和联络办。

（1）世界气象大会：组织的最高权力机构，主要负责回顾前四年计划执行情况，并制定后四年方针、计划和预算。

（2）执行理事会：WMO 的执行机构，研究贯彻大会计划及根据大会的决定使用预算资金。

（3）区域协会：共包含非洲、亚洲、北美洲、南美洲、中美洲和加勒比地区、西南太平洋和欧洲等六个区域协会，均由各自的会员组成，它们的任务是协调各自区域内的水文、气象和相关活动。

（4）技术委员会：八个技术委员会由会员指定的专家组成，研究各自职责领域内的问题，已建立的技术委员会有基本系统、大气科学、仪器和观测方法、航空气象、农业气象、海洋和海洋气象学（与 UNESCO 的 IOC 合办）水文和气候学。

（5）秘书处：由秘书长负责领导，是组织的管理、信息和记录中心。它负责编纂、编辑、印制和分发本组织的出版物，承担公约和其他基本文件赋予的职责，为上述提及的 WMO 组织机构的工作提供保障。

（6）联络办：组织有两个联络办，分别设在布鲁塞尔和纽约。

## （四）中国参与情况

中国是 1947 年世界气象组织公约的签字国之一，1972 年 2 月 24 日加入 WMO。从 1973 年开始，中国一直是 WMO 的执行理事会成员。在 2004 年 6 月召开的 WMO 执行理事会的第 56 次届会上，原中国气象局副局长颜宏被任命为 WMO 副秘书长。2007 年 5 月 25 日，中国派团出席了 WMO 第 15 次世界气象大会。会上，颜宏连任 WMO 副秘书长，中国气象局局长郑国光当选为 WMO 执行理事会成员。

## 二、WMO 国际合作计划

### （一）计划概况

WMO 通过十大科技计划开展工作，目的在于为会员提供气象水文服务，帮助会员从这些服务中受益，应对当前面临的问题及正在出现的新问题，共同分享已形成的知识库，以及通过各会员共同分享气象水文和相关信息，进一步完善这一知识库。

1. 世界天气监视网计划

世界天气监视网（World Weather Watch，WWW）计划发起于 1963 年，作为 WMO 的核心计划，它将信息系统、观测、电信设施，以及资料处理和预报中心结合成一体，为全球气象水文服务提供有效的支撑。它还包括南极活动计划、热带气旋计划、环境紧急情况的紧急响应活动计划及仪器及观测方法计划，在实行该计划时还建立了全球数据处理全球观测系统、预报系统及全球电信系统。

WWW 通过各会员的合作，全面组织、协调、规划有关全球气象站网布局、气象通信、气象观测、分析预报和气象资料处理等业务工作，使 WMO 所有会员都可获得在气象服务、业务和研究工作中所需要的气象情报。全球观测系统（Global Observing System, GOS）为 MMM 的主要组成部分，GOS 在全球范围内协调提供可靠的气象观测结果。

世界气象组织信息系统（World Information System, WIS）旨在推动 WMO 和相关国际计划的信息收集与共享，主要服务内容为重要时间和重要业务的资料和产品的收集和广播服务，资料的发现、获得和检索服务，以及资料及产品的及时发布服务。

2. 世界气候计划

世界气候计划（World Climate Program，WCP）的目的为通过国际合作研究及改进对气候变率或变化的监测，提高对气候过程的认识；促进气候信息及服务的应用，以帮助经济及社会的规划及发展。该计划由世界气候资料计划（World Climate Data Program，WCDP）、世界气候影响计划（World Climate Influence Program，WCIP）、世界气候应用计划（World Climate Application Program，WCAP）和世界气候研究计划（World Climate Research Program，WCRP）四个子计划组成，而 WCRP 是其最主要的组成部分。

WCRP 的目的是增强人类对气候的认识、探索气候的可预报性及人类对气候的影响程度，它包括对全球大气、海冰、海洋与陆冰及地表的研究。WCRP

主要致力于以下活动：进行全球气候分析和评估；进行陆面过程、云辐射反馈、边界层及海冰的研究；进行数值实验、模式比较，改进物理过程的参数化方案；实施热带海洋与全球大气（Tropical Ocean and Global Atmosphere，TOGA）计划、世界大洋环流实验（World Ocean Circulation Experiment，WOCE）及全球能量与水循环实验（Global Energy and Water Cycle Experiment，GEWEX）计划。

3. 大气研究和环境计划

大气研究和环境计划（Atmospheric Research and Environmental Planning, AREP），在全球大气科学委员会（Committee of Atmospheric Science, CAS）的指导下，通过世界天气研究计划（World Weather Research Projects,WWRP）来支持全球性的研究，为国家大气行为及气候预测提供权威性的意见。

WWRP 计划与世界气候研究计划紧密相连，为开发先进的及有成本效益的预报技术，以及它们在社会经济和决策过程中的应用提供支持，开展的各项活动旨在提高会员在热带气象可预报性、预报验证、各种尺度的预报及预报产品与社会效益相结合等领域研究工作的价值。全球大气监视（Global atmospheric Watch，GAW）关注的重点是协调大气温室气体、臭氧、反应性气体、紫外线辐射、气溶胶、降水化学在全球观测中的应用，对国际臭氧耗损、全球性研究活动、气候和空气污染物长距离输送方面的公约提供资助。另外 AREP 领导的世界气象组织沙尘暴早期预警系统同时支持完善人工影响天气的研究。

4. 气象应用计划

气象应用计划（Application of Meteorological Program，AMP）是基于会员国的利益，促进公共天气服务、航空气象、农业气象及海洋气象和海洋学等四个领域的基础设施、专业知识和服务的开发的项目。

5. 水文和水资源计划

水文和水资源计划（Hydrology and Water Resources Plan , HWRP）事关水资源质与量的评估，主要目标是促进水资源在资源综合管理框架下的有效应用，以促进可持续的发展；帮助减少与水资源有关的自然灾害；支持国家、区域、流域及国际层面的有效管理；通过技术转让及能力建设加强会员，特别是发展中国家和转型期国家的能力，确保他们能够在独立持续的评估其水资源基础上通过风险管理应对洪水和干旱的威胁，包括水文观测的标准化和有组织的水文技术和方法转让。该计划与 UNESCO 国际水文计划互相密切配合。

6. 教育和培训计划

教育及培训计划（Education and Training Research Program,ETRP）的目标是

帮助会员国为国家气象水文部门培养足够的合格人才，使他们能高效和有成本效益地履行目前的职责，面临新技术的挑战。实现这一目标的策略是和国际伙伴、大学、有关培训院所和媒体开展合作，该计划与 WMO 各科技计划密切合作，组织了有关天气、水和气候的专题培训。

7. 技术合作计划

技术合作计划（Technical Cooperation Plan , TCP）的协调有助于全世界气象水文部门发展的融资活动，它还组织会员进行气象水文技术和成熟方法的转让。其重点是提供广泛的气候、天气内容和水服务；加强和运行 WWW 的关键设施；支持 WMO 教育培训计划；实施 WMO 最不发达国家（Least Developed Country, LDC）计划。TCP 计划的主要资金来源是 WMO 自己的自愿合作计划、UNDP 托管基金和 WMO 正常预算。

8. 区域计划

区域计划（Regional Planning, RP）为 WMO 计划在国家、区域及亚太区域范围内的顺利实施提供框架指导，并保证在 WMO 科技计划的制订、执行及评价过程中能充分考虑到区域的需求和能力。

9. 减轻灾害风险计划

WMO 在 2003 年建立了减轻灾害风险计划（Disaster Risk Mitigation Plan , DRMP），通过加强和整合风险的过程来减少与气象、气候和水文相关自然灾害对所有的特别是那些资源稀少的国家的影响。

该计划的目标是利用具有成本效益、系统及可持续的方法加强国家气象及水文部门的工作；通过能力和合作的加强，减少国家及国际层面的自然灾害的风险，保护人民的生命财产安全。

## （二）WMO 与中国

WMO 恢复了中国的合法席位后，中国开始有步骤地积极参与该组织的各项活动，而如今，中国参加了 WMO 的 WWW、WCP、AREP、RP、HWRP、ETRP、TCP 等各项计划和活动。

我国自从 1976 年参加 WMO 自愿合作计划以来，至今已向 WMO 亚、拉、非、欧等区域的近 70 个国家提供了气象仪器装备的援助，组织了 38 批来自于 WMO 亚、拉、非、欧各区将近 120 多个发展中国家和地区气象部门的领导参加多国别考察和研讨活动。至今，我国气象部门已与 140 多个国家及地区的气象部门有合作和交往活动，其中 120 多个发展中国家和地区的 350 多位气象（水文）局局长和高级人员来我国进行了气象考察和研讨。

另外南京信息工程大学及中国气象局培训中心作为 WMO 的区域培训中心，近 20 年来，举办了多种国际的气象培训班，已有来自亚、非、拉地区的 120 多个国家近 1 000 多名学员在我国进行了培训，并提供长期奖学金培训硕士、博士研究生。中国还与 WMO 联合共同为非洲提供中国政府长期奖学金，每年为非洲培养 10 名气象水文工作者，得到 WMO 及非洲各国的高度赞赏。

## 三、案例分析

第 29 届夏季奥运会于 2008 年 8 月 8 ～ 24 日在北京举行，残奥会在其后两周举行。在此期间，高影响天气如高温闷热、暴雨、雷暴等经常出现，因此，天气成为影响奥运会成功举办的重要因素。WMO 世界天气研究计划科学指导委员会和中国气象局共同领导了北京 2008 年奥运会天气预报示范和研究开发项目，为奥运会及残奥会提供气象服务。

2004 年，中国气象局借鉴 2000 年悉尼奥运会预报示范项目经验，向 WMO 申报了北京 2008 年奥运会天气预报示范及研究开发项目，以作为奥运气象保障的一部分。WMO 天气研究计划科学指导委员会的第七次会议正式批准了这个项目。

这个项目包含两个子项目：一个是短时临近预报示范子项目，主要进行 0 ～ 6 小时内的对流风暴路径、强天气现象（如雷暴、冰雹、狂风、暴洪等）和降水量的预报；另一个子项目是 6 ～ 36 小时的中尺度集合预报研究开发。

世界天气研究计划科学指导委员会专门针对这个项目设立两个国际科学指导委员会，负责制订项目的科学技术方针。中国气象局也设立了一个项目管理组，以协调项目实施的具体事宜。来自澳大利亚、奥地利、加拿大、法国、日本和美国等国的多个气象研究系统参加了这个项目。

WMO 表示，合作项目的实施提高了中国气象局预报员在 0 ～ 6 小时短时临近预报及 6 ～ 36 小时短期预报方面的能力，为 2008 年的奥运会和残奥会及其后的大型国际活动提供了更好的气象服务。另外，这个项目还将推动发展中国家在短时临近天气预报及中尺度集合预报系统方面的发展。

## 四、WMO 联系方式

参见网址：http：//www.wmo.int/。

# 第六节　欧盟第七框架计划①

## 一、欧盟第七框架计划概况

### （一）欧盟科技框架计划简介

欧盟科技框架计划（European Union’s Framework Programme for Research and Technological Development）是由欧盟委员会发起、欧盟成员国广泛参与的重大科技合作计划。该计划除对欧盟成员开放外，还倡导世界范围内的多领域合作，已逐步成为内容丰富的全球性科技合作和开发的计划之一，其研究以国际前沿和竞争性科技难点为主要内容，具有高水平、强资助、大领域、广参与等鲜明特点。

### （二）FP7 资助范围

欧盟第七框架计划（7th Framework programme，FP7）（2007 ～ 2013 年）于 2007 年正式启动，涉及合作研究、人力资源、前沿探索和研究能力建设四个部分。合作研究中列出了十大主题领域（thematic priorities），占 FP7 540 亿欧元总预算的 2%。

### （三）中国参与情况

中国参与的欧盟框架计划项目数在发展中国家中名列第一，参与的第五框架计划（1998 ～ 2002 年）的项目数位为 85 项，而参加的第六框架计划（2002 ～ 2006 年）的项目数达到 229 项。从项目分布领域来看，我国参与的欧盟框架计划项目主要集中在国际合作、能源、环境、健康、食品、农业与生物技术、信息与通信技术、材料、纳米科学技术及人力资源开发等领域。

## 二、FP7 国际合作情况

### （一）FP7 的主要目标

FP7 总预算是 50 521 亿欧元，其目标是整合各成员国的科研力量，提升整个欧盟层面的研发水平，采用研发框架计划的相关法律和财政措施，鼓励、利

① 欧盟第七框架计划（FP7）于 2013 年年底结束，新的研究与创新框架计划——“地平线 2020”（Horizon 2020）于 2013 年 12 月 11 日年正式启动，为期七年（2014 ～ 2020 年）。

用和组织各种形式的合作计划，通过国与国之间的联合项目和研究计划协调合作，通过欧洲层面竞争和大规模技术创新的联合行动，达到基础设施和欧洲利益的共同发展。

## （二）FP7 的资助范围及强度

以创新和科技进步为实现里斯本战略的目标服务是 FP7 最主要的战略指导思想。FP7 支持经过筛选的优先领域，致力于占领欧盟或者保持世界某些领域的领先地位，它由四个专项计划及一个核研究特殊计划组成。

（1）合作（Cooperation）计划。合作计划共提供 324.13 亿欧元的资助，分为十大主题研究领域：健康（health）；食品、纳米技术、农业和生物技术（food，agriculture，biotechnology）；信息和通讯技术（information and communication technologies）；材料和新制造技术（nanosciences，nanotechnologies，materials and new production technologies）；能源（energy）；环境，包括气候变化（environment，including climate change）；交通，包括航空（transport，including aeronautics）；社会经济学和人文科学（socio-economic sciences and the humanities）；空间（space）；安全（security）。

（2）原始创新（Ideas）计划。该计划由欧洲研究理事会负责实施，并提供了 75.10 亿欧元的资助，致力于吸引最具聪明才智的科学家以增强欧洲竞争力，支持有风险及高影响力的研究，促进新兴及有快速影响力的领域达到世界级科学研究水平。

（3）人力资源（People）计划。该计划的目标是通过与外国科学家合作来加强欧洲研究，通过研究人员的流动建立持久的联系，具体实施是通过玛丽•居里行动计划（the Marie Curie Actions），总共提供 47.50 亿欧元资助。

（4）研究能力建设（Capacities）计划。该计划提供 40.97 亿欧元支持创新能力建设和欧洲研究。

（5）欧洲原子能共同体（Euratom）计划。该计划提供 27.51 亿欧元资助，计划由核裂变和辐射保护计划和核聚变能研究计划这两个特殊计划构成。

## （三）资助范围

### 1. 合作计划资助范围

欧盟委员会制定了 FP7 国际合作新模式相关政策，大大加强了与第三国的合作力度，使得国际合作始终贯穿于四大计划中。对于第三国而言，有两种方式可参加 FP7。第一种是全部主题领域向第三国开放，参与条件如下：

（1）至少与三个欧盟成员国共同参与；

（2）国际合作伙伴国家（International Cooperation Partner Country, ICPC）原则上可获得经费支持；

（3）除第（1）条的基本条件外，所有第三国均可参加；

（4）工业国家参与的项目在必要的情况下可获得经费支持。

第二种是每个主题均有各自的特殊国际合作行动（Specific International Cooperation Actions），参与条件如下。

（1）成员至少应来自四个不同国家，即两个国际合作伙伴国家和两个欧盟成员国；

（2）每个主题领域中均有针对国际合作伙伴国家的招标项目；

（3）国际合作伙伴国家可以获得经费支持。

2. 人力资源计划资助范围

通过支持研究人员流动及其专业发展来加强在 FP7 中的国际合作，直接提高欧洲研究的质量，并支持欧洲研究人员去海外开展研究，同时也吸引欧洲的精英科学家前来合作。其主要措施分为以下两个方面。

（1）针对第三国研究人员的措施，包括以东道主研究为主的行动计划；设立访欧个人奖学金；对邻国和与欧盟有科技协定的国家实行特殊国别政策；吸引海外的欧洲人和在欧洲的外国人科技“移民”。

（2）针对欧洲研究人员的措施，包括奖学金项目结束后必须回国效力；鼓励在海外欧洲研究人员回国。

3. 研究能力建设计划资助重点

（1）加强地区间和双边科技合作对话，为在 FP7 主题计划下联合确定合作主题提供方便；

（2）建立不同的相关网络（如大学、管理机构、企业、社会团体及赞助者），以加强研究能力建设；

（3）为制定并执行统一协调的欧洲层面上的国际科技合作方式而努力。

4. 原始创新计划资助重点

原始创新计划的目的是加强欧洲在关键技术和知识前沿的研究，与跨国团队相比更加支持个体的研究团队；鼓励其他国家的个体研究人员加盟欧洲的领航团队，他们将带来在欧洲以外的特殊专长并丰富在欧洲开展的研究内容。

5. 欧洲原子能共同体计划资助范围

在辐射保护研究和原子裂变领域里的国际合作是欧洲原子能共同体计划的

重要组成部分。原子能共同体与某些第三国签订了高层协定，以便合作；第三国还可以参与临时合作项目。

## 三、FP7 项目的申请程序与资助管理

### （一）FP7 项目的申请

FP7 项目的申请程序主要有以下几步（图 3-2）。

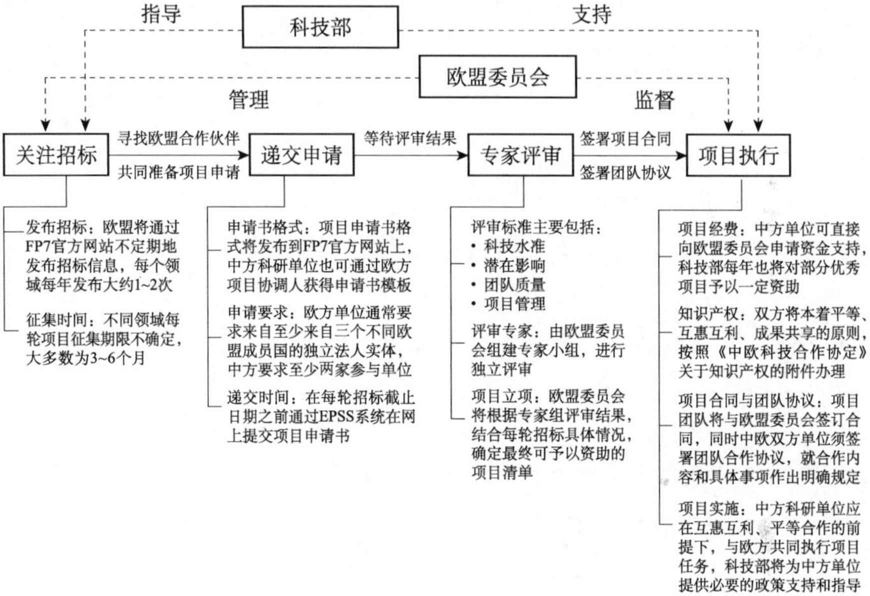


**图 3-2　FP7 项目申请流程图**

（1）找到合适的合作伙伴。可以通过欧共体研发信息服务网上提供的合作伙伴搜索工具或通过与欧方伙伴的已有联系及欧盟在我国的国家联络点帮助找寻对应合作伙伴。

（2）及时准确了解项目申报信息。FP7 在官方网站每年都会提前发布下一年的年度工作计划（Work Programme），并且欧委会会定期发布项目申请招标，招标一般一年进行 1 ～ 3 次，而申报期有 2 ～ 3 个月。申请人员可以在招标公告中找到参与项目类型。

（3）按照指南准备申请书。申请书撰写过程中要保持与项目总负责协调人之间的联络，使申请书与整个申请团队总体的目标一致，并与其他参与者的材料互补。欧委会在评判项目申请书时主要考虑项目申请书的科技质量（内容、工作计划、目标）、执行过程描述（管理组织过程、整体协调、整合资源）、是

否利于科研成果广布，以及伦理问题等是否达到欧盟的要求。我国人员在申请项目时还应注意与外方的合作是否涉及限制性的信息，如有涉及，应在申请项目之前报送我国科技主管部门进行审批，通过审批后再展开合作申请。

（4）及时递交项目申请书。FP7 已启用电子预案提交系统（Electronic Proposal Submission System，EPSS），项目申请可以在线完成。

（5）评议后签署协议并执行项目。经过 6 ～ 8 个月评审项目获批后，项目总协调人就可与欧委会签订项目协议，之后协调人再与项目参与成员间分别签署团队协议后就可开始执行项目。

## （二）FP7 项目评审

### 1. 评审程序

FP7 项目评审程序主要包括以下步骤。

（1）项目预审。这是委员会提供给科学家的一种非正式的咨询服务，为潜在的申请人就项目是否在招标范围内和是否符合招标标准提出意见。递交预申请并非必须，委员会回复对申请人是否递交正式申请不具约束力，也不会对以后的正式申请造成任何的影响。

（2）项目预登记。考虑到准备评审会及邀请外部专家的需要，有时会要求拟提交项目的申请人向委员会有关部门进行预登记。在招标结束的三个星期之前，申请人向委员会提供项目参加人的姓名、地址及项目名称与简介。通常在几个工作日内申请人会收到委员会批复的申请编号用于正式的申请。

（3）项目受理。申请人可通过邮寄、网络两种方式递交申请。委员会在招标结束之前不得对项目申请内容作分析或评审，不得与申请人联系；在招标结束后的 10 个工作日以后，对所有收到的申请做记录。

（4）对项目申请资格的审查。委员会的工作人员将审查项目是否严格符合项目招标中的资格要求。项目的申请资格审查将被重点关注，如电子申请发出的日期、有关人员的声明或签名及申请的完整性等问题。

（5）项目评审。通过资格审查的项目申请将由专家进行评审，一个项目一般送交至少三名独立外部评审专家。通常专家对每项评审标准按 0 ～ 5 分的六分制打分，申请最终得分完全建立在分数的基础上。

（6）终审、拒绝资助和申请排序的决定。专家将对通过评审的所有申请的评审报告进行最后的比较、评估。初评后得分相同的申请将可能被排出优先顺序。专家的另一个任务是评价值得资助的项目有无结合成大项目或项目群的可能性。评审结束之后，申请人会接到评审的结果通知。

（7）合同的准备与定案。委员会准备好排序名单后，优先名单上所有符合条件及有基金保证的项目申请人将立即签订书面合同。他们会收到申请的简要评审报告，有时还需提供合同所要求的管理方面的信息。

（8）报告。每次评审会后将公布一份概要报告，包括全部申请、专家的详细数据资料及评审程序。

2. 评审原则

FP7 项目评审原则包括以下几点。

（1）质量。受资助的项目必须符合框架计划的目标，具有很高的科技与管理水平，必须从总体上有利于欧盟委员会（以下简称委员会）各项政策的实施。

（2）透明度。为使科研人员准备项目申请时有一个清楚的整体概念，资助决策的过程、原则及具体操作都必须公开、明确，而且必须向申请人反馈项目评审结果。

（3）平等。必须对所有申请者一视同仁。

（4）公正。在独立的同行评议之后，项目水平是决定项目取舍的唯一依据。

（5）效率与速度。在遵循有关法律法规及保证评审质量的基础上，尽量加快评审速度。

3. 评审标准

专家根据以下标准对项目进行评审。

（1）创新性与科技水平。研究水平及对解决招标计划中的关键科技问题的贡献；在考虑到相关风险的情况下，申请超出科技现状的创新程度和创意；研究团体附加值及对欧盟政策的贡献；从整个欧洲的角度来考虑问题；团队工作对欧洲科研的附加值；项目对改进一项或多项欧盟政策或执行所起的作用。

（2）对社会目标的贡献。项目对改善生活、健康与安全（包括工作条件）水平所起的作用，对推动新技术、改善就业前景在欧洲的应用发展方面所起的作用，以及在保护或改善环境及在最低限度使用自然资源方面所起的作用。

（3）经济发展与科技前景。项目对经济增长的促进作用，以及对欧洲技术进步的贡献。

（4）资源、管理与合作。项目的管理与实施，尤其是任务安排的适当性、连续性和完整性；合作关系的质量，尤其是项目成员在工作中所起的作用和合作伙伴间的互补性及科技和专业水平；资源分配情况。

### （三）注意事项

欧盟框架计划正式文本有数千字，内容繁琐，在进行申请时应按“三步走”的快捷方案。

（1）物色项目负责人。在 www.cordis.lu 网站上的 Partner Search 版块中可以寻找合作伙伴；致信中欧办（office@ceco.org.cn）也可找到合作伙伴；此外，在欧盟委员会的网站（http：//coi.cordis.lu/search_form.com）上也可找到。

（2）准备项目申请。欧盟项目建议书中要求内容基本固定，申请者所需提供的包括研究内容、主要参与人的简历、单位简历、该项目对中国的重要性、研究成果的利用、项目的经济影响、参考资料或相关项目及预算等方面。以上内容应用普通文本格式，如能添加一些图片和表格，会使申请增色不少。

（3）通知科技部。中国科技部接受欧盟的评审结果。项目被欧盟选中后，通知科技部以便安排资金分配。把项目申请书及评审结果通知书的复印件连同有效联系方式一同递交科技部。

另外，cordis 网站的内容量非常大，打开网站首页主要看以下几点内容。

1. 欧盟研究资助（European Union Research Funded）

（1）项目意向书（Expression of Interest）：欧洲委员会收到的合作意向书。在 FP6 正式启动之前，欧洲委员会向社会广泛征收项目合作的意向书。网站刊登了 12 000 份寻求合作伙伴的意向书。

（2）项目招标信息：到目前为止所有欧盟框架计划下的招标信息。可以下载标书、申请指南、工作计划、表格等。

（3）合作伙伴搜索：可以上传自己的信息（Create New Profile）、查找其他单位的合作信息（Search for Partners）；还可用邮件通知合作伙伴（E-mail Partners Alert），以后相关领域的合作信息就会自动 E-mail 给您。

2. 数据和网络服务（Databases and WebServices）

（1）合作伙伴搜索（Partner Search）：1000 多份在 corids 上登记的寻找合作伙伴的单位或项目。

（2）项目搜索（Project Search）：至今所有欧盟框架计划执行项目的介绍及其执行单位的联系方式；也可作为寻找合作伙伴的工具。

## 四、FP7 的联系方式

参见网址：http：//cordis.europa.eu。

# 第七节 国际科学基金会

## 一、国际科学基金会概况

### （一）IFS 发展现状

国际科学基金会（International Foundation for Science, IFS）是成立于 1972 年的一个非政府性的组织，总部设在斯德哥尔摩，其成员为 86 个国家的 135 个国家研究委员会和科学协会、科学院，成员国中四分之三是发展中国家。该基金会每年为在发展中国家的研究机构从事研究工作的优秀青年科学家提供约 500 万元资助。

### （二）IFS 的资助领域

IFS 基金由美国、瑞典等 11 个国家政府出资，另外一些国家性和国际性的开发机构如世界银行、联合国开发计划署、英国海外发展署、联合国教科文组织、欧洲经济共同体农业和农村合作技术中心、联合国大学、丹麦海外开发计划署和日本外务省等均为 IFS 提供资助费用。

要获得 IFS 的资助经费，必须是在发展中国家开展的切实可行且高标准的研究项目，项目与可持续利用、保护或生物及水资源的基础管理有关，IFS 将对包括农业、土壤学、天然产品、林业、生物多样性、环境化学、食品科学、畜牧兽医、水产、海洋资源及相关的社会、经济学方面的科学研究等在内的领域进行资助。

同时 IFS 研究经费为在发展中国家进行研究的科学家提供资助，可获得资助的国家是根据每年由世界银行公布的人均国民总收入进行确定的，如果一个国家的人均国民总收入连续两年在所谓的中上等收入国家之内，国家就没有接受 IFS 资助的资格。

### （三）IFS 项目资助范围

ISF 为在发展中国家的研究机构从事研究工作且具备基本研究工作条件并从所在的研究机构领取工作的科研人员提供以下性质的资助：

（1）为科研人员提供购买设备、科技图书和试验消耗品的费用，通常费用额度不超过 12 000 美元，并且可以连续申请资助三次；

（2）IFS 采购部可以协助受资助人发送研究设备和安排购买；

（3）IFS 经常为其资助对象组织区域性培训班和学术讨论会，由基金会给予资助，邀请高级科学家参加，使科学家有机会能相互交流最新技术和学术思想；

（4）IFS 为其基金资助对象提供参加学术会议的旅费补贴。

1974 ～ 1987 年，IFS 已经为亚洲、拉丁美洲和非洲的 88 个国家的 1137 名研究人员提供了基金资助，这些研究人员中有一半以上已经获得过一次以上的基金资助。

## 二、IFS 项目申请程序与资助管理

### （一）项目申请人资格

（1）发展中国家的科学家；

（2）年龄为 34 岁以下并开始从事研究工作；

（3）具有硕士或同等学力；

（4）在发展中国家的大学、国家科研机构或者以公民研究为导向的非政府组织从事研究工作；

（5）此外，中国的申请人必须在 30 岁以下，来自香港的学者并不具备获取 ISF 资助的资格。

### （二）申请流程

1. 申请时间

申请者全年都可以往 IFS 的秘书处递交项目建议书，为了方便管理，每年的 6 月 30 日和 12 月 31 日是申请的截止日期，但是在申请的时候不要等到最终期限，应在该期限前至少一个月提交。

2. IFS的决定通知书

为了有更多的时间对申请项目做评价，每年的 1 ～ 6 月期间抵达秘书处的申请的决定通知书会在次年的 1 ～ 2 月的时候确定，而每年 7 ～ 12 月抵达秘书处的申请的决定通知书则在次年的 7 ～ 8 月确定。

3. 提交申请书

研究者一次只能提交一个在 IFS 资助范围内的申请书。

4. IFS申请书

IFS 的申请书必须使用有 IFS 提供的法文或英文的标准格式，并将其发送到表格所附的地址。

### （三）申请书内容

申请书作为一个完成该项目的指南详细报告，要求申请者将自己限制在申请表格提供的每一个具体空间之内，那种详细记载操作步骤的申请书将不被接受；除作为准则指南（如调查问卷、访谈附表）的附件之外，其他的附件也不被考虑。

以下是必须提供的信息类型。

（1）解释所提出项目与申请者所在国家 / 地区的环境和社会经济条件之间的联系；

（2）一个科学假设或研究的问题提出后，申请者必须提出一个该研究计划的可行性方案；

（3）必须提供 1 ～ 2 页研究计划为 IFS 的顾问提供足够的信息来评估申请者的项目建议书；

（4）现有的成熟技术的转让及项目扩建将不被接受；

（5）必须提供令人信服的证据说明在项目实施过程中申请者能够获得基本的研究设备和设施；

（6）必须有一个发展中的国家机构提供研究基础。

### （四）最终决定及反馈形式

IFS 研究经费需要经历一个竞争过程才能够被授予。在 12 月 31 日和 6 月 30 日的最后期限过后，开始每年两次的评估和授予过程，从申请到最终决定的最后期限时间约为 6 ～ 7 个月。

（1）IFS 的秘书处会首先对申请项目进行筛选，只有按照 IFS 申报指南妥善填写申请表格并在足够的细节基础上提出有着充分理由的项目才能够接受进一步的处理。

（2）最后期限过后，每个被接受的申请书均会接受由各自领域的专家组成的 IFS 的科学顾问组的审查。IFS 有超过 1 000 名来自世界各地活动顾问来确保有基金资助的项目与有关科学领域及该国家或地区之间的联系，以及该项目的科学依据及可行性。

（3）科学咨询委员会即评估中心举行会议对申请项目进行评价排名并推荐最具资助资格的项目。

（4）IFS 的董事会在六月和一月做出拨款决定，在之后的一个月将最后结果和专家意见传达给申请人，鼓励落选但仍具有潜力的项目在进行改善 / 重新设计后重新申请。

（5）承授人与 IFS 的相关机构签订合同，同时他们的名字均会在 IFS 的网站上公布。

### （五）注意事项

一项基金资助申请被批准后，受基金资助者、基金会及其所在的研究院（或有关单位）之间要签订一份正式的书面协议，协议规定如下：所资助基金由受资助者所在的研究所进行管理，且该研究所必须为受资助的研究人员提供实施基金研究项目所需的科研条件、环境和其他手段，支付科研人员的工资；一般情况下，为实现基金研究计划购买的科研设备材料应该归研究所所有。

批准资助的基金费用可以部分或全部转拨给受资助人员所在国研究计划项目，亦可以在斯德哥尔摩用现金购买研究用品、专用设备。

受基金资助者在基金研究计划完成后，需向基金会递交一份总结报告；就某一项研究计划再次提出基金资助申请者还需应附上一份工作报告。

## 三、IFS 联系方式

参见网址：http：//www.ifs.se。

# 第八节　世界自然基金会

## 一、世界自然基金会概况

### （一）历史概况

世界自然基金会（World Wildlife Fund , WWF）于 1961 年建立，是全球最大的独立性非政府环境保护组织之一，目前 WWF 由 27 个国家级会员、21 个项目办公室及 5 个附属会员组织组成的一个全球性网络在北美洲、亚太地区、欧洲及非洲开展工作。WWF 在中国的工作始于 1980 年的大熊猫及其栖息地的保护，是第一个受中国政府邀请来华开展保护工作的国际非政府组织。1996 年，WWF 正式成立北京办事处，此后陆续在全国的八个城市建立了办公室。

## （二）资助规模

自从 1996 年成立北京办事处以来，WWF 共资助开展了 100 多个重大项目，投入总额超过 3 亿元人民币。

## （三）中方参与情况

1. 物种项目

WWF 在中国的工作是保护大熊猫。1980 年，WWF 作为第一个受中国政府邀请的国际非政府组织，开始在四川进行大熊猫的研究工作。1985 ～ 1989 年，WWF 和国家林业局成功合作开展第二次全国大熊猫调查，随后制订了全国大熊猫保护计划，并经国务院批准实施。1999 年，WWF 与国家林业局再一次共同启动了第三次全国大熊猫及其栖息地调查，所获得的科学、翔实的数据为中国日后大熊猫的保护奠定了基础。此外，WWF 还与研究机构、大学合作开展大熊猫栖息地的破碎化、大熊猫栖息地恢复及西部开发对项目栖息地的影响等研究项目，这些研究为 WWF 的实地保护项目提供了必要的理论基础。

其下属项目包括跳动的绿色心脏、秦岭大熊猫项目、岷山景观大熊猫保护、野生动植物保护小额基金及大型毛孔动物保护项目。

2. 湿地与淡水保护项目

WWF 在全球 50 多个流域开展了湿地和淡水保护及流域综合管理示范工作。在 1998 年洪水之后，湿地和淡水生态系统的保护成为 WWF 在中国主要工作领域之一。WWF 通过与国家林业局等相关部门的合作，先后在湿地恢复、湿地保护区网络建设、湿地替代生计、重建江湖季节性生态与水文联系、湿地宣传教育、提名国际重要湿地、流域综合管理政策倡导等方面开展了大量工作。

1999 年，在 WWF 荷兰分会的支持下，“携手保护生命之河”的长江项目首先在湖南启动，并在青山湖、西洞庭湖、西畔山洲等地开展湿地恢复、保护与可持续利用等工作。

2002 年汇丰银行（HSBC）通过“投资大自然”项目支持 WWF 在湖北启动了以“重建江湖联系，恢复长江中游生命网络”为目标的“恢复长江生命之网”——WWF-HSBC 长江项目，开展了湖北省湿地保护网络建设、实施基于社区的湿地保护与恢复示范、推动“灌江纳苗”工作以重建江湖联系、水生生物资源保护、作为白鳍豚和江豚栖息地的天鹅洲故道群湿地保护等项目。

与此同时，WWF 建议并与中国环境和发展国际合作委员会（国合会）共同资助成立了国合会流域综合管理课题组。该课题组在 2004 年 10 月向国务院提交了《推进流域综合管理，恢复中国生命之河》的政策建议报告，为了促进流域生态系统、中国流域水资源的“良治”出谋划策。

WWF 一直与国家林业局等合作，推动优先项目实施和《中国湿地保护行动计划》的制订等，提名国际重要湿地，培训保护区管理人员，支持湿地类保护区的基础调查、湿地类型保护区的管理等。

具体的下属项目包括“生命之河”长江项目、湿地使者行动、“汇丰与气候伙伴同行”WWF 中国项目、流域综合管理项目、水鸟调查及国际重要湿地监测网络。

3. 森林项目

WWF 北京办事处林业项目结合了国家重点林业工程，在长江上游岷山地区及东北和内蒙古地区开展了大熊猫和东北虎栖息地的森林保护和恢复项目，向国内介绍及引进了最新的景观保护理念和方法，通过建立保护区、提高保护区管理的有效性，并探索社区和企业参与共管机制，使呈现破碎化的栖息地得到连接和恢复。

同时，为了提高中国森林资源的质量和可持续利用性，WWF 把森林认证和产销监管链认证引入中国，协助政府有关部门制定相关国内标准，帮助森林经营单位提高管理水平和对森林资源可持续利用。为了减少中国进口木材需求增长对南美、东南亚等天然林丰富地区可能产生的不利影响，WWF 北京办事处成立了中国森林贸易网络（China Forest Trade Network，CFTN），鼓励在中国（包括香港和台湾）从事木材贸易和生产的厂商通过加盟 CFTN，促进合法的采伐和贸易，推动可持续森林经营和可信赖的森林认证。

所展开的项目有景观恢复项目、黑龙江流域栖息地保护、森林认证、宜家家具集团合作项目全球森林贸易网络（中国）及森林可持续发展项目。

4. 教育与能力建设项目

为推动可持续发展的教育在中国的开展以实现 WWF 的最终使命，1996 年，WWF 在北京正式设立办事处时，就创建了教育与能力建设项目（原环境教育项目）。

经过近十年的建设与发展，该项目始终贯彻“能力建设、资源开发、政策影响和网络构建”的工作策略，并通过与中国教育部、国家林业局、国家环保总局等政府部门，以及高校学术科研机构、社区、宗教团体及地方相关非政府组织（Non-Governmental Organizations，NGO）合作，开展了一系列项目，成功地将可持续发展教育的理念、内容及方式方法引入中国的正规教育和社区可持续发展教育的领域。

目前，教育与能力建设项目在中国开展的项目有中国中小学绿色教育行动、香格里拉可持续社区、青少年爱水行动、藏东社区保护与和发展、香格里拉河流与湖泊、巴珠可持续社区、西北社区能力建设、地球的孩子等。同时，该项目也为 WWF 在中国的其他项目提供教育和能力建设方面的支持，并承担资源开发、经验总结及成果分享的职责。

5. 能源与气候变化项目

WWF 中国气候变化和能源项目致力于提高公众及决策制定者对气候变化的认识，帮助容易受影响的自然生态系统及社区增强适应气候变化的能力，倡导公众采取可持续消费和生活方式，推动政府制定更有效的政策，以及提高能源效率，减少温室气体排放；与富有战略眼光的企业建立新型的伙伴关系，鼓励企业投资并从事低碳技术的开发和利用，采取有利于减缓气候变化的生产及运营方式。

开展的项目主要包括低碳城市发展项目、低碳工商业项目、气候变化见证人、“碳减排先锋”行动、后京都气候变化谈判、节能“20 行动”、Topten 节能上品项目和企业低碳领导力项目。

6. 野生物贸易项目

在 1996 年，东亚野生物贸易研究委员会（TRAFFIC East Asia）开始在中国开展工作，并于 2001 年在 WWF 办公室设立中国的项目，即东亚野生物贸易研究委员会中国项目（TRAFFIC East Asia-China Programme）。

东亚野生物贸易研究委员会在中国的项目力求通过药用动植物资源保护为切入点，通过与政府相关部门、高等院校、医学界及企业的交流与合作，使药用动植物的使用逐渐找到可持续利用有效途径，既合理利用自然资源，又有效地遏制非法野生药用资源贸易。

其下属项目包括药用野生物资源保护、野生物调查贸易与监测及加强华盛顿公约（Convention on International Trade in Endangered Species of Wild Fauna and Flora，CITES）履约三个项目。

7. 全球气候行动项目

WWF 协助中国积极参与应对气候变化的全球行动，并致力于低碳经济发展。其主要目标如下。

（1）在国际气候变化谈判中协助中国更好地确定其目标；

（2）协助中国国家气候变化行动方案的实施；

（3）鼓励中国公众采用节能、低碳的生活方式和加深人们对气候谈判过程的了解；

（4）加强中国企业领导人对全球气候变化协议的支持。

8. 海洋项目

在 2006 年 12 月发表的黄海生态区潜在保护区域图的指导下，中国和韩国当地社区担当起黄海生态区的保护义务。2007 年 9 月 7 日，为期七年的黄海生态区保护支援项目在北京启动。黄海生态区的保护支援项目标是使海洋生态系统更加健康完整，并使海岸居民的生活更加富足。松下电器为本项目提供全部资金保障。

2008 年 9 月 7 日，韩国海洋研究院（Korea Ocean Research Institute，KO-RDI）和 WWF 正式公开接受小额基金的申请，这些小额基金将用于支持地方社团和组织的宣传保护活动。

以优先保护区为基础的行动计划如下。

2002 年 7 月，WWF、韩国环境研究所（KEI）和韩国海洋研究院（Korea Institute of Environmental Studies，KORDI）三方启动了黄海生态区的规划项目，通过科学地分析保护生物多样性所需的关键栖息地来确定优先保护区域。作为该研究项目的成果，黄海生态区潜在保护区域图于 2006 年 12 月公布。目前，该图已被联合国开发计划署采纳。

黄海生态区保护支援项目以黄海生态区潜在保护区域图以黄海生态区为基础，支持中国和韩国的当地社区开展更为具体的生物多样性保护活动。

9. 科学发展与国际政策项目

科学发展与国际政策项目（简称为政策项目）致力于推动中国“科学发展”即可持续发展。作为一个全球性的独立环保组织，WWF 在淡水保护、气候变化、森林保护、野生动植物贸易等方面已经具有相应的领导力和影响力。近年来 WWF 也开始拓展传统的业务领域，其中的一个发展方向就是与上述保护项目密切相关的跨项目政策领域工作。政策项目致力于推动中国“科学发展”即可持续发展，也承担 WWF 全球网络之间与中国相关的政策工作的沟通、实施和协调。

按照 WWF 中国项目办公室“五年保护发展计划（2005 ～ 2010 年）”，为应对环境保护与可持续发展的挑战，政策项目着力于以下三个主要方向：贫困与环境（包括补偿机制和生态补偿）、贸易、投资与金融（是对消费与可持续生活方式方面的有力补充）。目的在于“绿化”供应链环节和消费或可持续生活方式（生态足迹）。此外，政策项目也承担与中国环境与发展国际合作委员会（国合会）的联系及合作事宜。

近期开展的政策研究课题主要集中在贸易与投资、生态足迹和银行信贷原则等方面。

## 二、项目申请程序

这里，以“野生动植物保护小额基金 2010 年项目”申请指南为例，作简要介绍。

### （一）项目申请时间

项目申请周期为一年。每年于 9 月或 10 月公布下一年资助重点，12 月底截止申请，3 月公布评审结果并进行项目执行人的培训，4 月签订项目执行合同。

### （二）小额基金资助范围

以保护中国生物多样性为主旨，主要支持没有受到过足够重视的受威胁物种及其栖息地的实地保护工作。申请者应关注中国物种红色名录、世界自然保护联盟（International Union for Conservation of Nature，IUCN）物种红色名录和中国濒危动物红皮书中的受胁物种、中国Ⅰ及Ⅱ级保护动物、特有种、国家重点保护野生植物名录、狭域分布的物种或受贸易威胁的物种。

项目活动可包括具体的调查和评估、环境宣传和环境教育、保护策略的制定和实施及由社区参与、开展的保护行动等。本基金对旗舰物种或广受关注的物种及纯学术性的研究项目不作支持。

2010 年的资助重点将继续为爬行类动物和两栖相关项目，具体项目活动可以包括以下几个方面的内容。

（1）对红色名录中的受胁或信息缺乏的物种的种群数量、栖息地质量、分布和受胁状况的调查，以及保护策略的制定和实施；

（2）对典型生境或关键生态系统的两栖爬行动物多样性的监测和调查；

（3）对受人为捕捉影响严重的物种的市场调查，以及为减少捕捉而采取的措施；

（4）外来入侵物种分布现状、防治对策及危害程度；

（5）各项基建和开发工程对两栖爬行动物种群、栖息地保护措施的研究的影响；

（6）城镇化对两栖爬行动物空间分布、栖息地保护措施的研究的影响；

（7）区域环境指示物种监测指标体系的研究；

（8）两栖爬行动物与生态环境的教育与科普宣传手册的编制。

对于不在每年度的重点资助范围之内但符合小额基金总体原则的优秀项目，小额基金也会给予个别支持。

### （三）申请人资格

该基金鼓励社会各界参与，重点支持项目实施的当地的保护力量包括三个方面。

（1）基层民间组织，包括社区、环保社团和个人；

（2）保护区；

（3）学校及研究机构的研究生及青年学者。

每位申请人或参加人每年只能提交一份申请。以前提交过申请的，除应小额基金主动要求，请勿重复提交同一内容的申请书。除有总体安排，小额基金不支持由单独的学生团体开展的假期考察活动。

### （四）项目期限

一般为 6 ～ 11 个月。项目设计从 4 月份开始，最迟至次年 2 月结束。

### （五）资助金额

资助金额范围为 1 万～ 5 万元人民币不等。请申请人根据实际预算如实填写，具体资助金额以评审委员会核定金额为准。

### （六）项目管理

小额基金由 WWF 中国物种项目负责管理，确定资助的方向，收集申请书，组织评审及项目管理。小额基金专设评审委员会，组织相关领域的专家进行项目评审和技术支持。小额基金将对获得资助项目的执行人进行培训并签订合同，项目执行人应根据要求提供项目进展（中期）、终期技术和财务报告。WWF 将组织专家对项目进行监测评估。项目执行人应及时与 WWF 沟通项目相关的信息，为每半年一期的项目通讯提供项目进展情况，并参与 WWF 组织项目执行人交流及成果研讨会。

# 第九节 国际农业研究磋商组织

## 一、国际农业研究磋商组织概况

### （一）CGIAR 发展现状

国际农业研究磋商组织（Consultative Group on International Agricultural Research，CGIAR）是由世界银行（World Bank）、联合国粮农组织（Food and Agriculture Organization of the United Nations，FAO）、国际农业发展基金会（International Fund for Agricultural Development，IFAD）、联合国开发计划署（United Nations Development Programme，UNDP）等机构创建的非营利性国际农业研究机构，为 15 个国际农业研究中心提供经费，与各国农业研究系统、民间机构、私人部门有合作关系。该联合体调动农业科学技术，用以减少贫困现象，促进农业发展，为人类造福，并保护环境。

### （二）CGIAR 的任务和资助对象

CGIAR 的宗旨是通过在农业、渔业、林业、政策与环境领域开展科学研究和相关活动，以最先进的科学手段减少贫困、提高粮食安全和保护世界环境。

CGIAR 的目标是通过创建及加速农业生产的可持续发展为穷人提供健康食品；在气候变化和其他因素的影响下保护及可持续提高自然资源和生物多样性以便改善民生，以及通过对能够刺激农业经济增长的政策的改革，造福于包含妇女和弱势群体在内的穷人。其主要研究领域集中在作物生产力、水管理、林业和农林业、水产养殖和牲畜等方面。

### （三）中国与 CGIAR

中国农业部下属研究机构中国农业科学院（Chinese Academy of Agricultural Sciences，CAAS）负责协调 CGIAR 与中国的合作。此外，CGIAR 还和中国科学院（Chinese Academy of Sciences，CAS）及其下属机构和中央及地方的农业研究与教学机构开展广泛、密切的合作。

## 二、CGIAR 国际合作概况

### （一）CGIAR 基金

CGIAR 基金是由多方捐助者组成的基金，该基金致力于支持国际农业研究以增加食品安全、减少农村贫困、改善人类的营养和健康，以及加强自然资源管理。基金的研究策略和成果框架规定了 CGIAR 的共同目标，并对该基金的资助进行指导，该策略将通过由国际农业研究中心及其合作组织实施的 CGIAR 组合项目实现。截至 2011 年 4 月，基金理事会批准了以下研究方案。

（1）全球水稻合作；

（2）气候变化、粮食安全和农业；

（3）森林、树木和农林业、生计、景观和治理；

（4）全球联盟改善发展中国家的粮食安全和贫困。

CGIAR 基金通过三个方式提供资助：

（1）基金支持整个农业研究磋商小组的组合方案，包括联盟的其他战略、协调研究项目和成果框架支持的方案；

（2）基金指定的一个或多个协调研究的项目；

（3）个别中心体制支持。

## （二）研究中心

CGIAR 有 8 000 多名科学家和工作人员，遍及全球 100 多个国家，对 15 个研究中心进行资助（其中 13 个位于发展中国家）。

（1）非洲水稻中心（Africa Rice）：https：//www.africaricecenter.org。

（2）国际生物多样性中心：https：//www.bioversityinternational.org。

（3）国际马铃薯中心：https：//www.cipotato.org。

（4）国际热带农业研究中心：https：//www.ciat.cgiar.org。

（5）国际林业研究中心（The Center for International Forestry Research，CIFOR）：https：//www.cifor.cgiar.org。

（6）国际玉米小麦改良中心：https：//www.cimmyt.org。

（7）国际干旱地区农业研究中心（International Center for Agricultural Research in Arid Areas，ICARDA）：https：//www.icarda.org。

（8）国际半干旱地区热带作物研究中心（International Center for Tropical Crop Research，ICRISAT）：https：//www.icrisat.org。

（9）国际粮食政策研究所（International Food Policy Research Institute，IFPRI）：https：//www.ifpri.org。

（10）国际热带农业研究所（International Tropical Agriculture Research Institute，IITA）：https：//www.iita.org。

（11）国际水稻研究所（International Rice Research Institute，IRRI）：https：//www.irri.org。

（12）国际家畜研究所（International Livestock Research Institute，ILRI）：https：//www.ilri.org。

（13）国际水资源管理研究所（International Water Resources Management Research Institute，IWMI）：https：//www.iwmi.cgiar.org。

（14）世界农用林业中心（World Agroforestry Center，ICRAF）：https：//www.worldagroforestrycentre.org。

（15）世界渔业中心：https：//www.worldfishcenter.org。

## （三）CGIAR 研究中心成果

（1）CGIAR 资助的研究中心其合作伙伴在各发展中国家减少饥饿和提高小农户收入方面取得了重大收获，同时解决了水资源管理、生物多样性、渔业和土地和森林等方面的众多问题。其研究结果推动了自然资源的保护和可持续性管理，进而保护了数百万公顷的森林和草原、维护了生物多样性并防止了土地退化。

（2）用生物方法成功控制根类作物的两种主要害虫——螨虫虫害和木薯介壳虫，保障了撒哈拉以南非洲地区食品安全。

（3）非洲新稻或简称“内利卡”，是高产量亚洲稻米与病虫害抵抗力强的非洲稻米相结合的新稻种，“内利卡”的种植减少了国家进口稻米费用，并提高农村人口的收入。

（4）最近研制出 50 多个品种的抗干旱玉米。

（5）在孟加拉国和印度大面积种植抗涝水稻新品种，在水稻作物长期淹水的情况下，新品种水稻的产量是非抗涝型水稻的两到三倍。

（6）推广农林系统“肥沃森林休耕地”技术，利用农业资源还原非洲南部的土壤肥力。

（7）在南亚重要的稻麦种植区广泛采用保存资源的“免耕”技术，通过提高产量降低生产成本、减少水和能源用量。

（8）自然资源保护者采用 CGIAR 研究所得的信息和工具监测约 3 700 万公顷面积的森林，更好地管理自然资源并保障林区居民生计的可持续发展。

（9）研究出检测黄曲霉毒素的新技术。

（10）在非洲南部地区采用将农业与水产业相结合的简单方法来提高当地人

的收入和食品供应量。

（11）采用新方法预测气候变化对主要作物及其野生近缘种的可能影响。

（12）提高肯尼亚小农户的奶制品产量，既改善儿童营养又增加就业机会。

## （四）CGIAR 与中国

中国国家自然科学基金委员会（NSFC）先后与 CGIAR 下属五个中心（研究所），即国际水稻研究所（International Rice Research Institute，IRRI）、国际玉米小麦改良中心（Centro Internacional de Mejoramientode Maizy Trigo，CIMMYT）、世界农用林业中心（ICRAF）、国际生物多样性中心（Biodiversity International，Bioversity）及国际食物政策研究所（International Food Policy Research Institute，IFPRI）达成了合作共识，其合作的具体领域分别如下。

1. 与IRRI合作领域

（1）水稻优质、高产、抗逆种质资源挖掘及其利用的基础研究；

（2）水稻主要病虫害可持续抗性形成机理研究；

（3）气候变化条件下水稻高产与资源高效利用基础研究；

2. 与CIMMYT合作领域

（1）玉米、小麦优质、高产、抗逆种质资源挖掘及其利用的基础研究；

（2）提高水分、养分利用效率的栽培理论与模式；

（3）小麦和玉米品质改良的生理和遗传学基础；

（4）小麦和玉米病虫害控制的基础研究。

3. 与ICRAF合作领域

（1）全球变化和关键陆地生态系统（农田、森林、草地）的响应；

（2）木本植物种质资源保护和利用，即木本植物遗传多样性研究。

4. 与$B_{10}$ versity合作领域

（1）农业生物多样性、气候变化和可持续生态系统管理；

（2）农业生物多样性异生境 / 原生境保护与遗传多样性。

5. 与IFPRI合作领域

（1）中非农业公共政策与农村贫困的比较研究；

（2）气候变化和极端天气对中国粮食安全的影响及适应性对策效果评价；

（3）变化中的农产品市场、食品安全与价值链分析。

## 三、项目申请程序

### （一）申请人资格

（1）应具有高级专业技术职务（职称）；

（2）作为项目的负责人，正在承担或承担过三年期以上科学基金项目；

（3）双方科学家之间应当具有一定合作基础，项目申请应充分体现强强合作、优势互补。

此外，根据《国家自认科学基金国际（地区）合作研究项目管理办法》，申请时还应具备以下条件。

（1）项目计入具有高级专业技术职务（职称）的人员申请（包括申请人和主要参与者）和承担（包括负责人和主要参与者），总数限三项的范围；

（2）申请人（不含参与者）每年只能申请一项同类项目。

### （二）申请注意事项

（1）中方申请人须登录 ISIS 的科学基金网络系统（http：//isis.nsfc.gov.cn），在线填报《国家自然科学基金国际（地区）合作研究项目申请书》（以下简称中文申请书）。具体步骤为：选择“项目负责人”用户组登录系统，进入后点击“国际合作项目申请”一栏中的“申请国际合作类项目”，然后点击“新建申请书”按钮，在项目类型中选择“合作研究”，点击“展开子类别”，之后选择协议名称“NSFC-CGIAR 项目”，最后点击填写“申请书”按钮即可填写具体内容。

（2）中方申请人须与 CGIAR 下属有关中心（研究所）的合作者联合提出申请，英文申请书可在 ISIS 系统中直接下载，填写完成后上传添加到中文申请书的“附件”栏中一同提交。

（3）报送材料：该类项目的申请受理将采取集中接收方式，申请材料由依托单位统一报送自然基金委集中接收组。自然科学基金委不接收个人直接报送申请的材料。

## 四、挑战计划

### （一）计划简介

挑战计划（Challenge Program on Water and Food，CPWF）是 CGIAR 发起的一个大型国际研究合作计划。该计划的目的是有效提高农业和生活用水的利用效益，但必须满足的前提条件是环境可持续、社会可接受。

挑战计划第一阶段（2003 ～ 2008 年）由来自世界各地的国际研究机构、流域机构和非政府组织等 18 个机构组织联合体进行管理。

## （二）资金来源及资助范围

挑战计划的经费来源主要是国际赠款和各国相应的匹配资金，该计划的所有研究项目将在全世界范围内公开征集，全世界所有国家机构和个人均有权向联合体提交项目的立项申请，由各独立的专家组进行独立的评审，最后由挑战计划联合指导委员批准。按照挑战计划联合体制定的项目管理办法，项目选择将包括两个阶段，分别是预项目建议书选拔和项目建议书选拔，只有两次选拔都通过的项目才能最终入选及获得经费资助。选择分布于世界各地的黄河、恒河、弗兰西斯河（南美洲）、卡尔黑河（伊朗）、湄公河、尼罗河、林波波河（非洲）、圣弗兰西斯河（南美洲）等七个典型流域和两个相关流域（西非的沃尔特河和南美的安第斯河），按提高作物水的生产率、流域上游水综合利用、生态系统和渔业、流域水资源一体化管理、全球和国家水和粮食系统等五个研究主题进行的应用研究。

## （三）申请条件

任何单位都可以作为项目的牵头单位或参与者，但研究项目必须全部符合以下条件。

（1）涉及一个或更多优先研究领域；

（2）费用合理，项目经费一般在 20 万～ 200 万美元之间，但不能保证全额资助；

（3）研究项目期限为两年、三年及五年；

（4）需要进行合作研究，至少包括两个发展中国家农业、环境、水利或渔业的研究机构，而且至少参与五个主题研究中一个。

项目匹配资金的要求如下。

（1）各项目至少应包括两个发展中国家农业、环境、水利或渔业研究机构成员，且 NARES 成员在项目中的份额不得少于 33%。

（2）中等收入国家的 NARES 成员应提供项目总投资 33% 作为匹配资金（即提供 1 ：2 的匹配资金），而低收入国家的 NARES 成员申请资金的 100% 均来自挑战计划的核心资金（注：按世界银行 2000 年标准，中国属于中等收入国家）。

（3）各项目至少应包括五个 Future Harvest Center 成员中的一个。Future

Harvest Center 承担项目时，100% 的研究经费要从挑战计划的核心资金得到，但同时鼓励他们向提议的项目提供匹配资金。

（4）ARI 成员，即来自 OECD 国家所有公共的或私人的研究机构，应提供所承担项目份额总投资 66% 的匹配资金（即为 2 ∶ 1 匹配）。

（5）NGO 或其他非研究性机构如果所从事的工作是直接为推广 CP 研究成果和科研能力培训等服务，一旦中标，其工作经费的 100% 将来自 CP 核心资金。

### （四）提交时间

预项目建议书提交的截止时间为 4 月 14 日，按规定标准格式（英文）提交电子文档，通过网上进行提交。大纲初稿需提交给相关人员（主题研究负责人员、典型流域协调员和挑战计划秘书处等）。具体流程如下。

（1）预项目建议书提交截止时间是 4 月 14 日；

（2）预项目建议书应由独立评审专家组评审；

（3）挑战计划联合体根据专家评审意见，考虑到研究主题和典型流域项目数量平衡的因素，在 5 月 30 日做出最后选择；

（4）挑战计划秘书处在 6 月 7 日前向项目主要建议的单位通知评选结果；

（5）被选中的项目准备提交项目建议书，项目建议书编写指导书将在 6 月发布。

### （五）预项目建议书内容

预项目建议书内容如下。

（1）项目名称（最多 50 个字）：名称中应该指明研究领域和目的。

（2）项目负责人（姓名、称谓、职务、单位、联系地址、电子邮件）。

（3）主要参加的研究人员和单位（姓名、称谓、隶属关系、单位、联系地址）。

（4）项目总经费预算（以美元计）。

（5）项目研究时间（两年、三年或五年）。

（6）项目研究地点（哪一个典型流域或相关流域）。

（7）项目中各主题所占比例。

（8）项目背景：发展或研究中问题，问题影响范围和程度及研究的用途，以往研究成果（文献）及其进一步研究意义，研究的前提条件、观点和难点。

（9）研究任务（指宏观的目标，如可持续的生活、扶贫、环境一体化等）。

（10）研究目标（指具体的目标，而不是常常容易混淆为只为达到目标而取得的一系列研究成果或效益，制定目标应注意简单、易量化、可达到、时间限性、现实条件）。

（11）研究成果（研究报告、公开出版的论文或著作、相关的硕士及博士培养、数据库、新方法等）。

（12）活动和技术路线（包括研究实验、调查、培训、研讨会、实施推广等活动及成果，研究方法应该包括数据、工具、分析技术路线等）。

（13）效益和影响。

（14）项目的实施和管理（各单位优势和研究中的作用、阶段目标，以附件形式提供工作计划和任务分解及进度图）。

（15）成果推广应用战略。

（16）项目监督管理（项目进度衡量的手段、指标）。

（17）经费应说明总经费、项目承担各单位的匹配情况（包括资金和相应活动）、需要资助的经费。

（18）附件：项目逻辑框图及经费表。

## 五、联系方式

参见网址：http：//www.cgiar.org；http：//www.cgiarfund.org；http：//www.cgiar.org/china/index-CHINESE.html。

# 第十节　全球环境基金

## 一、全球环境基金概况

### （一）GEF 发展现状

全球环境基金（Global Environmental Fund，GEF）是联合国在 1990 年建立发起的由 182 个国际机构、非政府合作组织及私营部门一并组成以解决全球环境问题的一个金融机构，与联合国发展计划、联合国环境计划署、世界银行、联合国粮食和农业组织、联合国工业发展组织、亚洲开发银行、非洲开发银行、欧洲发展重建银行、美洲开发银行和农业发展国际基金等十个组织一起向发展中国家和经济转型国家涉及生物多样性、气候变化、国际水域、土地退化、臭氧层和持久性有机污染物的项目提供资助。

### （二）资金来源及资助范围

1. 资金来源

GEF 的资金来源主要有以下几个方面。

（1）全球环境基金信托基金（Trust Fund，TF）。TF 共有 39 个捐助者，他们每四年都会缴纳这四年的捐款，用来资助在 GEF 内部确定的重点领域活动。

（2）气候变化特别信托基金（Special Trust Fund for Climate Change，SCCF）。SCCF 是一个重点资助与气候变化相关的项目的自由信托基金，迄今，全球环境基金气候变化特别基金已收到约 1.2 亿美元的自愿捐款，这些捐款来自 13 个国家。

（3）最不发达国家信托基金（Least Developed Countries Trust Fund，LDCF）。该基金是在《联合国气候变化框架》下为解决 48 个特别容易受到气候变化影响的自愿信托基金而建立的，主要面向最不发达国家，该基金有 19 个捐助者并且收到了约 1.8 万美元的捐款，它在未来四年的目标是要达到 5 亿美元。

（4）适应信托基金。该基金由适应基金董事会及临时秘书处管理的一些国家自动捐款，是一个由董事会及临时秘书处管理的关注京都议定书缔约国中的发展中国家财政适应项目信托基金。

2. 资助领域及对象

GEF 的四个重点资助领域是：生物多样性、气候变化、国际水域及臭氧层。为解决相关的土地退化问题的活动也可获得 GEF 资助。

凡 1989 年联合国开发计划署项目、人均 GNP 等于或低于 4 000 美元的发展中国家，都有资格获得与此相关的全部援助项目。除国家项目外，地区性项目（如两个国家相邻地区存在的生物种类多样化项目）也可以获得该基金资助。这些项目必须与国际环境公约达成一致；与所在国的环境战略或规划相一致；使用恰当的技术；既要有一定的成本效益，也要从全球的观点看属于优先的重点项目。

## 二、GEF 国际合作

### （一）资助类型及强度

为帮助发展中国家有效地履行国际公约，GEF 的资助类型可以分为以下六个方面。

（1）全额项目。GEF 的执行机构与各受援国的业务联络员一起开发出既符合国家的各项规划及兼顾优先性，又符合 GEF 业务的战略规划项目概念。区域和全球规划及项目可以在所有支持该规划、项目的国家中开展。全额项目通常需要的开发准备期为 12 ～ 18 个月，并需要得到理事会的批准；项目的执行期不固定，但通常情况下为 3 ～ 6 年。

（2）中型项目。赠款不超过 100 万美元的项目被称为中型项目。GEF 理事会在其 1996 年 10 月的会议上批准了受理和资助中型项目的简化程序，通过快速批准该程序，加快中型项目的处理和实施过程。

（3）基础活动。基础活动是 GEF 向各国提供援助的一个基本组成部分。它们可以为完成对公约必要信息的通报提供一种手段，或为政策和战略决策提供必要和基本的信息，也可为国家内部确定优先活动提供规划方面的支持。

（4）短期对策。如果拟议中的活动并不是业务规划中的组成部分，但仍具有成本效益，GEF 便能够对一些紧急需求做出反应，或能及时抓住一个很有希望的国家推动的机会，那么这些活动也因具有足够的高优先性，可以得到 GEF 资助。

（5）项目开发和准备金。对项目准备资助分为三类。A 类赠款（最多 25 000 美元）在项目或规划确定的最初阶段，在国家一级上为项目前期活动提供资金，由 GEF 执行机构批准。B 类赠款（最多 350 000 美元）提供为完成项目建议书所必需的信息和支持性文件。这类赠款由 GEF 首席执行官（CEO）考虑 GEF 业务委员会建议后方可批准。C 类赠款（最多 100 万美元）在大项目需要时，为完成技术设计和可行性研究提供额外的资助。C 类赠款通常在 GEF 理事会批准项目建议书后才能拨付。

（6）小额赠款规划。UNDP 管理这类资金，为符合标准的项目最多提供 50 000 美元的赠款。赠款资助社区团体和非政府组织开展的与 GEF 重点领域有关的当地活动。中国目前暂未列入受援名单中。

（7）中小型企业规划。与世界银行分支机构国际金融公司（International Finance Corporation，IFC）进行合作，中小型企业规划为具有积极环境影响和基本经济可行性，从而可以为促进发展中国家私营部门投资的项目提供资助。

### （二）GEF 与中国

GEF 的资金是通过 UNDP、UNEP 和 WB 所提供。

中国是 GEF 的发起国之一，兼为捐资国与受援国，就生物多样性、气候变化、持久性有机污染物、荒漠化防治等一系列国际环境公约活动与 GEF 开展了密切合作，以生物多样性项目为例，主要包括以下项目。

（1）中国生物多样性行动计划。该行动计划通过 WB 负责执行，UNDP 提供资金，并列出了中国保护生物多样性的重点领域。

（2）中国自然保护区管理项目。GEF 赠款约为 1 790 万美元，1995 年 6 月批准，支持一个由国家林业局协调的项目，内容包括为九个重点保护区制订和实施管理计划，提供有关投资和培训；重组长青林业公司；建立一个大熊猫重点保护区；提高自然保护区工作人员的能力。

（3）可持续林业发展项目（保护区管理子项目）。GEF 赠款为 1 600 万美元，2002 年 4 月获批准，支持天然林地区的 13 个重点自然保护区的重要生物多样性资源的保护和改善管理，项目重点为参与式自然保护区的规划管理，以社区为基础的自然资源保护，以及能力建设和培训。

（4）滇池淡水生物多样性恢复项目。GEF 赠款为 100 万美元，由昆明动物研究所落实，用于滇池的地方水生生物多样性恢复活动，作为治理滇池污染的世界银行贷款云南环境项目的一个辅助项目。

（5）广西综合林业发展与保护项目。该项目 2007 年 2 月 28 日获批准，GEF 赠款为 525 万美元，WB 贷款约 1 亿美元，帮助广西壮族自治区政府实现森林资源可持续管理和生物多样性保护的目标，项目具体内容包括提高森林管理效率，改善木材生产、小流域保护、自然保护区管理的制度安排等，以及加强和提升生物多样性保护的管理效率。

## 三、项目申请程序

### （一）GEF 申请资格

每个 GEF 成员国指定一名工作人员作为确保 GEF 项目能够满足各自国家需要和优先事项联络人。任何符合条件的个人或团体均可提出一个项目，不过任何项目都应满足下列条件。

（1）与国家优先事项和方案相一致并由国家运行的项目；

（2）涉及一个或多个 GEF 的重点领域，项目的前景是改善全球环境或能够提前降低风险；

（3）与 GEF 业务战略保持一致；

（4）获取资助增量成本的目的是取得全球环境效益；

（5）项目设计和实施涉及公众利益；

（6）由国家支持贯彻实施的项目。

申请 GEF 基金援助的项目均应符合以下申请条件。

（1）符合我国环境保护和可持续发展的战略、方针和政策；

（2）属于基金援助中包含的气候变化、生物多样性和国际水域及与这些领域相关的土地退化等特定领域；

（3）具有全球的环境效应；

（4）符合基金额外成本和联合融资原则。

## （二）GEF 项目周期

GEF 项目分为四个主要的周期，如图 3-3 所示。

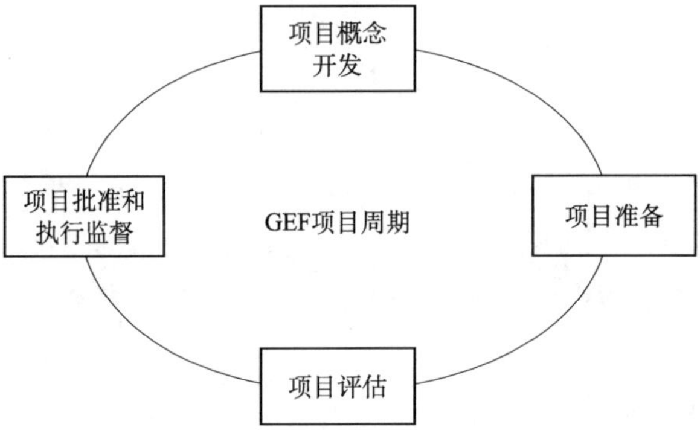


**图 3-3　GEF 项目周期示意图**

## （三）GEF 项目申请程序

GEF 项目申请程序如下。

（1）GEF 项目申报单位均应按照规定的格式编写《项目申请书》，并将其通过所属的中央行业主管部门或项目所在地的省级财政和主管部门报送到财政部，同时抄送国家环境保护局。

（2）财政部、国家环境保护局组织专家进行技术评审工作，有关部门可邀请专家参加技术评审。

（3）财政部同国家发展计划委员会等有关部门综合平衡后，如认为项目可行，即按照 GEF 机构的报送程序，对外正式提出项目，并将基金及其执行机构的意见尽快反馈给项目单位。

（4）项目概念获得基金批准后，财政部将根据项目的具体情况和需要基金申请项目提供前期准备的有关外汇费用。

（5）投资性建设项目不论是否需要联合融资，项目单位均需根据基金批准的项目概念按照固定资产投资的审批程序向国家有关部门申报，如需联合其他子建设投资性项目，应首先纳入国家外资计划，然后再按利用外资的审批程序报批，投资性项目的资金使用计划由国家发展计划委员会负责审批。

## 四、联系方式

参见网址：http：//www.thegef.org/。

第四章

# 国外私人基金国际科技合作资助与管理

国外私人基金会是一种非政府、非营利性的组织，种类多、数量大、资助范围广，是国际科技合作的重要资助渠道。以美国为例，其科研经费来源除了政府拨款以外，还包括各种民间基金会。美国民间基金会数量庞大，截至2009年6月1日，各类基金会共有9.5万余家。本章选取了以美国为代表的若干知名的民间基金会，对其研究发展、资助对象及申请条件、参与方式进行介绍。

# 第一节　微软亚洲研究院科研基金

## 一、微软亚洲研究院科研基金的概况

微软亚洲研究院作为微软公司亚太地区的基础研究重点地区，通过不懈地致力于基础的、有潜力的科研活动来实现微软公司对未来计算的美好构想。通过从世界各地吸纳而来的专家学者们的鼎力合作，微软亚洲研究院自1998年建院至今，已经发展成为世界一流的计算机研究机构，为推动信息技术与交互计算的进步做出了卓越的贡献。

## 二、资助与开放合作情况

### （一）资助情况

该基金的资助宗旨是：具有“变梦想为现实”的理念，大胆想象，不断突破，走在创新的最前沿。

微软亚洲研究院对人才培养方面给予高度重视。许多早年加入研究院队伍的年轻研究员，目前已跻身为所在研究领域的世界一流学者，担任主任研究员或者高级研究员领导团队的科研工作。同时，研究院的研究员们也指导很多实习生，这些学生走出研究院的大门后继续运用所学知识为亚太地区经济的发展贡献聪明才智。正是由于人才培养项目上的不懈努力及对中国教育事业发展的巨大贡献，微软亚洲研究院受到了亚太区多个国家政府的积极认可，中国教育部已经连续五年授予微软亚洲研究院捐资助教特殊贡献奖。

研究院在培养人才和共建区域健康IT生态环境等方面也做出了杰出的贡献。在过去十年里，研究院举办了一系列卓有成效的高校合作项目，以促进整个亚太区学术界的繁荣。比如，与高校合作建立联合实验室，进行多领域、跨学科的联合研究；邀请知名专家学者访问研究院以增进学术交流等。这些紧密的交流与合作不仅为微软公司，也为整个亚太地区的学术界创造新的机遇。

### （二）中方研究人员参与的方式

我国研究人员可通过以下方式与微软亚洲研究院合作。

（1）联合实验室。以联合实验室作依托，微软亚洲研究院和高校共同探讨并提出极具挑战性的研究课题，通过立项的形式开展深入的研究合作。

（2）NSFC 微软专项基金。NSFC 和微软亚洲研究院共同为国家信息科学领域的基础研究项目提供支持。

（3）主题研究支持计划。支持 Windows 核心技术、Windows 嵌入式、图形学与游戏、高可靠性计算、互联网服务、用于教育移动计算等专门领域的基础研究。

（4）微软青年教师支持计划。寻找并支持在计算机及信息技术领域相关的科研和人才培养方面极富创新精神和具有较大潜力的青年学者。

（5）创新研究基金。支持具有创新能力的人才和群体，对在计算机领域的重要方向、热点问题进行探讨和研究。

## 三、项目申请程序与资助管理

微软亚洲研究院以各个项目为基础制定申请流程和方案，此处以“铸星计划”项目为例说明。

“铸星计划”是微软青年学者支持项目的重要组成部分之一。该计划向青年学者提供在微软亚洲研究院的访问机会，旨在加强中国高校学科建设及青年教师培养工作，促进高校与微软亚洲研究院之间的交流与合作，培养国际一流的信息科学基础研究人才。

“铸星计划”的申请人是由与微软亚洲研究院有合作关系的高校或院系推荐的信息技术相关专业的青年教师组成。微软亚洲研究院收到申请后将组织相关候选人进行面试并选定计划候选人。微软亚洲研究院会为每一位青年访问教师安排微软员工作为研究合作伙伴组成成员；青年访问教师将参与相关微软亚洲研究院的研究项目；青年访问教师将和微软亚洲研究院的研究员一起指导来自相关高校的研究生、博士生。访问期满后，青年访问教师将返回所推荐高校，继续从事相关科研工作。

### （一）申请基本要求

希望来微软亚洲研究院进行合作研究的相关院系的青年教师与所在单位及微软亚洲研究院进行沟通，由所在单位进行推荐。该项目仅接受单位推荐，不接受个人的推荐。对申请者进行资格初审后，委员会组织专家对初审合格者进行面试，委员会综合评议面试结果并给出年度访问计划安排，经院长审批后，才可安排到微软亚洲研究院进行访问研究工作。

### （二）申请人资格

申请人需要符合以下条件。

（1）由相关院系及专家推荐；

（2）年龄需在 35 岁以下；

（3）获得博士学位后在学校有两年以上工作经验。

### （三）申请及评选流程

计划申请及评选流程如下。

（1）申请人按照项目需要提交的材料包括申请表格、单位推荐信、专家推荐信，递交给微软亚洲研究院的“微软亚洲研究院青年访问教师计划”。研究院对其是否具有申请人资格进行初审。

（2）项目委员会在对申请材料进行初步评审后将决定参加面试的候选人名单，并分批分次通知候选人面试。

（3）通过面试的申请人将收到微软亚洲研究院发出的铸星计划邀请函的书面通知，告知其已被选定为该年度的青年访问教师。

### （四）访问

在申请人接收到微软亚洲研究院发出的铸星计划的邀请函书面通知之后，申请人需与高校关系经理、合作研究员协商确定访问时间。访问教师在正式开始访问之前需出具所在单位的派遣函，访问期限为六个月。在接到书面通知后一年内由于本人原因未能达成访问计划的则视为自动放弃。

### （五）日常管理

（1）访问教师在访问期间仍是其所属院校的员工，访问结束后应回到相关院系，不得在访问期满后申请微软亚洲研究院的工作。

（2）访问工作形式是全日制。

（3）微软亚洲研究院负责提供访问教师的餐饮。

（4）访问教师自行安排住宿，在必要的情况下，微软亚洲研究院可帮助寻找房源。

（5）微软亚洲研究院报销访问教师初次从其所在院校所在地抵达北京和最后离开微软的返程机票（经济舱）。

## 四、其他项目

### （一）微软亚洲研究院与国家自然科学基金专项基金项目

微软亚洲研究院的使命是为满足亚洲尤其是中国市场在未来 5 ～ 10 年内对于计算机技术的需求，来努力奠定坚实的科研基础。为加大中国在信息领域中基础研究力度，实现推动信息科技发展的共同愿景，NSFC 信息科学部与微软亚洲研究院产生此项合作。双方通过共同资助研究项目，包括改善高校研究的条件、组织学术会议、加大学生培养、促进教学交流等模式，以期大力提升基础研究创新能力和优秀科技人才方面的培养，为中国基础研究的发展和整体水平提高做出积极贡献。

专项基金由 NSFC 统一进行组织申报和管理，每年支持两项重点项目和若干项面上项目。目前支持的范围主要包括新一代用户界面、新一代多媒体、无线及网络技术、数字娱乐技术及互联网搜索与数据挖掘。

从 1999 年至今，双方秉承团结合作和鼓励创新精神，先后与国内十余所院校及研究机构建立了良好的合作关系，共同资助了 30 多项科研项目，累计投入资金共计近 2 000 万人民币。其中 1999 ～ 2004 年的第一期合作，资助了 14 个项目，从 2005 年至今资助了 21 个项目。项目数日益增多，资助经费额也不断增加。到目前为止，资助的单个经费额达近 200 万元人民币的重点项目数已有九个，如自然、高效和主流的多通道用户界面的研究、无线分布式环境下视频信息协同描述与智能传输、下一代信息检索研究等。所有被资助的项目都代表了国内高水平基础研究和部分应用基础研究，并且与国际紧密地接轨，项目成果极大地推动了国内相关领域研究水平的发展。由中国科学院计算所高文教授带头承担的高效数字视频编解码技术及其在国际标准与国家标准中应用项目获得了 2006 年度国家技术发明奖。此外，资助的范围覆盖了包括清华大学等高校在内的国内信息科学领域的顶尖大学，这也极大地调动了高校基础研究和创新积极性。

### （二）微软亚洲研究院实习生培养

微软亚洲研究院是微软公司在美国本土之外最大的基础科研机构，在计算机基础科学方面的创新和技术突破备受全球学术界和IT业界所瞩目，被美国著名技术杂志MIT的*Technology Review*誉为“世界上最火的计算机实验室”。微软亚洲研究院的研究员们正用自己对技术的执着和热情丰富着全球计算机用户的计算机体验。

微软亚洲研究院从1998年成立以来，启动了面向亚太区高校博士生、硕士生及优秀本科生的“明日之星”实习生项目。该项目由微软亚洲研究院和国内外高校所共同执行，旨在培养高素质的计算机基础研究人才。实习学生自进入微软亚洲研究院后深入到每个研究小组进行为期三个月或更长时间的实习。2005年10月，教育部正式确认了微软亚洲研究院为“教育部－微软产学研合作教育基地”。每一位实习学生进入微软亚洲研究院都有一对一的导师对其在研究院的研究工作进行指导，帮助其找到合适自己的定位，对实习学生在工作过程中遇到的困难给予必要帮助。这些导师由微软亚洲研究院的研究员担任。

### （三）微软学者奖学金

微软学者奖学金是微软亚洲研究院所推出的人才培养方案，旨在吸引国内最优秀的计算机专业人才留在国内进行研究，为其创造优越的研究环境，并提供参加国际学术的会议与世界级专家交流的机会。微软学者奖学金项目面向的是计算机科学、电子工程、信息科学及应用数学专业的低年级博士生。

微软学者奖学金所进行的评选由学校和微软亚洲研究院共同完成。由微软亚洲研究院拟定评选标准，学校依据评选标准进行初步的选择，通过初选的同学的简历和个人学术成果总结将送交研究院进行终选，由微软亚洲研究院研究员组成的评审委员会通过对候选学生学术潜力、社会的学术贡献和技术优势的评估，评选出最终的获奖学生。

该奖学金计划从1999年春季开始实施。此项奖学金的设立为亚太地区最优秀的计算机及相关专业博士生创造了良好的学术环境和研究条件，使微软亚洲研究院和各院校、研究机构建立起更为密切而良好的合作关系，并共同培养了大批高水平学术人才。

研究院将为这些获奖者提供旨在促进计算机研究发展的五万元科研资助，不仅用于鼓励这些博士生在计算机科学上的潜心发现和研究，也支持他们参与一些重大的国际性学术会议交流。同时，研究院也将为这些获奖者提供优先来研究院实习的机会，以此来促使获奖博士生和微软亚洲研究院之间的交流和沟通更加密切。

### 五、联系方式

参见网址：http://www.msra.cn/。

## 第二节 洛克菲勒基金会

### 一、洛克菲勒基金会概况

#### （一）RF 发展现状

洛克菲勒基金会（Rockefeller Foundation，RF）1913 年在纽约注册，2000 年资产达 33 亿美元。RF 于 1913 年由约翰·D. 洛克菲勒创立，是美国最早的私人基金会，也是世界上极少数最有影响的基金会之一。通过资助各种研究机构和社会团体，对美国政治、外交、军事和经济进行广泛研究，对于政府决策有着重大的影响。

RF 最初设立于 1904 年，当时被叫做公共教育基金。表面看来是作为公共教育基金补充的 RF，成立于 1910 年，政府在 1913 年 5 月 14 日对其颁发了特许令。到后来，于 1928 年与劳拉·培尔曼·洛克菲勒纪念基金合并，再加上老洛克菲勒新的捐赠，RF1951 年资金达到 3 亿多美元。

RF 创办资金为 1 亿美元，约翰·D. 洛克菲勒担任第一代会长，现在由家族第五代成员所主持。RF 仍坚持最初的捐赠传统，关注点始终是教育、健康、民权、城市和农村扶贫。会址设在纽约。

RF 的资助范围有国际项目，包括征服饥饿、控制人口、促进健康、解决国际冲突、改进发展中国家教育；也有美国国内项目，包括维护环境的质量、发展文化事业，尤其是在戏剧、文学和音乐领域，以及增进机会均等。基金会资金和政策是由一个独立的不拿薪水的理事（评议员）控制，负责向大学、研究机构和其他合格机构提供一定的资助。

#### （二）和中方合作历史源远流长

对中国来说，最早接触到的基金会就是 RF。中国也是 RF 最早和最重要的海外工作对象之一。1913 年 RF 的组建会议刚结束，第一批行动就包括派医疗小组来华考察。

RF 在中国的工作可分为两部分。20 世纪前半期的一大创举就是建立协和医学院及其附属医院。1916 ～ 1947 年的 32 年之间，该基金会用于创建、维持和发展协和拨款总额为 4465 万美元。其他方面的资助包括以下方面：帮助创建自然科学诸学科，如生物、化学、物理、地质、考古、遗传学、农业科学和植物学；推动乡村的建设，开展平民教育运动；帮助创建社会学（包括人类学）；帮助中国学者与西方进行交流。其持续资助的南开大学经济研究所是 1949 年前中国最重要的研究实际经济问题的研究所。

改革开放后，RF 是最早恢复与中国合作的基金会。其工作不是按国别分，而是按领域分，而它所一贯关注的重点主要是农业、医疗卫生、计划生育——无一不是中国急需的领域。现在，它在中国的合作单位相当的广泛，包括中国农业科学院、中国科学院的农业政策研究所、中国水稻研究所、中国环境与发展研究所、中国计划生育委员会及其下属机构、中国科技委员会及其下属机构及一些地方研究所及机构等。

## 二、资助情况

### （一）基金资助宗旨

RF 的宗旨最初只是一句话——“促进全人类的安康”，之后随着社会经济的变化，措辞上有些变动——“促进知识的获得和传播、预防和缓解痛苦、促进一切使人类进步的因素，以此来造福美国和世界各国人民，推进文明”，其基本精神如今仍以此为核心。基金会也从事自己的研究，但仅限于农业和病毒学。资助不针对个人，也不能用于地方组织的建立和运行。

### （二）基金资助领域

1. 医疗方面

在 RF 成立之前，洛克菲勒已有一个卫生委员会，进行钩虫病防治工作。RF1913 年注册之后第一个重要行动便是在基金会之下建立国际卫生部，把这一委员会合并进来。顾名思义，从开始洛克菲勒的意图就是把此项工作国际化，而第一项任务便是把它发起的防治钩虫病和公共卫生的工作向全世界推广。

另一项工作是提高医学的水平。卡耐基基金会资助了一项旨在改进美国医学教育的调查，并产生了有名的弗莱克斯纳报告，与欧洲先进国家相比较后，全面指出美国的弱点。第一次世界大战结束后，RF 会便在这项报告的基础上与

“教育总会”进行合作，在美国和其他国家展开改进医学教学和建立高水平的医学院的行动。

1951 年，RF 国际卫生部关闭后，其著名的病毒研究所和人员转移到耶鲁大学。自此以后，RF 通过资助 WHO 来实现其原来的目标，直到 20 世纪末仍然如此，基金会称其为“洛克菲勒 - 世界卫生组织互补战略”。多年来，RF 对 WHO 计划生育、疫苗接种、避孕药的研究和热带病防治等都有所捐助。1997 年 WHO 的新主任布伦德兰上任，基金会宣布出资 250 万美元与 WHO 共同建立一项全球卫生领导基金，在全世界遴选各个学科的 10 名专家，任期 1 ～ 2 年，这一基金也被用于“争取全球健康平等”。此项目致力于缩小发达与不发达国家的健康水平和平均寿命之间的差距，也包括缩小发达国家一国之内贫富人群之间健康差距。该项目主要从三个方面着手。

（1）协助贫困国家建立与改进卫生体制，加强利用信息、发现问题和解决问题的能力；

（2）加强宣传教育，引起公众对与健康有关的新问题和政府承诺的关注，如环境、吸烟、艾滋病、抗药性结核病等；

（3）加强对贫困人口多发病（如疟疾、结核等）的药物研究和开发，并向发展中国家转让，弥补药物价格昂贵造成的困难。

2. 农业改良方面

饥饿问题一向是一切慈善和公益事业首要关注的问题之一。RF 认为要根治饥饿关键在于改良农业，使粮食大幅度增产。继医药卫生之后，农业改良也一直是 RF 长期致力的重点。在基金会成立之前，“教育总会”曾在美国南方黑人较多的贫困农村地区进行过玉米品种改良与农业体制改良相结合的工作，取得了很好的效果。RF 成立后，这项工作主要在第三世界开展，其做法是资助有关国家的农业改良技术研究并创建使新成果推广的机制和方法。基金会特别注意结合当地实际情况，因地制宜，尽量利用当地的人力资源和已有的经验，取得事半功倍的效果。几十年来，这个领域相对投资较小而成绩却极为显著。

3. 人文社科方面

RF 前期一直以医学和农业为重点，兼顾其他自然科学，对社会科学并不重视。对这一现象不满的工作人员称基金会“被一群医生所俘虏”，这是与弗雷德里克·盖茨的主导思想所分不开的。不过早在 1918 年，在执行秘书格林的强烈坚持下，基金会还是出资成立了政府研究所，后来并入著名的布鲁金斯学会，这是 RF 资助的最早的社会科学项目之一。当时格林提出的项目是劳资关系研究，由于正好发生与基金会的公司有关的工潮，导致流血冲突，引起社会舆论对基金会本身的批判和质疑，这项研究遂告流产。

在行政管理方面，RF 项目主要目的是为政府提供合格的工作人员，以配合 20 世纪 40 年代罗斯福“新政”之后政府迅速扩大的需要。基金会为此捐资给一系列大学培养此类人才，特别具有开创性的项目包括在哈佛大学建立的行政管理研究生院和在华盛顿的美利坚大学设立的在职公务员进修计划。从 20 世纪 20 年代到 50 年代的 30 年间，此项捐助高达 1 100 万美元，还不包括其他单项捐助。另一项特殊的工作是在芝加哥所建立的公共行政交流所，为政府各部门的公务人员提供跨行业的交流工作经验与研究成果的机会，对提高公务员的素质、开阔眼界、促进团队精神和建立某种职业道德标准都起了无可替代作用。

## 三、对国际开放的项目申请程序与资助管理

### （一）申请者资格及其他要求

项目申请者资格及其他要求如下。

（1）项目关注主题必须是一个影响到很多人的环境健康问题。

（2）项目必须有助于产生或传播能为政策或政府或民间人员工作提供依据或参考借鉴的成果。

（3）申请对象必须具备必要的获取数据的能力，且与地方社区 / 政府机构有良好的合作关系，以保证项目的成功。

（4）如果项目是在地方层次所开展，研究人员必须在该省份生活和工作，或者能够说明该项目将有效地发展地方应对环境健康问题的能力。

（5）资助将被授予洛克菲勒兄弟基金会在中国南方项目覆盖的九个省份中进行的工作。这九个省份包括广东、广西、贵州、云南、四川、湖南、江西、福建和海南。只在与国家层次政策明显相关的情况下，在中国其他地区及香港和澳门地区进行工作的申请书才会被考虑。

（6）申请对象必须具有达到专业标准的可供传播的研究成果或资料的潜能，项目的预算和完成的时间必须是现实可行的。

（7）资助获得者要积极参加研讨会。2009 年的资助获得者于当年 1 月 15 ～ 17 日参加一个研讨会，以与合作伙伴见面，与专家组及其他资助获得者就其申请书进行讨论，并对研究设计进行完善。

项目申请提交网站（在线提交）网址为 http://www.rockefellerfoundation.org/funding-requests/funding-request.aspx。

### （二）申请书提交单位的主要内容

（1）由致力于应对环境或健康问题的中国学术机构，包括大学、学院或其他研究机构等或民间组织提交；

（2）有不同学术专长的研究人员之间进行合作，包括至少一个社会科学学科（人类学、经济学、地理学、法学或法律研究、政治学 / 政府研究、社会学）或者一个研究机构和一个非政府机构之间的合作；

（3）项目可以但不必要包含与一个有相关经验的国际伙伴的合作。

### （三）申请评议的主要内容

申请书应该包括以下内容。

1. 项目大纲（250 字）

对项目将如何产生或进行传播有助于政府或民间社会应对与环境相关的健康风险的研究成果做出较简短的描述，并说明项目要求的预算。

2. 项目描述（不超过3 000字）

对项目的描述应该针对以下问题。

（1）项目寻求解决的问题是什么？影响那些人群？

（2）项目将要做什么？

（3）为什么合作对项目成功很必要？

（4）合作过程如何？包括哪些合作伙伴？他们将在什么阶段和以什么方式参与？他们各自的学科或专业背景将会如何有助于项目成功？

（5）项目将如何利用该问题现有研究和宣传成果？

（6）项目将会使用哪些数据？工作人员将如何收集或获得这些数据？如果项目要求地方社区、政府机构或其他成员之间的合作，这些必要的关系是否已经存在？

（7）项目如何有创意，比如开发新的合作方法或框架？

（8）项目结果会是什么？

（9）项目的成功会如何评价？

（10）项目在更大范围上的意义是什么？项目结果潜在受众是谁？如何传播？

3. 机构背景

（1）对申请的合作机构作出描述（不超过 250 字），包括机构宗旨、服务对象、工作的地理范围及年度预算；

（2）每个伙伴带给此合作关系的相关知识、数据或技能；

（3）合作机构中主持人的姓名、所属机构、研究经历及简历（每人最多两页）。

4. 预算

申请书可以提出最多不得超过 15 000 美元的预算，并详细列出各项主要开支。预算应该标明以下项目。

（1）其他资助数额和来源，包括实物支持；

（2）人员和咨询费用；

（3）现场调查费用（包括给调查对象的酬金）；

（4）相关旅行费用；

（5）传播和宣传推广费用；

工资或咨询费在非极端情况不会得到必要的考虑；可以包括国际伙伴合理的旅行费用。

### （四）注意事项

（1）关注因种族、性别、年龄、地理位置或职业因素而具有更高环境相关健康风险率的社区，以及对各种影响这些社区的因素进行考察研究；

（2）探索可能超越目前研究的可应用的研究方法或模型；

（3）为年轻的研究人员或工作人员提供专业的发展机会；

（4）第一轮资助的重点是影响农村人口的环境健康问题，包括但不限于农村工业污染、化学杀虫剂和化肥、集约畜牧、水产业及食品安全。

### （五）项目资助方式

项目将为来自中国的机构及组织的申请对象提供 7 ～ 10 笔经费，这些资助将为实现学科间及研究机构和政府或民间机构间的合作提供补充性资金。资助最高额为 15 000 美元。

## 四、中方参与案例

### （一）北京协和医学院

这是众所周知的 RF 在华最大、最著名，也是最具影响力一项事业。1913 年 RF 组建会议刚结束，采取的首批行动之一就是调查中国在医药卫生方面的需要，并于 1914 年先后派了两个医药调查小组来华，加上 1909 年派驻中国的伯顿（Burton）小组共三个调查组。在这几个调查组详细报告的基础上，RF 决定成立中华医学基金会（China Medical Board），开始了以医学为中心对华工作。

北京协和医学院从1915年起开始筹建，1916年选址动工，1921年举行落成典礼并正式命名。RF决心把协和医学院办成合乎美国标准的一流医科大学，在美国医学泰斗韦尔希（William H.Welch）的主持下，以美国约翰斯·霍普金斯大学医学院为范本，一切标准向其看齐。这是RF在海外各项目中单项拨款数目最大、时间持续最长的一个项目。根据1947年年度报告，1916～1947的32年间，用于创建、维持和发展这所“远东的独一无二”的医科大学的拨款总数达44 652 490美元。中华医学基金会除协和医学院外，还资助了一部分美国其他组织在华所建立的医学教育机构，如齐鲁医科大学、湘雅医学院等。

### （二）自然科学

在20世纪二三十年代，RF对中国自然科学一些学科的创建和发展给予了很大的关注和资助。

这些学科最初是由医学衍生出来，主要集中于与医学有关的生物、化学、物理学科，全国各地有十多家大学都得到过资助，其中最大的资助对象是燕京大学，于1929年对其进行一次性拨款25万美元，后来发展为医学预系，成为协和医学院的预科；其次为帮助清华大学成立生物系，1929年清华大学建造生物馆的一半经费（41 250美元）就来自RF。在著名的周口店“北京人”的挖掘和考古工作中，RF从开始便参与其中，从1927年起陆续拨款，供中国地质勘探部与协和医学院解剖系合作挖掘和研究。1929～1932年又向中国地质勘探部捐款8万美元成立“新生代研究所”。而后这些资助对中国古生物学的发展具有开创性意义，因为当时尚未有一个中国机构有足够的财力进行这样大规模的野地勘探工作。中国著名学者裴文中、杨中健就是在此项目中做出卓越成就的古生物学家。20世纪20年代初在RF和中华教育文化基金会的共同资助下，中国开始成立遗传学，主要包括台湾大学、燕京大学、南京大学和东吴大学，特别是燕京大学先后与哥伦比亚大学和加州理工学院建立联系，不断输送师生参加摩根的遗传学研究项目，后期把摩根学说及研究方法引进中国。另一重大项目是南京大学自1925年开始与康奈尔大学的农学院建立联系，进行农作物品种改良的研究，卓有成效。1925～1945年，几乎所有遗传学方面的研究生和学者都在其工作关键时期接受过这两个基金会的资助，其中不少人成为中国遗传学的先驱学者，如陈桢、谈家桢、吴经甫、陈子英等，农业方面有李先闻、王绶等。此外在植物学方面，由于植物分类的研究需要在世界范围内采集标本，RF的贡献是资助美国一批著名植物学家在20世纪20年代来中国与留美归国的中国同行合作，在南京、广州、北京三地建立植物分类学的研究和教学中心，与此有关的中国著名植物学家有陈焕镛、马肃、胡先、钟心煊等。

### （三）乡村建设与平民

这是自然科学与社会科学相结合一个项目，也是 RF 继协和医学院之后在华的较为重点的项目。

20 世纪 30 年代初中国一些有志之士发起各种各样的农村改良运动，其中晏阳初的乡村建设计划比较出名，并得到了政府支持，带有半官方性质，RF 抓住这一机会，自始至终给予资助并参与计划。之后这一计划认为是 RF 的工作重点从医学到公共卫生之后顺理成章的发展结果。在此项目下受到资助最大的一项是平民教育运动，基金会的做法是定向资助现有的一些大学有关学系、专业或训练班来为此培养人才，如南京大学农业经济专业、中央大学畜牧兽医专业；在燕京大学法学院建立社会学专业，开设训练乡村管理人才的专业；在南开大学生物系和化学系开设面向农村课程等。有关的政府机构也在资助其中。此外该项目还设立了特别奖学金，在协和医学院培训从事乡村公共卫生工作的护士。抗战爆发之后，RF 协助相关人员，连同定县试点迁往内地。1934 ～ 1939 年，RF 已为该项计划出资 150 万美元，在 1941 年以后的极端艰苦条件下，RF 继续给予资助使得部分工作因地制宜地得以继续进行，并取得一定成效。

### （四）社会科学与人文学科

1. 社会学（在中国包括人类学）

RF 不仅为平民教育运动培养了大量人才，而且产生了最初的社会学家，后来又通过资助西方的著名人类学家如布朗（Redcliff Brown）、帕克（Robert Park）、马林诺夫斯基（Malinovski）等来华讲学，并帮助中国社会学者及研究生赴英美学习并与他们建立联系，把西方人类学引入中国。例如，吴文藻最初在美国会见马林诺夫斯基就是由 RF 所安排的。随后吴文藻在伦敦也在马林诺夫斯基指导下做了两年研究，于 1938 年回国后应聘于云南大学，并开办了社会学系。该学系由中英庚款出资，而野地考察站则由洛克菲勒基金会所资助。此外费孝通在云南的考察工作也得到过基金会的资助。1943 年由美国国务院出面，由 RF 部分出资邀请的访美中国教授中有费孝通，他在美完成并出版了影响重大的名著《乡土中国》（*Earthbound China*）。

2. 经济学

RF 在经济学方面最重要一项工作是 1931 年开始对成立于 1927 年的南京大学经济研究所的资助，第一笔捐款为 5 000 美元，抗战时期迁至内地继续资助，到1946年为止已超过了20万美元，是RF在中国社会科学领域内对一个单位拨款最大一项。RF专款资助的研究项目都与中国的实际紧密结合，例如，在抗战时期的项目包括中日战争的社会经济史、战时中国的通货膨胀、中国农业经济问题、战后中国国际经济政策构想等。1943～1944年，鉴于在内地的一批中国最优秀的知识分子在极端艰苦的生活和工作条件下坚持不懈工作，RF接受费正清（John K. Fairbank，当时在美国使馆文化处工作）和清华大学的美国教授温德（Robert Winter）的建议，以一批有成就的著名学者教授为援助对象，通过特殊援助款项60 000美元，与中方共同商定了名单，提供给美国几所大学来从中选择邀请讲学。考虑到中国知识分子的自尊心和避免误解，邀请单位不能提到基金会的名字。与此同时，美国国务院文化关系司出面邀请了几位教授讲学一年，实际也由RF出资。在此两项活动下应邀赴美的包括罗常培、冯友兰、梁思成、费孝通等十几位教授。RF自成立之后，对美国教会在华创办的几所主要的大学和中学都一直都给予资助，特别是在日寇侵华之后，基金会每年都通过中华基督教教育联合会给予九所教会大学“紧急援助”款项，1938～1945年总数达425 000美元；1946年又为这些学校迁移、复校拨款500 000美元。其他还有对中国的英语教学和语言学研究、全国图书馆建设及图书馆学的创建、图书管理人员的培养和图书资料捐赠，以及个人研究项目等都有过关键性的帮助。例如个人项目中比较著名的包括：冯友兰的《中国哲学史》翻译工作和赵元任在耶鲁大学的研究和教学等。

### 五、联系方式

参见网址：http://www.rockefellerfoundation.org/。

## 第三节　福特基金会

### 一、福特基金会的概况

#### （一）FF发展现状

福特基金会（The Ford Foundation，FF）是由具有美国“汽车大王”之称的福特（Henry Ford，1863—1947）在1936年设立的。该基金会自称主要以研究美国国内外重大问题，如教育、艺术、科技、人权、国际安全等几方面课题为宗旨，用出资创办研究机构、颁发奖学金、向国外派遣专家、捐款、捐赠图书仪器等方式，向国内外有关组织和研究单位提供一定的资助，以影响美国社会生活、文化教育事业和政府的内外政策。其总部设定在纽约。

FF于1950年改组，当年捐赠就达2 400万美元，以后一直上升，居各大基金会之首。FF1954年的开支将近6 800万美元，高于居第二位的RF的四倍，高于第三位的卡耐基基金会十倍。1956年，为顺应当时股权分散的潮流和政策，基金会决定将其1/5的福特股票上市，售价约为643亿美元，这是华尔街有史以来最大的一笔普通股票交易。此前，基金会宣布在今后一年半内将售股所得的绝大部分——5亿多美元——用于捐赠拨款，这不但在美国公益事业史上是空前的，也大大超过了FF自成立以来18年内的全部捐赠数，相当于其前18年付出总数的1.5倍。这笔钱一半捐给全国615家私立文理科大学和学院，用于提高教师的工资待遇，另一半分别捐给3500家私立非营利性医院和45家私立医科学校。除个别年份以外，整个20世纪下半叶FF的资产和支出都位居各基金会榜首。

### （二）FF资助范围与资助规模

FF创立于1936年，是一家独立的非营利组织。迄今，世界各地已有超过9 000个研究机构和组织得到过它的资助，其资助总金额已达到70亿美元。FF每年资助项目预算大约为4亿美元，其中35%的项目预算用于亚洲、拉丁美洲、非洲和中东地区发展中国家的研究活动。目前，该基金会在非洲、拉丁美洲、亚洲和俄罗斯设有13个办事处。

FF的工作重点集中在以下五个领域。

（1）和平：促进国际间理解，包括联合国及其所属国际机构。

（2）民主：促进民主制度，包括维护思想自由、民权、反对集权及改进公职人员的遴选和决策过程。

（3）经济问题：包括稳定高就业、经济机会平等、改进劳资间关系、更好地保持经济生活中的自由与控制之间的平衡。

（4）教育：包括澄清教育目标，消除教育机会平等的宗教和种族障碍，更有效地利用传媒进行校外、成人教育。

（5）对“人”进行科学研究：包括其价值观、行为动机和失误，以及人与人之间的关系，并把这一研究成果充分用在民主生活的各个方面。

## 二、资助情况

### （一）FF 资助宗旨

FF 的资助宗旨是通过向政府、非政府机构及一些个人提供资助，用于进行研究、培训、能力建设、实验和开发性项目，致力于通过维护和平和改善人类福利，寻求强化民主价值观、减少贫困和不公、促进国际合作和提高人类成就的途径。

### （二）FF 资助领域及其发展状况

1. 教育（教育促进基金）

这项计划的内容是在师资培养方面改变传统师范学院的做法，先让学生上四年大学普通文理科的基础课程，第五年进行教学专业训练，一边学习一边到学校实习，类似医学院的最后一年。基金会的捐款就是用于最后的一年，或者补助无力支付学费的学生，或者补助接受实习生的学校。从实用的角度来说，它也正好符合当时因战后出生率陡增而出现的师资缺乏的需要。根据这一计划内容，非师范毕业的普通大学生只要经过一年培训也可担任教师。“五年计划”的内容还包括每年资助几百名智力超常的中学生跳过最后两级直接进入大学。这刚好又是将哈钦斯的“因材施教”思想与当时实际情况进行结合：美国当时中学人满为患，而大学却因征兵制而缺少生源。

2. 社会科学

（1）行为科学。在这一项目下进行的研究领域有政治行为学、法律与行为科学的关系、社会阶层的划分、儿童的发展、组织理论、经济发展与文化变迁、交流学等。此外 FF 还资助哈佛大学两名社会学家主持研究少年犯罪的问题；捐给人口理事会（1952 年由 RF 创办）巨款，用于研究人口的增长问题及有关培训工作；资助麻省理工学院一项大规模集体项目进行研究“精英交流”。

（2）未来资源研究。FF 于 1950 年拨款 1 000 万美元用于经济问题的研究，其中一半用于 1952 年建立的“未来资源集团”。该集团是基金会下的一个自治机构，总部设于华盛顿，其总裁为内布拉斯加大学的前校长古斯塔夫森。这一项目的重点不在科技（不过与社会问题有关的科技项目也有所涉及），而在于研究合理的使用水、能源和矿产资源及与之相关的社会问题，包括诸如和平利用原子能等问题。在未来资源的研究内容和理念实际上，20 世纪 80 年代后期才提出“可持续性发展”，而这些在 20 世纪 50 年代是相当前沿的。

经济项目的资金另外一半用于资助麻省理工学院国际研究中心、宾州大学、布鲁金斯学会等来研究美国亚洲一些国家与经济有关的课题，如“劳工在经济发展中的作用”等。

## （三）与中方的合作及发展状况

1979 年中美关系实现正常化后，FF 开始直接资助中国的学术机构和相应的美国机构进行学术性和专业性交流。中国社会科学院和中国农业科学院首先参与了这些资助的研究。FF 为适应中国发展重点的需要，其资助主要集中在经济、法律和国际关系等三个领域项目的研究。20 世纪 80 年代中期以后，FF 在华资助研究范围有所扩大。目前 FF 对中国的研究资助主要有八个领域，即经济发展与金融、教育改革与文化多样性、环境与发展、治理与公共政策、国际合作、法律和权利、公民社会、性与生殖健康等。

1987 年，经中国国务院批准，社科院代表中国政府及所有接受资助的中方单位与 FF 签署了双方合作的备忘录。据此，FF 中国办事处于 1988 年 2 月于北京成立，负责在华的资助项目，社科院为该办事处在中国的协调单位。

双方合作备忘录主要内容包括：社科院经政府同意并成为代表中国接受基金会资助的单位，并且是基金会北京办事处的在华协调单位。基金会的资助可向政府机关、大学、研究和培训机构、民间组织和其他机构进行提供，也可用于个人。其资助可用于在中国和国外进行的以教育和研究为目的的旅行，研究、示范和试验性的活动，由中国或非中国专家、顾问或机构提供的技术、研究和其他资助，购买图书、期刊、材料和设备，以及在中国国内用以提高个人及机构能力的有关活动。

FF 在中国项目的资助是直接由其北京办事处负责。首席代表和五位项目官员来自世界各国，他们在本办事处的项目领域中寻找有意义的机会，仔细评阅项目申请，同可能资助的对象合作设计项目，以向纽约总部推荐项目获得资助。从 1988 年 1 月办事处开始设立至 2001 年 9 月，基金会在中国资助总额已达 1.28 亿美元。

为同中国发展的重点相一致，FF 办事处于 1988 年建立时，活动集中在三个领域：经济、法律和国际关系。之后，随着中国自身需要及其发展重点发生演变，FF 的工作也有了新的内容。环境与发展项目和生殖健康项目是 1989 ～ 1990 年新增的，这方面表明基金会开始关注长期困扰着偏远、欠发达地区的贫困问题，另一方面也表明 FF 希望使用综合方法去解决生殖健康方面长期面临的问题。FF2001 年在华工作内容最新进展是增加了教育和文化项目。

## 三、对国际开放的项目申请程序与资助管理

### （一）申请者资格及其他要求，以及申报起止时间

以“福特基金会国际奖学金计划”为例，受资助者的挑选是以其潜在的领导能力、社会责任心及服务于其所在社区或地区的意愿为基础的。国际奖学金项目的入选者可以申请攻读硕士或博士学位。申请者的资格要求如下。

（1）中华人民共和国公民，目前居住在中国大陆；

（2）户口、工作单位和目前的居住地不在北京、上海、天津、广州、深圳、南京、香港、澳门和台湾；

（3）有国家承认的学士学位；

（4）在预申请截止时已有至少三年的全职工作经历；

（5）在国内获得硕士学位的申请者，除须具备至少三年的全职工作经历以外，获得硕士学位的时间需在预申请截止时必须至少满一年，即累计有四年的全职工作经历。

### （二）申请评议标准、程序、方法

申请程序如下。

（1）预申请表：申请人首先须在网上提交一份预申请表。

（2）正式申请表：预申请表顺利递交之后，下载正式申请表，并按要求填写，同时准备相应的申请材料。下载中如有问题的请与奖学金办公室联系索取正式申请表。

（3）初审：所有的正式申请表都由来自不同的学术领域的专家、学者和知名人士组成的评审委员会评审并确定最后面试名单。

（4）面试：通过面试的申请人经项目总部审批后将成为国际奖学金的入选者。

（5）入选：申请人只有在入选后的一年内获得所申请学校的录取通知书，才能最终成为奖学金的受资助者。如果入选后一年内，申请人的外语或专业水平仍然达不到所申请学校的要求，或因某些原因最终没能获得学校录取通知书，其入选资格将不再生效。

### （三）申请注意事项

FF 没有统一的申请表，需要申请者写信询问，以便确定基金会当前的项目重点和现有的资金是否允许考虑资助某个特定项目。如果项目官员对申请感兴

趣，申请者将要准备一份包括以下内容的项目建议书：机构的背景资料，对项目建议书所提及的问题或机遇背景及因果关系进行的解释，项目目标，对于所申请资助的活动的具体描述，预期效果和期望达到的影响，以及申请的金额。这份详尽的建议书需与项目官员共同协商产生。

FF 的资助行动和内部政策的目标为支持多样性并鼓励弱势群体和妇女的参与。在对项目建议书做评估时，未来资助对象是否为弱势群体和妇女提供机会也会作为一个需要考虑的因素。在项目建议书中应该详细说明妇女和弱势群体在该机构中所占的比例，与此同时按性别列出工作人员和领导层的数字图表。

为了使基金会有限资源产生最大的效应，北京办事处项目工作人员采用下述几项原则。

（1）根据所申请项目的目标和实施方法进行确定是否给予资助。

（2）项目官员在某些主题方面采取合作的方式，如社会性别和贫困问题。

（3）基金会鼓励所有社会部门之间进行合作，如民间组织、研究中心、非政府组织、大学及政府部门，目的是对每一类问题都能有多种角度的考虑。

（4）对全国有重要意义的紧迫问题和可能会对国家产生较大影响的项目给予特别的关注。

（5）北京办事处还创立了一系列较小的“好邻居”项目。这类项目主要是为一些紧急的、新出现的重大问题及突发事件提供资助，而这类事件通常不是本办事处的已有工作范围。这类项目由办事处的所有中方工作人员负责。

（6）基金会全年受理申请。申请者通常可在一个半月内得到一个初步的意向，表明该建议书是否在基金会的项目兴趣和预算限定的范围内。

（7）有关资助情况的资讯应直接递交给相关的项目官员。一些较为一般性的项目不好简单列入北京办事处项目主要范围内的，可直接递交北京办事处首席代表。基金会及其工作人员和家属要共同遵守中国的法律、规章制度和风俗习惯。中国社科院将为基金会办理工商注册的延期手续、进口物品免税手续等；为基金会的工作人员办理适当的居留证件、签证、工作许可证和其他必要的手续，为基金会的正常运作提供帮助。

### （四）项目过程管理、结题与验收

在申请资助前，申请者要提供申请书，详述申请资助的目的、数额、期限、用途及估计预算。基金会批准资助后，向申请者下发资助通知函，说明资助的目的、数额和期限，提供报告的要求、其他条件和估计预算。基金会的资助只能用于资助通知函的规定的目的，否则应退还基金会。

## 四、与中方的合作案例

FF成立于1936年，而在1979年美中建交后开始向中国提供赞助，可以说是中美关系发展的见证者及促进者。FF资助一些年轻有为的中国学者去美国学习，赞助美国大学发展到中国的研究项目，为中美两国几代学者建立了极为密切的人际关系。FF也是中国改革开放的见证者和参与者。改革开放之初，福特则把主要资助投放在“文化大革命”中受到严重破坏的高等教育上，特别是法律、经济、国际关系等方面的学科。近年来，福特又把资助范围扩大到政府部门和机构，特别是那些跟环保和建立开放型政府相关的一些项目。此外，非政府组织也被纳入FF资助的范围。FF 2003年宣布将设立一项面向非洲、中东、亚洲、拉丁美洲和俄罗斯籍研究生的国际奖学金计划，以资助他们完成学业。总部位于纽约福特基金会计划在未来10年中出资3.3亿美元，执行该基金会有史以来数额最大的全球研究生——奖学金计划，其中2.8亿美元用于资助3 500名学生完成三年的硕士或博士阶段学习。3 500名资助对象不论在哪国留学，都必须是来自上述国家和地区，而这些国家和地区被认为在世界高校中学生人数比率偏低。

## 五、联系方式

参见网址：www.fordfound.org。

# 第四节　比尔和梅琳达·盖茨基金会

## 一、比尔和梅琳达·盖茨基金会的概况

### （一）比尔和梅琳达·盖茨基金会发展现状

比尔和梅林达·盖茨基金会（Bill & Melinda Gates Foundation）（以下简称盖茨基金会）成立于2000年1月，它是由盖茨教育基金会和威廉·盖茨基金会合并而成，是比尔·盖茨与梅琳达·盖茨夫妇资助的全球最大的慈善基金会。

前一个基金会致力于通过公共图书馆使更多的人有机会使用科技资源，后一个基金会则注重改善全球卫生保健状况。合并后的基金会总部位于美国华盛顿州西雅图市，由比尔·盖茨的父亲老威廉·盖茨及帕蒂·斯通斯福两位主持，拥有比尔和梅林达·盖茨个人捐赠基金大约240亿美元。该基金会现有资金约为270亿美元，而每年必须捐赠其全部财产的5%，也就是多于10亿美元。

2004年7月20日，比尔·盖茨做了一件让所有华尔街人欣喜若狂的事情，他和微软公司将一个价值750亿美元的金蛋砸在美国股市。而作为公司最大的股东，盖茨将获得30亿美元的最大红利。但不同于多数美国企业高层经理，48岁的比尔·盖茨决定把这笔额外之财全数捐赠给他及夫人共同成立的比尔和梅林达·盖茨基金会。

### （二）比尔和梅琳达·盖茨基金会资助重点

比尔·盖茨把自己赚的钱花在慈善事业上，当然不仅仅是为了做功德，成立基金会还可以减免税赋，甚至还是企业公关的重要环节。仅2001年，盖茨夫妇就捐出20亿美元给他们的基金会——比尔和梅林达·盖茨基金会，是当年全美捐款最多的人。目前，盖茨家族这个基金会已在艾滋病、肺结核、疟疾等病症的防治上已投入6亿美元以上经费，2005年年底前还将再投入大约4.78亿美元。该基金会在全球防治疾病的经费中占很大比重。

该基金主要在以下各方面提供援助。

（1）全球人的健康：致力于缩小富国和穷国在卫生保健等方面的差距，确保卫生保健领域取得能挽救生命的技术进展，并将这些技术提供给最为需要的人。重点领域为传染病、HIV及肺结核、生育保健及儿童保健、全球性卫生等保健活动。

（2）教育：帮助少数族裔学生及家庭经济条件不好的学生得到应有的教育。

（3）图书馆：给美国经费不足的社区图书馆提供电脑、图书等帮助，也给发展中国家提供类似帮助，方便穷人利用图书资源。

（4）美国西北部的建设：为当地社区提供资金，改善当地居民生活水平。

## 二、资助情况

### （一）资助宗旨和资助范围

该基金会的宗旨是处理除全球性的贫困、疾病控制和国家教育制度改革之外的联合国都难以操作、美国政府不敢动刀、商业机构更无心插手的问题。

如同比尔·盖茨在大型计算机垄断市场时代就已经预见到微机时代的到来，并紧紧抓住了软件这一产业链高端产品，他在慈善这项事业上的立足点同样高屋建瓴。比尔·盖茨明白，市场机制可以促进各个领域产生创新，而创新不断给人类生活带来一定的改变，但是自由运转的市场机制本质上是一个“为有钱人打工”的东西，因为穷人没有消费的能力，无法形成市场。在这样一个高速运转的圆盘中，全球大概10亿日平均消费不足1美元的贫困人口是被市场离心力不断边缘化甚至被甩出去的那部分人。直接给这些人提供他们所需要的产品和服务是一种解决办法，但并不能从根本上改变这样的一个局面，而且很有可能演变成一个无底洞。

比尔·盖茨开出的药方即是建立一个制度体系，让这个体系吸引创新者和企业参与，在让这些人赢利的同时，又让那些无法充分地享受市场经济益处的人群生存境遇得到改善。通过这种被称为“创意资本主义”的体系，改善原先的资源配置方式，最终可改善全球的不平等现象。

因此，比尔和梅琳达给盖茨基金会的主要定位便是“资于那些不被资助的创新项目”。敢于做出这样的选择，一方面是因为他们有科技领域的相关背景，另一方面是整个基金会的规模和能力可以让他们立足长远，在探索新方式上可下更大赌注，承担政府和其他机构所不敢承担的风险，就像比尔的好朋友也是盖茨基金会的联合受托人沃伦·巴菲特所提出的建议——“承担一些真正的难题”。

### （二）资助范围

1. 全球疫苗与免疫联盟

基金会于2005年1月25日给予全球疫苗和免疫联盟7.5亿美元的捐赠。

2. 儿童疫苗计划

基金会于2003年12月9日给予Program for Appropriate Technology（PATH）的儿童疫苗计划2 700万元捐赠，用于对Japanese encephalitis的免疫工作。

3. 求知新途奖

基金会每年对在美国国外利用创新的项目让大众免费使用资讯科技的公立图书馆或类似机构给予最高100万美元的奖励。

4. 盖茨千禧年奖学金

基金会通过美国黑人大学基金捐赠10亿美元给美国少数民族的学生作为大学的奖学金。

5. 盖茨牛津大学奖学金

基金会于 2000 年 10 月捐赠 2.1 亿美元以帮助留学生就读英国牛津大学。每年约 100 名的学生获得基金会的资助。

## （三）资助方式与资助重点

盖茨及其基金会因为大手笔资助慈善活动受到赞扬，但也因企业经营手法冷酷无情而饱受抨击。微软曾因为涉嫌恃强凌弱、逼迫竞争对手的软件版本退出市场而纠缠多年，而招致非议的商业手法之一就是 MS-DOS 的来源。不管其动机为何，人们不得不必须承认，比尔和梅林达・盖茨基金会在帮助第三世界弱势族群发展、为贫穷学生提供奖学金、全球艾滋病防治方面确实有很大贡献。

一方面，拥有精明商业头脑的比尔・盖茨在运作自己的基金会时也有着自己独特的做法，盖茨基金会与其他单纯捐款者不一样，它是以“投资”眼光来看慈善事业：受捐助团体必须要做出预定的成绩，基金会会进行定期考核，并作为下次捐助与否的主要依据。据了解，迄今，盖茨和妻子已经为国际健康事业捐赠了超过 250 亿美元。比尔・盖茨向外界公开遗嘱，宣布将把全部财产的 98% 留给自己创办的比尔和梅林达・盖茨基金会。为了让自己的捐款能够真正使穷人得益，盖茨夫妇认真地计算基金会的每一笔投资。

另一方面，在硅谷，投资慈善（venture philanthropy）是最新的风潮。根据《新闻周刊》报道，在硅谷，83% 的家庭捐钱做善事，高于全美国水平的 69%，但是他们视之为“投资”而非单纯“捐助”。更有甚者，捐款的基金会影响被资助对象的管理，他们会要求进入董事会，设定工作目标并要求达成，甚至办公室租金多少、买什么样的计算机，他们都进行严格把关。

在基金会目前锁定的三大领域中，以艾滋病、疟疾、脊髓灰质炎、结核等致命感染性疾病预防、控制和消除为主的“全球健康”项目占据了基金会大约 60% 的投入，这些资金主要用于资助对抗这些疾病的新工具、新方法的创意研发。尤其是在控制疾病源头的疫苗上，盖茨基金会每年的投入额均超过 8 亿美元。通过资助疫苗的研发，降低使用的成本和价格，使得穷困地区的人有条件使用这些疫苗。为此，盖茨基金会在 10 年前就与包括世界卫生组织、世界银行、疫苗生产商和研究机构在内的若干机构一并资助成立了全球疫苗和免疫联盟（The Global Alliance for Vaccines and Immunisation，GAVI），目前该机构已经帮助两种新疫苗（针对 B 型流感嗜血杆菌和乙肝）实现了广泛的供应，同时还研发出这两种疫苗和以前的三重联合疫苗（百日咳、防白喉和破伤风）相结合的一次免疫的五重联合疫苗。过去 10 年，盖茨基金会已经为疫苗生产和开发捐献达到 45 亿美元，新的计划为未来 10 年中在这一领域继续投入 100 亿美元。

### （四）“全球健康大挑战”项目

对于中国科学家而言，上述四个领域中的全球卫生保健领域是最适合中国人员申请的。“全球健康大挑战”（Grand Challenges in Global Health）是一项得到盖茨基金会支持的旨在全球卫生保健领域中实现重大突破的计划。该计划于 2003 年推出，其关注的六大领域为诊断产品、生物标志物、新药、疫苗、营养相关产品及载体。迄今，该基金会已经为全球的 33 个国家的 43 个项目提供了约 4.50 亿美元的支持。

## 三、对国际开放的项目申请程序与资助管理

### （一）申请者资格及其他要求

#### 1. 发展策略

基金会在针对任何一个主题项目做出赞助决定之前，会了解项目的研究对象造成极端不平等的原因。无论这份挑战是低效的非洲农作物生产还是洛杉矶的低毕业率，基金会通过将自己投入到那些造成巨大创伤的问题中从而获得人们很少关注的问题的信息。

当基金会了解一个情况时，会思考是否能用自己的钱或者是能力做出改变，或者是将有能力进行改变的人聚集在一起。基金会只有在确信自己能够做出独立贡献的情况下才会参与。

基金会对于每一个项目领域都要考虑其开销、相关的风险、长期可行性，最重要的是对于人们生活存在的潜在影响。在广泛讨论之后，基于这些重要的项目指标确定一份决策，包括预算、预期结果，还有一个衡量这些计划的短期长期方案。通过比尔和梅林达・盖茨基金会的 CEO Jeff Raikes 来签署决议书。

一旦基金会接受一个决议书，将制定一个执行方案。为了制定这个方案，基金会将自己怎样应用并达到战略目标的方法进行细化。基金会制定了预算后，将确定申请人并制定固定的时间节点和阶段。

#### 2. 做申请

基金会一旦做出一个决策，将考虑如何能够最大可能地对项目进行支持。基金会寻找那些能执行方案计划的伙伴。基金会通常做 3 ～ 5 年的计划并建立正式协议同时做预期结果说明。

基金会大部分的申请是通过中间伙伴——从事这个领域并且提供资金和支持的组织。这让基金会充分利用现有的技术，同时与其他机构建立了广泛的技术联系。

3. 衡量进度

基金会愿意冒着一定风险来确定对自己很重要的事情，同时认识到基金会经历的步骤，或者是申请者所经历的，纵然这些认识不会总是正确。这就是基金会希望申请者能够衡量进度，并阶段性报告结果的原因。

每一年，基金会要求申请者自行进行追踪和报告他们进行工作的领域成果。对内部而言，基金会通过年度更新并计划进程评估那些违背目标的过程。

基金会向往通过一个前进的方式来衡量工作，每 3 ～ 5 年将整理自己总的战略决策，以及延伸到那些基金会核心目标中的系列项目。

这个进程是更加深刻且详尽的，基金会继续更正自己对于可行性结果衡量的方法，包括以下步骤：

（1）基金会雇佣第三方进行评估，评估方能够深度地发掘并能有效率地工作。在一些案例中，基金会评估特定申请；在其他案例中，基金会会回忆整个项目。

（2）基金会让外界的咨询师和专家帮助自己检验成果且提出切实可靠的建议。

（3）基金会要确定自己的一切投资和赞助都是完全按照申请者真正的需求进行的。

基于这个研究，基金会分析是否需要对于每个环节进行改变。对于更多的信息还有基金会怎样衡量及了解合作伙伴及申请人，可以参照可行性衡量指引。

4. 协调策略

衡量过程和影响只有当申请方愿意努力为既定目标奋斗的时候才可进行。一旦基金会搜集好回执，基金会的项目负责人及 CEO 将会决定是否继续这个计划或者是做出相应调整，若有必要，他们会向比尔和梅林达・盖茨基金会要求改变申请。

## （二）申请书主要内容

申请将针对以下四大主题征集创新申请书。

（1）研发新的预防和控制传染性疾病传播方法；

（2）研发新的避孕科技；

（3）研发可诱导和衡量黏膜免疫的新方法；

（4）研发能解决全球重大健康问题的低成本诊断技术。

### （三）申请评议标准、程序、方法

申请采用简单的在线申请流程。申请者只需要提交两页纸的英文申请，不要求提供初步的研究数据资料。基金会方面将与一个独立评估小组共同负责挑选最具创新意义的申请书。评选结果在申请截止日 11 月 2 日后约四个月后公布并发放资金。在获奖的创新方案中，可以取得进一步成功的项目还有机会获得 100 万美元的追加研究资助。申请介绍网址为 http://www.grandchallenges. org/Pages/Default.aspx。

申请主要步骤如下。

（1）阅读申请说明；

（2）阅读对于申请项目的要求；

（3）下载申请表格；

（4）创建账号，注册一个申请主题，提交申请报告。

## 四、中方参与 / 承担项目情况

### （一）艾滋病的防治

总体上中国艾滋病感染率较低，但在某些高危人群中却相对较高。通过广泛开展有效的防治项目，中国极有可能遏制艾滋病的流行。

（1）艾滋病的预防。盖茨基金会承诺投入 5 000 万美元，和中国政府及非政府组织合作，在高危人群中开展预防艾滋病工作。高危人群包括静脉吸毒者、性工作者及男男同性恋人群等。该项目还将为艾滋病的病毒感染者和病人提供更多咨询、检测、关怀和支持等方面的服务，并致力于减轻社会对他们的歧视。

（2）艾滋病研究。盖茨基金会还会支持预防艾滋病的研究，如开发有效的疫苗等。基金会为中国提供艾滋病防治研究的资助，包括向北京大学提供 700 万美元的研究经费资助。

### （二）农业研发

基金会正在中国积极地寻求合作伙伴，以帮助非洲国家的农业发展，特别是提高小面积耕地的单位产量。基金会认为中国是能够提供农业技术及发展援助的重要资源，并希望借鉴中国过去 30 年中改善农民生活的成功经验，促进非洲发展。2008 年，基金会投入 1 800 万美元用于支持中国农业科学院开发可在艰苦环境下成功生长的新品种水稻。

### （三）结核病的防治

中国的结核病患者数量占全世界结核病患者总数的约 14%，其中耐药性结核病患者约占世界总数的 22%。然而，中国开展大规模公共卫生干预的能力和政治承诺的日益加强和当前日新月异的科技进步，都为中国全面控制结核病带来机遇。

中国卫生部和世界卫生组织于 2009 年 4 月 1 至 3 日在北京举行了耐药结核病高负担国家部长级会议。包括中国在内的 27 个全球耐药结核病高负担国家的政府领导共同参加了会议。中国副总理李克强、世界卫生组织总干事陈冯富珍和盖茨基金会联席主席比尔 · 盖茨在大会上作了发言。这个会议强调了全球结核病控制和对病人关爱。

2009 年 4 月 1 日，盖茨基金会宣布与中国卫生部建立起伙伴关系，此次合作目的在于中国通过验证应用创新的工具及卫生服务提供方式来加强结核病控制的新模式，通过运用最新的结核病防治技术，加强结核病的诊断及治疗，进而加强中国国家结核病的防治规划。项目为期五年，从 2009 年 4 月 1 日开始，至 2014 年 3 月 31 日结束。基金会在五年内（2009 ～ 2014 年）为中国提供了 3 300 万美元的资助。合作项目的前两年半为开发阶段，通过在局部地区试点，来检验新工具和创新的卫生服务提供方式可行性和有效性；后两年半为示范阶段，优选开发阶段中最有效的创新方法，并将其整合为新结核病防治模式，同时在 20 个地市中逐步进行推广。卫生部委托中国疾病预防控制中心作为项目的主要执行单位。

中国疾病预防控制中心在 2009 年 4 月成立了项目管理办公室。通过公开招聘，中国疾病预防控制中心聘用一个项目主管、一个项目副主管和三个项目官员负责项目管理工作。

2009 年 5 月卫生部成立项目管理委员会，并在 2009 年 5 月 12 日召开项目管理委员会第一次会议，并在会上通过了项目管理手册和项目实施计划。

中盖结核病项目在 2009 年 7 月 13 日召开项目启动会。包括黑龙江、内蒙古、河南、湖南、重庆和江苏在内的 6 个项目省的代表参加了会议。会上，中国疾病预防控制中心与 6 个项目省签署了项目的委托协议。2009 年 8 月中国疾病预防控制中心与国家药监局及国家结核病参比实验室就结核病药物固定剂量符合制剂质量控制子项目和新诊断工具子项目签署了委托协议。

2009年8月全部6个项目省成立了省级项目管理的办公室，中国疾病预防控制中心在2009年8月20日和25日将项目经费拨付项目省。

目前6个项目省4个地市、18个县区参与到项目的试点实施，这些试点包括新诊断工具测试、新的结核病人管理方法试点及医院——疾病控制中心系统合作治疗管理结核病人的试点等。

### （四）烟草控制

与烟草有关的疾病已成为世界最大的健康挑战之一。幸运的是，目前已经证明了有许多政策和规划对控烟相当得有效。盖茨基金会承诺协助中国在控烟及应对吸烟对健康产生的消极影响等方面做出努力。

（1）中国医疗烟草项目。基金会为美国中华医学基金会提供1 000万美元的资金，用于从经济学角度研究并测试可以影响医疗行业从业人员戒烟的模型。该项目同时还希望加强中国医学院校中的控烟工作。

（2）全球烟草科技支持协议。基金会还通过了全球烟草技术支持协会为美国艾默利大学提供了1 400万美元的资金，用于支持其与中国的30个城市建立合作伙伴关系，从而共同研发有效的烟草控制措施和政策。

### （五）“探索大挑战”

盖茨基金会于2008年推出了另外一项全球性计划：“探索大挑战”（Grand Challenges Explorations，GCE），这是盖茨基金会对全球健康大挑战（Grand Challenges in Global Health）计划承诺的一个重要拓展。基金会计划五年内投入1亿美元，开发旨在改善全球健康状况的大胆而又富于创新的计划。世界各国参与申请的科学家都将有机会获得针对每份申请100 000美元科研资助。探索资助金每年将轮流进行两轮申请和授予，每个投资周期都将解决几个专门的主题领域。首轮资助截止时间是2008年5月，第二轮资助截止时间是2008年11月，第三轮资助截止时间是2009年5月。申请操作指南在网站http://www.gcgh.org上公布。盖茨基金会连同一个独立的评审小组将对计划书进行筛选，并找出最具创新性的申请，在计划书递交截止日期后的4个月内将做出是否给予申请者资助的决定。获得资助的项目可得到首轮10万美元的经费，如果项目在首轮资助后有更新的进展并得到认定，将有可能获得100万美元或者更多的资助。

在申请盖茨基金会GCE项目时应注意以下几点：首先，GCE采用一种灵活且快速的新资助流程，这与盖茨基金会通常的资助流程存在着显著不同。申请书只需包含两页的内容，并不要求提供先期研究的内容。其次，撰写申请书时一定要领会 GCE 的理念：观点要大胆、新颖，富有创新性。在首批 104 个获资助项目中，仅有 2 个项目来自中国，而中国科学家的申请书总数为 117 份。对于中国的落选项目而言，创新性不强是最主要原因。

### 五、联系方式

参见网址：www.gatesfoundation.org。

## 第五节 丰田基金会

### 一、丰田基金会的概况

#### （一）丰田基金会发展现状

自 1974 年建立以来，丰田基金会（The Toyota Foundation）为人类和自然环境、社会福利、教育及文化提供了一个广泛的研究领域和项目资助。基金会的目标是贡献社会，建立以人为本的社会，以及给人类带来更多的快乐。

近年来，丰田基金会所处的社会环境和条件已发生了巨大的变化，基金会都积极去面对。丰田基金会的目标是对社会运行保持仔细的观察，对为服务于公众福利和社会发展有潜力的事业进行鼓励。丰田基金会坚定地相信基金会在当前所扮演的角色和当初建立的时候是一致的。

丰田基金会最近迎来了和公共利益相联系的新开始。当在新的未来迈开坚定步伐时，丰田基金会作为一个私人慈善基金会保持着早期为服务精神驱动的心。

#### （二）丰田基金会资助理念

为鼓励社会和有相近联系人们的参与，丰田基金会的目标包括以下方面，来帮助人们创造新的联系，建设安全可靠且互帮互助的社会。

1. 鼓励双边的支持和合作

丰田基金会在实现社会中每一个人活得有尊严和希望这一目标而努力投入自己的热情。这个原因使基金会为那些在社会发展中承认多重价值观并存的努力提供援助，这样将集中多个国家、地区的力量，同时鼓励人们在日常生活中保持密切联系。特别是，丰田基金会支持那些为下一代及未来社会负责的先驱活动组织。

2. 形成新的社会团体

随着人们的生活环境发生迅速而巨大的变化，社会和团体的形成有了新的系统和方法。丰田基金会相信维持社会良好运行的责任不应该仅仅在国家政府层面上，地区和私人机构也该扮演重要的角色。同时，这些组织应该联合起来分担创造新关联来支撑未来社会的工作压力。最后，丰田基金会表示将支持那些活跃的、有雄心壮志的地区性私人机构。

3. 美好未来的挑战

今天全球化的浪潮已经为世界带来了环境污染和其他问题，威胁到了全球范围内人们的安全和生存，这些挑战不仅仅在于特定的地区和国家，而是针对全球整体的。丰田基金会应该投入正面积极的努力来处理即将面对的问题，致力于人们生活活动的丰富和建立一个更好的未来。

4. 文化的转变和创造

从古代开始，人们就设法与自然和谐共处。人与自然的关系在全世界范围内引起了全球文化的多样性、适应性和创新性，使得人们在和平稳定的环境中生活。丰田基金会支持那些努力传递和发展世界文化的行为，致力于创造美好的未来。

为了上述的目标，丰田基金会在自己的赞助项目里提供了积极的支持，不仅仅是解决那些当前已经很突出的问题，还应带有创新思维，用新视野来获取未来变化的第一手信息，通过政策驱动的努力来改善当前社会的运行。利用作为一个私人独立基金会的优势，丰田基金会将更努力地通过前沿的资助性的项目去完成自己的目标。

## 二、资助情况

### （一）丰田基金会资助宗旨、资助重点

丰田基金会的目标是建立更好的未来。丰田基金会用基于全球范围的视野来支持那些为社会带来长远利益的事业。基金会通过广泛的领域结合世界需求、人与自然环境、社会福利、教育和文化来确定工作重心，从而为相关研究项目和事业提供资助。丰田基金会的目标是通过资助与人类、自然环境、社会福利、

教育和文化等相关的研究和项目来为建成以人为本的社会做出贡献。

丰田基金会以全球视野来看待事件，因为它支持着和全社会利益相关的项目。它的项目将针对于当前的几个问题：社会福利、人类和自然环境、教育和文化。获得资助的研究和项目将会是和这些问题密切相关的。丰田汽车有限公司、丰田汽车销售公司将联合为基金会做原始捐助。丰田基金会的建立者希望基金会能够努力达到既定的目标，在满足当前社会需求上扮演一个重要的角色。

### （二）丰田基金会的资助类型

丰田基金会将致力于资助以下的项目。

（1）为那些符合基金会价值利益的项目提供资助；

（2）为那些与人类和自然环境、教育和文化，以及其他领域的研究提供资助；

（3）为那些与人和自然环境、社会福利、教育和文化、年轻人的完善培养及其他项目提供资助；

（4）为那些与交通安全相关的研究和项目提供资助；

（5）为外国，尤其是发展中国家，和上述前三点研究内容相一致的项目提供资助。

## 三、对国际开放的项目申请程序与资助管理

项目申请程序如下。

（1）申请者的选择。关于受资助者的最后决定将会通过基金会指导者级别的会议，经过评委会委员的深思熟虑做出，然后告诉申请者最终结果。

（2）申请的执行。丰田基金会和项目执行人将交换备忘录，根据备忘录来执行申请项目。项目资助期间，负责人将提交一份进度报告和财务报告，最终提交一份记过报告及其他相关文件。

（3）对于国籍和所在单位。项目要么在亚洲的多个国家里执行，要么在除日本之外的地方一个国家内执行。那些由不同背景的参与者联合起来举办的项目是特别受欢迎的。

（4）获得“申请者信息”和“申请表”。申请者首先下载并且阅读“申请者须知”，然后在网上提交一份申请。如果要更多的细节，请参阅“申请者的信息”“互联网应用上的信息”和“对于互联网应用的指引”。

把申请请求用明信片或者传真寄到丰田基金会并标明项目的名字，注明这份申请表具体寄给谁，以及你是否需要日语或者英语版本。随着申请截止日期

的临近，丰田基金会的网络将会很繁忙，这可能会阻碍上传申请。如果不能在截止日期前上传申请，可以通过邮件提交申请。无论是按照丰田基金会网站上的说明来提交申请还是通过邮件申请，只能提交一份申请表，除申请表外，不要附加其他文件。在选拔过程中需要复印申请表，所以请不要在表格上装订或粘贴其他的东西。如果申请者打算将申请内容打印在表格上，请将表格完全复制下来后，发给丰田基金会。申请表右上角的“申请号”是丰田基金会用的，基金会将在 6 月之前把申请号以邮件的形式发给申请者。

申请表一旦提交，将不能被替换或更新。提交的申请表不再送还。如果发现申请中的陈述是不真实的或误解的，基金会将拒绝这份申请。即使已经批准了的申请书，也可能被取消资助。丰田基金会将不回答关于项目申请批准或拒绝的原因的问题。

### 四、“丰田助学基金”项目

“丰田助学基金”项目始于 2006 年 3 月份，由日本丰田汽车公司向宋庆龄基金会捐赠 2 000 万元人民币而设立，旨在帮助中国中西部地区家境清寒、品学兼优的青年接受良好的高等教育并获得更多的成长机会，继而实现梦想、回报社会。该项目在 2006 ～ 2014 年期间面向中西部地区 20 所高校，资助 1 000 名大学生完成了学业。从 2008 年起，每年还特别针对 5.12 地震灾区学生增加 20 个资助名额。迄今，“丰田助学基金”项目已资助 840 名家庭经济困难的大学生。

## 第六节　惠普基金会

### 一、惠普基金会概况

惠普基金会对于六个核心方案领域进行赠款，其中包括教育、表演艺术、环境、全球发展、慈善事业和人口问题。此外，该基金会也将捐赠并支持在海湾地区的弱势群体。该基金会的相关资金仅能被用在慈善用途上。该基金会的资金组织在已经授权并且确认的领域中，根据具体目标和相关项目方案概述的战略颁发资金。几乎所有资金是由基金会颁发给已经获得鉴定的机构。

## 二、资助情况

### （一）惠普基金会的宣言

作为一个坚信慈善事业战略价值重要性的基金会，惠普基金会不断评估自我的工作情况，同步反映着基金会正在学习或学习到的内容。基金会也希望确保自己能够尽可能多地分享已学习到的东西。

### （二）惠普基金会资助方式

1. 对于教育计划中的资金援助寻求者

如果申请组织对这一项资助申请有兴趣，基金会会要求申请者在提交一份询问信前先阅读一下项目计划的主页和相关的战略计划。

这次审查后，如果申请者觉得自己的项目和与基金会的目标和战略保持一致，将被邀请提交一份概要的关于调查处理或者基金会的开放式教育资源策略项目选择的任务书。申请者可以在本年中的任何时间提交这一份任务书，对于这个基金会没设定截止日期。虽然惠普基金会接受询问的相关信件，但是对于基金会的资助将会是有竞争的，而且这个过程具有相当的挑战性。毕竟基金会可以提供的资金是非常有限的，然而每年的询问信有着相当大的数量。基金会大多数的赠款会颁发给受到邀请的组织。由于基金会收到的任务提交文档数量实在太多，对于每一份查询函不可能以电话或电子邮件进行回复，除非已经得到了基金会明确的邀请。请只使用根据基金会制定的具体准则填写咨询函，而不要提交一份完整的建议，因为这样也不会被基金会审查和考虑。申请者将在30天之内收到基金会的答复。

2. 对于环境项目计划中的资金援助寻求者

所有组织在有兴趣和意向提交对于环境项目的自助申请时应该非常认真地阅读环境项目的主页及相关的保护准则，还有相关能源和气候概况，以及社区服务概览页面。

在审查了有关环境项目的信息后，如果申请者觉得自己的项目和基金会的相关指引或组织吻合，将会被邀请提交一份关于调查西部生态、能源和气候或海湾地区的咨询信。需使用指定形式的咨询函，在没有得到邀请和授权之前请不要提交整个任务书。不请自来的任务书也不会被采纳。对于艺术团体组织和艺术家个人的表演艺术资源的表演艺术资助项目在当前形势情况下不接受自我推荐的询问函。为了达到使广泛的组织和艺术家加入到基金会项目中来的目的，基金会会与重新进行认证的中介伙伴进行长期接触。如需了解更多的信息和资源及相关的机会，请查阅相关官方网站。

## 三、对国际开放的项目申请程序与资助管理

### （一）申请者资格及其他要求，以及申报起止时间

基金会会收到一些有限制的特定地区的未经过调查并且不请自来的询问信函来寻求资金支持。基金会仅会在非常特殊的情况下会对这些不请自来的询问函进行审核并且给予赠款资金。对于捐助的申请书没有限制最后期限。对申请项目资金感兴趣的组织应公布整个申请流程。基金会鼓励申请者任何时候提交相关的在线询问函。对于收到的意见书，通过邮寄、传真或电子邮件回复需要较长时间处理，由于信函较多，基金会不能保证会对每一封信函都回复。

### （二）申请评议标准、程序、方法

1. 确定项目申请的合格与否

先阅读惠普基金会网站上关于基金会资助项目申请的相关信息、目的及资助策略和位置的限制。只有以下的项目接受未经邀请的咨询函：艺术表现、慈善事业、全球发展、人口问题，特殊的项目在当前不接受未经邀请的申请。

在申请前，请浏览最近获得申请资助奖励的案例，以更全面地了解惠普基金会当前关注资助的领域是否和自己申请的领域相吻合。此外，惠普基金会的资金只用在和慈善领域相契合的目的上面。还没有受到资助的项目要在对应的官方网站上面提供一个对于资助项目和优势的解释。

2. 申请一个受资助的项目

当认真阅读相关信息之后，如果觉得自己的组织还有项目和基金会的资助重点领域非常的契合，申请者可以通过完成咨询函的方式来进行申请，这是向惠普基金会提出资金资助要求的第一步。在提交申请前申请人没有必要和惠普基金会的工作人员进行交流。如果在提交申请前已经和惠普基金会的员工讨论过相关申请的内容，请在申请书里面注明。

## 四、中方参与情况

2010 年 7 月 29 日，惠普公司宣布与半边天基金会达成合作，为半边天基金会提供一套多媒体教育系统，服务其所支持的位于全国的 45 所福利院。该多媒体教育系统配备了数百台惠普笔记本电脑、工作站、台式机、打印机等 IT 基础设施，将帮助半边天基金会的青少年接受现代化教育、培训，并进一步通过

先进的技术掌握职业技能，最终帮助他们成功走向工作岗位，融入到社会大家庭中。

## 五、联系方式

参见网址：http://www.hewlett.org/。

# 第七节　梅隆基金会

## 一、梅隆基金会的概况

梅隆基金会（Mellon Foundation）成立于1969年6月30日，是通过两个已经存在的基金会（Avalon基金会和Old Dominion基金会）合并，在纽约州法律认可下成立的公益性组织。Avalon基金会是由老梅隆的女儿在1940年建立的。Old Dominion基金会是由老梅隆的儿子Paul Mellon在1941年建立的。当这两个基金会步入了正轨时，他们合并更名为梅隆基金会来纪念他们的父亲。在1969年年末，基金会的总资产为2.2亿美元。在2009年年末，基金会总资产达到了50亿美元，同时，每年的授予量保持在1.995亿美元。

## 二、梅隆基金会的资助范围

### （一）研究型大学和人本奖学金

基金会支持一大批人本社会科学、基础研究性大学，同时也支持部分高等学习研究、独立研究的图书馆。在这方面特别应注意的领域包括博士、博士后教育及关于学科研究的项目。有时基金会会有一些承诺性研究。

### （二）自由艺术大学项目

近年来，自由艺术大学项目已经建立了两个非营利组织来服务于高等教育机构。名誉退休协会的退休健康解决方案使得合作机构为他们的员工通过优于税收的办法来在他们工作的时候积累资产以帮助支付退休之后的医疗开销。

国家科技协会艺术教育部帮助艺术教育学院和大学用科技战略性、合作性的方法来提高学科间的学习互补。

### （三）项目类型

在自由艺术学院项目中，申请将会归类为以下四个基本的项目：艺术学院区域计划、职工事业扩展计划、课程发展和教育有效性。

### （四）梅隆基金会的本科生奖学金计划

对于会员的选拔是基于个人对于学术志愿的价值承诺、理想和梅隆设计的学业体制中的学术领域追求及对于梅隆基金会目标的委托。从每个校园中将选拔 5 个有希望的中年级学生，最终有 25 名学生进入联合国儿童基金会（United Nations Children’s Fund，UNCF）协会的学校。截止到 2009 年 9 月梅隆基金会项目有 3 200 名参与的学生，超过 290 名获得了博士学位，550 名正在深造。每年获得博士学位的参与者持续增加。

## 三、对国际开放的项目申请程序与资助管理

### （一）申请注意事项

有希望的申请者会被鼓励不要提交一份很详细的申请书，而是需要在开始的时候发一份简短的询问信来说明自己的需要，包括美国国家税务局的分类证明。申请询问应该通过手写或者电邮，寄到合适的项目领域负责人那里，项目分类及负责人研究领域会在基金会网站申请项目部分有所说明。梅隆基金会希望申请者不要在同一项目领域提交重复的申请。基金会不会针对个人进行处理，因此个人的申请书不会被受理。申请者组织完成的项目中设计知识产权的部分将会归为基金会的知识产权。在写申请前，申请者需重温一下在官方网站申请查询栏中基金会对于自主申请的要求。

### （二）学者交流

因为基金会很少回复个人的请求，有希望在学习交流和信息科技项目中获得资助的申请者被鼓励同项目负责人用邮件非正式地探讨他们的想法，在提交正式申请之前描述他们的资助需求。基金会项目要求符合的申请是受基金会欢迎的，在任何时候都会得到受理。

## 四、梅隆基金会的资助重点

梅隆基金会的资助当前主要针对于以下五个核心领域：学术通信和信息技术、博物馆和艺术保护、高等教育和奖学金、表演艺术、环境保护。

梅隆基金会的资助原则是建立、增强和支持那些扩大核心能力的机构，而

非只是一些狭义的项目上的资金来源。梅隆基金会和受资助者发展着有思想的、长期的合作，包括为需要延长时限提供足够的资金，支持它们达到目标并且取得有意义的成果。

在每一个核心项目中，基金会将自己的捐助拨款集中在核心领域。组织和项目中能够接受支持的往往是活动中的领军人物，不过也有一部分慎重承诺的新来者，或者是在用新思路克服障碍、达到目标的人。

目前，数字艺术馆已完成了硬件建设，下一步将收集、整理世界艺术数字化资料，按照中国的要求对其进行编辑，通过现场播映、电子出版物、信息查询、宽带网络传播等多种方式为观众和研究者服务。美国文教类基金会梅隆基金会对数字艺术馆的建设给予了强有力的帮助，将为世界艺术馆提供一套专门用于世界艺术教学的数字图像库。另外，依托网络资源进行的艺术传播与实物展览同步推出网上展览以吸引大量的网上观众也是将来探索的方向之一。

### 五、联系方式

参见网址：http://www.mellon.org/。

## 第八节 国际商业机器公司基金会

### 一、国际商业机器公司基金会的概况

国际商业机器公司（International Business Machines Corporation，IBM）作为一个负责任的社会团体，为全世界范围内的非营利组织贡献了科技、人才和资金。国际商业机器公司 IBM 基金会的事业是为了帮助人们变得更加优秀，帮助未来的领袖有能力提高他们自己和周边的团体的生活质量而完成智慧地球的长远规划。

IBM 基金会将全力和公共非营利组织进行合作来对那些特殊问题设计科技解决方案。这种长期的、战略性的合作要求申请组织对 IBM 基金会进行郑重严肃的承诺：超越商业利益，建立清晰的目标，以及致力于有价值的研究方向。IBM 将为最核心的社会问题做贡献，将员工的才智和专长、基金会的技术都发

挥出来；同时，努力强调科技的重要性，将其作为一个处理重要问题的工具，如教育、健康、区域经济发展、文字及环境等问题。这一个长期的战略性的投资将会帮助全世界的各个区域来找准他们所重视的方向，使 IBM 的员工更加全面和有效地完成这些合作的使命。

## 二、资助情况

### （一）IBM 基金会的资助范围

IBM 的合作项目宗旨为帮助建立一个更加智慧的星球。其资助范围包括以下几方面。

（1）环境。通过那些包含科技和创新的努力，IBM 被认作是为下一代人帮助保护星球的领袖。

（2）教育。IBM 意识到了教育的力量和重要性。通过重振教育的计划，如 IBM 早教项目和 IBM 智慧地球项目，IBM 在努力为培养学生做贡献，扩大学术产出，支持全球范围内那些奋斗着的组织。

（3）帮助需要的团体。无论 IBM 在全世界哪里出现，都会形成一个帮助当地发展的非营利性联络机构。IBM 基金会会尽全力利用当前最新最好的科技来为需要的组织提供服务和帮助。

（4）成人训练和工作能力培养。科技再教育和工作训练项目对于成人是一个强有力的工具，该项目帮助拓宽机会，加强了对于需要新技能的成人应聘项目的可行性，也能帮助刺激产生真正工作的条件，使得教育和技能更加有效，为人们重新获得或者寻找到理想中的工作提供支持。

（5）雇员鼓励。IBM 雇员团队支持他们居住和工作地区的组织来组建团队，帮助本区域的雇员成为地区项目的志愿者。

### （二）IBM 基金会的资助重点

IBM 基金会利用 IBM 的世界网络社区，利用网络计算技术来协调帮助那些空闲计算机的巨大能量来进行核心研究项目的特殊计算，如生物领域、环境领域和健康领域。当前的项目包括帮助清洁能源、抗击儿童期癌症、营养大米计划。

自从 2003 年记录以来，超过 14 万雇员和退休员工已经注册执行了超过 1 000 万小时的全球志愿活动。在成功的科技解决方案下，IBM 独立为学校和社区机构开发有必要的工具装备进行志愿活动。这些基于网络的工具为志愿者提供了无数的有意义的志愿机会，资源和特定的活动会帮助他们更加有效率地为非营利组织提供有价值的帮助。IBM 基金会合作团队的服务项目每年都会选拔具有很大潜力的员工去特定的地区和政府、非盈利的机构等进行一些当地的核心项目。团队在加纳、坦桑尼亚、罗马尼亚、菲律宾和越南的水质量、灾害防治的项目管理上进行着完整的项目。

## （三）IBM 基金会与中国教育事业的合作

1. 课程体系建设

在教育部的指导下，根据合作伙伴高校的具体情况和需求，IBM 基金会大学合作部向高校提供 IBM 基金会先进的计算机软硬件产品和丰富的技术资源，帮助学校将这些资源整合到其课程体系中，进一步充实和完善已有的课程。合作领域重点在计算机科学、电子商务、软件工程、大型主机技术、开放系统等方面。现与 IBM 基金会签订合作协议的高校都与 IBM 基金会在课程体系建设方面开展了相应的合作，合作课程包括信息 / 数据管理、面向对象技术、应用开发 / 集成及中间件技术、信息技术基础架构管理、软件工程、群件技术与知识管理、大型主机系统管理和开发、项目管理、电子商务、操作系统、开放标准和开源软件等。在课程内容方面，许多高校在已有课程的基础上，采用 IBM 基金会原版培训教材加强实践训练课程，提高学生的动手能力，帮助学生掌握业界主流软件开发方法和工具。2005 年，IBM 在中国提出建立“服务科学学科”的倡议。这个新的学科把计算机科学、商务战略、管理科学、运筹学、产业工程、社会和认知科学及法律科学相结合，发展以服务为主导的经济所要求的技能。

2. 课程技术认证

为适应市场对应用型人才的需求，IBM 引入全球专业技术认证，使在校学生可以进一步提高专业知识水平和实践技能。IBM 全球专业技术认证是企业级的专业技术认证，有着完整、科学的培训认证体系，在业界有较高的权威性和认可度。IBM 为高校师生参加专业技术认证提供了强有力的资金资助和技术支持，并通过 IBM 学院计划为所有获得 IBM 专业技术认证的学生建立了一个人才数据库。IBM 及其合作伙伴和客户可从该数据库中挑选人才。

3. 师资培训示教

为支持和帮助高校合作伙伴的师资队伍建设，根据当今业界的热门技术和各高校的具体要求，IBM 定期组织业界先进技术的师资培训班和讨论班，或应高校的要求组织专题师资培训班。培训内容覆盖了面向对象技术、网络工程技术、电子商务技术基础、Web 服务技术、数据管理技术、电子商务技术和解决方案设计、Linux 系统管理、群件技术、无线计算技术、JAVA/J2EE 应用开发、商业智能、软件测试技术、服务器和操作系统、大型主机体系结构、大型主机系统管理和应用开发、软件开发流程、软件工程方法和工具、项目管理和服务科学等。IBM 为高校合作伙伴承担师资培训班和研习讨论班的学费、教材费、实验费等合理费用。培训期间的讲义、课件和相关软件也无偿提供给参训教师，用于他们的教学和科研。

4. 教学平台共建

IBM 通过与高校合作伙伴进行教学平台共建，不断改善高校的教学和科研条件，具体合作包括软件和硬件两方面。

首先在软件方面，2002 年，IBM 在全球范围内推出了“国际商业机器公司学院计划”（http://www.ibm.com/university），高校合作伙伴教师可在线下载或免费邮订 IBM 2 000 多种企业级软件，用于科研、开发、教学、竞赛等非商业性活动，同时还可将免费获取的 IBM 软件产品分发给学生，供其做实验、研究平台和项目开发之用。

其次在硬件方面，IBM 通过一系列设备捐赠和免费租赁完善专用实验室硬件环境的建设并通过“共享大学研究资助项目”向高校捐赠高端服务器，开展联合研究项目。

5. 学者交流访问

资助引进专家讲学和访问学者赴海外学术交流是进行师资培训的途径之一。IBM 通过各类学者交流访问项目，推荐合作伙伴高校的优秀教师到 IBM 研究机构，或作为访问学者到国内外著名高校的研究部门进行短期或中期的学术访问和交流。此外，IBM 还为教师参加各类国际和国内学术会议提供机会。2005 年，为了进一步支持高校的学科建设和人才培养，IBM 特别启动 IBM 中国研究中心和 IBM 中国开发中心访问学者项目，每年分别邀请 6 ～ 10 位合作高校教师在两中心从事研究和开发工作，并提供相关津贴。

6. 精品课程共建

为了使更为广大的中国高校从“国际商业机器公司远程教育开发基金”中受益，IBM 于 2006 年开始与教育部合作实施“教育部 - 国际商业机器公司精品课程”建设项目。开发出的精品课程和远程课件将对大学的教学模式、教学方法与计划、质量保障体系、教学管理制度、技术路线进行探索和实践；推动大学积极使用教育资源库的素材，建设精品课程，开展多媒体教学，促进大学教育技术的发展；推动大学提高信息技术类课程教学质量，进一步促进课程建设和教学改革。“教育部－国际商业机器公司精品课程”在五年内均要免费向所有高校开放共享。开发出的“教育部－国际商业机器公司精品课程”将会统一做成光盘，分发给IBM合作伙伴高校使用。IBM还鼓励将开发出的“教育部——国际商业机器公司精品课程”上传到学校的网络上供同学学习。

7. 奖学奖教奖研

为了奖励对中国高校计算机技术教育事业做出贡献的优秀教师和学生，促进其教学科研成果在中国的推广与应用，1998年IBM与中国教育部所属国家留学基金管理委员会就设立“国际商业机器公司优秀教师奖教奖研金”和“国际商业机器公司中国优秀学生奖学金”签订了合作协议。在国家留学基金管理委员会的积极组织与领导下，奖学金、教奖研金的评选工作开展顺利。这些优秀学生及教师必将对中国信息科学技术的发展及中国信息现代化的早日实现起到重要作用。

8. 校园科技活动

为帮助高校合作伙伴的师生更好地了解业界动态，IBM定期组织高级经理和资深技术专家到高校做讲座，或应高校的要求，选派各类有丰富经验的工程师在高校举办系列技术讲座。讲座内容涉及IT发展趋势、软件开发、项目管理、行业动态、企业文化、职业生涯规划等。此外，应各高校的要求，IBM还邀请公司专家作为合作高校的客座教授。同时，为了让在校生第一时间接触先进技术并掌握实用技能，IBM定期举办各类不同规模的校园竞赛。

9. 申请注意事项

申请者允许提出特定的符合IBM价值观和兴趣的项目，但是在IBM资助的项目中，自己提出的项目数量具有压倒性的优势，纵然是申请者自己提出的，也得是依托于一个组织。IBM不鼓励那些个人的提案和申请。

10. 申请资格

合作活动的基本工作点在于对特定社会问题的持续性关注，如教育、健康、文艺、环境、社区经济发展、语言和文化。IBM基金会利用IBM最有价值的资源、IBM的科技和智慧在这些地区创造有价值的项目来帮助全球范围内的组织。

IBM不资助有以下情况的组织：那些拥护、提出或者有实际活动不符国际IBM非歧视政策的组织，无论是基于种族、性别、性取向、国籍、肤色、信仰、残疾或年龄。

11. IBM与中国高校合作情况

“2008中国第二届杰出数据库工程师评选活动颁奖典礼”于2009年2月23

日在北京成功举行。历经 9 个多月的激烈角逐，最终，来自北大方正软件学院的团队夺得了高校组的冠军；北京邮电大学的团队和哈尔滨工业大学的团队分获亚、季军。

IBM 主机大学合作项目 2009 年度工作会议在华中科技大学成功召开。来自 13 所伙伴高校和 IBM 的 24 位主管领导、经理和老师总结和回顾了 2008 年合作项目所取得的进展和成绩，听取了 IBM 在主机业务上的战略考虑和发展趋势，以及目前主机技术领域的最新动态与应用方式，为 2009 年合作项目的工作重点和方向制订工作计划。

IBM 院士、Almaden 研究院副总裁郑妙勤女士来到复旦大学，与计算机学院的院领导和老师分享了“智慧的地球”这一创新理念，并为近 200 多名同学带来题为“Smarter Planet Empowering People through Information（Integration）”的大师讲座。

为了进一步配合广大中国高校进行优秀人才培养，IBM 大学合作部协同 IBM 中国开发中心和人力资源部等部门推出“蓝色之桥”（Blue Bridge）计划。4 月 23 日，该计划首先在北京邮电大学启动。

3 月 30 日，南京邮电大学——IBM 高校合作项目签约暨“南京邮电大学 - 国际商业机器公司技术中心”揭牌仪式于南京邮电大学仙林校区举行。南京邮电大学副校长刘陈教授、副校长叶美兰教授、计算机学院院长杨庚教授、党委副书记李其芳教授等高校领导，以及 IBM 中国大学合作部经理李晶晖女士、IBM 大学合作部项目经理周恩昌先生出席了此次签约揭牌仪式。双方宣布南京邮电大学 - 国际商业机器公司高校合作项目正式启动。

# 第九节　通用基金会

## 一、通用基金会的概况

### （一）GE 的资助范围

通用基金会（GE Foundation）为那些解决世界上最困难问题的项目提供赞助和投资。和合作伙伴一起，GE 继续支持美国，以及关注国际教育、全球健康、环境问题的发展、人权、公共政策、减轻灾难等方面的全球范围内的组织。

### （二）GE的历史发展

GE是一个建立于1953年，以科学、慈善、文艺和教育为目的的非营利性机构。

在20世纪50年代，GE的支持者包括United Negro College基金的申请者、美国红十字协会或者是更高等的教育机构，如约翰霍普金斯和麻省理工大学。GE初始的项目着手于支持会计教育、电气工程和物理的现代化。1954年，GE创立了Corporate Alumni项目，第一个为大学的合作匹配计划，随着时间的推移而改变了企业捐赠，并授权员工和公司组队参加，充分利用其高等教育捐款。

在20世纪60年代，在美国社会中的一段动荡时期，GE对于支持少数民族还有城市问题解决方案做出了努力。在60年代末，GE将自己的每一分钱都花到了提升教育质量的目的上。

在20世纪70年代，GE支持那些使大学变得更有效率的项目，包括强调社会需求和课程设计。GE主席Reginald Jones引导全民的努力来支持少数重要项目工程，GE协助成立了全国少数民族行动工程委员会。

在20世纪80年代，GE在那些至今都还存在着影响力的项目上迈出了关键的一步。GE开始支持当地United Way运动，创造了“越多的礼物，越多的奉献者”计划，这是其第一次在美国之外的资助，包括中国、巴西和墨西哥之类的国家。GE也开始自己“大学绑定”的签名，这是一个来鼓励内陆高中生接受高等教育的项目。

在20世纪90年代，GE重申它的任务是实现“一个有预见性，创新发展，有良好项目控制流程，以及提供努力机会的慈善组织”。GE加速在美国之外的工作，帮助学生获得高等教育机会，发动了一个新的环境管理员项目来援助环境教育和保护自然资源和环境。

在21世纪，GE继续保持它追求全球影响的风格。这个组织对于教育项目发展了“教育在未来”——一个正式的“大学绑定”项目，这些项目已经扩展到几乎1.5亿资金的投入，并于2002年创建了一个美国国会大厦论坛。此外，GE和更广阔的GE大家庭在应对如Katrina飓风和印度尼西亚台风的自然灾害上已经扮演了重要的角色。GE也代表GE为“9·11事件”捐助了1 000万美元给Twin Towers基金会。

## 二、GE 的资助重点

GE 的资助重点是那些以提高基础教育质量和获得高等教育机会为目的的项目。其主要资助类型为那些专注于提高对于女孩、孤儿和非洲其他组织的基础教育质量的项目。GE 支持那些以训练为目的，提高技能培训保证持续性基础设施建设的项目。

## 三、对国际开放的项目申请程序与资助管理

### （一）申请注意事项

申请是针对那些已经获得 GE 邀请，并被要求提交申请书的组织，还有那些已经获得资助并且正在努力进行工作的 GE 赞助的项目的组织。

如果你还没有获得邀请来提交一个申请书或者当前没有接收到赞助，请阅读 GE 合作者要求的网站信息，GE 不鼓励主动提供申请资料。

### （二）申请者的要求

1. 公众性

当在报社或者杂志公布申请，或者在申请上附上 GE 标志时，这些行为将会遵照 GE 的多媒体交流协议进行。

2. 影响性报告

影响性报告必须通过 GE 的在线申请系统提交。申请者的影响性报告如果可行，将会得到 GE 的邮件确认。

3. 预算改变

（1）指出那些赞助资金上有变动的条目；

（2）指出还需要了解到的预算变化、需要得到这份资料的个人及相关格式要求；

（3）在任何一个单项预算条目中提升或者减少超过 15% 将会要求获得项目经理的同意。通过电邮将申请事宜告诉项目经理，描述以下内容：需要提升预算的项目，以及需要提升多少预算；指出那些需要减少预算的活动及其影响计划中的用处和增加资金的合理性。

4. 赞助延伸项目

如果想要求延长资助周期，通过电子邮件向项目经理发送请求，包括以下几个方面。

（1）在初始截止期资金没有花出去的原因；

（2）结余将会被应用到的预算和项目；

（3）指出还需要了解到的预算变化、需要得到这份资料的个人，以及相关格式要求；

（4）在初始资助周期里资助金额剩余的数量；

（5）新的截止日期申请。

## 四、GE 科技创新奖

GE 科技创新奖由 GE 与国际教育协会共同开展，并得到通用电气中国研发中心全力支持。此种科技创新奖旨在激发学生对技术创新的兴趣，鼓励学生提出新的研究方法、探究创新性技术与设计，以及应用最新的技术。

### （一）奖项

通用电气基金会科技创新奖将挑选 40 名学生为得奖者，并获得以下奖项，

（1）三等奖 30 名：一次性获得奖学金 800 美元。

（2）二等奖 5 名：一次性获得奖学金 1 500 美元。

（3）一等奖 5 名：一次性获得奖学金 2 000 美元。

此外，获奖者亦有机会获邀参加在上海的通用电气中国研发中心举办的研讨会，获得 GE 中国研发中心和 GE 其他业务部门的实习机会。

### （二）报名资格

申请人必须为以下八所大学的机械与制造工程、电子与电气工程、化学工程或材料科学专业的硕士或博士研究生：清华大学、上海交通大学、浙江大学、中国科技大学、复旦大学、西安交通大学、哈尔滨工业大学、华中科技大学。

### （三）小组申请

此创新奖可以接受小组名义参加，每组人数最多两名同学，并以小组名义提交科技创新计划书及摘要。但每名小组同学必须个别填写申请表格及提交相关的文件。

### （四）填写申请表

申请人必须填写申请表上的个人数据，提供电话号码或传真号码及电邮地址，以便联络。各申请人必须提交所有申请材料，若文档不齐全的，申请将不被接纳。所有提交的文件必须为计算机打印稿，手写稿概不接受。

### （五）提交申请表

将准备妥当的文件（一份原件及三份复印件）邮寄至国际教育协会香港办事处，国际教育协会并不接受不完整的申请材料、以电邮方式提交的申请表及推荐信。申请细则不用邮寄至国际教育协会。

### （六）评选程序

评审委员会以阅卷的形式选出40名得奖学生。其中10名优异的学生，将被邀请出席个人面试，以竞逐一等奖。

### （七）查询

如需更多数据，请联络国际教育协会香港办事处。

第五章

# 我国国际科技合作计划资助与管理

国际科技合作是中国科技工作的重要组成部分。实施国际科技合作计划是在开放环境下开展“互利双赢”对外科技合作，以及解决人类共同面对的能源、资源、环境、健康等领域重大科技问题的有效途径；是推动双边、多边政府间科技合作，以及服务中国现代化建设和国家外交政策的重要平台；是促进跨部门合作、跨区域对外科技合作统筹协调，以及增强科技创新能力、推进国家创新体系建设的重要举措。本章重点阐述我国国际科技合作计划的定位与意义，并对中英、中韩等政府间科技合作计划及中国国家自然科学基金会的国际合作项目进行介绍。

## 第一节　国家国际科技合作专项

国家国际科技合作专项[①]是中国国家层面上首个也是唯一的旨在通过整合、统筹、充分利用全球科技资源、提高自主创新能力的对外国际科技合作与交流平台。国际科技合作专项作为国家科技计划体系中一个必不可少的组成，立足国民经济、社会发展和国家安全的重大需求，在国家层面上，汇聚和综合国家（包括部门和地方）各大科技计划中需要国际合作和可以对外开放的项目，统一对外开放与合作口径，全面吸引和充分利用国际科技资源，增强我国自主创新能力和提高国际竞争力，努力为国家经济建设和社会发展服务，为国家科技发展和建设中国特色国家创新体系服务，为国家的总体外交目标服务。

国际科技合作是我国科技工作和外交工作的重要组成部分。实施国际科技合作专项是落实我国国际科技合作战略，充分利用全球科技资源，解决科技、经济、社会发展中的重大瓶颈难题，在重点领域实现跨越式发展，以及提高我国自主创新能力的客观需求；是扩大我国国际战略资源、能源、技术利用和分享权益，实现新时期国家发展目标的有效手段；是落实政府间科技合作协定，推进双边、多边政治、经济、技术谈判和磋商，以及实现国家外交战略的重要保障。

① 根据国务院印发的《关于深化中央财政科技计划（专项、基金等）管理改革的方案》（国发〔2014〕64号），对中央财政科技计划（专项、基金等）管理改革做出全面部署。国际科技合作与交流专项等将整合形成五类科技计划（专项、基金等）之一。

## 一、战略定位

国际科技合作专项是国家科技发展计划体系的重要组成部分；是在开放环境下开展以我国为主的国际科技合作，充分利用全球科技资源，实现跨越式发展的有效手段；是推动双边、多边政府间科技合作，为国家科技、经济社会发展和总体外交服务的重要平台；是促进跨部门、跨地区对外科技合作统筹协调，增强自主创新能力、推进自主创新体系建设的重要举措。

## 二、指导思想

国际科技合作专项应立足于国家重大科技合作需求，以“自主创新，重点跨越，支撑发展，引领未来”的方针为指引，以增强国家科技自主创新能力，提高国家科技竞争力为中心，树立全球战略意识，凝练合作重点，加强统筹协调，提升合作层次，以及充分利用全球科技资源，为增强我国科技自主创新能力提供有力支撑。

国际科技合作专项促进国际科技合作的管理创新，加强统筹和协调，强化计划的政府引导功能，充分发挥国际科技合作各主体（特别是企业）的重要作用，进一步整合资源，提高效率，创造良好的国际科技合作环境和条件，为实施“走出去”战略服务，坚持“引进来”和“走出去”相结合，坚持“项目－基地－人才－资源”相结合，坚持“引进－消化－吸收－创新”相结合。

## 三、发展目标

总体目标是以国家科技发展规划为导向，以提高自主创新能力和国际竞争力为核心，构建国家对外科技合作与交流平台，参与多边或双边重大科技合作计划，促进国内研发活动在重点领域的跨越式发展，提高我国国际科技声望和总体水平，形成一批国际科技合作研发基地，吸引海外人才参与国内经济建设与科技发展，同时为我国优秀科技人才走向国际舞台创造条件和机会。

## 四、日常管理机构

科技部国际科技合作专项办公室（以下简称专项办）成立于2001年，受科技部直接领导，负责国际科技合作专项的日常管理工作。国际科技合作专项是科技部在“十五”期间顺应国际科技发展趋势而设立的，旨在围绕国家科技发展战略，建立高层次、高水平的对外科技合作平台，以充分利用国际科技资源，增强我国科技自主创新能力，努力为国家经济建设和社会发展服务，为国家科技发展和建设中国特色国家创新体系服务，为国家的总体外交服务。

国际科技合作专项配合国家外交战略，有选择地资助一批政府间科技合作协定中的重点项目，以及一批有效利用全球科技资源着力解决制约我国社会、经济、科技发展的重大科学问题和关键技术瓶颈，有利于实现“重点跨越”的重大国际科技合作项目。

专项办按照国家科技计划项目管理有关规定和要求，建立了一套自主知识产权的网络化项目管理平台——“国家国际科技合作专项管理系统”，实行专项管理全程网络化，并在系统内集成了国际科技合作专项专家库（包含同行评议专家库和国际科技合作管理专家库，涉及 40 个学科 500 个专业方向的 4 000 多位专家）、项目库、成果库及管理信息库等，为国际科技合作专项提供了丰富的高层次人才储备和强有力的技术支撑。

自 2001 年国家国际科技合作专项实施以来，专项办承担了大量的日常事务工作，包括承建网络管理系统、受理项目申请、组织项目评审、组织项目验收、收集项目成果、编纂计划年报、定期印发工作简报等。同时，除国家国际科技合作计划管理工作外，专项办还承办双边、多边政府间科技合作协定备选项目的评审工作。迄今，专项办受科技部合作司委托，利用“国家国际科技合作专项管理系统”这一项目管理网络平台，已顺利完成了中葡、中斯、中希、中西、中澳、中日等双边、多边政府间科技合作预备项目的评审工作。

## 五、发展现状

科技部国际合作司是科技部专为我国科研工作者及各类机构提供经费支持，通过与外方的合作提升我国科研产业实力的专门司局。目前其项目类型主要由政府间项目和自主项目构成。政府间项目是指我国政府与外国政府或国际组织所签订的政府间科技合作协定或协议框架下确定的重点国际科技合作项目。由科技部根据对外合作战略、国别特点和工作需要组织产生。自主项目是指以《国家中长期科学与技术发展规划纲要（2006—2020 年）》所设定的技术发展方向和重大项目为目标，围绕国家科技研发任务和重点合作领域，由中方主动组织设计开展的国际科技合作项目。自主项目要求以国家目标为导向、强调产学研用相结合，由科技部根据国家战略需求并结合合作可能，组织相关部门推荐产生。

## 六、国际科技合作专项项目的申请

专项支持项目一般采取广泛、公开征集的方式，由科技部定期发布指南，项目执行单位提出申请，经过战略、技术和经费评议后，择优支持。项目申请人需符合以下申请条件：项目承担单位与外方合作单位有良好合作基础，且与外方合作单位签订了合作协议或者意向书；外方合作单位具有较强的技术实力或较高的科研水平，并有一定人员、资金或设备投入，特殊情况下，外方合作单位可以技术投入（包括知识产权、专有技术和资料等）的方式参与合作；除此之外，项目申请最好具有明确的合作目标和内容、信誉可靠的合作伙伴、立项依据充分的技术路线、一定的合作研究工作基础和实验设备条件、合理的经费预算、明确的成果归属、相关单位配套经费情况等。

# 第二节　中英政府间科技合作计划

## 一、计划概况

中英政府间科技合作计划历史源远流长。根据中英两国政府间科技合作协定，两国对口科研部门和机构在基础研究、农业、林业、卫生、水利、航天航空等诸多领域签订了相应的对口协议或备忘录。在其中一些比较活跃的领域，如农业、气象、卫生、地震，双方还通过定期会谈的形式回顾合作进展并确定新的合作项目。

### （一）发展现状

1978 年 11 月，英国与中国签订了两国间的科技合作协议和议定书。中方执行机构为科技部，英方为英国贸工部。1998 年 9 月 17 日，时任科技部徐冠华部长和英国科学与创新部长盛伯理勋爵签署了《中英科技合作议定书修正案》。2004 年 5 月时任总理温家宝访英，双方在英国发表了联合声明，申明表示将科技合作列为双方合作的重点领域。2008 年 1 月，英国时任首相布朗访华。双方签署的协议包括中英两国关于可持续城市的合作谅解备忘录、中英两国政府关于气候变化的联合声明等。两国高层对话中达成的共识包括启动中英“科学桥”计划，抓紧制订中英卫生创新伙伴关系的行动计划，以及加强中英在应对气候变化和建立可持续城市方面的合作。其他合作成果还包括正式成立上海东滩研究院等。2008 年 11 月，随同时任国务委员刘延东访英的科技部副部长李学勇与时任英国创新、大学和技能大臣德纳姆签订了中英科技合作联合声明，还与时任英国研究理事会主席戴蒙德签订了科技合作谅解备忘录[①]。

## （二）资助范围与资助规模

中英政府间科技合作项目主要针对科研合作水平较高、对国家科技事业和经济建设有较大影响的项目，具有资助范围广、规模大的特点，得到双方政府的一致认可。

中国科学院与英国皇家学会科学合作协定签订于 1978 年 11 月。目前双方的合作包括三个方面：①学术交流。每年一定人次，目前进展顺利。②合作研究。项目数量没有限制，平均每个项目有六个月的交流，三年为一期。③皇家学会高级奖学金。科学院每年有九个奖学金名额。此外，皇家学会与中国科学技术协会、中国医学科学院、国家自然科学基金会等有协议或备忘录。

中英农业科技合作谅解备忘录签订于 1980 年。中方执行单位为农业部，英方执行单位为食品、环境及乡村事务部。双方每两年制订一份合作计划。合作内容包括病虫害防治、蔬菜、渔业、矮化果树及脱毒培养技术、农业机械、牲畜外来病毒性疾病、农业机械技术转让、海洋环境保护、植物品种专利保护及土豆储藏技术等。

中英两国卫生部卫生科技合作备忘录签订于 1984 年。2007 年 6 月，中国卫生部副部长黄洁夫访问英国，与英国卫生部续签了合作备忘录，并正式启动了两国卫生高层对话机制。双方的重点合作领域包括公共卫生应急机制、传染病和非传染病防治、医院管理和医疗服务质量评价，以及社区卫生体系建设。

中英两国空间合作备忘录签订于 1985 年 1 月。中英航天局签署了两国空间合作框架协议，并计划开展中英空间天文和空间技术的学术交流研讨。中英合作在项目层面上同大学、科研机构、企业的合作一直在进行。

中英两国气象科技合作备忘录签订于 1991 年 1 月。中方执行单位为中国气象局，英方执行单位为英国气象局。双方第二次工作组会议于 1995 年 11 月召开，该会议纪要确定双方的主要合作领域为气候变化和环境、气象与环境卫星及卫星气象，主要合作方式包括合作研究和培训。目前双方正按照世界气象组织第 12 次大会精神，在商业合作上积极寻求新的合作领域。

中英地震合作谅解备忘录签订于 1999 年 6 月，并于 2007 年 11 月续签。签订的双方是中国地震局和英国地质调查局。合作领域是地震学和地球物理学、

① 中国驻英国大使馆网站：http://www.chinese-embassy.org.uk/chn/。

地震地质学和远古地震、地球表面动力学、地震工程学、地震减灾措施、地磁学等。多年来，除了与英国地调局、牛津大学、爱丁堡大学保持人员互访和合作交流，我国还加入了设在英国的国际地震中心。

中英两国关于水务工作的大纲签订于2004年8月。中方执行机构是水利部，英方是环境食品农村事务部水务局。水务工作大纲确定了在双边关系互动小组框架之下的中英水务合作的对话机制、合作重点和组织方式，为中英开展水务合作奠定了坚实的基础。

2009年9月，英国爱丁堡大学、北京大学和无锡市政府在爱丁堡签署了干细胞领域研究的框架合作协议。

## 二、计划的申请程序与资助管理

### （一）近期优先申报领域

近年来，中英政府间科技合作的项目，主要在以下领域[①]。

（1）中英新能源和可再生能源合作计划重点领域，如生物质能和生物燃料、太阳能、风能、海洋能和水电、可持续能源网络、燃料电池；

（2）中英“科学桥”计划已申请入围和实施的项目；

（3）中英创新合作计划的重点领域，如能源、气候变化和可持续环境、传染病、生物医学和药物包括传统中药研究、纳米技术和材料科学；

（4）已得到英国研究理事会（RCUK）[②]重点资助的科学研究项目。

### （二）申报资格要求与起止时间

申请者需要按照科技部《国际科技合作项目申报须知》的要求参与项目申报，并注意满足以下条件。

（1）项目申报单位已和外方合作伙伴就申报项目建立联系，并请外方合作伙伴向其相应主管部门提出申请。

（2）项目应于两至三年内执行完毕或取得阶段性成果。

（3）要有一定合作基础、具体合作伙伴和实质性研发内容。

（4）结合国家科技发展主要方向提出题目，合作或联合研发的基础研究、应用研究和产业化项目均可。

（5）申请负责人须具有副高级以上职称或者已经获得博士学位，有承担国

---

① 中国科技部网 :http://www.most.gov.cn/tztg/200903/t20090324_68283.htm。

② 英国科研资助体系主要来自两个公共基金：①大学拨款委员会（HEFCE）为大学提供基金，维持基本的科研基础设施和科研能力及教学经费；②英国研究理事会（RCUK）通过运用透明的同行评议竞争机制为大学和其他研究机构提供研究经费。

家主体科技计划项目经历者优先。

计划项目采取公开征集的形式，每期具体申报时间不定，需要关注科技部及其下属机构网站通知。接受申报的时间 2 ～ 3 个月。以 2009 ～ 2010 年度征集的中国与欧洲国家政府间科技合作备选项目为例，申报日期为 2009 年 3 月 24 日到 2009 年 5 月 20 日。

### （三）申报办法

项目申报单位填写“中国与欧洲国家政府间科技合作备选项目申请表”。申请表打印一式两份，加盖本单位和推荐部门公章，由推荐部门正式行文报送科技部国际合作司（目前地址为北京市复兴路 15 号，邮编 100862，传真 010-58881354）。推荐部门是指申请单位所在省、自治区、直辖市或计划单列市的科技厅，或申请单位所隶属的国务院各部委的有关司局。中央级研究院所及重点高校可直接申报项目。

### （四）评审

在报送申报材料后，科技部国际合作司将有选择地资助一批具有重要科学意义、广阔的技术前景的政府间科技合作协定中的重点项目，对于通过科技部遴选、小同行初评、大同行会评的项目，根据立项评审或评估意见，结合国家科技发展战略和外交政策，择优确定专项经费支持项目，并通知项目申请单位编制项目预算。为进一步突出国家目标，提高合作绩效，2009 年以后计划项目不再广泛征集，而是采取自上而下的模式，主要通过部门和地方科技厅协调产生。具体做法是由科技部国际合作司组织召开协调会，由各有关部门和地方科技厅按要求组织推荐项目，经国际科技合作专家委员会评估后，由国际合作司提出建议报部领导审批确定。

### （五）项目过程管理、结题与验收

项目执行过程主要涉及经费的使用和编制进展报告。在专项经费拨付后，项目申请人在项目规定期限内应严格按照下达的项目预算表使用经费并按照要求及时报送年度专项经费使用情况说明及项目完成情况的总结报告。同时，项目申请人需要进行中期评估、填报年度执行进展报告和项目成果验收等。这可以督促项目相关负责人更好地完成所承担的项目任务，使依托单位了解项目进展的情况，保证项目高质量完成。有关具体规定可以参见《国际科技合作与交流专项经费管理暂行办法》（国科发财字 [2001]367 号）。

# 第三节 中韩联合研究计划

## 一、计划简介

2009年，中韩政府间科技联委会第十次会议在韩国首都首尔举行，为推动双方开展务实、高水平的科技交流合作研究，中国科技部和韩国教育科技部（简称教科部）商定在原有合作研究基础上启动中韩联合研究计划。

## 二、中韩联合研究计划资助对象和领域

资助对象为科研院所、大专院校和企业。项目建议必须由双方项目申请单位依据以往的合作交流情况，在认真协商的前提下共同拟定，单方报送的项目申请无效。双方科技部分别对本国项目进行经费支持，中方每个项目经费支持不得超过100万元人民币，韩国方面每个项目支持不超过一亿韩元（约60万人民币）。合作期限不超过三年。

该计划2010～2011年度资助的领域为生物医学、生物材料、光电子技术和先进成型技术。

## 三、项目申报程序

正式申报采取网上和纸质同时申报方式。填写《国际科技合作项目申报书（中文）》和英文申请表，该表格采用国际科技合作项目申请书表格，电子版可从科技部网站下载，中文申请材料作为评审主要依据。

除网上申报外，中方项目纸质材料（含中英文）一式两份通过项目单位上级主管部委或地方科技厅（委）函报科技部国际合作司。

填写申请书时，请注意中外差异。中英文项目申请表不可简单互译。报表需由该项目的负责人、执行单位的主管、项目报送单位的法人（上级主管部门）签字并盖章。如申请材料中有涉密内容，需注明并另纸附上标注，严禁由电子邮件传送文件。

## 四、项目评审程序

双方项目申请单位分别将申报材料报送中国和韩国主管部门，中国科技部和韩国教科部分别对本国申请项目进行评估。科技部合作司按重大国际科技合

作项目有关程序对中方的申请项目进行评审和立项。中韩双方项目评估结束后，报告各自评审结果，并对评审结果进行协商和立项，共同确定联合项目。对通过评审并予以立项的联合项目，双方将以换文的方式予以批准。

双方同意的联合研究项目列入中韩政府间科技联委会（或局长会议）予以确认，未立项项目不另行通知。

# 第四节　中国-以色列科学与战略研究开发基金

## 一、基金的发展现状

1993 年 5 月下旬，以色列外长西蒙·佩雷斯访华。国务委员宋健于 5 月 21 日会见了佩雷斯外长。会谈过程中，佩雷斯建议中以两国政府建立合作研究基金，双方各投资 50%。宋健表示将认真研究以方的建议，并与有关部门探讨筹资建立基金的可能性。

1995 年 10 月 21 ～ 25 日宋健访问以色列期间，与以色列外长西蒙·佩雷斯和科学与艺术部长阿洛妮共同签署了“中华人民共和国国际科学技术委员会和以色列国政府关于建立科学与战略研究开发基金的协议”。1997 年 5 月合作基金开始正式运作。中以双方各在以色列中央银行存入 250 万美金准备金，以各自存入、各自提息的方式，各自对双方共同立项的合作研究项目给予支持。基金以四年期美元伦敦同业拆借利率（LIBOR）计定利息。2009 年 5 月至 2013 年 5 月的平均利率为 2.313%。

## 二、基金运行情况

合作基金自建立之后，已对五批次 29 个项目进行了支持，取得良好效果，对推动中以科技合作起到了相当重要的作用，具体情况如下。

（1）1997 年 1 月，第二届中以科技合作联委会会议在北京举行。会议确定了四个基金项目，其中农业生物技术领域和先进材料领域各两个。

（2）1999 年 12 月在以色列举行第三届中以科技合作联委会会议。会议确定了六个基金项目，在生物医学工程和水资源管理两个领域各三个。

（3）2002 年 3 月，第四届联委会会议确定了五个基金项目，领域为先进材料。

（4）2007 年确定了六个项目，先进材料和纳米材料领域各三个。

（5）2008 年，双方将水技术和可再生能源确定为基金项目的重点领域，并于 2009 年确定了八个项目。

## 三、基金项目的申请程序与实施管理

为顺利实施中以科学战略研究开发项目，确保合理有效使用基金，科技部合作司专门制定了《中国－以色列科学与战略研究开发专项资金项目管理办法》。

### （一）申请条件

专项资金资助项目应符合以下要求。

（1）项目研究单位应有以方的合作伙伴，共同组建联合研究小组，并且双方各有一个属于本研究所或者大学的首席研究院；

（2）有利于加强中以科技合作，并能给双方带来利益；

（3）研究课题具有重要的科学意义或者重要的应用前景；

（4）具有开展项目研究的能力和必需的条件与设备；

（5）经费预算应实事求是；

（6）研究方法和技术路线合理、可行；

（7）研究内容具体、学术思想新颖。

### （二）评审标准与评审程序

项目评审应依据以下标准。

（1）中以联合研究小组实质性合作的程度；

（2）科学价值；

（3）与研究课题内容的吻合性。

项目的评审程序如下。

（1）为保证所选项目具有先进性和可行性，同时符合我国科技发展的总体战略部署，决定由国际合作司组织有关专家和专业管理人员对申请的项目进行至少两轮的评审。

（2）第一轮为专家评审，重点对项目的科学先进性和技术可行性进行评审。每个项目至少由三个专家评审。

（3）第二轮为专业管理人员评审，从国家科技和经济发展战略角度对项目的重要性和可行性进行评审。

（4）后续评审要求视具体情况而定。

### （三）项目过程管理

1. 一般管理

项目负责人接到中以专项资金批准通知书以后，应在申请书基础上，填写《中国－以色列科学与战略研究开发专项资金合作研究项目协议书》一式四份，经所在单位和上级主管部门负责人签字和盖章后，在一个月内报送科技部国际合作司签署，逾期不报，且不在规定的期限内说明理由的，按自动放弃处理。如涉及降低预设目标、中止项目实施、减少研究内容、提前结题或者延长年限等变动，项目负责人须及时提出报告，经所在单位审查签署意见，报科技部国际合作司审批。

项目实施过程中，项目承担单位应定期对相关技术进行国外专利文献检索、查新工作，一旦发现相关领域出现新的专利动态，需要调整研究开发工作的方向和目标，应及时报科技部国际合作司，以避免不必要的重复开发及将来发生产权纠纷。

项目负责人和项目组具有高级专业技术职务的主要成员必须保持稳定，的确需要变动的，按照规定报批或备案。在研究项目执行中，项目负责人须按照以下时间表向科技部国际合作司提交科研报告。

（1）6 个月——短期进展报告；

（2）10 个月——详细进展报告；

（3）18 个月——月短期进展报告；

（4）24 个月——最后科学报告。

协议第一年结束前两个月，项目承担单位应将第二年延续资助申请书和项目进展报告一起提交至科技部国际合作司。科技部国际合作司依据项目进展和协议执行情况决定是否与项目承担单位继续执行第二年协议。科技部国际合作司将依据工作需要，每年对项目研究的开展有重点地进行检查。

2. 财务管理

中以专项资金的资助经费按照项目协议按年度拨付项目承担单位。在本单位财务部门和上级主管部门、科技部国际合作司的管理监督下，项目负责人按计划资助支配使用，任何单位、个人无权截留、挪用。项目负责人应当按照协议约定的开支范围，实行专款专用，不得挪用。项目承担单位须向科技部国际合作司提交年度项目经费使用请款报告和项目经费所购置的仪器、设备、器材等固定资产明细表，加盖财务印章。项目完成后，提交总报告和明细表，接受审查和监督。对不按规定报送进展报告或经费使用不当的项目，缓拨经费。对于一个月内纠正、补报的，可延后补拨第二期经费。逾期不纠正、不补报的，中止资助，并追究负责人的责任。

## 四、联系方式

目前，基金项目的征集、立项和管理工作由科技部国际合作司具体负责。

开始项目征集的通知将在科技部门户网站上发布，有意向申报的单位可随时留意以下链接：http://www.most.gov.cn/tztg/。

# 第五节　中新联合研究计划

## 一、中新联合研究计划概况

### （一）CSJRP 的发展现状

1998 年 3 月 6 日，新加坡举行的中国 - 新加坡政府间科技合作联合委员会第四次会议批准设立了中新联合研究计划（China-Singapore Joint Research Program, CSJRP）。中国科技部和新加坡科研局分别被指定为两国主管部门。

CSJRP 的设立是为了使中新两国共同开展产业方面的研究与开发工作。依据该项计划，每年将确定 1 ～ 2 个重点合作领域征集项目建议，然后按照双方达成的评选标准筛选出具有竞争力的项目，由中新两国政府分别为各自的研究单位提供不超过三年的研究经费。

CSJRP 初期为两年一期，自 2008 年起改为每年一期，至 2015 已支持了八期共 33 个项目。

### （二）CSJRP 的资助范围与资助规模

CSJRP 面向两国科研单位，每期支持五个项目，每个项目资助金额为中方 100 万人民币，新方 25 万新元（按当前汇率约合人民币 121.6 万元）。该研究计划是中新政府间最大的科技合作计划。

## 二、资助范围与重点

CSJRP 旨在支持两国科研单位以为企业提供可供商业化的技术为最终研究

目的的合作研究，看重研究的产业化前景。每期计划支持五个项目，项目由中新双方共同商议决定。

## 三、申请程序与资助管理

### （一）申请者资格及其他要求，以及申报时间

CSJRP 须由中新双方单位同时申报，单方面申报项目无效。中方除高校和研究院所以外，企业等也可申报该计划，但新方按其规定只允许国立的大学和新加坡科研局下属研究所申报。每期 CSJRP 的申报结果每年上半年在中国科技部门户网站和中国国际科技合作网上公布。

### （二）申请评议标准、程序、方法

CSJRP 重点支持能够实现技术突破和创新、解决关键核心问题、产业化前景良好的合作项目。每期申请的项目将经过三级评审，初审主要评议指标产学研结合程度，二审主要考察项目实施的技术路线的合理程度，终审主要为财务预算评估。

1. 处理结果反馈

初审、二审结果采用电话通知形式，入围的项目将进入下一轮评审，最终立项的项目以发文通知的形式表达。

2. 项目资助

采用国际科技合作计划统一方式。

3. 项目过程管理、结题与验收

采用国际科技合作计划统一方式。

# 第六节　中法科技合作项目

## 一、项目的发展现状

1978 年，中法两国在北京签署了政府间科技合作协定，成立了科技合作混委会。中法政府间科技合作混委会共执行了 700 多个项目。目前，中法政府间

科技混委会已改变职能，不再确定具体合作项目，只作宏观管理。中法科技合作的内容十分广泛，涉及农业、生物技术、信息通讯、环境、材料、能源、核能、医药、航空、空间、建筑、林业、计量、气象、专利、海洋、化学、物理、天文地学、交通等诸多领域。温家宝 2005 年 12 月访法时提出，2006 年中法合作优先领域是航空、核能和铁路。

1997 年 5 月 17 日，时任法国总统希拉克访华时与中国时任主席江泽民宣布了"50 名中国建筑与城市规划师在法国"的交流与培训计划。该项培训计划已于 2000 年完成并取得双方均满意的成果。1998 年 9 月份法国时任总理若斯潘访华，肯定了"中法信息、自动化与应用数学联合实验室"的合作方式，并积极鼓励类似的合作。目前，中法联合实验室已发展到八个，他们都是通过"中法先进研究计划"的合作发展（孵化）起来的。2001 年在江泽民访问法国期间，双方确认继续该项培训计划，在四年内培训 100 名中国建筑师。至今共有 125 名中国建筑师赴法培训。

2004 年 1 月胡锦涛访法期间，两国政府制定并签署了《关于预防和抗击新生传染性疾病的合作谅解备忘录》。法方在高级别生物安全实验室等方面给予了中方极大的技术支持，目前主要的合作是在中国科学院武汉病毒所建立 P4 实验室，以及生物安全实验室管理和实验室操作人员培训。中法双方于 2005 年 5 月 4 ～ 7 日在上海同济大学举行了项目总结会，邀请了中法和欧洲各国著名建筑界、规划界人士参会，总结此项计划成果，对今后的合作主线和方式提出了宝贵的建议。

2005 年 4 月，中法双方在京召开了中法新发传染病小组第一次会议和指导委员会会议，确定了工作章程，主要讨论了武汉高级别生物安全实验室的实质性合作内容。

2005 年 12 月，在武汉召开了中法第一届生物安全实验室管理研讨会。促进了中法在生物安全实验室管理方面的交流。会上，两国专家建议除了生物安全理论系列学习与培训外，更应注重管理人员和技术人员素质的提高和实际操作能力的培训。

## 二、项目说明

依据国家自然科学基金委员会与法国国家科学研究中心的双边合作协议，双方拟定每年共同资助中法研究人员间的合作交流项目。项目执行期限为 2011

年2月1日至2011年12月31日。

资助经费说明：双方将共同支持两国学者在合作研究基础上的合作交流，国家自然科学基金委员会资助中国研究人员访问法国的国际旅费和法国研究人员在华的生活费，法国国家科学研究中心资助中国研究人员在法国期间的生活费和法国研究人员访华的国际费用。

## 三、申请资格

申请人在开始执行本项目时，符合资格的申请人须是2011年12月31日以后（含）结题的国家自然科学基金在研项目的负责人或主要参加者。在研项目是指面上基金项目、重大基金项目、国家杰出青年基金项目、青年基金项目、地区基金项目、重点基金项目、联合资助基金项目和创新群体项目。在读学生不得申请。

项目须以在研基金项目为依托，且研究内容与在研基金项目密切相关。

## 四、申报要求

为使申报工作得以顺利进行，需要注意以下几个方面。

（1）申报路径。申请人须登录ISIS科学基金网络系统（http://isis.nsfc.gov.cn），在线填报《国家自然科学基金国际（地区）合作交流项目申请书。

（2）申请书撰写说明。申请人填写申请书中“项目执行计划”和“经费申请表”栏目时应注意：在“项目执行计划”中请说明出访人员姓名、国外停留时间、拟开展工作介绍及日程安排，出访人数在一人以上请分别按人次列出；在“经费预算”中出访经费限中方出访人的国际旅费。

（3）附件。中方申请人和出访人员、法方申请人和来访人员的个人简历，内容包含近期公开发表的有代表性的文章目录。

（4）报送材料。①电子材料：申请书填写完成无误后，点击提交，附件应与申请书同时上传，且电子版申请书需经所在单位科研处网上确认。②纸质材料：提交电子版申请书后，将系统自动生成的文件打印一套纸质的申请书，本人签字、单位盖章，连同附件材料报送对应的受理部门，注意纸质申请书与电子版申请书在受理号和版本号上应一致。

（5）对合作双方同时申报的要求。法方合作伙伴需同时向法国国家科学研究中心递交相应申请材料。

（6）其他要求。提交的项目申请书中，中方及境外人员信息栏默认为双方项目负责人，且双方申请书中的项目名称（中英文）、双方依托单位（中英文）和双方项目负责人应严格一致，以便双方在项目评审的工作顺利进行。

## 五、受理公布

项目受理截止日期为2010年9月30日，受理部门为国家自然科学基金委员会国际合作局西欧处。

# 第七节 国家自然科学基金委员会国际合作交流项目

## 一、项目概况

### （一）项目发展现状

国际自然科学基金委员会（NSFC）自1986年成立以来，一贯重视国际合作交流，目前已成为自然科学基金的重要组成部分。到目前为止，NSFC已与世界上30多个国家和地区的60多个科学基金组织或研究机构签署了不同形式的合作协议或谅解备忘录。国际合作交流经费从最初每年300万元上升到8 200万元，已形成了国际（地区）合作研究项目、在华举办国际学术会议、出国参加国际学术会议、留学人员短期回国工作讲学专项基金（含“两个基金”项目）、国家重点实验室国际合作与交流等较完整的资助格局。表5-1为 国际合作交流项目的历史沿革。

**表5-1 国际合作交流项目的历史沿革**

| 序号 | 项目类型 | 1987年 | 1992年 | 1996年 | 1998年 | 2001年 | 2005年 | 2007年 | 2009年 |
|---|---|---|---|---|---|---|---|---|---|
| 1 | 合作交流 | 设立 | | | | | | | |
| 2 | 出国参加国际（地区）学术会议 | 设立 | | | | | 部分取消 | | |
| 3 | 在华召开国际学术会议 | 设立 | | | | | | | |

续表

| 序号 | 项目类型 | 1987 年 | 1992 年 | 1996 年 | 1998 年 | 2001 年 | 2005 年 | 2007 年 | 2009 年 |
|---|---|---|---|---|---|---|---|---|---|
| 4 | 来华接待 | 设立 | | | | 取消 | | | |
| 5 | 出国考察 | 设立 | | | | 取消 | | | |
| 6 | 留学人员短期回国工作讲学 | | 设立 | | | | | | |
| 7 | 国家重点实验室 | | | 设立 | | | | 取消 | |

### （二）国际合作交流项目的基金资助机制和范围

国际合作交流项目包括国际合作研究项目、留学人员短期回国工作讲学专项、在华举办国际学术会议项目、出国参加国际学术会议、国家重点实验室国际合作与交流专项。针对不同的资助目标、对象，NSFC 规定了不同的资助内容、资助强度、资助年限和评审标准。

国际合作交流项目的资助范围包括在研科学基金项目的受资助单位组织在华召开的国际学术会议经费；科学基金项目承担者出国进行国际合作研究的国际旅费和出国（境）交流的国际旅费及境外的生活费；科学基金项目研究工作需要邀请的外籍学者在华合作研究和讲学期间的接待费和确有必要的国际旅费；科学基金项目承担者出国参加国际学术会议费用；中国留学人员短期回国工作讲学的国内接待费和经过特殊批准的国际旅费等。

### （三）中方参与国际合作交流项目的情况

2005 年 NSFC 资助了 666 位科学家出国（境）参加国际性学术会议，资助经费 680.90 万元；资助在华召开国际学术会议和小型学术会议共计 389 个，资助经费 1 580.53 万元。2005 年 5 月 NSFC 对资助类型进行调整，取消了资助出国参加国际学术会议。国家重点实验室国际、地区合作专项资助了 27 个项目，资助经费 130 万元。

2006 年 12 月 31 日，NSFC 共批准各类国际、地区合作与交流项目总计 1 174 项，资助经费 1.2 亿元。2006 年，NSFC 还与四个国外基金组织续签了合作协议，共资助协议下的一般合作研究项目 283 项。

2007 年，自然科学基金国际（地区）合作拓展国际合作渠道，共批准各类项目 1 196 项，经费为 1.323 亿元。

2008 年，NSFC 共批准各类国际（地区）合作与交流项目 1 008 项，资助经费为 1.44 亿元。

2009 年，NSFC 共资助 1 013 项国际（地区）合作与交流项目，资助经费为 1.69 亿元。

## 二、资助情况

### （一）国际合作交流项目资助宗旨和资助范围

国际合作交流项目资助中国科学家与国外同行就双方共同感兴趣的、与基金项目有关的科学问题所进行人员交流活动。资助经费主要用于人员交流和共同组织的科学交流活动，经费可用于中方人员的国际旅费、外方人员来华接待费用（不包括国际旅费）。

国际合作交流项目旨在鼓励基金项目承担者开展广泛的国际合作交流活动，推动在研基金项目的科学创新、人才培养和学科建设，提升基金项目的研究水平。同时，鼓励科学家通过广泛的合作与交流，与国外合作伙伴保持良好的双边关系。

### （二）国际合作交流项目资助类型和资助强度

国际合作交流项目主要包括以下几种形式。

1. 国际合作研究项目

国际合作交流经费资助国际合作研究项目执行过程中的人员交流费用，资助中国科学家赴国外进行合作研究的国际旅费和外方合作者来中国进行合作研究期间在华生活费。资助强度视出访 / 来访的次数和停留期限而定，一般在一万元以下，期限一般不超过三年。

这类项目承担科学基金项目的中国科学家同国外科学家通过资料交换、人员交流及共同开展科学实验等途径，就双方共同感兴趣的课题达成合作协议，签署合作协议书，开展合作研究项目。

2. 出国参加国际学术会议

参加国际学术会议是科学家参与国际合作与交流的重要组成部分，对把握国际科技发展的主流、了解最新科技动态、扩大中国科学家在世界科学界的影响、建立国际合作与交流关系有重要意义。

这类项目优先资助参加有重要国际影响的高水平的系列国际学术研讨会、大型国际学术会议，以及申办在华召开有重要国际影响的大型国际学术会议。资助内容为国际旅费。

3. 在华举办国际学术会议

这类项目旨在展示学术成果，寻求合作机遇，了解和把握学科前沿，深化原有合作，有助于中国科学家更加广泛地开展国际交流与合作，提高国家自然科学基金委员会资助项目的研究水平，促进中国科技事业的发展。

资助范围包括重要的系列性学术会议、重要的全球性/区域性国际会议、与科学基金优先资助领域和新兴热点学科紧密相关的国际会议，资助内容包括补助会议启动费、补助会议费，资助强度一般为数万元。

4. 留学人员短期回国工作讲学专项（包括“两个基地”项目）

这类项目资助身居海外的中国籍、有突出成就、获博士学位、落实国内接待单位的留学人员。资助内容是接待费，资助强度一般在一万元以下。

资助项目内容包括作为主讲人参加与科学基金项目有关的讲习班或研讨班；参加在国内举办的本人有特邀报告的学术会议；留学人员回国参加科学基金项目的研究工作；其他自然科学基金委员会认可的活动。

5. 国家重点实验室国际合作与交流专项

这类项目旨在提升国家重点实验室对外合作交流层次，基金的申请人必须是实验室的固定研究人员。资助对象是国家重点实验室和部门优秀开放实验室；邀请学术成就显著的海外留学人员短期回国讲学和参加实验室建设的各项接待费用；依据实验室建设、研究工作及人才培养的需要，资助实验室固定的科研、技术和管理人员出国进行合作研究的国际旅费；参加国际学术会议所需的国际旅费和在境外的生活费用等；资助包括国际旅费、生活费、会议启动费，对于在评估中为“A”的实验室提供不超过20万元的匹配经费。

国际合作交流资助经费类型分为科学基金项目国际合作交流所需的人民币，以及科学基金项目国际合作交流所需的外汇额度。

## 三、对国际开放的项目申请程序与资助管理

### （一）国际合作交流项目的申请资格和要求

国际合作交流项目的申请资格包括申请人应是在研科学基金项目的主要研究人员；所开展的合作研究应有利于学术思想交流，有利于利用对方研究条件加快在研基金项目研究进度、提高研究水平、提高研究经费使用效果和促进科技人才培养；合作研究所依托的基金项目应是对外不保密的项目。在华会议、尚未完成的多年期合作研究项目在基金项目结题后一年内仍可申请。小额探索项目、主任基金项目、国际（地区）合作交流项目不能作为申请国际合作交流

项目的依托。国际合作交流项目的申请采取网上在线填写申请书的方式，登录ISIS科学基金网络系统（http://isis.nsfc.gov.cn），在线填报《国家自然科学基金委员会国际（地区）合作交流项目申请书》。

1. 国际合作研究项目

这类项目要求合作双方需签订合作协议书或其他书面材料，其内容应包括合作研究课题名称，双方负责人和主要参加者，合作研究成果共享和知识产权的归属、使用和转移，内容摘要，以及要达到的研究目标、起止时间合作研究的期限、方式和计划，相关经费预算及其经费来源等事项。

申请者填写《国家自然科学基金委员会国际（地区）合作交流项目申请书》（一式两份）和相应附件，包括国际合作研究协议书、中方合作人员出国期间由接待方支付停留期间生活费及必要城市间交通费的资助证明、对方邀请函件、外宾来华日期确认的函件。如果申请项目纳入与国外有关基金组织的科学合作协议，需补充提供以下英文材料：个人简历，包括近期公开发表的有代表性的文章目录（最多六篇）；出访工作计划，并将材料送至相关科学部。

2. 出国参加国际学术会议

资助出国参加国际学术会议的原则是：对青年科技人员和在研究岗位上起学术带头人作用的中年科技人员给予适度倾斜；申请人应有被国际学术会议接受的高水平学术论文；本人是科学基金项目的主要承担者；国际学术会议应属本学科领域高水平的会议，会议的主题与内容对完成科学基金资助项目有直接的推动作用。

这类项目要求申请者填写《国家自然科学基金委员会国际（地区）合作交流项目申请书》并提供相应附件，包括会议邀请函和论文被会议接受的证明。

3. 在华举办国际学术会议

这类项目要求申请者必须是受到科学基金资助的、具有独立的科研工作条件并且有能力、有条件举办国际学术会议的单位，并在会议召开一年之前办理申请审批手续。

资助在国内召开国际学术会议的原则是：学术会议主题与科学基金资助项目的内容密切相关，有利于促进项目研究水平的提高；会议学术水平要高，对中国相应学科发展具有推动作用，并将产生一定的国际影响；按照同等优先的原则，优先资助在西部地区城市召开的国际学术会议。会议主办单位一般应是承担科学基金资助项目的实体单位，并具备主办国际会议的能力和条件；有该领域的国际知名科学家与会。

4. 留学人员短期回国工作讲学专项

申请者需通过国内接待单位向 NSFC 提出资助申请。接待单位需填报《国家自然科学基金委员会资助留学人员短期回国工作讲学申请书》，并附该留学人员要求回国短期工作讲学的信函和工作讲学详细计划及证明其学术成就的材料。本专项基金资助的对象主要是获得博士学位并已经工作的海外留学人员（包括出国留学后已获得外国长期（永久）居留权或留学国再入境资格者）。这类项目的申请者须有突出的学术成就。

5. 国家重点实验室国际合作与交流专项

这类项目要求申请者需是国家重点实验室研究人员和进入实验室统一评估并获优秀的部门开放实验室固定人员。各实验室主管部门据此组织所属实验室进行项目申请，在依据专家意见对项目进行严格初审之后，于当年 11 月底前将下年度、于次年 5 月底前将当年下半年的申请书一式一份和项目汇总表一式二份送至 NSFC 国际合作局。

上述各类项目的申请书（除国家重点实验室国际合作与交流专项和 NSFC-RGC）联合科研项目经费另有规定外）一般应在上一年的 11 月底将研究计划报送有关科学部，项目申请书和有关附件一般在项目执行的三个月前送达相关科学部。具体时间规定依据当年项目申请指南而定。

### （二）国际合作交流项目的申请书

国际合作交流各类项目申请均需填写“简表”、在研基金项目有关情况和“经费申请表”页；针对所申请的国际（地区）合作交流项目的类别，还需按要求填写相应内容并提供相应附件（复印件），表中空间不够可加页填写。

### （三）国际合作交流项目的申请评议标准、程序

国际合作交流项目评审严格实行“依靠专家，发扬民主，择优支持，公正合理”的评审原则，采用同行专家评议和专家评审组评审两级评审制度。同行专家系统包括几万余名同行通讯评议专家。

同行评议专家分布在全国各地的高等院校和研究院所，并且应具备如下基本条件：有较高的学术水平、敏锐的科学洞察力和较强的学术判断能力；熟悉被评审项目的研究内容及相关研究领域的情况，并且近年实际从事研究工作；学风严谨，办事公正，热心科学事业。评审组专家除具备同行评议专家的基本条件外，还应具有较强战略意识和较广知识面。评议专家实行任期制，每届任期两年，连任不得超过两届，每届更新约 50%。

评审程序一般按照初审、同行专家评议（一般采取通讯评议方式）、专家评审组或专业委员会评审的顺序进行。评议的主要标准是整体研究方案所体现的研究价值，其中源头创新是重要的标准之一。评议中注重申请者的创新潜力和人文素质，提倡“百花齐放、百家争鸣”，鼓励科技工作者积极探索。

1. 初审

自然科学基金委员会应当自项目申请截止之日起 45 日内完成对申请材料初步审查。符合本办法规定的，予以受理并公布申请人基本情况和依托单位名称、申请项目名称等。

有下列情况之一者，不予继续评议和评审：申请者不具备申请资格或违反了 NSFC 的有关规定；申请手续不完备或申请书不符合要求；申请项目主体内容不符合 NSFC 资助范围的或申请经费超出基金项目资助能力；申请者以往获资助项目执行不力。

2. 同行专家评审（一般采用通讯评议方式）

对于已受理的项目申请，NSFC 应当依据申请书内容和有关评审同行专家库中随机选择五名以上专家进行通讯评审。在同行评议专家的选择上，应考虑到其知识覆盖面、不同学术观点和不同单位的代表性。评审专家对项目申请应当从创新性、科学价值、社会影响及研究目标、研究方案的可行性等方面进行独立判断和评价，提出评审意见。评审专家在提出评审意见时应考虑以下几个方面：合作方案的合理性和可行性；合作各方的研究基础和条件；开展合作的意义和基础；承担基金资助项目的进展情况或者完成情况；项目申请经费使用计划的合理性。

3. 专家评审组或专业委员会评审

会议评审专家应当来自专家评审组，到会评审专家应当为九人以上；被确定参加会议评审的项目，其申请人应当到会进行答辩；会议评审专家应当在充分考虑申请人答辩情况、通讯评审意见和资助计划的基础之上，对会议评审项目以无记名投票的方式表决，建议予以资助的项目应当以出席会议评审专家的过半数通过。

### （四）国际合作交流项目处理结果反馈形式

NSFC 依据本办法的规定和专家会议表决结果，决定予以资助的项目。NSFC 决定予以资助的，应当依据专家评审意见及资助额度等及时制作资助通知书，书面通知依托单位和申请人，并公布申请人基本情况及依托单位名称、申请项目名称、资助额度等；决定不予资助的，应当及时书面通知申请人和依托单位，并说明理由。NSFC 整理专家评审意见，并向申请人和依托单位提供。申请人对不予受理的决定不服的，可以自收到通知之日起 15 日内，向 NSFC 提出书面复审申请。

### （五）国际合作交流项目过程管理、结题与验收

国际合作交流项目流程示意图如图 5-1 所示。自然科学基金委员会负责基金项目的宏观管理，包括审核项目的研究计划与经费预算、检查项目年度工作进展与经费使用情况、核准结题并组织评议等。项目负责人全面负责基金项目的实施，包括按资助批准通知要求编写的项目研究计划与经费预算、定期向自然科学基金委员会报告项目的执行和进展具体情况、如实编报项目研究工作的总结和资助经费决算等。凡涉及项目研究队伍、研究计划、经费使用及项目依托单位等重要变动，须通过项目依托单位及时报自然科学基金委员会科学部核准。

项目依托单位对本单位基金项目负有监督、管理和保证的责任，主要包括保证项目的人员稳定、条件落实，定期向自然科学基金委员会报告项目的管理情况，监督项目的实施和经费使用，协助自然科学基金委员会实施项目检查，按要求向自然科学基金委员会申报结题，审查结题项目的经费决算和研究工作总结。基金项目研究形成的专著、软件、论文、数据库、专利及获奖、鉴定、成果报道等，须注明国家自然科学基金资助和项目批准号。项目研究中取得的基础性数据，应采取适当方式向社会公开并实行共享。自然科学基金委员会、项目依托单位和项目负责人有责任宣传、展示基金项目研究成果，积极推进基金研究成果的应用。

自然科学基金委员会应当公告予以资助项目的名称及依托单位名称，公告期为 5 日。公告期满视为依托单位和项目负责人收到资助通知。依托单位应当组织项目负责人按照资助通知书的要求填写项目计划书，并在收到资助通知之日起 20 日内完成审核，提交给自然科学基金委员会。自然科学基金委员会应当自收到项目计划书之日起 30 日内审核项目计划书，并在核准后将其中一份返还依托单位。核准后的项目计划书作为项目经费拨付、实施、检查和结题的依据。项目负责人应当按照项目计划书组织开展研究工作，做好资助项目实施情况的原始记录，填写项目年度进展报告。依托单位应当审核项目年度进展报告并于次年 1 月 15 日前提交自然科学基金委员会。

自项目资助期满之日起 60 日内，项目负责人应当撰写结题报告、编制项目资助经费决算；取得研究成果后，应当同时提交研究成果报告。项目负责人应当对结题材料的真实性负责。自然科学基金委员会应自收到结题材料之日起 90 日内，组织同行专家对项目完成情况进行审查。审查采取会议评审方式进行。会议评审专家应当为五人以上，其中应当包括参加过该项目评审的专家。评审专家从项目计划执行情况、人才培养情况、合作研究成果情况、资助经费使用情况审查项目的国际合作交流成效，并提出评价意见。自然科学基金委员会应当公布准予结题项目的结题报告、研究成果报告和项目申请摘要。国际合作交流项目流程如图 5-1 所示。

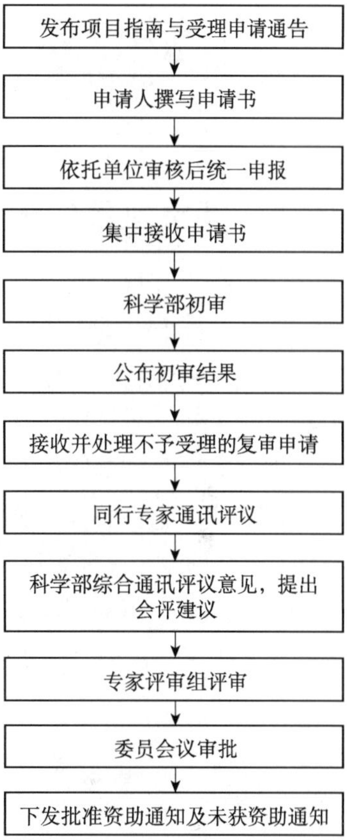


**图 5-1 国际合作交流项目流程示意图**

## 四、典型案例

2006 年 5 月，由自然科学基金委员会与英国皇家学会共同资助、由清华大学举办的“中英发育生物学与人类疾病学术研讨会”在北京举行，参加研讨会的英方代表均为英国皇家学会会员。会议的成功举行推动了两国科学家的互相了解，特别是英国相关领域顶尖专家对中国科研的总体了解，扩大了中国科研的影响。5 月，中德科学中心资助了中德著名高校校长论坛，双方有 8 所德国高校和 11 所中国高校派出校长或副校长参加了会议。他们就如何加强高校间的合作以适应 21 世纪科学发展的需要进行了直接交流和探讨，通过深入研讨和磋商，双方找到了深化合作与交流的切入点，为今后发展和巩固两国高校之间的合作起到了推动作用。

## 五、联系方式

更多申请方面信息请登录国家自然科学基金委员会网站（http://www.nsfc.gov.cn）及自然科学基金网络信息系统（http://isis.nsfc.gov.cn）进行查询。

# 第八节　重大国际合作研究计划

## 一、重大国际合作研究计划概况

### （一）发展现状

为顺应科学研究国际化趋势，最大限度地利用国际科学资源，增强中国基础研究国际竞争能力，推动中国基础研究若干领域进入国际先进行列，国家自然科学基金委员会于2001年起设立科学基金重大国际（地区）合作研究项目。

重大国际合作项目依据“有所为、有所不为”的方针，体现有限目标、重点突出和重视学科交叉的原则，以我为主、平等合作、互利互惠、成果共享，将国际合作的战略目标定位在促进中国科学研究自主创新能力上。

### （二）重大国际合作研究计划的资助方式和资助规模

重大国际合作研究项目的经费主要用于双方合作研究、交流、出国参加国际会议。资助经费主要包括研究经费和交流经费，至2009年共资助重大合作研究项目总计306个，资助经费3.4亿元，涉及40个国家和地区。2009年已支持47项，资助经费5050万元，比2008年增长24%和35%。2010年度重大国际（地区）合作研究项目共资助63项，资助金额达到1.268亿元，平均资助强度约201万元/项。

### （三）重大国际合作研究计划中方参与情况

2006年是重大国际合作研究项目通过网上受理的第一年，在评议遴选重大合作项目的一系列环节中，受理的非协议类重大合作研究项目为126项，申请经费约1.7亿元，其中20个项目得到资助，总经费为1906万元。重大国际合作项目“关于数值计算的可计算性及计算复杂性的算法基础”三年间共发表论文30余篇，其中被SCI收录论文7篇，EI收录论文5篇，特别是在国际顶级逻辑杂志*Annals of Pure and Applied Logic*和*Journal of Symbolic Logic*上发表论文共3篇。

2007年实行了项目申请中英文填写，科学部与合作局精心组织、专家认真评审、综合评议组综合审议，资助的项目均具有高学术水平、长期的合作基础和很强的合作必要性和互补性。重大国际合作研究项目进展顺利，均已取得阶段性成果。例如，中国科学院物理研究所韩秀峰研究员承担的中爱（尔兰）“纳米接触磁电阻材料及其自旋电子输运性质的研究”项目，成功研制出基于“纳米闭合型磁性隧道结”作为基本结构单元的新型磁随机存取存储器。

2008 年 NSFC 通过公开征集、专家评审、双 / 多方磋商，共遴选出了 24 项协议类重大国际合作研究项目，中方资助金额为 3 446 万元，外方也给与等额的资助。

2009 年，自然科学基金委员会共资助重大国际（地区）合作研究项目 65 项，资助经费 7 835 万元。NSFC 共资助重大国际合作研究项目 47 项，资助金额 5 050 万元，平均资助强度约 107 万元 / 项，分别比 2008 年度增加 38.2% 和 48.5%，见表 5-2。2010 年度重大国际合作研究项目的资助经费也大幅度增加，资助强度 200 万～ 300 万元 / 项，资助期限一般是三年。

**表 5-2　2009 年重大国际（地区）合作研究项目申请与资助情况**

| 科学部 | 申请数 / 项 | 资助数 / 项 | 金额 / 万元 | 资助强度 / 万元 | 资助率 /% |
|---|---|---|---|---|---|
| 地球 | 13 | 4 | 600 | 150 | 30.77 |
| 生命 | 69 | 16 | 1 700 | 106.3 | 23.19 |
| 信息 | 26 | 7 | 700 | 100 | 26.92 |
| 管理 | 8 | 2 | 200 | 100 | 25.00 |
| 工材 | 29 | 8 | 800 | 100 | 27.59 |
| 数理 | 9 | 3 | 350 | 116.7 | 33.33 |
| 化学 | 19 | 7 | 700 | 100 | 36.84 |
| 总计 | 173 | 47 | 5 050 | 107.4 | 27.17 |

## 二、资助情况

### （一）重大国际合作研究计划资助宗旨和资助范围

重大国际合作研究计划设立于 2001 年，旨在吸纳境外研究资源、提升国际合作水平和规模、加强实质性合作。本项目资助科研人员立足国际科学前沿，目的在于有效利用国际资源，在平等合作、互利互惠、成果共享等原则下开展实质性的国际合作，提高中国科研水平和国际竞争能力影响力，力争在特定领域有所突破。

重大国际合作研究项目的资助范围包括中国迫切需求、亟待发展但目前处于弱势的领域的重大合作研究项目；利用国外大型科学设施开展的重大研究项目；由中国科学家创意发起或参与的国际大型科学研究项目和计划；属于自然科学基金委员会与国外科学基金组织或学术机构共同推荐的双边或多边大型国际合作项目；具有世界一流的合作伙伴和良好的国际合作前景的大型科学研究项目。

优先资助结合中国迫切需要发展的研究领域开展的合作研究；围绕国家自然科学基金优先资助领域开展的合作研究；利用国际大型科学设施开展的合作研究；中国科学家组织或参与的国际大型科学研究项目和计划 。

### （二）重大国际合作研究计划资助类型和资助强度

重大国际合作研究计划是以研究经费为主、交流经费为辅。重大合作研究项目资助期限一般为 3 ～ 4 年。国际合作局依据重大合作研究项目经费预算，制订重大合作研究项目总体资助计划，报计划局汇总。2011 年度资助强度调整为一般 300 万元 / 项，资助期限一般为 5 年。

## 三、对国际开放的项目申请程序与资助管理

### （一）重大国际合作研究计划的申请资格和要求

重大国际合作研究计划的申请人资格：凡是基金项目在研人员（或者承担过三年期以上基金项目）、符合基金项目申请条件的并具有高级专业技术职务的科研人员均可以申请重大国际合作研究项目，并且与国外（地区）合作者具有良好的合作基础。申请者同期只能申请或承担一项重大合作研究项目。离退休人员不得作为申请者提出申请。

拟开展的合作研究项目需具备以下条件。

（1）合作各方在人员、经费和设备条件等方面具有切实的保障；

（2）具有良好的合作基础；

（3）合作研究方案合理可行；

（4）合作研究队伍属于强强合作，优势互补；

（5）合作研究目标明确，重点突出，重视学科交叉。

重大合作研究项目一般采取集中受理的方式受理申请。项目依托单位对重大合作研究项目申请材料审核后，按年发布的申请通告规定的时间统一送自然科学基金委员会。自然科学基金委员会与对口协议单位共同组织的重大合作项目，按双方商定的时限受理申请。

### （二）重大国际合作研究计划的申请书

申请书应包括合作研究的目标、具体研究内容、参与项目研究的双方队伍详细情况、年度计划、经费预算、合作与交流方式、成果共享方式等，并附合作协议书。

合作研究协议书一般包括以下几项内容。

（1）合作研究内容及所要达到的研究目标；

（2）知识产权的归属、使用和转移；

（3）合作双方负责人和主要参与者；

（4）合作研究的期限、方式和计划；

（5）相关经费预算等事项。

### （三）重大国际合作研究计划的申请评议标准、程序

重大国际合作项目在自然科学基金委员会总体规划的基础上，按计划每年组织实施，随时受理、不定期评审。重大合作研究项目评审工作遵照“依靠专家、发扬民主、择优支持、公正合理”的原则。

（1）初审：自然科学基金委员会应当在规定时间内完成对申请材料的初步审查。符合本办法规定的，予以受理并公布申请人基本情况和依托单位名称、申请项目名称。

（2）同行评审：科学部对申请书进行初筛，按项目内容送同行专家进行项目的科学性评审。评审专家对项目申请应当从科学价值、创新性、社会影响及研究方案的可行性等方面进行独立判断和评价，提出评审意见。评审专家对每份申请填写评议意见，每份申请的有效评议意见应不少于五份。评审专家提出评审意见时应当考虑合作各方的研究基础和条件，开展合作的意义和基础，合作方案的合理性和可行性，承担基金资助项目的进展情况，以及项目申请经费使用计划的合理性。对于已受理的项目申请，自然科学基金委员会应当依据申请书内容和有关评审要求从同行专家库中选择五名以上专家进行通讯评审。对同一研究领域或者研究方向的项目申请应当选择同一组专家评审。

（3）会议评审：科学部对同行专家的评议意见进行分析、归纳和汇总，依据需要会同合作局组织专家评审会。专家评审会成员除满足学科评审组成员标准外，还应当对相关领域研究的国际动态有深入的了解。专家评审会一般不少于九人。

（4）申请人答辩：科学部在汇总同行评议意见的基础上确定提交评审会审议的项目并通知相关申请人到会答辩。

（5）专家评审会在充分讨论的基础上，以投票表决方式提出资助建议。建议资助项目应获得专家评审会成员过半数通过。专家评审会形成评审意见并由专家组组长签字。

（6）综合审议组依据报告情况和资助计划，对专家评审会建议资助的项目进行综合审议，并以投票方式提出综合审议组资助建议。资助建议应获得审议组成员过半数方为有效。

（7）国际合作局汇总综合审议组资助建议，经分管外事委领导审查同意后报计划局审核资助计划执行情况，由计划局报委务会审批并统一印发批准文件。国际合作局依据批准文件向依托单位下达资助通知书或未获资助通知书，并抄送相关科学部。

（8）项目负责人在收到资助通知书后一个月内，按要求填写项目任务书（以下简称任务书）。项目依托单位对任务书审核后报送国际合作局。

（9）任务书须经国际合作局、相关部门审核，报分管委领导批准。国际合作局依据研究计划提出拨款申请，经财务局审核后将资助项目经费拨至项目依托单位。

科学部与合作局依据评审意见及项目经费预算提出经费资助方案，100 万元（含）以下的项目报分管国际合作及相关科学部委主任审核批准，项目经费在100 万元以上者报相关部门讨论批准通过。根据审批结果向项目负责人及其所在单位下达重大国际合作研究项目批准通知书。

### （四）重大国际合作研究计划申请注意事项

研究计划申请注意事项如下。

（1）具有高级专业技术职务或职称的人员，同年申请或者参与申请合作研究项目不得超过一项；

（2）正在承担合作研究项目的负责人和具有高级专业技术职务或职称的参与者不得申请或者参与申请；

（3）年度项目指南中对申请数量的其他限制。

### （五）重大国际合作研究计划处理结果反馈形式

自然科学基金委员会应当自项目申请截止日起 45 日内完成对申请材料的初步审查。凡符合本办法规定的，予以受理并公布申请人基本情况和依托单位名称、申请项目名称。有下列情形之一的，不予受理，通过依托单位书面通知申请人，并说明原因。

（1）申请人不符合本办法规定条件的；

（2）申请材料不符合年度项目指南要求的；

（3）申请人、参与者在不得申请或者参与申请国家自然科学基金资助的处罚期内的；

（4）未在规定期限内提交申请的；

（5）依托单位在不得作为依托单位的处罚期内的。

自然科学基金委员会决定予以资助的，应当依据专家评审意见及资助额度等及时制作资助通知书，并书面通知依托单位和申请人，并公布申请人基本的情况；申请人、参与者在不得申请或者参与申请国家自然科学基金资助的处罚期内的，或依托单位名称、申请项目名称、资助额度等，决定不予资助的，应当及时书面通知申请人和依托单位，并说明理由。

申请人对不予受理或者不予资助决定不服的，可以自收到通知之日起 15 日内，向 NSFC 提出书面复审申请。对评审专家的学术判断有不同意见的，不得作为提出复审申请的理由。

自然科学基金委员会应当公告予以资助项目的名称及依托单位名称。公告期（5 日）满视为依托单位和项目负责人收到资助通知。

依据审批结果，国际合作及相关部们向项目负责人及其所在单位下达批准通知书后，申请人按要求填写“国家自然科学基金委员会重大国际合作研究项目任务书”（一式三份）报送相关科学部，科学部核准后报国际合作局复核，作为该申请项目实施、经费拨付、检查和结题的依据。

### （六）重大国际合作研究计划过程管理、结题与验收

国家重大国际合作研究项目由自然科学基金委员会国际合作局与相关科学部共同负责管理。自然科学基金委员会对项目采取逐项跟踪、中期检查、结题验收等办法加强管理。在重大国际合作研究项目实施过程中，项目负责人和研究计划的变更及项目暂缓拨款、中止等事宜，按科学基金有关规定执行，由科学部与国际合作局审批。项目中止的，结余经费返回重大国际合作研究项目经费。项目负责人变更或经合作方同意的计划调整，必须由项目负责人通过所在单位提出书面报告，并附上外方认可的书面文件，报相关科学部和国际合作局，经批准方可执行。变更文件需同时报计划局备案。项目实施过程中，项目负责人每年应填写项目年度进展报告，经所在单位签署意见，于次年 1 月 15 日前报送相关科学部和国际合作局各一份。

项目实施中期，科学部和国际合作局将采取适当方式共同组织对项目进行检查，并依据情况，对研究计划和资助经费进行调整。重大国际合作研究项目经费依据实际需要和计划分年度拨至项目负责人所在单位，一般第一年度拨出

资助经费不得多于项目经费的 50%，以后资助金额于每年第一季度末分批拨出。

项目负责人应在项目执行期限终止后，填报项目资助经费决算表，报本单位科学基金管理部门，据以填报项目资助经费决算汇总表上报自然科学基金委员会财务局。项目负责人于项目结束后三个月内完成结题报告。结题报告内容主要包括开展国际合作情况、研究计划完成情况、取得的成果及人才培养情况等，并附主要论文、专著、研究成果奖励证明等材料。结题报告经项目依托单位审核后报送国际合作局。项目负责人应于验收前一个月将国家自然科学基金资助项目总结报告及结题简表用邮件交相关科学部和国际合作局。审查合格同意后，方可组织验收。科学部与合作局在确定验收方式后，项目负责人及其合作方作出验收工作的安排。

重大国际合作研究项目需要依靠专家进行验收，验收专家组成员要求不少于五人。验收工作可采用通信评议形式，也可召开验收会议或结合学术活动进行。科学部依据专家验收意见填写重大国际合作研究项目验收评议书。

验收评议书报分管委副主任审核批准，报财务局办理结题手续。重大国际合作研究项目结题后，自然科学基金委员会签署重大国际合作研究项目结题通知，连同该项目的验收意见发至重大国际合作研究项目负责人及其所在单位。

重大国际合作研究项目结题通知发出三个月内完成档案的归档。归档工作按照自然科学基金委资助项目的档案管理暂行办法执行。

重大国际合作研究计划流程同图 5-1 所示国际合作交流项目流程。

## 四、中方承担的项目与典型案例

一些重大国际合作研究项目资助项目情况如表 5-3 所示。

**表 5-3　重大国际合作研究项目资助项目**

| 学部编号 | 项目名称 | 申请者 | 依托单位 | 建议金额 / 万元 |
|---|---|---|---|---|
| 30710168 | 昆虫蜕皮激素信号转导途径研究 | 赵小凡 | 山东大学 | 120 |
| 30710203 | 农林废弃物全组分清洁高效分离及其工业化应用基础研究 | 孙润仓 | 华南理工大学 | 120 |
| 30710181 | 水稻功能基因组和种质创新研究 | 钱前 | 中国水稻研究所 | 140 |
| 30710186 | 益气化瘀补肾法调控椎间盘软骨细胞信号转导通路的基础研究 | 王拥军 | 上海中医药大学 | 80 |

续表

| 学部编号 | 项目名称 | 申请者 | 依托单位 | 建议金额 / 万元 |
|---|---|---|---|---|
| 30710190 | 通过转基因小鼠模型的建立在体内研究整合素 β3 胞内段对血小板功能的调控作用 | 奚晓东 | 上海交通大学 | 100 |
| 30710205 | 中国亚热带森林生物多样性与生态系统功能实验研究 | 马克平 | 中国科学院植物研究所 | 150 |
| 30710206 | 红树根际系统中典型有机污染物界面分异与行为特征研究 | 严重玲 | 厦门大学 | 110 |

2000 年，北京大学、清华大学、浙江大学与美国加州大学洛杉矶分校、加州大学圣芭芭拉分校的有关研究团队共同组建了“国际系统芯片研究中心”（International Center on System-on-a-Chip，简称 IC．SOC），希望通过该平台，全面系统地汲取国际 SOC 设计等方面的诸多领先技术，发挥中国在此领域的研究特长，争取在 3 ～ 4 年内，完成一批在国际上有影响力的研究成果，使中国在 SOC 的电子设计自动化（EDA）关键技术方面有新的突破，在集成电路系统设计方法和工具方面步入世界先进行列，并争取与中国其他科技计划相衔接，并进一步发展成实用的产品，带动中国 SOC 产业化的发展。

NSFC 与 NSF 在合作协议框架内对该项合作研究给予了资助，资助的重大国际合作项目名称为“统芯片设计方法及其 EDA 关键技术研究”，中方负责人为清华大学洪先龙教授和北京大学程旭教授。在合作的基础上，中方项目组成员在 SOC 设计方法学的理论层面上进行了深入的研究，为学科发展奠定了坚实的基础；在芯片级布图规划和布局、三维互连寄生参数提取、软硬件划分和互连线驱动的综合等技术研究中取得多项国际先进水平的研究成果。其合作主要成果有以下几项。

（1）在 2000 年 11 月国际计算机辅助设计年会（ICCAD2000）提出的具有原创性的角模块表的布图表示的基础上，提出了多个扩展的 CBL 布图表示：扩展角模块表（ECBL）、压缩角模块表（CCBL）和角模块表子串（SUB．CBL）等布图表示及其布图规划算法。

（2）提出了串联支路等效电路约简算法和二维几何网格约简算法，大型网络在同样精度下，其求解时间比常用的 SPICE 模拟程序快几十倍甚至几百倍，具备了优化百万门的大型电源 / 地线网络的能力。

（3）在互连线规划及优化算法和特殊线网布线的研究方面，提出了“关键网络”概念和“基于关键网络”的互连线时延分析与优化策略，使得时延、不嫌拥挤的优化效果理想。

## 五、其他信息

更多申请方面信息请登录国家自然科学基金委员会网站（http://www.nsfc.gov.cn）及自然科学基金网络信息系统（http://isis.nsfc.gov.cn）进行查询。

# 第九节　中德科学中心

## 一、中德科学中心概况

### （一）发展现状

中德科学中心（The Sino-German Center for Research Promotion）是我国国家自然科学基金委员会（NSFC）和德国科学基金会（DFG）共同建立的，目的在于推动和促进中德两国在基础研究领域合作与交流的资助机构。DFG是德国最大的资助基础科学研究的机构，主要工作是促进德国科学家之间及德国科学家同国外同行的合作。1988年3月25日，NSFC与DFG正式签署科学合作协议。1995年11月13日，NSFC和DFG签署了共同建立中德科学中心的合作协议，两国时任总理出席签字仪式。20年来，NSFC与DFG向中德科学中心投入经费近3亿元人民币。中德科学中心通过多种形式推动了中德科学家之间合作与交流，到目前为止共有1.4万名两国科学家得到中德科学中心的资助，中德中心坚持“共同投资、共同管理、联合申请、联合评审、独家资助”的原则，开展了形式多样的合作研究与交流，取得了可喜成绩。

### （二）中德科学中心资助层次和重要影响

中德科学中心希望所提供的资助避免与DFG和NSFC现有的合作资助形式相重叠，主要侧重于对以下层次的合作进行资助。

（1）在合作研究项目准备阶段进行的有目的的联系工作；

（2）对于双方国家有多个工作小组参加的大型共同合作项目的准备工作；

（3）对改善合作条件的倡议。

中德科学中心工作的目的是使自己的工作成为DFG和NSFC双边合作的有

力补充和延伸，通过加强与 NSFC 和 DFG 项目的合作而获得有力的支持。

近十年来，中德科学中心已受理项目申请 530 余项，资助了 340 余项，其中包括双边研讨会 199 个、研究小组 11 个、合作项目 7 批 43 个、出版物 29 个、青年资助计划 13 个、短期讲习班 10 个等。

### （三）中德科学中心项目中方参与情况

2007 年，中德科学中心共受理 64 项申请，批准 40 项，资助了 30 个会议和短期讲习班，资助科学家 1 000 多人次，其中德国科学家 420 多人次；接待了国外来访者 32 批近千人次，其中国内来访者 47 批 2 000 余人次。2007 年，中德科学中心顺利通过了由六名中德专家组成的评估小组的评估。

2008 年，中德中心共受理申请项目 61 项，批准 31 项，其中资助了 23 个研讨会和短期讲习班；第 7 次选派了 35 名中国物理博士研究生和经济学博士研究生参加诺贝尔奖获得者学术大会，并资助他们在德国进行为期两周的参会和学术访问，直接资助科学家 1 000 余人次。

2010 年双方各投入 1 260 万元人民币，着重就促进国际合作、加强青年科学家培养、提高资助项目的质量等问题交换意见并从战略高度对未来十年的中德科技合作提出了建议，为中德合作注入了新的活力。近十年来，NSFC 与 DFG 向中心投入经费近 3 亿人民币，科学家交流量 1 400 左右人次。

## 二、资助情况

### （一）中德科学中心资助宗旨和资助领域

中德科学中心的主要任务是进一步扩大和加深双方在自然科学、生命科学、工程科学及相关的交叉学科领域的合作，推动中德高等院校和科研单位在基础研究和应用基础研究领域内的合作与交流，为中德科学技术合作创造更好的环境基础和条件。中德科学中心尤其重视对作为未来双边合作承担者的青年科学家的资助工作。

中德科学中心资助的重点是自然科学、工程科学、生命科学（包括医学）及经济和管理科学的部分学科范畴。此外，中心还能为社会科学领域的研讨会提供一定的资助。中心为合作研究项目提供耗材费用、小型仪器设备经费、差旅费和短期停留费。中德科学中心在以下战略领域选择合作项目：新材料；交通研究；食品营养学；能源研究；信息技术和通讯技术，包括光电子系统；干旱与环境研究；生命科学；先进制造技术；纳米技术和微系统技术等。

中德科学中心主要通过资助双边学术研讨会、联合研究小组、合作项目、出版物，以及为进行合作而产生的前期筹划活动。

## （二）中德科学中心项目资助形式和资助强度

1. 双边学术研讨会

中心资助的科学双边研讨会必须具有特定的科学主题，并且由双方资深科学家和研究人员共同协调主持；参会者必须是两国在相应科研领域内权威性的科学家，并须尽可能要求来自不同机构和地区的代表参加。

资助标准如下。

（1）在华举行会议标准：中国外地代表与德国代表住宿费每人每天 400 元人民币；外地科学家城市间旅费每人 2 500 元人民币；餐费每人每天 200 元人民币；当地交通费每人每天 100 元人民币；德国科学家个人公杂（交通、医疗保险及其他费用）每人 400 元人民币；德国科学家到机场的交通车、机票和签证服务由 CTS 办理。中心为来自第三国的科学家提供一次性国际旅费补贴，即跨洲 1 000 欧元或 10 000 元人民币，洲内 500 欧元或 5 000 元人民币。当地代表市内交通费与餐费每人每天 300 元人民币。

会议组织费包括会议材料、通讯、会议期间咖啡 / 茶费每人每天 20 元人民币；接待等费用每人 200 元人民币；会场费（如一定需要）每人每天 120 元人民币。

（2）在德举行会议标准：中国与德国外地代表住宿费每人每天 105 欧元；当地交通费每人每天 20 欧元；外地科学家城市间旅费每人 200 欧元；餐费每人每天 35 欧元；中国科学家零用费每人 50 欧元；公杂费每人每天 20 欧元。当地代表市内交通费与餐费每人每天 55 欧元。

会议组织费包括会议材料、会议期间咖啡 / 茶费每人每天 7 欧元；通讯、接待等费用每人 50 欧元；会场费（如一定需要）每人每天 15 欧元。

2. 中德合作研究项目

中德研究项目提供最多不超过三年的中期双边合作的机会。合作研究项目以双方共同制定的独特的合作研究方案为基础，以合作研究的具体工作计划为核心展开合作研究工作。资助内容包括研究所需的出版费、耗材费、会议费和差旅停留费等。中心不提供人员工资。项目经费额度一般为 60 ～ 100 万元人民币或等值的欧元，由双方共同使用。

3. 中德合作研究小组

合作小组资助内容为双边研讨会、合作研究、人员短期互访、出版物等，并为此资助消耗材料经费、出版费、人员交流经费、会议费等。申请人可以参考中心的资助标准。该资助形式可涵盖多个优势和兴趣互补的研究课题。中心不提供人员工资。申请人必须是获得中心资助过的会议参加者，以确保双方彼此间已经有所了解和合作基础，能更好地沟通与协作。资助期限为三年。

4. 青年科学家系列资助计划

（1）短期讲习班。旨在给中德青年科研人员传授某一专业领域内先进的科研方法、技术及其应用，针对某一特定研究领域内的实际问题进行培训和讨论。中德科学中心可资助来自双方国家的 4 ～ 6 名资深科学家担任授课老师。参加者是来自中德两国的博士研究生、博士后及优秀大学生。参加者的人数视讲习班的要求和条件而定，但最多不超过 40 人，其中派出方的人数不超过 15 人。中心资助的短期讲习班一般为 14 天以内，其中包括抵离各一天。举办地可在中国或德国。资助内容包括国际国内旅费、当地食宿交通费、会议材料、学术考察费等。

（2）林岛项目及后续资助。中德科学中心与林岛诺贝尔奖得主大会基金会合作，每年资助约 30 ～ 35 名（另有 10 名经济学）优秀博士生或博士后前往德国林岛参加诺贝尔奖得主学术大会，会后安排访问德国相关的科研单位。获得邀请参加大会的学生从全国范围内挑选，由中德评审专家面试决定是否入选。

（3）德国优秀青年学者来华资助计划。这是中心为德国优秀青年科学家推出的新型资助类型。试行阶段主要面向 DFG 设立的艾米 • 努特（Emmy Noether）奖获得者和具有同等水平的其他奖项获得者，如欧洲研究理事会 Starting Grants 项目获奖者、SFB 优秀青年科学家小组带头人、大众基金会 Lichtenberg 教授职位资助项目的获奖者及青年小组负责人。该计划主要资助青年科学家来华进行学术访问和研究工作，或者与所选择的开拓双边科学合作和中国合作伙伴探讨。资助内容包括国际、国内旅费，以及在华停留所需生活费。如果进行短期学术访问，原则上不得超过两周，在华停留不可以超过三个城市，而且有接待单位和接待人。

（4）青年科学家论坛计划。为中德两国青年科学家提供一个认识本学科领域内有成就的科学家并与其深入探讨科研工作的机会。原则上每次会议可邀请中德双方不超过 40 名青年科学家及依据活动规模所确定的数名资深高级科学家共同参加。资助内容包括国内旅费、国际旅费、当地食宿交通费及会议材料费等。

（5）中德科学家的联合出版物。主要是中德科研成果的联合出版物、论文集、特刊等。资助经费不超过5 000欧元或者5万元人民币。中心不资助教科书、译著等。

（6）合作项目的前期筹划准备活动。在策划研讨会、双边合作研究项目或中德合作研究小组时，如果需要就项目框架条件及具体问题和安排进行商讨，可以申请到对方单位进行短期访问，中心可以依据情况提供国际旅费和不超过5天的食宿交通费，出访人数为1人。中心接受申请人共同提出的访问申请。中心也资助这类小型的筹划准备会议。这类资助内容期限较短，人数为1人。

### （三）中方参与中德科学中心项目的方式

每年在中德科学中心和NSFC网站上会公布征集项目通知、项目指南，符合要求的中方申请者须与德国合作伙伴共同提出申请，在中心网站上下载申请书，并在项目实施前至少三个月向中德科学中心直接报送。

## 三、对国际开放的项目申请程序与资助管理

### （一）中德科学中心项目的申请要求

中德科学中心随时受理来自中德高校或科研单位的科学家共同提交的申请。申请要求如下。

（1）项目要求中方的申请者是NSF项目的承担者或参加者、35岁以下获得博士学位者，且须与德国合作伙伴共同提出申请。德国合作伙伴应是DFG项目承担者或参加者，年龄小于35岁并获得博士学位的学者不受基金项目承担者或参加者的限制；申请者应提交最近一次受资助的文号。

（2）申请者在中心网站上下载申请书，并用中英文或中德文两种版本申请书，保证中英文内容一致，在项目实施前三个月向中德科学中心直接报送。

（3）申请书必须由中德科学家共同提出，且随时提出，随时受理。

### （二）中德科学中心项目的申请书

中德科学中心的项目要由中德科学家联合申请，申请书须以书面形式提出，使用中德文或者中英文，一式十份报中德科学中心，同时还应提供一份电子版的申请书。

针对不同的资助形式，申请书的内容也有所差别。

（1）前期准备：申请中必须详细说明所申请费用的必要性，并简要介绍计

划的框架和项目执行双方人员的情况。

（2）中德双边研讨会：会议申请必须由中德会议组织者共同提出，双方组织者负责整个会议的组织协调工作，如果会议获得中心资助，会议组织者有义务在会议结束后向中德中心提交书面报告。

（3）中德合作研究小组：合作研究小组中德双方各一名科学家作为项目协调人，代表所有参与该项目的科学家向中心提出建立中德合作小组的申请。项目协调人直接对中心负责。如获批准，批准通知书及项目经费都将拨发给项目协调人并责由其对经费的使用负责。此外，项目协调人还必须每年向中心递交书面报告、年度经费使用报告及下一年度经费请款通知，在项目结束后递交总结报告。申请书采用英文撰写，详细介绍三年内的合作计划以及经费计划。

申请书中需阐明以下问题：合作研究能体现出什么优势？采用何种方式进行合作？在可预见的时间里计划能取得哪些成果？计划采用何种方式吸纳青年科学家加入，以及培养接班人？研究计划的特殊意义是什么？计划实现怎样的目标？参与研究的科学家专业水平如何？哪些先期工作有助于研究计划实施？如何利用以互联网为基础的通讯方式？还有哪些辅助性沟通方式？

（4）合作研究项目：双边研究项目资助可提供耗材费、小型仪器设备费及差旅停留费。中心不提供人员的经费，但德方可在向中心提交的申请中提出人员经费，如果该项目获得批准，则人员经费由 DFG 提供。

（5）中德青年科学家论坛：和中心所有的资助形式的申请形式类似，青年科学家论坛的申请也必须由中德双方各一位协调人共同撰写提交。中心评审后决定是否资助。

（6）中德短期讲习班：申请书主要包括简要介绍项目目的，以便中心将其登载上网；项目协调人的姓名、地址（包括职位、单位、系别全称、电话、传真和电子邮件）及其签名；短期讲习班的主题；会议时间和地点（如果计划不在中心举行，请简要说明理由）；申请理由，包括项目主题的意义和所介绍的方法、中德两国研究现状、培训目的和针对群体、中德合作前提；短期讲习班日程安排，并说明如何选择参加者（如公开招考）；报告者名单。

（7）资助出版物：原则上中心资助登载到中心网页或链接的网页上的电子出版形式。只有在特殊情况下可资助常规的印刷出版物。申请书中必须说明申请理由，特别需要说明为何网络上的发表不能满足作者的要求。此外需要说明作者、内容及目标读者群。请在出版合同签署之前递交申请。

## （三）中德科学中心项目的申请评议标准、程序

中德两国研究团队应分别向 NSFC、DFG 递交预申请。如果同意继续受理该项目，NSFC 和 DFC 将在中国或德国组织研讨会。由 NSFC、DFC 邀请有关专家组成专家组到会，并要求申请人介绍情况和答辩。依据研讨会的结论，NSFC 与 DFG 将协商并共同决定是否受理正式申请，并将结果通知双方的项目协调人。如果 NSFC 和 DFG 均同意继续受理该项目，申请人可分别按 NSFC、DFG 的相关规定与程序递交正式申请书。

NSFC 和 DFG 将对项目申请进行会评和实地考察。由双方邀请专家组成评审专家组，对正式申请进行评审，申请人必须到会答辩。同时，评审组还将到申请人的单位和实验室等进行实地考察。专家组依据会议和实地考察情况写出评审意见。

在项目评审基础上，双方将通过各自的决策机构，按照各自的规定和程序做出资助决定。只有同时得到 NSFC 和 DFG 批准的项目申请才可能获得最终批准。

具体评审标准如下。

1. 双边学术研讨会

评审标准为：主题的选择（所选主题的学术意义）；中德两国都应具有学科潜力；有产生合作的可能性；与会代表应有一定的学术代表性；日程安排有合理性。

所有申请由中心转交 NSFC 和 DFG 相关学部主任并征求意见，最后由学部主任推荐专家小组进行评审。

2. 中德合作研究小组

评审标准为：研究计划的科学意义和预期成果；合作双方科学家学术水平以及前期工作质量；中德合作的预期成果是增加整体团队合作的价值和必要性。

通过 NSFC 和 DFG 相关学部主管项目主任的协调，征求中德双方评审专家的意见，或专门组织一个中德专家评审小组进行评审。中心依据评审结果报送联委会后作出资助与否的决定。

3. 合作研究项目

评审标准为：研究计划产生的科学意义、原创性和预期成功的前景；合作双方科学家学术水平及以往工作质量；预期的合作方式及预期的成果。

通过与 NSFC 和 DFG 相关学部主管项目主任的协调工作，采用书面征求中德双方专家的意见或专门组建一个中德专家评审小组进行评审。中心将在专家

评审结果的基础上决定是否给予资助。

4. 中德短期讲习班

所有申请由中心转交 NSFC 和 DFG 相关学部主任征求意见，并由学部主任推荐专家进行评审。

### （四）中德科学中心项目过程管理、结题与验收

中德科学中心项目均要求在项目结束两个月之内向中心递交经双方签名的项目总结报告。

1. 双边学术研讨会

总结报告主要内容包括会议进程和结果、产生预期的合作研究项目、规模和程度。会议报告将登载到中心网页上。

2. 中德合作研究小组

总结报告的内容主要包括以下几点。

（1）项目计划中拟解决的问题，以及拟实现的目标；

（2）双边合作关系的发展情况；

（3）研究取得的成果是否具有经济价值，是否可以实现或有望实现，在可能的情况下请说明关于专利及与企业合作等情况；

（4）项目实际进展情况，包括计划执行情况、学术上的失误及项目组织和实施中存在的技术性问题等；

（5）已取得的成绩和成果、重大研究问题的讨论结果、可能的应用前景、可想象的后续研究、进一步合作前景；

（6）该项目对于科学后备人才培养的促进作用（如硕士研究生、博士研究生、取得大学任教资格等）；

（7）工作简介（将登载到中心网页上）。

3. 合作研究项目

中德合作研究项目进行到一半时，中德双方项目负责人须及时向中心递交双方签字的合作项目研究进展报告。中心期待在研究合作项目结束后两个月内双方提交一份研究项目总结报告。具体内容主要包括以下几点。

（1）该项目对于科学后备人才培养的促进作用（如硕士研究生、博士研究生、取得大学任教资格等）；

（2）详细说明项目执行情况，包括与原计划的偏离情况，以及在项目组织管理或技术操作过程中出现的问题；

（3）项目研究成果向企业界和经济界应用转化产生经济效益的可能性，以及是否已经得到转化，可能的情况下说明专利获得情况及企业合作情况；

（4）项目执行过程中双方合作关系的发展及所取得的成果，特别是与科研水平和现状的对比、该项目对今后合作的推动作用和贡献，以及项目所产生的文章等成果；

（5）总结报告将在中心网站上公布。

### （五）中德科学中心项目流程示意图

中德科学中心项目流程如图 5-3 所示。

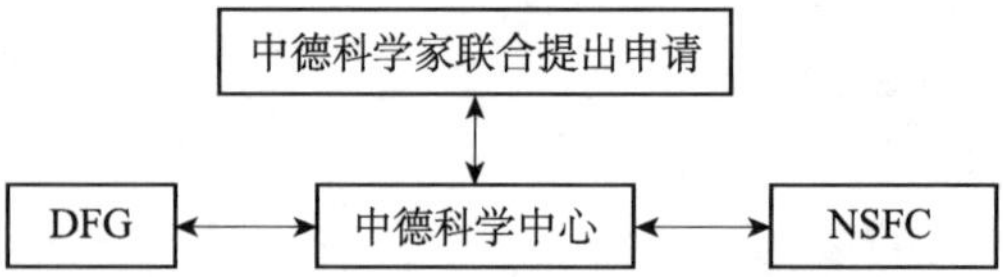


**图 5-3　中德科学中心项目流程示意图**

## 四、中方承担的项目

在 NSFC 和 DFG 联合设立的中德科学中心国际合作项目资助下，生物信息、微系统、金属材料、陶瓷材料及绿色化学等众多领域的研究项目纷纷启动，如表 5-4 所示。

**表 5-4　中德科学中心合作项目（部分）**

| 项目名称 | 德方申请者名称 | 德方申请单位 | 中方申请者姓名 | 中方申请单位 | 批准经费（千元） | 领域 |
|---|---|---|---|---|---|---|
| Using protein secondary structure predication in search of proteins with related tertiary structures | Robert Giegerich | Universität Bielefeld, Technische Fakultät | 潘宪明 | 中国科学院生物物理研究所 | 68 | 生物信息 |
| Study of metrological large range scanning microscopy for fast, high accurate and traceable nano and micro dimensional metrology | Günter Wilkening | Physikalisch-Technische Bundesanstalt, Nano- und Mikrometrologie | 李岩 / 侯文玫 | 清华大学，上海理工大学 | 885 | 微系统 |
| Microstructure evolution in rapidly solidified immiscible alloys | Lorenz Ratke | Deutsches Zentrum für Luft-und Raumfahrt（DLR）Köln, Institut für Raumsimulation | 赵九洲 | 中国科学院金属研究所 | 191 | 金属材料 |

续表

| 项目名称 | 德方申请者名称 | 德方申请单位 | 中方申请者姓名 | 中方申请单位 | 批准经费（千元） | 领域 |
|---|---|---|---|---|---|---|
| On the role of microstructure, surface roughness and multiaxial loading on martensitic transformations in NiTi shape memory alloys | Gunther Eggeler | Ruhr-Universität Bochum, Institut für Werkstoffe | 岳珠峰 | 西北工业大学工程力学系 | 217 | 陶瓷材料 |
| Asymmetric Catalysis by Chiral Organocatalysts, 2007-2009, Shanghai/München | Stefan Bräse/ Hendrik Zipse | Universität Karlsruhe/ LMU München | 施敏 | 中国科学院上海有机化学研究所 | 930 | 绿色化学 |

## 五、联系方式

中德科学中心的网址：http://www.sinogermanscience.org.cn/。

国家自然科学基金委员会网址：http://www.nsfc.gov.cn。

自然科学基金网络信息系统：http://isis.nsfc.gov.cn。

# 第十节 A3前瞻计划

## 一、A3 前瞻计划概况

### （一）发展现状

A3 前瞻计划项目（Asia3 Foresight Program）是国家自然科学基金委（NSFC）、日本学术振兴会（JSPS）和韩国科学与工程基金会（KOSEF，现韩国国家研究基金会，NRF）共同设立的合作研究计划。依据 2004 年 12 月在上海举行的第二届亚洲研究理事会主席会议所达成的共识，NSFC、JSPS、KOSEF 设立 A3 前瞻计划，联合资助中、日、韩三国科学家在选定的战略领域共同开展世界一流水平的合作研究，并通过计划的实施，培养杰出科技人才，共同解决区域问题，目的是使亚洲成为世界有影响力的科学研究中心之一，在亚洲建立一流研究基地。每个财政年度的研究课题由三方机构磋商确定。每个机构在三年内各提供 3 千万日元的等值资金。

### （二）A3 前瞻计划的资助范围和机制

A3 前瞻计划项目合作领域选择科学界的热点领域，每年聚焦一个主要领域。从机制上来说，每年的 A3 前瞻计划项目合作领域会与上一年度召开的东北亚科学论坛的主题一致，而东北亚科学论坛的主题则由中韩基础科学联委会和日韩基础科学联委会协商推荐，由亚洲研究理事会主席会议最后确定。每年，A3 前瞻计划项目资助今年聚焦的项目，每年资助数量不多于两个。

依据基础研究的特点和中日韩合作基础，三方就合作模式达成共识，项目执行期限实行“3+2”模式，即先执行三年，经评估后对优秀的项目再联合资助两年，以利于形成稳定的合作群体；资助经费采取三方对等的投入方式。在每年召开的亚洲研究理事会主席会议（A-HORCs）上由三方资助机构主席共同确定研究领域；三方资助机构依据确定的研究领域，在次年组织召开的东北亚学术研讨会上，研讨和形成公开征集合作项目的指南；中日韩各方科学家依据项目指南，建立合作关系，形成合作研究方案，分别向本国的资助机构提出申请；三方资助机构对项目申请进行独立评审后，确定予以联合资助的项目；三方对等投入，联合资助，各自对项目进展进行评估；按照三方确定的原则达成共识，选择优秀的项目给予延续资助。

### （三）A3 前瞻计划中方参与情况

A3 前瞻计划自实施以来，中日韩三国资助先后在纳米技术、生物技术、气候变化、表现遗传学、先进材料等领域共同资助了 10 个项目，已有多个项目成功得到了延续资助。

A3 前瞻计划这一区域性多边科学合作计划的实施使合作各方在优化科技资源、培养科技人才等方面都受益匪浅，提高了科学研究水平，有效提升了亚洲科学界在世界科学中的地位。例如，北京大学方精云教授承担了东亚地区陆地生态系统碳汇的计量与预测研究，中日韩三方科学家在数据共享和分析等方面的合作进展良好，中方课题组的研究成果在 2009 年 4 月的《自然》杂志上发表，引起国际社会的高度关注；复旦大学赵东元教授承担了新型介孔材料的合成研究，三方强强合作，项目执行三年来，赵东元以通讯作者身份在 Chen.Reu 等高水平国际期刊上发表 SCI 论文 84 篇，申请发明专利 18 项。

2010 年，中日韩亚洲研究理事会主席会议在中国召开，三方共同商定了合作研究领域，中方关于适当扩大资助规模的建议得到日韩的积极响应。2009年和2010年两届中日韩科学基金会主席会议，先后确定了中方建议的下一代互联网研究和等离子物理为下一年中日韩前瞻研究计划的研究主题。

## 二、资助情况

### （一）A3前瞻计划资助宗旨和资助范围

A3前瞻计划联合资助中国日本韩国三国科学家在选定的领域共同开展世界水平的合作研究，目标是使亚洲在该领域成为世界具有影响力的研究中心之一；另外通过该计划的实施，达到培养青年杰出人才和解决区域问题的目的。每年的合作领域将与之前一年NSFC、JSPS、KOSEF共同举办的东北亚会议主题一致。

A3前瞻计划的工作包括定期举办研究理事会主席会议，举办东北亚科学论坛，以及联合资助三国科学家在选定的前沿领域开展实质性合作研究。项目资助宗旨在于促进中日韩科学家在前沿领域开展合作研究，在解决共同面对的地区核心问题、培养科技人才方面都发挥重要作用，共同提高三国的科学研究水平，为三国在科技领域的可持续发展做出贡献。

每年A3前瞻计划项目数量在两个以内，每个项目实施周期为三年。每年获准立项的项目从当年8月份开始实施。2005年计划的主题是纳米科技；2006年计划的主题是生物技术；2007年计划的主题是气候变化，重点是东亚气候年际变化和年代际变化、气溶胶和大气化学过程的观测和模拟、东亚地区碳循环的观测与研究；2008年计划的主题是先进材料，重点是磁学、磁性材料、块状非晶合金和先进陶瓷材料；2009年计划的合作领域是癌症表观遗传学；2010年计划的合作领域是可再生能源，具体研究方向为光伏能量转换、热能转换、生物质能量转换、燃料电池和锂离子电池、人工光合作用；2011年计划的合作领域是下一代互联网与网络安全，具体研究方向为下一代互联网、网络安全、下一代互联网的新应用等。

### （二）A3前瞻计划资助类型和资助强度

2005～2010年，NSFC对每个获准立项的项目提供200万元以内的经费资助，其中包括研究经费和合作交流经费。2011年的合作项目数为两个，NSFC为每个项目提供240万元以内的资助经费。

### （三）中方参与A3前瞻计划的方式

每年A3前瞻计划合作机构三方于12月在网上同时公开征集项目，在

NSFC 网站上会刊登出征集 A3 前瞻计划项目的通知，中方申请者与日方和韩方合作者可以联合提出申请，并按照项目指南登录相应网站报名申请。

## 三、计划项目申请程序与资助管理

### （一）A3 前瞻计划项目的申请要求

申请 A3 前瞻计划项目应符合以下条件：

1. 作为项目负责人，正在承担或者承担过三年期以上科学基金项目；

2. 申请人应具有高级专业技术职务（职称），并且中方申请人须是 NSFC 在研项目负责人，要求与日韩科学家有一定的合作交流基础；

3. 正在承担合作研究项目的负责人和具有高级专业技术职务（职称）的参与者不得申请或参与申请；

4. 具有高级专业技术职务（职称）的人员，同年申请或参与申请合作研究项目不得超过一项；

5. 中日韩三方科学家之间应当具有一定的合作交流基础，项目申请应充分体现强强合作、优势互补。

### （二）A3 前瞻计划项目的申请评议标准、程序

A3 前瞻计划项目的申请程序是：顶层设计，共定领域；联合组织，学术研讨；形成指南，共同征集；分别评审，协商确定；联合资助，各自评估；交换结果，择优延续。流程包括以下几项：A3 前瞻计划的研究领域体现了顶层设计，在每年召开的 A-HORCs 会议上由三方资助机构主席共同确定；三方资助机构依据确定的研究领域，在次年组织召开东北亚学术研讨会上，研讨和形式公开征集合作项目的指南；中日韩各方科学家依据项目指南建立合作关系，形成合作研究方案，分别向本国的资助机构提出申请；三方资助机构对项目申请进行独立评审和单边协商后，确定予以联合资助的项目；三方对等投入，联合资助，各自对项目进展进行评估；按照三方确定的原则达成共识，选择优秀的项目给予延续资助。

A3 前瞻计划项目先由三方基金组织依据各自的评审程序在申请项目中遴选出推荐项目名单，然后，三方交换推荐项目名单，按照一定程序共同协商，最终确定出获得资助的项目。

（1）初审。三方组织分别对各自的申请项目进行资格认定，不符合规定的申请认定为无效的申请。

（2）函评。评审专家遴选出有资格进行答辩的项目。

（3）专家组会评。选出最后项目名单，然后和日方、韩方交换名单。

### （三）A3 前瞻计划项目过程管理、结题与验收

A3 前瞻计划项目流程如图 5-4 所示。中方申请人在每年年末应提交项目进展报告，项目执行结束后须提交结题报告。

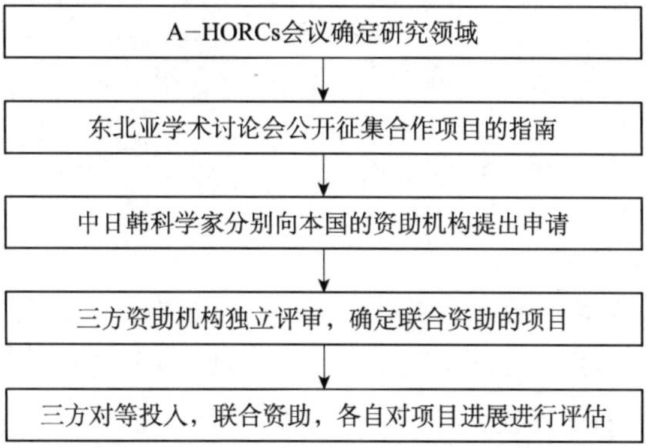


**图 5-4 A3 前瞻计划项目流程示意图**

## 四、中方承担的项目案例

在 NSFC、JSPS、NRF 联合设立的中日韩三国 A3 前瞻计划重大国际合作项目资助下，北京大学临床肿瘤学院邓大君教授主持的胃癌 DNA 甲基化变异研究项目正式启动。邓大君教授和项目组成员北京大学基础医学院肿瘤学院潘凯枫教授、朱卫国教授及上海交通大学仁济医院陈萦晅博士构成的中方团队，于 8 月 29 ～ 30 日在日本东京医科齿科大学，与日本东京医科齿科大学湯浅保仁教授带领的日方团队和韩国国立首尔大学金盱鎬教授带领的韩方团队一起，确定了中日韩三国间该项目的具体合作研究内容。各个研究团队首先介绍了各自的研究基础和优势领域，然后依据研究计划确定了在下列四个方面开展深入的合作研究：①影响胃癌发生的危险和保护因素与人体细胞 DNA 甲基化变异发生的相关性；② DNA 甲基化发生机制；③甲基化组与胃癌转移能力预测；④胃癌干细胞的甲基化特征。同时他们还决定在项目执行期间每年开展学术、工作交流，派遣青年学者到对方实验室进行短期研究访问，为开展下一步的合作培养研究梯队。本合作项目本着优势互补、互惠互利的原则进行。通过三方通力合作，期待利用表观遗传手段来解决胃癌防治领域的一些关键性科学问题。

## 五、联系方式

参见网址：http://www.jsps.org.cn/site/index.jsp；http://www.jsps.go.jp/。

# 第十一节 中澳科技合作特别基金

## 一、中澳科技合作特别基金概况

### （一）发展现状

中国与澳大利亚两国政府于1980年签署了科技合作协定，1989年签署了中澳科技合作谅解备忘录。2000年中国科技部与原澳大利亚工业、科学和资源部签署了《关于建立中澳科技合作特别资金的谅解备忘录》，设立特别资金项目，以支持两国间互利互惠的科技合作。并于2005年7月4日在北京首签，2007年10月31日在堪培拉续签了备忘录。2007年中国科技部与原澳大利亚教育、科学与培训部签署了《关于科技合作特别资金管理的谅解备忘录》，确定中澳特别资金除支持交流和合作研究项目外，还可支持联合研究中心的建设。截至2008年年末，中澳双方已批准建立了5个联合研究中心。

由NSFC和澳大利亚创新、工业与科研部（原澳大利亚教育、科学与培训部）共同资助的中澳科技合作特别基金于2000年启动，2001年正式实施，用于支持中澳两国共同关心的科学和战略研究开发项目。

### （二）中澳科技合作特别基金资助机制和领域

中澳科技合作特别基金每年选择科学界的热点领域。国际合作项目的资助内容包括研究经费和国际合作交流费用。依据签订的合作协议，双方共同资助两国科学家的短期学术访问与人员交流（一般少于三个月）、双边学术研讨会、两国科学家之间及两国优秀科学家团队之间的合作研究。

中澳科技合作特别基金的资助领域如下：首先，采矿（包括矿物）、环境（包括水资源管理、空气质量、土壤质量及生态系统的可持续性和多样性）、能源（包括可再生能源、核能和能效）、先进材料（包括纳米技术）等方面的合作研究为优先资助领域；其次为信息通讯技术（包括遥感）、农业（包括畜牧业和动物卫生)、生物技术(包括卫生、医药和中医药)、其他领域的项目申请也可给予一定考虑。

### (三)中澳科技合作项目中方参与情况

2006 年度中澳科技合作特别基金的项目申请共收到申请项目 28 项，经过中澳双方共同评审，最终确定纳入 2006 年度协议框架的项目有 18 项。2007 年度中澳科技合作特别基金的项目申请共收到申请项目 61 项，经过中澳双方共同评审，最后纳入 2007 年度协议框架的项目共 23 项。2008 年度的项目申请共受理申请项目 89 项，经过中澳双方共同评审，确定纳入 2008 年度协议框架的项目共 10 项。2009 年度 NSFC 在集中征集中澳科技合作特别基金项目期间共接收申请项目 81 项，其中受理申请项目共 69 项，不予受理申请项目共 12 项。

## 二、资助情况

### (一)中澳科技合作特别资金资助宗旨和资助范围

中澳科技合作特别资金旨在支持互利的合作科学战略研究，研究将由中澳合作伙伴执行。这些合作项目让中澳双方建立起富有成效的联盟，并为两国的研究人员及研究和商业领域吸引并创造更多的机会，为双方的产品和服务拓宽市场。双方认为特别资金支持的项目和联合研究中心应具备以下条件。

(1)有利于中澳双方加强科学交流与合作;

(2)有利于中澳研究人员建立富有成效的联合;

(3)有利于双方获取具有战略意义的重点前沿科技优势互补，实现互利。

中澳科技合作项目的主要任务是进一步扩大和加深双方在农业、信息通信技术、采矿、能源、生物技术、环境、先进材料等领域的合作，推动中澳高等院校和科研单位在基础研究和应用基础研究领域内的科学合作，并重视对作为未来双边合作承担者的青年科学家的资助。中澳科技合作项目旨在推动中澳两国开展高质量的跨学科研究，促进两国科学家之间的实质性合作及人才培养。

### (二)中澳科技合作项目资助类型和资助强度

中澳科技合作特别基金每年申请一次，凡是承担在研的自然科学基金项目并与澳大利亚有良好合作基础的国内专家均有资格申请该项目，项目执行期最长不超过三年。特别基金成立于 2000 年，中澳双方均出资 25 万澳元，自 2006 年 7 月起澳方将经费提高到每年一方出资 200 万澳元。NSFC 对获得批准的项目给予每年最多不超过 4 万元人民币的资助，用于资助国际合作与人员交流活动。

项目执行期限定为三年。

### （三）中方参与中澳科技合作项目的方式

每年中澳科技合作项目在中方和澳方网上同时公开征集，在NSFC网站上会刊登出征集中澳科技合作项目的通知，中方申请人需与澳方申请人协商后，分别向NSFC和DIISR提出申请，并按照项目指南登录相应网站报名申请。

## 三、中澳科技合作项目申请程序与资助管理

### （一）中澳科技合作特别基金的申请要求和申请指南

中澳科技合作特别基金的申请要求如下。

（1）中方和澳方申请人应当同时分别向NSFC、DIISR提出申请。

（2）凡是承担在研的自然科学基金项目（结题时间晚于当年12月31日）并与澳大利亚方有良好合作基础的国内专家均有资格申请该项基金。

（3）已获得批准的中澳科技合作特别基金项目，且结题时间晚于当年12月31日的申请人不得申请此轮项目。

在提交申请前，要认真阅读项目指南，其中包括申请者资格要求、评审标准、提供支持的活动、评审过程。在双方科研机构各自提交的申报书中，项目名称、双方申报单位和双方项目负责人应严格一致。中方科研机构向科技部提交申报书时应附上其澳方伙伴向澳方提交申报书时获得的项目编号。

澳方合作者应按照DIISR的要求向DIISR提交申请。中方申请人应按照NSFC的要求向NSFC提交申请。中方申请人须登录ISIS科学基金网络系统（http://isis.nsfc.gov.cn），在线填报《国家自然科学基金国际（地区）合作交流项目申请书》（以下简称中文申请书）。具体步骤是：使用在研基金项目所分配的用户名和密码，选择“项目申请人”用户组登录系统，进入后点击“申请及评议”一栏中的“申请国际合作类项目”，再点击“新建申请书”按钮，选择“合作研究项目”类别下的“中澳科技合作特别基金”申请书及拟依托在研项目，然后点击“填写申请书”按钮即可填写具体内容并在线提交。用英文填写本通知所附Partner Summary Page。中方提交申请书时应附上由澳方合作者填写的Partner Summary Page，澳方向澳创新、工业与科研部递交申请书时应附上由中方合作者填写的Partner Summary Page。

在线填写提交完毕后，还需打印ISIS系统生成的带有科学部受理号的纸质中文申请书，经本单位签署意见并盖章后，连同双方合作者签署合作协议书

（复印件即可）一并报送基金委合作局。

经双方评审确定的资助项目清单将于当年12月左右在网上公布。申请者将具体交流计划，以及澳方邀请中方赴澳的出访邀请函（复印件即可）、澳方来华确认函（复印件即可）报送到NSFC国际合作局美大及东欧处，以便办理拨款手续。项目执行起始期为次年1月1日。

### （二）中澳科技合作项目的申请书、评议标准和程序

中澳科技合作项目申请书内容主要包括以下几项。

（1）申请人信息，包括所在单位的名称与类型、项目负责人的姓名和地址、项目负责人的联系方式。

（2）项目信息，包括项目名称、研究领域、研究目的、能源技术目标、双边优先领域、是否是联合研究中心、开始和结束日期、优先研究领域目标、项目参与人数、项目简介、预期成果等。

（3）项目参与人信息，包括澳方参与人、中方参与人。

（4）项目计划和预算、评估标准等。

中方科研机构提交的项目申报书将由科技部或基金委员会组织中方专家评审，澳方科研机构提交的项目申报书将由澳方组织澳方专家评审。对于双方评审均通过的项目，将由两国政府机构协商并最终确认本年度联合资助的项目名单。

中澳科技合作特别基金项目审批需经过中澳双方共同评审及中澳科技合作特别基金工作组会议批准，审批结果在网上公布。

### （三）中澳科技合作项目处理结果反馈形式

依据本办法的规定和专家会议表决结果，决定予以资助的项目。对于中方申请者，自然科学基金委员会决定予以资助的，应当依据专家评审意见及资助额度等及时制作资助通知书，书面通知依托单位和申请人，并公布申请人基本情况，以及依托单位名称、申请项目名称、资助额度等；决定不予资助的，应当及时书面通知相关单位和个人，并说明理由。申请人对不予受理或者不予资助的决定不服的，可以自收到通知之日起的15日内，向自然科学基金委员会提出书面复审申请。

对于中澳双方（NSFC-DEST）共同资助的项目，在项目得到批准后，申请者应把该项目的具体交流计划（含澳方邀请中方赴澳的出访邀请函、澳方来华的确认函等函件）尽快报送到NSFC国际合作局美大及东欧处；对于中方（NSFC）单独资助的项目，请中方专家尽快与澳方合作者协商，如澳方能得到

其他渠道经费资助的，要求将以下材料报送 NSFC 国际合作局美大及东欧处：澳方经费落实情况的具体材料；该项目的具体交流计划（含澳方邀请中方赴澳的出访邀请函、澳方来华确认函等）。

## 四、中国承担项目情况与案例

2009 年度 NSFC 在集中征集中澳科技合作特别基金项目期间共接收申请项目 81 项，受理申请项目共 69 项。2009 年中澳科技部分合作项目见表 5-5。

**表 5-5　2009 年中澳科技合作项目（部分）**

| 项目名称 | 中方 | 澳方 |
|---|---|---|
| 适于无线通信系统的 Z4 序列设计 | 唐小虎（西南交通大学） | Udaya Parampalli（University of Melbourne） |
| 新型负责结构多孔材料的制备、结构解析及其应用探索 | 余承忠（复旦大学） | Jin Zou（University of Queensland） |
| 神经内分泌相关因素对缺血性心脏病的调控作用及细胞内信号机制 | 臧伟进（西安交通大学） | Chen Chen（School of Biomedical Sciences, University of Queensland, Australia） |
| 新型高分子海洋防污材料的设计、合成与表征 | 张广照（中国科学技术大学） | Vincent Craig（Australian National University） |
| BPL 筛选微生物天然产物库中的活性物质 | 张立新（中国科学院微生物研究所） | John Wallace（University of Adelaide） |
| mtDNA 多态性与纯种赛马运动耐力运动能力的关联研究 | 张勇（天津体育学院） | Allan Davie（Southern Cross University） |
| 先进铝合金的微结构与性能调控研究 | 陈志国（中南大学） | Simon Ringer（University of Sydney） |
| 动力锂离子电池用纳米复合电极材料与离子液体电解质研究 | 王兆翔（中国科学院物理研究所） | Jiazhao Wang（University of Wollongong） |
| 医用钛合金材料的组织细化及其器件的微细加工成形 | 于振涛（西北有色金属研究院） | Matthrew Dargusch（University of Queensland） |
| 运用白菜基金组信息分析克隆油菜重要农艺性状的候选基因 | 孟金陵（华中农业大学） | Jacqueline Batley（University of Queensland） |
| 用于地理标注应用的基于图的遥感数据表示方法研究 | 钱沄涛（浙江大学） | Antonio Robles-Kelly（Austrlia's ICT Research Center of Excellence, NICTA） |
| 纳米碳管的功能化及其在生物医学领域的应用研究 | 邱介山（大连理工大学） | Timothy Hughes,（Commonwealth Scientific and Industrial Research Organization，CSIRO） |
| 非晶合金的等温退火纳米晶化机制以及非晶 / 纳米晶符合材料的变形机制 | 宋旼（中南大学） | Xiaozhou Liao (University of Sydney) |

## 五、联系方式

国家自然科学基金委员会网址：http://www.nsfc.gov.cn。

澳大利亚创新、工业与科研部网址：https://grants.innovation.gov.au/。

自然科学基金网络信息系统：http://isis.nsfc.gov.cn。

ISL 网址：www.innovation.gov.au/isl。

# 第十二节 国家自然科学基金委员会与日本学术振兴会联合资助合作研究项目

## 一、项目概况

### （一）发展现状

日本学术振兴会（JSPS）于 1967 年成立，是日本最有代表性的基金机构，主要资助以大学为主体的学术研究及国际交流活动，资助范围涉及自然科学、社会人文科学、人才培养、国际交流与合作等。

### （二）资助机制、范围及中方参与情况

NSFC 与 JSPS 联合资助的研究项目分为合作交流项目和双边研讨会项目两类，旨在推动中日两国开展高质量的多学科研究，促进两国科学家开展实质性合作，资助范围包括自然科学、社会人文科学、人才培养和国际交流合作。

2001 ～ 2009 年，NSFC 与 JSPS 保持活跃的合作态势，共同资助多次双边研讨会和近百项合作研究项目。

## 二、资助情况

### （一）资助宗旨和资助方式

NSFC 与 JSPS 的主要目标是扩大和加深中日在自然科学、社会人文科学及与之相关的交叉学科领域的合作，推动两国高等院校和科研单位在基础研究和应用基础研究领域内的科学合作与交流。双方尤为重视对资助青年科学家和后

备人才培养。

### （二）资助类型和资助强度

对于获准立项的合作交流项目，NSFC 资助中方合作者访问日本的双程机票，以及接待日方科学家访华的生活费和城市间交通费；JSPS 资助日方合作者访问中国的双程机票，以及接待中方科学家访日的生活费和城市间交通费。每年双方的互访量不超过 60 人。

对于获准立项的双边研讨会项目，根据会议地点所在国家，NSFC 或 JSPS 资助中日双方参会人员的食宿、交通费用和举办会议的相关费用，包括场地租用、论文集出版等。参加双边研讨会科学家的国际旅费由本国机构提供。研讨会的互访量不超过 50 人。

### （三）中方参与 NSFC 与 JSPS 联合资助合作研究项目的方式

中方科研人员在申请 NSFC 与 JSPS 合作项目之前，首先要阅读当年 NSFC 和 JSPS 发布的基金申请通告和项目指南（一般在前一年年底发布），同时关注优先资助领域；其次应了解基金项目管理规定和与项目相关的管理办法；最后，随时访问 NSFC 和 JSPS 的网站，查阅特殊项目的通告及管理办法。中方申请人与日方申请人协商后，可分别向 NSFC 和 JSPS 递交项目申请，单方申请将不予受理。

## 三、项目申请程序与资助管理

### （一）申请资格和申请指南

项目申请资格如下。

（1）中方申请人必须具有当年及以后结题的基金项目；

（2）双边研讨会项目中方申请人须有在研基金项目。

申请指南：中方申请人需登陆 ISIS 科学基金网络信息系统，在线填报《国家自然科学基金国际（地区）合作交流项目申请书》，项目类别选择“亚类”。NSFC-JSPS 协议项目在“亚类”的选项中共分三类，即合作交流项目、出国（境）参加协议双（多）边学术会议、在华召开国际（地区）学术会议。根据申请的项目类型选择正确的表格填写。其中在日本召开的双边学术研讨会只要求中方组织者一人填写申请，并填写通知所附的英文申请书，以附件形式提交。

申请合作交流项目的申请人须认真填写申请书中的“项目执行计划”和“经费申请”栏目，将每年的合作计划逐年列出，包括中方的出访时间和出访人员的名单、日方来华的时间和人员的名单。

申请双边研讨会的申请人须提供中日参会人员名单，中方参会人员应至少来自国内三个不同的单位，且每位参会人员都是在研自然科学基金项目的主持人或主要参加人员。

此外，申请人需将系统自动生成的 PDF 文件打印一套纸质的中文申请书，经单位盖章确认后，于截止日期前递交或邮寄（以邮戳为限）至 NSFC 国际合作局亚非及国际组织处（北京市海淀区双清路 83 号，100085）。

双方于每年 6 月在网上发布项目指南，申请截止日期为 9 月，评审结果将于次年 2 月份前上网公布并通知申请人所在单位，由科研处通知本人。

### （二）申请书、评议标准及程序

NSFC 与 JSPS 联合资助的合作研究项目申请书主要包括项目名称、组织者情况、经费预算、中方项目组成员介绍、日方项目组成员介绍、研究计划、阶段计划、年度人员交流计划等内容。

中日双方共同公开征集项目，由中日两国科学家共同填写申请表并分别报送 NSFC 和 JSPS，经各自对项目进行评审后，双方对拟资助的项目进行协商，最后共同确定拟资助的项目。

### （三）项目过程管理、结题与验收

若申请合作交流项目获得批准，申请人还需递交相关附件，包括日方的邀请函和来华确认函等。获准资助的经费将按 6 ∶ 4 的比例拨款。在项目执行期间，项目负责人须分别于以后每年年初的统一规定时间向基金委提交年度进展报告和结题报告。

## 四、中方承担的项目情况

2011 年，NSFC 与 JSPS 共受理 58 项合作研究项目，经过双方商定，以下 14 个项目获得批准，如表 5-6 所示。

**表 5-6 NSFC 与 JSPS 合作项目**

| 学部 | 中方申请人 | 日方申请人 | 项目名称 | 类别 |
|---|---|---|---|---|
| 数理 | 王炜（南京大学） | Shoji Takada（京都大学） | 涨落驱动的生物大分子功能运动多尺度理论和计算方法 | 合作交流 |
| 数理 | 田荣（中国科学院计算技术研究所） | Seiichi Koshizuka（日本东京大学系统创成科学系） | 面向千万亿次计算的粒子 / 自由网格高效可扩展算法研究 | 合作交流 |

续表

| 学部 | 中方申请人 | 日方申请人 | 项目名称 | 类别 |
|---|---|---|---|---|
| 数理 | 常进（中国科学院紫金山天文台） | Shoji Torii（日本早稻田大学） | 空间观测暗物质粒子 | 合作交流 |
| 化学 | 熊仁根（东南大学） | Takayoshi Nakamura（北海道大学） | 铁电与高介电化合物的开发与研究 | 合作交流 |
| 化学 | 王宗花（青岛大学） | Tang Jie（日本国立材料研究所） | 基于碳纳米管 / 量子点纳米纤维的微型电化学生物传感器的制备及其在蛋白质检测中的应用 | 合作交流 |
| 生命 | 彩万志（中国农业大学） | Osamu Tadauchi（九州大学） | 基于 DNA 条形码等方法对中日两国昆虫多样性及分子生物地理学关系的研究 | 合作交流 |
| 地学 | 郑洪波（南京大学） | Ryuji Tada（东京大学） | 全新世东亚季风降水的模式和变率：长江水下三角洲和东海沉积记录对比 | 合作交流 |
| 工材 | 张国军（中国科学院上海硅酸盐研究所） | Yoshio Sakka（日本国立材料研究所） | 强磁场下硼化物陶瓷的织构化与性能优化 | 合作交流 |
| 信息 | 曾理江（清华大学） | Wei Gao（日本东北大学） | 基于二维拼接光栅尺的 3 自由度大范围位移测量 | 合作交流 |
| 信息 | 张丽清（上海交通大学） | Jianting Cao（日本琦玉工业大学） | 脑机接口与运动功能康复机理的研究 | 合作交流 |
| 数理 | 黄飞敏（中国科学院数学与系统科学研究院） | Yoshiyuki Kagei（九州大学） | 第三届中日流体力学的数学研讨会 | 双边会 |
| 化学 | 赵健伟（南京大学） | Manabu Kiguchi（东京工业大学） | 当前和未来的分子电子学 | 双边会 |
| 生命 | 刘定震（北京师范大学） | Sonoko Ogawa（筑波大学） | 中 - 日行为及其神经机制前沿研讨会 | 双边会 |
| 信息 | 周华荣（中国科学院上海生命科学研究院） | Katsuhisa Horimoto（日本国家标准和技术协会） | 第五届计算系统生物学国际研讨会 | 双边会 |

## 五、联系方式

更多申请方面信息请登录以下网址查询。

国家自然科学基金委员会网址：http://www.nsfc.gov.cn。

日本学术振兴会网址：http://www.jsps.go.jp/。

日本学术振兴会北京代表处网址：http://www.jsps.org.cn/site/index.jsp。

# 第十三节 国家自然科学基金委员会与美国国家科学基金会联合资助项目

## 一、项目基金概况

### （一）发展现状

美国国家科学基金会（NSF）是美国独立的联邦机构，于1950年成立。其宗旨是促进科学进步，提高国民健康水平和保证国家安全。NSF通过资助基础研究计划，改进科学教育、发展科学信息和增进国际科学合作，以此促进美国科学的发展。NSF的资助计划分为基础研究计划、科学教育计划、应用研究计划、有关科学政策的计划、国际合作计划五类。NSF以基金项目、合同和合作协议等形式，对美国的2 000多所大学、学院及中小学、非正规科学教育机构等进行资助，在联邦政府对基础研究的投入份额中约占四分之一。

### （二）资助机制、范围及中方参与情况

NSFC与NSF联合资助项目鼓励中美科学家进行跨学科、跨组织和跨地域的科研、培训和教育活动，鼓励年青科研人员、博士后、研究生和本科生积极参与。交流活动包括人员互访、学生交换、公共网站建设及部分研讨会。

1980年12月10日，中国科学院、中国社会科学院与NSF签订了中美基础科学合作议定书，并多次续签。1997年11月，中美双方通过信函达成了促进和推动两组织间各层次管理人员的合作与交流，在互相了解的基础上进一步组织和支持两国科研人员在基础研究领域的合作。2002年，中美政府间科技联委会确定了中美重点合作的七个领域，当年共资助对美合作交流项目67项。2009年，中美科技合作联委会续签了《中美地震研究科技合作议定书》。2010年，NSFC与NSF共同组织并资助了以“分析化学”“化学工程”“地质微生物学”及“重大工程与城市环境恢复”为主题的双边研讨会，为中美科学家的交流与合作提供了良好的平台。2005年，NSFC与NSF共同批准协议项目37项。

## 二、资助情况

### （一）项目资助宗旨和资助领域

NSFC与NSF联合资助项目旨在推动中美两国开展高质量的多学科研究，

促进两国科学家之间开展实质性合作，并推进人才培养。

NSFC 与 NSF 每年联合确定资助项目领域。2008 年资助化学科学领域，包括分析和表面化学、无机化学、有机化学、物理化学和理论与计算化学。2010 年资助领域为能源与环境材料科学、化学科学和能源材料科学。2011 年资助领域覆盖生物多样性（遗传多样性、物种多样性、生态功能多样性）、化学科学、能源材料科学、先进感应器和基于生物启发技术。

### （二）项目资助类型和资助强度

每年 NSFC 与 NSF 针对不同的资助领域、资助项目和对象，规定了不同的资助年限和资助强度。资助范围主要包括研究费用、国际旅费和生活费用。

2008 年，NSFC 为联合资助项目提供 60 ～ 100 万元人民币的资助（执行期为三年），用作中方研究者的合作研究费用、赴美旅费和美方研究人员在华生活费用；NSF 也将提供相应的资助用作美方科学家的科研经费、中方研究人员在美期间的生活费用及美国研究人员访华的旅费。2010 年，NSFC 为联合资助项目提供平均 100 万元人民币的资助。2011 年的资助项目数不超过三项，NSFC 为每个项目提供不超过 150 万元人民币的资助。

### （三）资助项目的方式

每年中方和美方在网上同时公开征集项目，NSFC 网站上会刊登出征集中美联合资助项目的通知，中方申请人需与美方合作者充分协商，在达成共识的基础上由美方合作者通过 NSF 的 FastLane 系统提交申请。

## 三、项目申请程序与资助管理

### （一）申请资格

NSFC 与 NSF 联合资助项目的申请资格如下。

（1）申请人应具有高级专业技术职务（职称），在读学生不能申请。

（2）申请人应是承担科学基金在研项目（项目正常执行且结题时间在当年 12 月以后的）的负责人或主要参加者。在研项目是指面上基金项目、青年基金项目、地区基金项目、重点基金项目、重大基金项目、国家杰出青年项目、联合资助基金项目。申请者在国内要有固定的工作单位和岗位，同时具有副教授（含）以上的职称，且目前没有申请、承担或参加国家自然科学基金带有研究经费的国际（地区）合作研究项目。

（3）本项目负责人及主要参加者同期只能申请一项同类项目。

### （二）申请指南

联合资助项目的评审通过 FastLane 进行，中方申请者提交预申请简表，以附件的形式通过电子邮件发往国家自然科学基金委员会国际合作局。合作双方的预申请简表内容应尽可能一致，预申请简表一旦提交则不能更改。双方基金会将对预申请进行初评遴选出具有资格的申请者。NSFC 将初评结果复函通知申请者本人。

中方申请人还须登录 ISIS 科学基金网络系统（http://isis.nsfc.gov.cn），在线填报《国家自然科学基金国际（地区）合作交流项目申请书》。具体步骤是：选择“项目负责人”用户组登录系统，进入后点击“国际合作项目申请”一栏中的“申请国际合作类项目”，再点击“新建申请书”按钮，在项目类型中选择“合作交流”，之后选择“NSFC-NSF 项目（中美）”，点击“填写申请书”按钮即可填写具体内容。中文申请书填写完成确认无误后，点击提交，并将系统自动生成的 PDF 文件打印一份。中方申请人除了在线填写提交中文申请书以外，还须提交美方合作者在 NSF 的 FastLane 系统中提交的英文申请书的副本。无此英文申请书副本的视为无效申请。

须与中文申请书同时在 ISIS 系统中上传提交的附件包括详细的交流计划；详细的中方预算；美方合作者在 NSF FastLane 系统提交的英文申请书的副本；美方合作者签字的合作确认函；电子版中文申请书及其附件需经所在单位科研处确认提交至基金委员会，纸质申请书经单位签字盖章后，连同附件材料一并于截止日前（以邮戳为准）报送基金委员会国际合作局美大处。

### （三）申请书、评议标准及程序

NSFC-NSF 联合资助项目的申请书主要内容包括项目名称、拟报学科和研究领域，以及申请者基本情况、所在单位、通讯地址、美方申请者情况、研究目的、主要研究内容和研究方法、研究队伍、经费预算等。NSF 的项目管理以“自下而上”的原则为基础，对项目申请进行“水平评估”。每年有两次向全国征集项目，科学家（课题组）提交申请后，经同行评议（函评）和专家评审会审查批准。

### （四）申请注意事项

限项规定如下。

（1）申请人（不含参与者）同年只能申请一项国际（地区）合作研究项目。

（2）具有高级专业技术职务（职称）的人员，申请（包括申请人和主要参与者）和正在承担（包括负责人和主要参与者）以下类型项目总数合计限为三项：面上项目、重点项目、重大项目、重大研究计划项目（不包括集成项目和指导专家组调研项目）、联合基金项目（指同一名称联合基金项目）、青年科学基金项目、地区科学基金项目、国家杰出青年科学基金项目（申请时不限项）、国际（地区）合作研究项目、科学仪器基础研究专款项目、优秀国家重点实验室研究专项项目，以及资助期限超过一年的基金项目。

#### （五）资助项目处理结果反馈形式

对于中方申请人，项目经过审批后，决定予以资助的，应当根据专家评审意见及资助额度等及时制作资助通知书，书面通知依托单位和申请人，并公布申请人基本情况，以及依托单位名称、申请项目名称、资助额度等；决定不予资助的，应当及时书面通知申请人和依托单位，并说明理由。NSFC 整理专家评审意见，并提供给申请人和依托单位。申请人对不予受理或者不予资助的决定有异议的，可以自收到通知之日起 15 日内，向 NSFC 提出书面复审申请。

### 四、中方承担项目情况

2009 年，NSFC 与 NSF 联合资助一项化学领域的合作研究项目，执行期为三年，资助金额 150 万元。

项目名称为纳米团簇催化剂的成核 / 生长及性能的 SECM 和 TERS 表征。中方代表为任斌（厦门大学）。美方代表为 Michael Mirkin（City College of New York）。

## 第十四节　国家自然科学基金委员会与英国皇家学会联合资助项目

### 一、项目概况

#### （一）发展现状

英国皇家学会（The Royal Society，RS）是由英国国家科学院为推动自然科学和应用科学发展而设立的，全称“伦敦皇家自然知识促进学会”，正式成立于1660年。学会主要职责为鼓励科学研究及应用、确认评议优秀的科学研究、促进国际间的学术合作交流，并为英国政府机构和法律制定者提供建议。

### （二）资助范围

1. 合作交流项目

NSFC与RS共同支持两国学者的合作交流，RS为每个项目提供每年最多6000英镑的资助，用于中国研究人员在英期间的生活费和英国研究人员访华的国际旅费；NSFC资助中国研究人员访英的国际旅费和英国研究人员在华的生活费。

2. 合作研究项目

NSFC与RS根据双方的合作基础和共同感兴趣的领域，支持两国科学家在相关领域开展实质性合作研究。资助内容主要包括研究经费和合作交流经费。

### （三）中方参与情况

RS与中国有重要的交流合作，与中国的科学组织签有正式和非正式的协议，合作方式包括协议学术访问、非协议学术访问、合作研究项目和奖学金等。1998～2000年，项目征集采取以学部推荐为主、择优资助的方法。自2001年全面改为网上公开征集方式后，项目申请数量逐年增加，项目的知名度和竞争性大大提高。截至目前，NSFC与RS联合资助项目百余项。

## 二、资助情况

### （一）资助宗旨和资助强度

NSFC-RS合作项目的宗旨如下。

（1）了解和把握研究领域的最新国际动向，提高双方科学研究的国际影响；

（2）促进人才培养和吸引优秀人才；

（3）促进科学研究，加强国家间合作。

对于合作交流项目，RS为每个项目提供每年最多6 000英镑的资助。

### （二）资助项目的方式

NSFC与RS联合资助项目经过双方协商后，共同发布项目指南，基金项目指南、管理办法等资料在NSFC网站和RS网站上同时公布。由两国科学家分别向NSFC和研究理事会提交申请，根据商定的评审方式和程序进行评审后共同做出资助决定。

## 三、项目申请程序与资助管理

### （一）申请要求和申请指南

自 1998 年起，NSFC 和 RS 每年共同审批和资助合作研究项目，项目执行期限为三年。项目申请程序为 NSFC 和 RS 同时向两国科研人员征集项目申请，两国科研人员分别向 NSFC 和 RS 自由申报，经过 NSFC 和 RS 各自的评审程序，由 NSFC 和 RS 共同确定最终拟资助的项目。交给 RS 受理的申请截止日期为每年 11 月 30 日，结果将于三个月后做出；交给 NSFC 受理的申请截止日期为每年 12 月 31 日。批准的项目的开始执行日期不得早于次年 5 月 1 日。向 RS 和 NSFC 同时递交的双重申请将不予受理。

NSFC 与 RS 联合资助项目的申请资格如下。

（1）申请人在开始执行本项目时，须是当年 12 月 31 日以后（含）结题的国家自然科学基金在研项目的负责人或主要参加者。在研项目是指面上基金项目、青年基金项目、地区基金项目、重点基金项目、重大基金项目、国家杰出青年基金项目、联合资助基金项目和创新群体项目。在读学生不得申请。

（2）项目须以在研基金项目为依托，合作研究内容与在研基金项目密切相关。

（3）英方合作伙伴需同时向 RS 递交相应申请。

申请路径是中方申请人须登录 ISIS 科学基金网络系统（http://isis.nsfc.gov.cn），在线填报《国家自然科学基金国际（地区）联合资助项目申请书》。具体步骤如下：选择“项目负责人”用户组登录系统，进入后点击“国际合作项目申请”一栏中的“申请国际合作类项目”，再点击“新建申请书”按钮，在项目类型中选择“联合资助”，之后选择“NSFC-RS 项目（中英）”，点击“填写申请书”按钮即可填写具体内容并在线提交。

### （二）项目申请书要求

申请人填写申请书中的“项目执行计划和“经费申请表”栏目时应注意以下两点。

（1）项目执行计划包括出访人员姓名、国外停留时间、拟开展工作介绍及日程安排，出访人数在一人以上应按人次列出；同时，说明来访人员姓名、在华停留时间、访问地点、拟开展工作介绍及日程安排，来访人数在一人以上应按人次列出。

（2）在经费预算中，出访经费限中方出访人的国际旅费。

申请书附件包括中方申请人和出访人员、英方申请人和来访人员的个人简历，内容包含近期公开发表的有代表性的文章目录、合作研究工作计划、合作研究协议书（不超过六篇）。需要报送的材料如下。

（1）电子材料。申请书填写完成确认无误后，点击提交，附件应与申请书同时上传，且电子版申请书需经所在单位科研处网上确认。

（2）纸质材料。提交电子版申请书后，将系统自动生成的 PDF 文件打印一套纸质的申请书，并由本人签字、单位盖章，连同附件材料报送受理部门，注意纸质申请书与电子版申请书的受理号和版本号应一致。

提交的项目申请书中，中方及境外人员信息栏的第一名默认为双方项目负责人，且双方申请书中的项目名称（中英文）、双方依托单位（中英文）和双方项目负责人应严格一致，以便双方项目评审工作顺利进行。

### （三）申请评议标准、程序及注意事项

NSFC 和 RS 同时向中国和英国的科研人员征集项目申请，两国科研人员分别向 NSFC 和 RS 自由申报，经过 NSFC 和 RS 各自的评审程序，由 NSFC 和 RS 共同确定最终拟资助的项目。

申请人应认真阅读项目指南的各项要求并填报申请，申请人必须保证在线提交申请材料的电子版和纸质版的一致性和完备性。若出现申请材料电子版和纸质版不一致或申请材料不完整、签字盖章手续不完备等不符合要求的情形，该申请将不予受理。

### （四）资助项目处理结果反馈形式

项目受理部门为 NSFC 国际合作局西欧局，最终结果于 1 月底前在网上公布。对于中方申请人，NSFC 决定予以资助的，应当根据专家评审意见及资助额度等及时制作资助通知书，书面通知依托单位和申请人，并公布申请人基本情况及依托单位名称、申请项目名称、资助额度等；决定不予资助的，应当及时书面通知申请人和依托单位，并说明理由。NSFC 应及时整理专家评审意见，并向申请人和依托单位提供。申请人对不予受理或者不予资助的决定不服的，可以自收到通知之日起 15 日内，向 NSFC 提出书面复审申请。项目申请得到批准后，中方申请人需提交下列材料：当年和次年的交流计划书；英方对中方人员出访的邀请函（复印件即可）；英方来访人员确认其来华访问地点、停留时间的确认函（复印件即可）。

### （五）资助项目流程示意图

资助项目流程如图 5-5 所示。

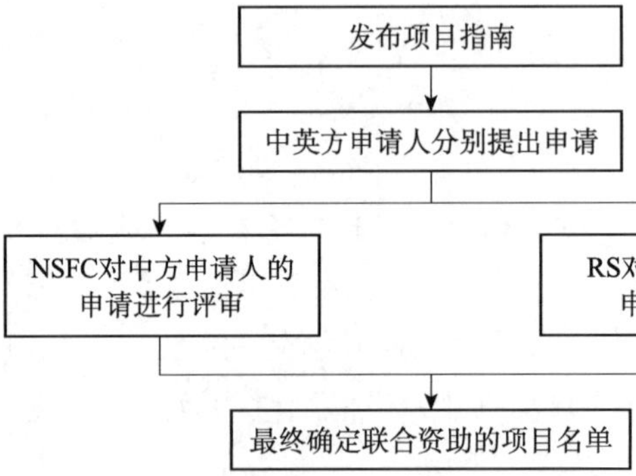


**图 5-5　NSFC 与 RS 联合资助项目流程示意图**

## 四、中方承担的项目与案例

2011 年，NSFC 与 RS 共同资助了 14 项合作交流项目，见表 5-7。

**表 5-7　NSFC 与 RS 合作项目**

| 申请项目名称 | 中方申请人<br>依托单位 | 英方申请人<br>依托单位 |
|---|---|---|
| 飞秒激光直写制备的钒酸盐激光晶体有源光波导 | 陈峰<br>（山东大学） | Ajoy Kar<br>（Heriot-Watt University） |
| 核磁共振研究纳米材料和催化过程中氧的作用 | 彭路明<br>（南京大学） | Clare Grey<br>（University of Cambridge） |
| 机械化学法制备金属有机框架材料研究 | 袁文兵<br>（海南大学） | Stuart James<br>（Queen's University Belfast） |
| 地震液化土层中桩的破坏机理研究 | 黄雨<br>（同济大学） | Subhamoy Bhattacharya<br>（University of Bristol） |
| 波浪作用下饱和砂质海床液化引起海底管线失稳的机理研究 | 周香莲<br>（上海交通大学） | Dong-Sheng Jeng<br>（University of Dundee） |
| 纳米导电水凝胶的自组装定向结构控制与生物电响应研究与应用 | 郑裕东<br>（北京科技大学） | Asim Ray<br>（Brunel University） |
| 损伤岩石中应力波传播规律的研究 | 朱万成<br>（东北大学） | Qingming Li<br>（University of Manchester) |
| 基于物理计算的计算机动画研究 | 刘永进<br>（清华大学） | Chenfeng Li<br>(Swansea University) |

续表

| 申请项目名称 | 中方申请人<br>依托单位 | 英方申请人<br>依托单位 |
|---|---|---|
| 基于物理的快速角色建模和动画集成技术 | 金小刚<br>（浙江大学） | Lihua You<br>(Bournemouth University) |
| 灰色系统理论与计算智能 | 刘思峰<br>（南京航空航天大学） | Yingjie Yang<br>(De Monfort University) |
| 慢性血栓栓塞性肺动脉高压特异性生物标记物（生长因子）的研究 | 王军<br>（首都医科大学） | Lan Zhao<br>(Imperial College London) |
| 中红侧沟茧蜂气味结合蛋白和嗅觉受体在嗅觉识别及信号转导中的功能分析 | 郭予元<br>（中国农业科学院植物保护研究所） | JingJiang Zhou<br>(Rothamsted Research) |
| 面向与人交互外骨骼机器人的仿生运动学习控制 | 李智军<br>（上海交通大学） | Etienne Burdet<br>(Imperial College London) |
| 心脏钠通道突变的生理性后果 | 马爱群<br>（西安交通大学） | James Fraser<br>(University of Cambridge) |

## 五、联系方式

英国皇家学会网址：http://royalsociety.org/。

国家自然科学基金委员会网站：http://www.nsfc.gov.cn。

自然科学基金网络信息系统：http://isis.nsfc.gov.cn。

# 第十五节　国家自然科学基金委员会与俄罗斯基础研究基金会双边研讨会项目

## 一、基金概况

### （一）发展现状

俄罗斯基础研究基金会（Russian Foundation for Basic Research，RFBR）是一个自治的国家机构，其宗旨是在竞争的基础上支持基础科学研究领域中最有希望和创造性的科学研究，这种支持不受任何部门的限制。资助目标包括促进基础科学的发展；帮助科学家提高学术水平；与国外同行发展科技交流合作，交换和传播俄罗斯联邦和国外基础研究的信息；支持基础科学方面的国际合作研究；支持最有能力的研究团体、科技院校和杰出的科学家。资助范围包括系统化的科学研究；研究人员的薪金、设备、管理等；政府优先领域的科学研究；体现科学家创造性的研究项目。RFBR 每年支持将近 8 000 个由俄罗斯研究所、大学、实验室等研究机构的科学家承担的创造性的科学研究项目。RFBR 帮助建立和发展科学通信网络、信息系统和数据库，发布地区和国际上有关的竞争信息。RFBR 每年支持 200 多个科学专著的出版，组织数十次科学探险，在俄罗斯各城市举办 300 ～ 400 次会议，支持数百位科学家参加在国外举办的科学会议。

## （二）NSFC 与 RFBR 合作项目的资助领域和类型

NSFC 与 RFBR 合作项目的资助领域包括以下几个。

（1）数学、力学、信息学（mathematics, mechanics and informatics）;

（2）物理、天文（physics and astronomy）;

（3）化学、材料科学（chemistry, materials sciences）;

（4）生物学、医学（biology and medical sciences）;

（5）地球科学（earth sciences）;

（6）电信、计算机科学（telecommunications and computer science）;

（7）工程科学（fundamentals of engineering sciences）;

（8）管理科学（management sciences）。

RFBR 基金类别为八类。

（1）具有创造性的科学研究；

（2）出版图表、收集文章及指南；

（3）为基础研究创造和发展电信、计算及信息资源；

（4）为基础研究提供技术设备；

（5）为单一科学设备的共同使用创建中心；

（6）组织科学探险；

（7）举办国内和国际会议；

（8）参加国外科学会议。

NSFC 和 RFBR 于 1994 年 12 月签署了合作协议。协议规定双方每年共同资助 30 个合作研究项目，资助领域覆盖数理、化学、生命、地学、材料与工程、信息和管理等学科。2001 年中俄双方支持在航空、航天、电子、激光、核技术等领域的合作。2002 ～ 2004 年，NSFC 资助对俄合作项目百余项。

## 二、资助情况

### （一）资助宗旨和资助方式

NSFC 与 RFBR 基金旨在促进中俄科学家之间协作关系的发展，寻求共同关注的科学问题，并进一步建立长远的学术合作伙伴关系。

1. 合作交流项目

根据双方协议，双方课题组各含 5 人，每年各方可安排 20 人的交流计划，各方课题组出访人数不超过 2 人。交流经费按“接待方”原则进行资助，即由派出方支付出访科学家的国际旅费，接待方支付来访科学家的当地生活费。

2. 双边研讨会项目

资助方式采取“接待方”原则，即主办方负责支付会议费用及参会科学家的生活费，派出方负责支付出国参会科学家的国际旅费。

### （二）NSFC 与 RFBR 合作项目资助类型和资助强度

1. 合作交流项目

NSFC 将给予双方共同批准的每个项目最多 9 万元资助，分两个年度拨付。项目执行期为两年。

2. 双边研讨会项目

研讨会地点在中国或俄罗斯。研讨会规模原则上派出方参会人员最多不超过 8 人，会议举办方参会人员最多不超过 12 人。

### （三）中方参与 NSFC 与 RFBR 合作项目的方式

每年 NSFC 与 RFBR 合作项目双方在网上同时公开征集项目，在 NSFC 网站上会公布征集 NSFC 与 RFBR 合作项目的通知，中方申请者阅读有关的基金项目指南和管理办法等后，与俄罗斯合作者联合提出申请，并按照项目指南登录相应网站报名申请。

## 三、项目申请程序与资助管理

### （一）NSFC 与 RFBR 合作项目的申请要求和申请指南

NSFC 与 RFBR 合作项目的申请要求如下。

1. 合作交流项目

（1）中方申请人须是2012年（含）以后结题的三年期以上国家自然科学基金（非国际合作类）在研项目的主持人或主要参与人，并在该研究项目的依托下进行合作。

（2）中俄双方申请人须就合作进行充分沟通协商，分别向各自国家的基金会提交申请，对于单方提交的申请，将不予受理。

（3）中方受资助人必须是依托基金项目课题组的成员。

2. 双边研讨会项目

（1）中方申请人必须是当年（含）以后结题的国家自然科学基金在研项目的主持人或主要参与人。

（2）会议鼓励更多科研单位研究人员的参加，中方参会人员应至少来自两个不同的学术单位，对于只有一个中方单位人员参加的会议将不予资助；非申请人单位的外单位会议参加人，需提供本单位出具的参加会议确认函。

（3）中俄双方申请人须就合作进行充分沟通协商，在此基础上分别向各自国家的基金会提交申请。

NSFC和RFBR合作项目的申请指南如下。

1. 合作交流项目

（1）中方申请人须登录ISIS科学基金网络系统（http://isis.nsfc.gov.cn），在线填报《国家自然科学基金国际（地区）合作与交流项目申请书》（以下简称“中文申请书”）。具体步骤是：中方申请人登录ISIS系统，进入后点击“国际合作项目申请”一栏中的“申请国际合作类项目”，再点击“填写申请书”按钮，在项目类型中选择“合作交流”，点击展开子类别后，选择项目名称“NSFC-RFBR项目（中俄）”，并按照系统提示选择需要依托的国家自然科学基金项目，即可进入申请书填写界面，在线填写申请书。

（2）双方课题负责人在充分协商的基础上制定为期两年的交流计划，并在申请书中予以详细说明。

（3）在线申请书填写提交完毕后，申请人须打印一套纸质申请书，签字并加盖依托单位公章后，连同双方申请人学术简历和双方合作者签署的合作协议（复印件即可）一并报送NSFC国际合作局美大及东欧处。

2. 双边研讨会项目

（1）中方申请人须登录ISIS科学基金网络系统（http://isis.nsfc.gov.cn），在线填报《国家自然科学基金国际（地区）合作与交流项目申请书》（以下简称“中文申请书”）。具体步骤是：中方申请人登录系统，进入后点击“国际合作项目申请”一栏中的“申请国际合作类项目”，再点击“填写申请书”按钮，在项目类型中选择选择“在华召开国际（地区）学术会议”或“出国（境）参加协议双（多）边学术会议”，点击展开子类别后，选择项目名称“NSFC-RFBR 项目（中俄）”，并按照系统提示选择需要依托的国家自然科学基金项目，即可进入申请书填写界面，在线填写申请书。

（2）中方申请人还须填写本项目征集指南所附的英文申请书（请参照英文申请指南填写），并将填写完毕的英文申请书及其所要求的附件材料（双方申请人的学术简历和双方申请人近五年内发表的代表性文章目录）以中文申请书附件的形式在 ISIS 系统内上传。

（3）除上述提交的电子版申请材料外，还需打印一套纸质申请材料，包括中文申请书、英文申请书及其所要求的附件材料、俄方申请人签署的合作确认函、非申请人单位的中方外单位会议参加人提供的由其所在单位出具的参加会议确认函。以上材料报送至 NSFC 国际合作局美大及东欧处。

### （二）NSFC 与 RFBR 合作项目的申请书

NSFC 与 RFBR 的合作项目申请书的主要内容有项目名称、外国的资助机构、项目执行期、申请人基本信息、联系方式等。

### （三）NSFC 与 RFBR 合作项目的申请评议标准、程序

所有有关资助项目的批准都建立在同行评议基础上，与年龄、科学上的或者行政上的地位等无关。项目经同行评议后，再经专家评审组评议。中方申请人和俄方申请人分别向 NSFC 与 RFBR 提出申请，中方与俄方分别对本国科学家的项目申请进行评议。

### （四）NSFC 与 RFBR 合作项目的申请注意事项

（1）本项目属于国际（地区）合作交流项目，不参与项目总数三项查重。

（2）中方申请人（不含参与者）同年只能申请一项国际（地区）合作交流项目。

（3）已获得中俄合作项目资助的申请人不能申请此轮项目。

### （五）NSFC 与 RFBR 合作项目处理结果反馈形式

对于中方申请人，项目决定予以资助的，应当根据专家评审意见及资助额

度等及时制作资助通知书，书面通知依托单位和申请人，并公布申请人基本情况，以及依托单位名称、申请项目名称、资助额度等；决定不予资助的，应当及时书面通知申请人和依托单位，并说明理由。NSFC 整理专家评审意见，并向申请人和依托单位提供。申请人对不予受理或者不予资助的决定不服的，可以自收到通知之日起 15 日内，向 NSFC 提出书面复审申请。

获得批准项目的中方负责人须将如下材料报送 NSFC 国际合作局美大及东欧处，以便落实项目审批拨款手续。

（1）本年度的合作交流计划；

（2）本年度俄方来华确认函（复印件即可）；

（3）本年度中方赴俄邀请信（复印件即可）；

（4）双方签署的有效的合作协议书（复印件即可，已报过的不必再报）。

（5）关于年度经费，项目负责人需于年底在报送当年工作总结时，同时报送以下材料：合作交流计划、俄方来华确认函（复印件即可）、中方赴俄邀请信（复印件即可）等相关材料即可。

## （六）NSFC 与 RFBR 合作项目过程管理、结题与验收

NSFC 与 RFBR 合作项目的申请人在每年年末应提交项目进展报告，项目执行结束后应提交结题报告。

## （七）NSFC 与 RFBR 合作项目流程示意图

NSFC 与 RFBR 合作项目流程如图 5-6 所示。

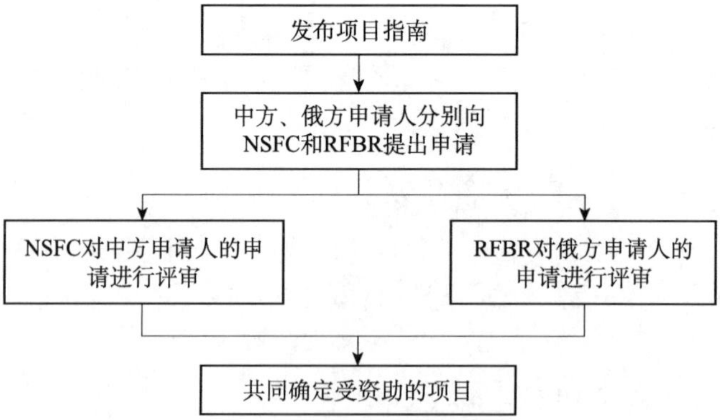


**图 5-6　合作项目流程示意图**

## 四、中方承担的项目与案例

2010 年，NSFC 与 RFBR 根据协议共同资助合作的项目清单如表 5-8 所示。

表 5-8 2010～2011 年度中俄（NSFC-RFBR）合作项目批准清单（部分）

| 序号 | 中方申请人 | 单位 | 项目名称 | 俄方合作者 | 单位 |
|---|---|---|---|---|---|
| 1 | 白学良 | 内蒙古大学 | 俄罗斯远东地区和中国干旱、半干旱区苔藓植物分布模式及区系特征研究 | Bakalin Vadim Andreevich | Institute of Biology and Soil Sci. Far Eastern Branch of Russian Academy of Sciences |
| 2 | 卜显和 | 南开大学 | 多功能配位结构的设计、量子化学模拟及合成 | Vladimir Lukov | Department of Chemistry, Southern Federal University |
| 3 | 陈黎明 | 中国科学院物理研究所 | 超高对比度的超强飞秒激光脉冲产生的相对论等离子体的 K 壳层发射光谱的新现象 | Faenov A. Ya | JIHT group in RAS |
| 4 | 陈文 | 中国科学院大气物理研究所 | 平流层 - 对流层耦合及其与北半球海温异常的关系 | Evgeny Jadin | Institute of Oceanology, Russian Academy of Sciences |
| 5 | 陈晓红 | 北京化工大学 | 用于能量储存的纳米炭材料 / 聚苯胺复合材料的合成及电化学性能 | Lyubov Bulusheva | Institute of Inorganic Chemistry, Siberian Branch of Russian Academy of Sciences |
| 6 | 程耿东 | 大连理工大学 | 多功能轻质结构中的优化与稳定性 | Samvel rigoryan | Lomonosov Moscow State University |
| 7 | 代世峰 | 中国矿业大学 | 中国和俄罗斯煤中金属元素的富集成因条件 | Vladmir Seredin | Institute of Geology of Ore Deposits, Petrography, Mineralogy and Geochemistry Academy of Sciences Russian |
| 8 | 高红伟 | 青岛大学 | 动态网络对策研究 | Leon Petrosyan | St. Petersburg State University |
| 9 | 宫利东 | 辽宁师范大学 | 计算机模拟研究离子缔合的微观理论 | Sergey ictorovich hevkunov | St. Petersburg State Polytechnic University |
| 10 | 龚迎春 | 中国科学院水生生物研究所 | 原生动物在大型河流中的生物多样性模式研究：以长江和伏尔加河的有壳肉足虫和异养鞭毛虫为例 | Yuri Mazei | Penza State Pedagogical University |
| 11 | 桂建芳 | 中国科学院水生生物研究所 | 中俄鲫鱼资源遗传评价和遗传多样性比较研究 | Vladimir rykov | A.V. Zhirmunsky Institute of Marine Biology, Far Eastern Branch of Russian Academy of Sciences |
| 12 | 郭宪光 | 中国科学院成都生物研究所 | 中亚荒漠麻蜥属蜥蜴的物种多样性和系统发育 | Natalia Ananjeva | Zoological Institute, Russian Academy of Sciences |

## 五、联系方式

国家自然科学基金委员会网址：http://www.nsfc.gov.cn。

俄罗斯基础研究基金会网址：http://www.rfbr.ru/rffi/ru/。

# 第十六节　国家自然科学基金委员会与丹麦国家研究基金会联合资助项目

## 一、项目概况

丹麦国家研究基金会（Danish National Research Foundation，DNRF）成立于1991年，是一个独立的基金会，主要任务是资助丹麦的基础研究，资助形式是通过国际评审，在大学和研究机构中建立和资助具有国际水平的优秀研究中心（center of excellence），资助期限为5～10年。基金会每年投入2亿～2.5亿丹麦克朗（约合人民币2.6亿～3.3亿元），用于资助这些优秀研究中心。

2008年1月22日，为推动中丹两国科学家开展实质性合作研究，中丹双方通过共同资助合作研究项目和双边学术研讨会来支持两国科学家在生命科学、自然科学与工程科学领域的合作与交流。

## 二、资助情况

### （一）资助宗旨和资助范围

NSFC与DNRF合作项目旨在推动中丹两国开展高质量的多学科研究，促进两国科学家之间的实质性合作及人才培养。

### （二）资助类型和资助强度

2009年，NSFC与DNRF的资助领域为新纳米结构及其功能（new nano structures and their functions）。中方资助强度为每项100万元人民币左右，包括研究经费和国际合作交流费用；2010年的资助领域为信息与通讯技术（information and communication technology），中方资助强度为每项不超过150万元人民币，包括研究经费和国际合作交流费用。

### （三）中方参与 DNRF 项目的方式

每年中方与丹方在网上同时公开征集项目，在 NSFC 网站上公布征集合作项目的通知，中方申请者与丹方合作者联合提出申请，并按照项目指南登录相应网站进行报名申请。

## 三、项目申请程序与资助管理

### （一）DNRF 项目的申请要求和申请指南

1. DNRF项目的申请要求如下。

（1）中方申请人应具有高级专业技术职务（职称），应是正在承担或承担过三年期以上国家自然科学基金项目的负责人。中方正在承担国际（地区）合作研究项目的负责人和具有高级专业技术职务（职称）的参与者不得申请或参与申请。申请合作项目的中国研究人员必须是在研的国家自然科学基金重点项目执行人、创新研究群体项目负责人或国家杰出青年科学基金项目获得者。

（2）中方具有高级专业技术职务（职称）的人员，同年申请或参与申请国际（地区）合作研究项目不得超过一项。

（3）合作双方有良好的合作基础，强强合作，优势互补，预期能够取得重大成果。

（4）申请项目应符合年度项目指南中对申请数量的限制。

（5）丹方合作者应按照 DNRF 的要求向 DNRF 提交申请。

2. 申请指南

中方申请人需与丹方合作者联合提出申请，并填写中、英文申请书。中方申请人须登录 ISIS 科学基金网络系统（http://isis.nsfc.gov.cn），在线填报《国家自然科学基金国际（地区）合作研究项目申请书》。具体步骤是：选择“项目负责人”用户组登录系统，进入后点击“国际合作项目申请”一栏中的“申请国际合作类项目”，再点击“新建申请书”按钮，在项目类型中选择“合作研究”，之后选择“NSFC-DNRF 项目（中丹）”，点击“填写申请书”按钮即可填写具体内容并在线提交，并附合作研究协议书或意向书（无固定格式，需双方项目负责人签字，主要内容包括研究题目、研究内容简述、交流计划、合作研究的知识产权的界定等）。填报英文申请书“ELECTRONIC APPLICATION FORM FOR PROPOSALS FOR NANO RESEARCH COLLABORATIONS”，并将填写完毕的英文申请书上传添加至中文申请书的“附件”栏中一同在线提交。双方申请人提交的英文申请书内容应完全一致，该项目的同行评议将以此英文申请书内容为准。

需打印一套纸质的中、英文申请书，经单位盖章确认后，于当年截止日前（以邮戳为准）邮寄至 NSFC 国际合作局西欧处，地址为北京市海淀区双清路 83 号，邮编是 100085。

### （二）DNRF 的申请评议标准、程序

合作研究项目需进行国际评审，评审指标包括合作项目的科学水平、创新性、研究计划的可行性及双方合作的互补性和必要性等。

每年 9 月底左右在网上公布 DNRF 项目的审批结果，获批准的合作项目于次年的 1 月开始执行。

### （三）DNRF 项目处理结果反馈形式

对于中方申请者，项目决定予以资助的，应当根据专家评审意见、资助额度等内容及时制作资助通知书，书面通知依托单位和申请人，并同时公布申请人基本情况及依托单位名称、申请项目名称、资助额度等；决定不予资助的，应当及时书面通知申请人和依托单位，并说明理由。NSFC 负责整理专家评审意见，并提供给申请人和依托单位。申请人对不予受理或者不予资助的决定有异议的，可以在收到通知之日起 15 日之内，向 NSFC 提出书面复审的申请。获批准的合作项目将从次年 1 月 1 日开始执行。

### （四）DNRF 项目过程管理、结题与验收

中方申请人在每年年末应根据项目进展情况提交项目进展报告，项目执行结束后应按时提交结题报告。

## 四、中方承担的项目与案例

NSFC 与 DNRF 在肿瘤发展（cancer development）基础研究领域共同资助两国科学家的合作研究。2008 年，经过国际评审专家组的评审，NSFC 和 DNRF 的共同审批，共有以下两个项目获得批准，见表 5-9。

**表 5-9　2008 年度肿瘤发展基础研究领域获资助的项目**

| 序号 | 申请人 | 项目名称 | 单位 | 合作人 | 合作人单位 |
|---|---|---|---|---|---|
| 1 | 裴钢 | 基于大规模小鼠遗传突变的肿瘤研究 | 中国科学院上海生命科学研究院 | Klaus Kjaer | University of Copenhagen |
| 2 | 黄明东 | 蛋白水解酶系统作为癌症标记和癌症治疗的靶标 | 中国科学院福建物质结构研究所 | Andreasen Peter | University of Aarhus |

2009 年，经过公开征集、国际评审和双方协商，NSFC 与 DNRF 共同资助了两项可再生能源领域的合作研究项目，见表 5-10。NSFC 给予每个项目 100 万元资助，项目执行期为三年。

**表 5-10 2009 年度可再生能源领域获资助的项目**

| 序号 | 学部受理号 | 项目名称 | 合作科学家及所在单位 |
|---|---|---|---|
| 1 | 20910124 | 基于可再生能源的在 200 ～ 400℃运行的中温燃料电池及电解池之关键材料与技术 | 邢巍（中国科学院长春应用化学研究所），Niels J. Bjerrum（Technical University of Denmark） |
| 2 | 50910231 | 形貌可控的有机太阳能电池 | 陈红征（浙江大学），Frederik Christian Krebs（Technical University of Denmark） |

2009 年，经过国际评审及 NSFC 和 DNRF 的共同审批，在新纳米结构及其功能（new nano structures and their functions）研究领域共同资助了三项合作研究项目，见表 5-11。

**表 5-11 2009 年度新纳米结构及其功能研究领域获资助的项目**

| 序号 | 申请人 | 项目名称 | 申请人所在单位 | 丹方申请人及所在单位 |
|---|---|---|---|---|
| 1 | 王琛 | 自组装功能分子纳米结构研究 | 国家纳米科学中心 | Flemming Besenbacher（丹麦奥胡斯大学） |
| 2 | 刘云圻 | 自组装分子电子学纳米体系：从基础研究到新功能应用 | 中国科学院化学研究所 | Thomas Bjornholm（丹麦哥本哈根大学） |
| 3 | 卢柯 | 纳米金属：跨尺度的结构性能研究 | 中国科学院金属研究所 | Dorte Juul Jensen（丹麦 Risoe 实验室） |

2010 年，经过公开征集和评审，NSFC 与 DNRF 共同资助了三项信息与通讯技术领域的合作研究项目，见表 5-12。

**表 5-12 2010 年度信息与通讯技术领域获资助的项目**

| 序号 | 学科代码 | 项目名称 | 合作科学家及所在单位 |
|---|---|---|---|
| 1 | F020101 | 交互计算理论中心 | 姚期智（清华大学）<br>Peter Bro Miltersen（Aarhus University） |
| 2 | F020208 | 信息物理融合系统的基础研究 | 朱惠彪（华东师范大学）<br>Kim Guldstrand LarsenAalborg University |
| 3 | A01026 | 袋鼠集合在编码理论与密码学中的应用 | 陈豪（华东师范大学）<br>Tom Hoholdt（Technical University of Denmark） |

## 五、联系方式

国家自然科学基金委员会网址：http://www.nsfc.gov.cn。

# 第十七节　中国–加拿大健康研究合作计划

## 一、中国–加拿大健康研究合作计划概况

### （一）简要介绍

加拿大卫生研究院（Canadian Institutes of Health Research, CIHR）是专门负责资助加拿大卫生研究的主要联邦机构，其前身是加拿大医学研究理事会（Medical Research Council，MRC）。根据 CIHR 法令，CIHR 于 2000 年 7 月正式成立。

为支持中国科学家与加拿大科学家在卫生领域的交流合作，促进中加两国大学、医院、科研院所及其附属机构间科学合作的快速发展，NSFC 与 CIHR 于 2005 年 12 月 20 日签署了关于开展健康研究合作计划的谅解备忘录。2007 年 1 月 16 日在北京签署的《中华人民共和国政府与加拿大政府科学技术合作协定》（有效期五年）是中国政府对外签署的第 100 个双边科技合作协定。2007 年 5 月，首届中加科技合作联委会在加拿大渥太华举行，会议决定在能源、环境、卫生、农业四个领域成立科技合作工作组并正式启动中加政府科技创新合作基金，签署科技合作协定，设立政府间科技合作基金，支持两国科研单位在两国共同的优先领域开展以产业化为导向的合作研究。2010 年 10 月中国科技部与 CIHR 续签了关于开展健康研究合作计划的谅解备忘录，确定了建立中加卫生健康研究合作计划，以支持两国的科研机构开展合作，加强卫生健康和医学研究能力建设，建立良好的研究伙伴关系。2006 ～ 2010 年，双方已共同资助了 89 个合作研究项目。

中国科技部和 CIHR 支持多学科的合作研究，以解决中国和加拿大共同面临的重大卫生健康问题为使命。双方同意建立资助合作团队计划，支持两国在临床和人口健康领域建立一种长期的、机制化的伙伴关系，并为博士生和博士

后提供培训机会。

## （二）中国－加拿大健康研究合作计划资助领域和形式

CIHR 的资助类型分为开放项目和战略项目两类。基于研究人员的研究兴趣与领域，采取公开竞争、择优资助的方式自下而上分配 70% 的资助经费，其余 30% 的经费则用于资助具有重大战略意义的项目，目标是解决健康领域的重大医学问题，具体项目由各研究所决定。上述两类项目均采取同行评议的形式，每年有固定的受理期限。

CIHR 在国际合作领域的项目和活动主要有以下类型。

### 1. 国际培训机会

该类项目的资助对象为加拿大公民、永久居民，以及在加拿大从事科研的外国博士后研究人员。

（1）面向加拿大公民和永久居民的项目——CIHR 向加拿大研究生和博士后科研人员提供国外培训的机会，资助范围集中在在本国相对较难获得培训经验的领域。此外，CIHR 还致力于推进海外和国际卫生组织开展的研究项目。

（2）面向海外博士后研究人员的项目——CIHR 向外国博士后研究人员提供奖学金，用于在加拿大从事的科研与培训，资助项目包括 CIHR 的核心资助项目和联合资助项目。

### 2. 国际研究与促进合作

CIHR 通过国际交流与国际研究项目和他国建立国际合作伙伴关系，资助对象是有志于与国外科研人员建立合作伙伴关系的加拿大公民和永久居民。

CIHR 研究类资助项目也鼓励开展国际合作，由加方项目负责人提出申请，符合条件的申请者可通过申请 CIHR 的研究项目获得用于开展国际合作的资金。CIHR 还支持加拿大在欧盟第六框架下的国际合作活动。

### 3. 国际机会项目

CIHR 鼓励加拿大科研人员在 CIHR 的优先资助研究领域内通过国际机会项目开展国际合作，该项目包括发展 / 计划基金和合作研究项目基金，两类资助基金均是一次性的。发展 / 计划基金支持加拿大科研人员与国外同行开拓新的伙伴关系，寻求新的国际合作机会。合作研究项目基金支持加拿大科研人员参与外国资助机构资助的重大国际性研究项目，获得本国科研领域内空白的前沿科技成果[①]。

---

① 陈淮，刘秀萍，陈文涛 . 2005. 加拿大卫生研究院简介 . 中国基础科学，83-92.

中国－加拿大健康研究合作计划双方可在各自职权范围内，联合征集有潜力的项目。资助领域如下（包括临床和人口健康研究）。

（1）传染病：艾滋病及流感的诊断、治疗和疫苗开发。

（2）生殖与儿童健康：不育症、流产、出生缺陷及其他不良妊娠结果的原因和预防，以及辅助生殖技术。

（3）神经科学、精神卫生与成瘾：精神疾病和成瘾的发病机理、治疗和预防，包括抑郁症、自杀和精神分裂症。

（4）肌肉骨骼健康与关节炎：体育活动和身体灵活性对健康的影响，包括骨骼健康、骨质疏松症和骨折。

（5）心肺疾病：心血管、脑血管和呼吸疾病的发病机理、预防和治疗，包括哮喘和慢性阻塞性肺疾病。

（6）营养、新陈代谢和糖尿病：肥胖症、二型糖尿病、肠炎和肝硬化。

（7）老龄、老年医学与老年病学：有关身体灵活性与衰老及认知损伤与衰老的研究。

（8）性别与健康：研究男女（及男孩与女孩）之间的生理差异对健康和疾病结果的影响，以及预防和治疗干预方面的响应。

（9）癌症：在人类癌症的诊断、资料和预后方面使用基因、染色体、蛋白质生物标记的转化型研究。

（10）纳米药物：干细胞生物学和组织工程。

健康研究合作计划项目申请人须在每年年末提交项目进展报告，项目执行结束后须提交结题报告。

### （三）中国－加拿大健康研究合作计划中方参与情况

NSFC-CIHR 健康研究合作计划于 2005 年 12 月启动，2006 年共同批准了 15 个项目，包括心血管、神经科学、免疫与传染病、糖尿病与肥胖症、遗传和青少年健康等六个领域。根据 NSFC 和 CIHR 各自的函评及联合评审会的评审意见，2007 ～ 2009 年共有 46 个项目获得 NSFC 和 CIHR 的共同资助，执行期为三年，NSFC 给予每个项目三年期共 45 万元的资助。2010 年，NSFC 与 CIHR 续签了下一个五年合作计划，进一步深化了中国科学家与加拿大同行在健康科学领域里的合作关系。2010 中加（NSFC-CIHR）健康研究合作计划项目共受理有效申请 64 项，根据各自函评和联合评审会的评审意见，双方决定对 18 个项目予以资助。

## 二、资助情况

### （一）中国－加拿大健康研究合作计划资助宗旨和资助方式

中国－加拿大健康研究合作计划由 CIHR 与 NSFC 共同评审、资助与管理。其宗旨是通过资助合作研究项目来促进加中两国在大学、医院、科研院所及其附属研究机构间的科学合作与发展。

中国－加拿大健康研究合作计划的财政资助情况如下。

（1）每个为期三年的中加合作项目最高预算为 100 万加元（按当前汇率约为 513 万人民币），双方各出资一半。

（2）中国和加拿大研究人员需遵从各自国家的财务管理规定和做法。中方申请人可参看财政部、科技部《国际科技合作与交流专项经费管理办法》（财教[2007]428 号）及相关财务管理和项目管理的文件（http://www.istcp.org.cn/）。

（3）资助经费可用于与研究项目直接相关的支出，如为实现合作项目必不可少的交流访问（短于 6 个月）所需的国际差旅费用，以及相应的国内差旅费和与此直接相关的生活费。研究人员（教职人员作为申请者）的工资不在此计划中列支。

（4）双方在旅行发生前需对旅行花费明确责任。如果此前没有达成共同决定，那么派遣方将承担其科学家的国际差旅费，接待方将承担来访科学家的国内差旅费、住宿费和生活费。在任何情况下，派遣方都将承担其科学家的医疗保险。

（5）双方同意在未来三个财年内提供总计不超过 800 万加元的资助，具体见表 5-13。

（6）根据同行评议推荐结果，2009 年的项目征集加方计划出资如表 5-13 所示（所有资金以加拿大元计）。

**表 5-13　加方计划出资情况**　　单位：加元

| 项目 | 2010/2011 年 | 2011/2012 年 | 2012/2013 年 | 总计 |
|---|---|---|---|---|
| 人类发育、儿童和青年健康所（CIHR-IHDCYH） | 333 334 | 333 333 | 333 333 | 1 000 000 |
| 老年所（CIHR-IA） | 166 666 | 166 667 | 166 667 | 500 000 |
| 神经科学、精神卫生和成瘾性所（CIHR-INMHA） | 166 666 | 166 667 | 166 667 | 500 000 |
| 肌肉骨骼健康与关节炎所（CIHR-IMHA） | 166 666 | 166 667 | 166 667 | 500 000 |
| 传染与免疫所（CIHR-III） | 166 666 | 166 667 | 166 667 | 500 000 |

续表

| 项目 | 2010/2011 年 | 2011/2012 年 | 2012/2013 年 | 总计 |
|---|---|---|---|---|
| 癌症研究所（CIHR-ICR） | 166 666 | 166 667 | 166 667 | 500 000 |
| 营养、新陈代谢和糖尿病所（CIHR-INMD） | 166 666 | 166 667 | 166 667 | 500 000 |

注：CIHR 财年为每年 4 月 1 日至次年 3 月 31 日，中国科技部财年为每年 1 月 1 日至当 12 月 31 日。

### （二）中国－加拿大健康研究合作计划资助类型、强度和中方参与方式

2010 年前，中国－加拿大健康研究合作计划的资助强度为中方最高额度 15 万人民币 / 年，三年共 45 万元人民币；加方最高额度是 5 万加元 / 年，三年共 15 万加元；2011 年开始，中国－加拿大健康研究合作计划的资助强度为中方最高额度为 100 万人民币 / 三年，加方最高额度为 22.5 万加元 / 三年。每年最多资助 19 个项目，项目执行期最长为三年，申请人在每年年末应提交项目进展报告，项目执行结束后应提交结题报告。

中国－加拿大健康研究合作计划双方每年会在网上同时公开征集项目，NSFC 官网站上会公布征集中国－加拿大健康研究合作计划项目的通知，中方申请者与加拿大合作者联合提出申请，并按照项目指南登录相应网站报名申请。

## 三、项目申请程序与资助管理

### （一）中国－加拿大健康研究合作计划的申请要求

为应对和改善中加两国人民健康状况相关的多种问题与挑战，中加卫生健康研究合作计划支持中加两国科研机构联合开展卫生健康及医学研究，该计划中方征集和出资单位为中国科技部，加方征集和出资单位为加拿大卫生研究院。在双方科研机构各自提交的项目申报书中，项目名称（中文和英 / 法文）、双方申报单位（中文和英 / 法文）和双方项目负责人应严格一致。

中国－加拿大健康研究合作计划的申请人资格如下。

（1）双方将仅考虑在加拿大或中国的大学、医院或国家承认的研究机构中担任教职或研究职务的申请人。

（2）双方将仅考虑满足申请加拿大卫生研究院计划资格的加方申请人。

（3）双方将仅考虑满足申请中国科技部国际合作计划及其他计划资格的中方申请人。

（4）双方鼓励博士生和博士后研究人员参与项目，但不能担任项目负责人。

（5）双方大力鼓励多机构联合和跨学科的申请。

中国－加拿大健康研究合作计划的申请要求如下。

（1）中方申请人应按照 NSFC 的要求向 NSFC 提交申请，加方合作者应按照 CIHR 的要求向 CIHR 提交申请，并遵循各方所要求的格式和程序。只向一方提交的申请将不被接受，因此，中加两国项目负责人须确保他们的合作方在截止日期之前提交相应的申请。申请文件中必须包含对方合作项目负责人的来信。

（2）中方申请人应具有高级专业技术职务（职称），应是正在承担或承担过三年期以上国家自然科学基金项目的负责人（在读博士及博士后可以参加项目研究，但不得作为项目的申请人）。

（3）中方具有高级专业技术职务（职称）的人员同年承担、申请或参与申请合作研究项目不得超过一项。

（4）合作研究应主要围绕特定科学问题，旨在改善人民健康与生活质量；申请人应能够成功实施合作研究，充分发挥合作双方的知识专长，增进跨学科间合作，鼓励青年科研人员参与。

中国－加拿大健康研究合作计划的申请指南如下。

（1）中方申请人须登录 ISIS 科学基金网络系统（http://isis.nsfc.gov.cn），在线填报《国家自然科学基金国际（地区）合作研究项目申请书》（以下简称“中文申请书”）。具体步骤是：选择“项目负责人”用户组登录系统，进入后点击“国际合作项目申请”一栏中的“申请国际合作类项目”，再点击“新建申请书”按钮，在项目类型中选择“合作研究”，之后选择协议名称“NSFC-CIHR 项目（中加）”，点击“填写申请书”按钮即可填写具体内容并在线提交。

（2）申请人除了填写提交中文申请书以外，须以附件的形式上传以下申报材料：①英文申请书（CHINA-CANADA Joint Health Research Initiative Proposal）。双方申请人提交的英文申请书内容应完全一致，该项目的同行评议将以此英文申请书内容为准。②加方合作者向 CIHR 提交的申请材料中的 Research Module 版块第 1、2、5、6、7 页，以及 Operating Budget Module 版块和 Common CV 版块内容（由加方申请人填写完毕后将电子版提供给中方申请人）。③加方申请人签署的合作确认函（合作确认函中应对此项目的名称、合作单位及人员信息予以明确说明）。

（3）在线填写提交完毕后，还需打印一套 ISIS 系统生成的带有科学部受理号的纸质中文申请书，加盖单位科研处公章后，连同本部分第（2）条所列申报材料一并报送 NSFC 合作局美大处。纸质申请材料须与 ISIS 系统中提交的电子版申请材料完全一致。项目受理截止日期以邮戳为准。

### （二）中国－加拿大健康研究合作计划的申请书、评议标准和程序

中国－加拿大健康研究合作计划的申请书主要内容包括项目名称、主要研究领域、申请人基本信息、合作者或合作机构信息、项目期限、预算申请、项目概要与进程安排、中方负责人信息等。

中方征集单位采取一轮征集直接填报项目申报书的方式。加方征集单位在截止日前先征集项目意向书（Expression Letter of Intent，EOI），其后与中方征集单位共同确定进入正式评审程序的项目申请，并通知加方申请机构填报正式申报书。中方申请机构提交的项目申报书将由中国科技部组织中方专家评审，加方申请机构提交的项目申报书将由加拿大组织加方专家评审。双方评审均通过的项目，将由两国政府机构协商确定联合资助的项目名单。

中国－加拿大健康研究合作计划的评选标准包括以下几点。

（1）项目的科学质量；

（2）中加合作带来的附加价值，包括技能的互补性、知识与专业技术的双向转让；

（3）研究团队成功实施项目的能力；

（4）刚开始研究生涯的实习研究人员的参与情况；

（5）研究对提高人民卫生健康水平和生活质量，以及减轻社会疾病负担的影响；

（6）多部门和多学科的合作；

（7）实现商业化及其他经济收益的潜力。

可参见中国科技部国际合作司对国际科技合作计划（专项经费）的评审标准（http://www.istcp.org.cn/）。

### （三）中国－加拿大健康研究合作计划的申请注意事项

限项规定如下。

（1）申请人（不含参与者）同年只能申请一项国际（地区）合作研究项目。

（2）本项目计入具有高级专业技术职务（职称）的人员申请（包括申请人和主要参与者）和承担（包括负责人和主要参与者）项目总数限三项的范围。

（3）有意愿在本计划下开展合作项目的中加研究团队须向其各自的资助部

门提交相同内容的申请，并遵循各方所要求的格式和程序。中方申请人须提供内容与加拿大英文或法文申请相一致的中文申请版本。

（4）只向一方提交的申请将不被接受。因此，中加两国项目负责人须确保他们的合作方在截止日期之前提交相应的申请。申请文件中必须包含对方合作项目负责人的来信。

### （四）中国－加拿大健康研究合作计划处理结果反馈形式

中国－加拿大健康研究合作计划获得批准后，将在网站上予以公布。对于初审不予受理的中国－加拿大健康研究合作计划项目，会以电子邮件形式告知申请人及其依托单位科研处。如申请人对不予受理的决定有疑义，可向项目主管部门美大及东欧处咨询；如申请人对不予受理决定不服，可在收到不予受理通知之日起 15 日内向项目主管部门提出复审申请。

### （五）中国－加拿大健康研究合作计划过程管理、结题与流程示意图

中加健康研究合作计划的申请人在每年年末应提交项目进展报告，项目执行结束后应提交结题报告。中国－加拿大健康研究合作计划流程如图 5-7 所示。

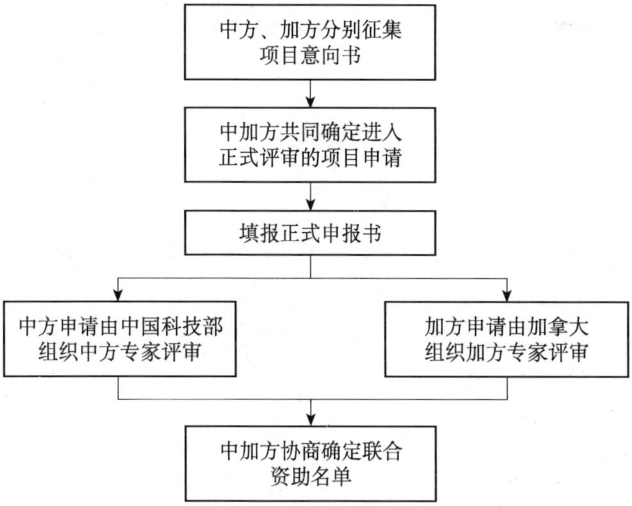


**图 5-7 中国－加拿大健康研究合作计划流程示意**

## 四、中方承担的项目情况与案例

2010 年，NSFC 和 CIHR 共征集中加（NSFC-CIHR）健康研究合作计划项

目有效申请 64 项，资助 18 项，资助强度为 45 万元，见表 5-14。

表 5-14 NSFC 和 CIHR 合作项目

| 科学部受理号 | 申请人及所在单位 | 项目中文名称 | 合作者及所在单位 |
|---|---|---|---|
| 81010007 | 陈瑞珍（复旦大学） | Calpain 在病毒性心肌炎发病中的作用 | Tianqing Peng（Lawson Healtrh Research Institute） |
| 81010066 | 陈谦明（四川大学） | 口腔癌前损害危险性转归分子标志的整合性研究 | Cathie Garnis（University of British Columbia） |
| 81010014 | 程小星（中国人民解放军第三〇九医院） | 结核病 T 细胞免疫功能异常的分子机制研究 | Mario Ostrowski（University of Toronto） |
| 81010055 | 戴建武（中国科学院遗传与发育生物学研究所） | 胶原结合能力的血管内皮生长因子对猪心肌损伤的治疗作用及安全性评价 | Ze Zhang（Laval University） |
| 81010064 | 贺福初（中国人民解放军军事医学科学院） | 人类健康和疾病的蛋白质组学研究：人类及鼠肝脏样本的细胞器水平分析 | John J.M. Bergeron（McGill University Health Center-RI） |
| 81010016 | 黄勋（中国科学院遗传与发育生物学研究所） | 神经前后轴导向与突触形成的分子机制研究 | Mei Zhen（Samuel Lunenfeld Research Institute） |
| 81010012 | 李校堃（温州医学院） | 非促分裂型成纤维细胞生长因子突变体预防糖尿病心肌病及其机制研究 | Subrata Chakrabarti（University of Western Ontario） |
| 81010017 | 凌文华（中山大学） | 花色苷经调节 HDL 代谢预防动脉粥样硬化性心血管疾病（ASCVD）的探讨 | Dominic Ng（St. Michael's Hospital） |
| 81010069 | 刘破资（清华大学） | 性别角色冲突对中国和加拿大华裔女性自杀行为的影响 | Paul S. Links（Arthur Sommer Rotenberg Chair in Suicide）Studies, St. Michael's Hospital） |
| 81010020 | 刘占举（同济大学） | 肠道细菌抗原肽聚糖诱导肠黏膜炎症应答机制研究 | Ping-Chang Yang（McMaster University） |
| 81010051 | 饶毅（北京大学） | 用模式动物果蝇通过遗传和药物筛选影响争斗行为的调节因子 | Yong Rao（McGill University Health Center） |
| 81010048 | 谭焕然（北京大学） | 肝脏葡萄糖激酶基因的表达在糖尿病发展及治疗中的作用 | David M. Irwin（University of Toronto） |
| 81010046 | 陶立坚（中南大学） | AKF-PD 治疗糖尿病肾病的作用机制研究 | Damu Tang（McMaster University） |

续表

| 科学部受理号 | 申请人及所在单位 | 项目中文名称 | 合作者及所在单位 |
|---|---|---|---|
| 81010045 | 王卫平（复旦大学） | NSFC-CIHR 新生儿临床决策支持系统构建 | Carolyn McGregor（University of Ontario Institute of Technology） |
| 81010028 | 夏国良（中国农业大学） | 甲状腺激素与卵巢卵泡发育及类固醇激素合成 | Benjamin K. Tsang（Ottawa Hospital Research Institute） |
| 81010072 | 张云亭（天津医科大学） | 认知功能障碍患者脑白质完整性的功能影像研究：神经科学与临床评估 | Ryan CN D'Arcy（Dalhousie University） |
| 81010063 | 张志珺（东南大学） | 少突神经胶质细胞与抑郁症发生机制研究 | Xin-Min Li（University of Manitoba） |

## 五、联系方式

加拿大卫生研究院网址：http://www.cihr-irsc.gc.ca/e/37792.html。

国家自然科学基金委员会网址：http://www.nsfc.gov.cn。

# 第十八节　国家自然科学基金委员会与日本科学技术振兴机构合作项目

## 一、合作概况

### （一）发展现状

1980 年，中日政府在科技合作方面达成共识。2003 年，NSFC 与日本科学技术振兴机构（Japan Science and Technology Agency，JST）在环境、能源领域开展联合资助达成协议。2004 年，NSFC 在中国科学技术部和中国科学院的支持下，与 JST 启动了建设环境友好和环境低负荷型社会的科学技术研究的合作研究计划。每年双方协商确定具体的合作领域，并轮流在中国和日本举办一次双边研讨会。双方于每年 2 月在网上公开征集项目，宣布具体合作领域，资助项目不多于五个。每个项目中方投入资金额度为 100 万元以内，项目实施周期为三年。2006 年 1 月 23 日，NSFC 与 JST 正式签署谅解备忘录，双方同意共同资助中日科学家开展合作研究、人员交流和研讨会，并加强双方科学基金管理人员的交流。

### （二）项目资助范围

NSFC 与 JST 每年协商确定具体的合作领域，自 2009 年起，每个项目中方经费从 100 万元增加为 150 万元；日方项目经费也相应增加。资助期限为三年。资助的范围包括研究经费和合作交流费。

### （三）中方参与情况

2003 年，中日共资助合作研究项目 12 项，开展双边研讨会四次；2004 年在建设环境友好和环境低负荷型社会的科学技术研究”大领域内共同资助实质性合作研究四项，NSFC 投入经费 400 万元；2009 年，在“城市与重大工程地震和强 / 台风灾害效应及环境影响的评价与减灾研究”领域共收到 13 项申请。

## 二、资助情况

### （一）资助宗旨和资助领域

NSFC 与 JST 双边合作研究项目的宗旨是加强中日的研究合作，以产生新的研究领域、研究方法和重要的研究成果。

合作项目的资助类型包括合作研究项目和双边研讨会。

2005 年的资助领域是生活环境对健康的影响和环境友好新能源（生物质能和光催化制氢）。

2006 年的资助领域是流域生态系统可持续发展的环境影响评价和保护技术。研究内容包括与农业、水产养殖、工业化或城市化及分析环境 / 社会经济机制等活动影响有关的监测水资源循环和生态系统改变的先进技术；预测和评价环境影响或环境和社会经济活动相互作用的先进技术；低环境影响利用、环境修复、保护和恢复的先进技术；流域（包括河流、盆地、湿地、海岸、海湾和海洋等）的物质循环和生态系统研究等。

2007 年的资助领域是可持续利用能源基础研究，重点包括生物燃料电池和有机太阳能电池、微动力系统中的流动和燃烧、化石燃料燃烧的污染控制。

2008 年的资助领域是生物修复在环境保护与恢复中的作用——关键过程与技术创新，重点支持四个研究方向：盐胁迫与荒漠化生态修复、酸化土壤生物修复、重金属污染土壤生物净化、水体污染生物净化。

2009 年的资助领域是城市与重大工程地震和强 / 台风灾害效应及环境影响的评价与减灾研究。具体研究方向为城市与重大工程地震灾害效应的评价与减灾研究；城市与重大工程强 / 台风灾害效应的评价与减灾研究；城市与重大工程环境灾变效应的评价与监测研究。

2011 年的资助领域是废弃物和废热的能源循环技术。具体研究方向为废弃物和生物质的能源转化方法的基础研究；基于废热（余热）利用的电 / 冷 / 热供应及其联供系统集成和优化基础研究。

### （二）项目资助强度

对于 2008 年以前的合作项目，NSFC 向每个项目提供 100 万元以内的资助经费；对于 2009 ～ 2010 年的合作项目，NSFC 向每个项目提供 150 万元以内的资助经费；对于 2011 年以后的合作项目，NSFC 向每个项目提供 200 万元以内的资助经费。

## 三、项目申请程序与资助管理

### （一）中日合作项目的申请资格和申请要求

1. 申请人要求

（1）申请人应具有高级专业技术职称（副高级及以上），且在开始执行本项目时，仍是科学基金在研项目的负责人或主要参加者。在研项目是指面上基金项目、青年基金项目、地区基金项目、重点基金项目、重大基金项目、重大研究计划（培育项目、重点支持项目）、国家杰出青年基金项目、联合资助基金项目。在读学生不得申请。

（2）申请人或参加者均需遵守以下限项规定：本项目只计入科学基金国际合作研究类项目查重，项目负责人及具有高级专业技术职称的主要参加者同期只能申请或承担一项国际合作研究类项目，包括重大国际合作研究项目、组织间协议合作研究项目。

（3）中日双方科学家之间应当具有一定的合作基础。

双方于每年 9 月在网上公布当年具体合作领域并受理项目申请，每年申请的项目于次年的 1 月实施。

2. 申请路径

（1）登录 ISIS 系统后，点击界面左侧菜单栏中的“申请国际合作交流类项目”，点击右侧的“填写申请书”，再点击“多年期项目”右侧的“展开子类别”，选择“NSFC-JST（中日）项目”开始在线填报。

（2）中方申请人须与日方合作者联合提出申请，并共同填写英文申请书。双方科学家应当分别根据 NSFC 和 JST 的要求，填写相应的申请书。

（3）所附英文申请书填写完毕后，上传添加至中文申请书的“附件”栏中一同提交。

（4）报送材料：提交完成之后，打印一套系统自动生成的中文申请书（PDF 文件）及英文申请书，经本人签字、单位签字盖章确认后，邮寄至 NSFC 国际合作局亚非及国际组织处。

中日合作项目申请人必须保证在线提交申请材料的电子版和纸质版的一致性和完备性。若出现申请材料电子版和纸质版不一致，或申请材料不完整、签字盖章手续不完备等不符合要求的情形，NSFC 将不予受理。

### （二）合作项目的申请书和注意事项

双边合作研究项目的中方和日方申请人需要同时分别向 NSFC 和 JST 提交中英文或者日英文申请。

注意事项如下。

（1）申请人（不含参与者）同年只能申请一项国际（地区）合作研究项目；

（2）本项目计入申请和承担项目总数合计限三项的范围。

### （三）合作项目处理结果反馈形式

项目通过审批后，获批准的项目名单将在网上进行公布。对于中方申请者，项目决定予以资助的，应当根据专家评审意见及资助额度等及时制作资助通知书，书面通知依托单位和申请人，并公布申请人基本情况及依托单位名称、申请项目名称、资助额度等；决定不予资助的，应当及时书面通知申请人和依托单位，并说明理由。NSFC 需向申请人和依托单位提供专家评审意见。申请人对不予受理或者不予资助的决定有异议的，可在收到通知之日起 15 日内，向 NSFC 提出书面复审申请。

### （四）合作项目过程管理、结题与验收

国际合作局将会同相关科学部在项目执行两年后组织专家组对项目进行中期检查，并在项目资助期满后，召开联合结题评估会议，对 NSFC-JST 合作研究项目进行联合结题评估。结题评估优秀且有必要继续合作的项目可申请增加

三年的资助，每年延续资助最多两项。

## 四、联系方式

国家自然科学基金委员会网址：http://www.nsfc.gov.cn。

日本科学技术振兴机构北京代表处：http://www.jst.org.cn/index.html。

日本科学技术振兴机构：http://www.jst.go.jp/。

第六章

# 其他政府（私人）国际科技合作项目资助与管理

除了本书前文所介绍的国际科技合作计划、基金与项目，在国际范围内还存在其他一些机构设置的基金，这些基金向国际开放，在国际上产生了重要的影响，对于促进国际人才交流与科技合作意义重大。本章选取了德国洪堡基金项目、玛丽·居里国际人才计划等进行了详细介绍。

## 第一节 欧盟玛丽·居里国际人才计划

### 一、项目概况

欧盟框架计划是欧盟全局性和战略性的中长期科研计划，主要从培养科研人员、推动国际科研项目合作、建设科研平台和鼓励原始创新四个方面资助和推动欧盟成员国的科研活动。玛丽·居里人才流动计划是欧盟第七框架项目中的“人员”（Human）主题计划，本着“卓越的科研生涯缘自研究人才的国际化发展”的实施理念，该计划旨在增强欧盟科研人员竞争力，并促进全球范围内科研人员的交流和沟通，玛丽·居里行动在欧盟第七框架下（2007～2013年）的预算金额是第六框架的两倍，达到47.5亿欧元，年投入经费由2007年的4.3亿欧元增长至9亿欧元。

### 二、资助机制和范围

玛丽·居里国际人才计划的资助类型主要包括以下几项。

1. 研究人员的早期培训（Network for Initial Training）——旨在建立科研启动期早期培训网络（此部分内容对第三国家的学者开放）。

搭建该网络可以帮助处在职业生涯初期的研究人员加入到成熟的科研团队中，提升他们的研究能力，开拓他们在公/私营领域的职业发展前景。欧盟支持在各科学技术领域搭建此类培训网络。由专家遴选出成功的申请人，提供长达四年的经费资助。

资助经费主要用于招募从事科研工作不足五年的年轻科研人员；招募在国际培训和合作研究方面资深的科研人员，推动培训网络内的知识转移；组织召开会议，邀请培训网络外科研人员参会。

申请要求如下：除了个别情况允许一方或者两方申请者组建此类培训网络外，通常情况下要求至少有三方（大学、研究所、公司或者中小型企业）共同提出申请，搭建具有持久性的科研培训网络。

2. 终身培训和职业发展（Lifelong Training & Career Development）——欧洲内部职业发展奖学金计划。

（1）欧盟内部职业发展奖学金（Intra-European Fellowship for Career Development，IEF）：该奖学金只针对欧盟成员国及欧盟候选国内的拥有博士学位或有至少四年全职科研工作经验，且具有攻读博士学位资格的科研人员。

（2）欧洲科研人员训后就业经费（Marie Curie European Reintegration Grants，ERG）：该经费资助欧盟及欧盟候选国的研究人员，要求其至少有四年的全职科研经历，或是拥有博士学位，在参与欧盟第六或第七框架下玛丽・居里培训或交流计划至少 18 个月后，且正寻找长期的科研工作岗位。申请训后就业经费的科研人员须同欧盟内或欧盟候选国内的接受单位一同提出申请。

（3）对区域性、国家级和国际型项目的联合资助（CO-Funding of Regional, National and International Programmes ，CO-FUND）：该项目的合作对象是具备欧盟委员会级别的资助或经费管理型的国家机构、研究学术机构或是国际科研经费投资机构；通过多方注资的形式进行联合资助，旨在推动科研人员交流。

3. 国际产学界合作伙伴（Industry–Academia Partnerships and Pathways，IAPP）——旨在建立企业和学术界之间的合作伙伴关系，打通联系渠道（此部分内容对第三国家的学者开放）。

知识转移－产学界合作经费（Transfer of Knowledge: Industry-Academic Partnership，TOK-IAP）：该经费旨在加强公 / 私营领域研究机构的合作（包括大学、中小型企业、制造业等），从而加强双方的技术 / 技能交流。申请方至少有两个组织分别来自公私领域，并且至少有两个欧盟成员国或欧盟候选国参与，其中须有一个来自 27 个欧盟成员国。

4. 国际合作经费（International Dimension）——对内及对外学者交流，制订国际合作计划，提供奖学金和研究资助（此部分内容对第三国家的学者开放）。

（1）出访学者奖学金：该经费主要用于资助欧盟科研人员到第三国的权威研究机构留学，学成后回到欧盟成员国或欧盟候选国内的科研机构。

（2）来访学者奖学金：该奖学金用于资助来自第三国的高级研究人员参与

欧洲的研究项目。要求第三国的科研人员拥有博士学位，或至少四年的全职科研经历并具备攻读博士学位的学力。该奖学金对所有科学技术领域的学者开放，由来访研究人员同接收她 / 他的欧盟或欧盟候选国科研机构共同提交申请。奖学金包括对来访研究人员的 1 ～ 2 年的经济资助（包括工资和研究活动经费）。若该研究人员来自于与欧盟签订有科技合作协议的国家，该奖学金还将资助其一年归国期期间的费用。

（3）国际科研人才回流资助：该经费主要用于资助原欧盟成员国或欧盟候选国在第三国从事科研工作至少三年，并愿意回到欧洲工作的科研人员，资助时间 2 ～ 4 年。

（4）国际科研人才交流计划：该计划主要通过构建科研人才网促进科研人员交流，增强欧盟境内的科研机构、人员同非欧盟国家的研究机构和人员之间的科研伙伴关系。申请方必须是处于合作关系中，且直接参与科研人员交流的科研机构，须向欧盟委员会递交科研、技术或管理人员短期合作交流项目的年度申请书。该计划将对项目予以 2 ～ 4 年的经费资助，资助欧盟成员国或欧盟候选国同第三国的交流互访。交流时间最长不超过一年。欧盟与第三国的合作伙伴各自资助所属科研人员的交流费用，欧方给其参与交流的科研人员 1 800 欧元 / 月（包含差旅费）。针对特别情况，欧盟可能向其参与交流的人员提供差旅和其他补助。

5. 特别行动（Specific Actions）——促进流动性和提升职业能力行动，组织学术交流和资助活动。

（1）科研人员之夜（Researchers Nights）（仅限 2007 年）：提供给在欧盟或者欧盟候选国国内对国家性、区域性的研究团体具有号召力，并有能力承办大型活动的法人机构。这些机构利用申请经费在每年九月的第四个星期五组织大型的公众活动，通过活动拉近公众与科研人员的距离，传播科学技术知识。

（2）玛丽 • 居里行动奖励：该奖励颁发给各国在某一领域取得重大科研成果的杰出科研工作人员，该科研人员应获得至少一年玛丽 • 居里奖学金或类似交流奖学金。

（3）欧盟人才交流网（http: //europa.eu.int/eracareers）：提供欧盟目前的研究职位空缺等。

（4）欧盟科研人才流动中心网络（the European Network of Mobility Centres，ERA-More）：该网络的链接也在欧盟人才交流网站上，提供分布于欧洲 32 个国家的 200 多个人才流动中心的联络方式。欧洲各国的人才流动中心向科研人员提供关于所在国的法律、社会安全、税费等方面的信息。

上述五项活动中，有三项欢迎欧盟以外第三国学者参与。

中国可以参与的是属于第四板块的国际研究人员交换项目（International Research Staff Exchange Program，IRSES）。IRSES旨在通过短期人员交流培训和通过欧洲研究机构与对口国家（已经与欧盟签订科技合作协议的国家或正在谈判签署的国家，我国已于1998年和欧盟签署《中欧科技合作协定》）或享受《欧盟睦邻政策》的国家，建立科研合作网络以加强研究伙伴关系。

### 三、申请标准

申请方必须是由来自两个欧盟成员国或欧盟候选国的两个独立科研机构和一个或多个来自第三国的科研机构共同组成（第三国指同欧盟签订有科技合作协定或正在商定科技合作协定的第三国及享受《欧洲睦邻政策》的国家）的处于合作关系中且直接参与科研人员交流的科研机构。参与交流的人员有权在交流期满后回到原单位，原单位保留交流人员的薪金，承认其交流经历，对其回流予以妥善安置，从而确保此交流活动能有效地服务于双方的长期合作关系。

### 四、联系方式

参见网址：http://cordis.europa.eu/fp7/people/home_en.html，http://ec.europa.eu/research/mariecurieactions/。

## 第二节　欧盟Asia-link计划

### 一、计划概况

2001年9月，欧盟召开会议通过了题为“欧洲与亚洲：加强伙伴关系战略框架”的文件，勾画出未来十年欧盟发展欧亚合作的优先领域。根据这个文件，欧盟发起了“面向亚洲”计划，主要包括加强亚洲与欧洲高等教育机构的联系，加强亚洲与欧洲企业之间的合作及加强环境问题研究。欧盟委员会对外合作办公室及欧盟委员会驻亚洲代表团负责具体管理和实施。欧盟于2002年初启动了Asia-link项目，目的是促进欧盟成员国与南亚、东南亚和中国等国家和地区的高等教育机构之间的区域性和多边合作，增进双方认识和理解，增强欧盟在亚洲经济体系中的地位和作用。经过十几年来的发展，欧盟亚洲连接计划已经在亚洲的政府、学术机构和非营利性组织中建立了广泛深入的影响。

## 二、计划的任务和资助对象

Asia-link 计划是“面向亚洲”计划的一部分，主要目标是加强欧盟与亚洲大学之间的现有伙伴关系，促进和发展新的伙伴关系，提升欧洲在亚洲的影响，构建欧亚高等教育合作框架。亚洲连接计划侧重建立伙伴关系，不提供个人奖学金，也不向具体国家的教育部门提供双边资金援助。

## 三、资助机制与范围

欧盟国家和亚洲国家高等教育机构联合提出的合作项目由欧盟提供 75% 的资金援助，最高不超过 90%，剩余配套资金由项目申请单位自行解决。联合开展项目要求至少有两个以上的欧洲教育科研单位和两个以上的亚洲国家的教育科研单位参加。项目实施期限一般为 12 ～ 36 个月。项目活动的形式包括讲习班、研讨会、培训、交流访问、联合研究等。

欧盟给予优先考虑的项目申请包括以下几个方面。

（1）经济发展类（经济、管理、技术、工程、科学、健康等）和特别部门（农业、旅游等）；

（2）发展经济合作关系，如国际关系、地区关系、解决冲突问题、公共政策、企业法与税收、可持续发展、企业伦理、环境科学等；

（3）现代欧洲和亚洲研究，包括欧洲一体化、亚洲发展、欧亚关系等；

（4）社会与文化发展。

除了上述题目的项目申请，其他能够体现亚洲连接计划总体目标的综合项目也在欧盟考虑批准的范围内。

## 四、中国参与情况

自亚洲连接计划启动以来，中国的高等教育机构便积极参与到该计划当中。在 126 项落实的项目中，有 58 个是中国高等教育机构参与的项目活动，其中 7 所高等教育机构作为项目的牵头单位参与该项目。中方参与的亚洲连接计划项目清单如表 6-1 所示。

**表 6-1　中方参与的亚洲连接计划项目清单（部分）**

| 项目名称 | 中国参与机构 | 参与身份 | 项目时限 |
|---|---|---|---|
| 中国硕士研究生欧洲研究课程 | 澳门欧洲研究学院 | 牵头单位<br>参与 | 36 个月 |
| 中欧亚洲研究 | 人民大学 | 参与 | 36 个月 |
| 现代中国语言和社会研究与欧洲多媒体课程 | 北京大学 | 参与 | 36 个月 |
| 中国自然保护课程 | 四川农业大学 | 参与 | 30 个月 |
| 城市脱贫规划管理课程 | 武汉大学 | 参与 | 36 个月 |
| 中欧交流：技术文化设计方案 | 同济大学<br>天津大学 | 参与<br>参与 | 24 个月 |
| 中欧代数学 | 北京师范大学<br>中国科学院<br>中国科技大学<br>清华大学 | 参与<br>参与<br>参与<br>参与 | 36 个月 |
| 中欧联合旅游合作项目 | 广州大学 | 参与 | 36 个月 |
| 公司和市场标准化课程 | 中国气象学院 | 参与 | 33 个月 |
| 中欧照明工程研究合作 | 复旦大学 | 参与 | 36 个月 |
| 机械制造工程人力资源开发 | 重庆大学 | 参与 | 36 个月 |
| 中欧电力工程 | 上海交通大学 | 参与 | 36 个月 |
| 材料科学与工程硕士课程 | 复旦大学<br>上海交通大学 | 牵头单位<br>参与 | 36 个月 |
| 亚欧经济企业课程 | 西南财经大学<br>江西大学 | 参与<br>参与 | 30 个月 |
| 软件工业与中国教育定向 | 哈尔滨科技学院 | 参与 | 36 个月 |
| 医学化学 | 上海有机化学研究所 | 参与 | 36 个月 |
| 船舰设计、制造、安全使用和环境影响 | 哈尔滨工程大学 | 参与 | 36 个月 |
| 湄公地区食品和农业企业培训 | 云南农业大学<br>南京农业大学 | 参与 | 36 个月 |
| 亚欧社会企业家培训 | 中欧国际企业学校 | 牵头单位 | 36 个月 |
| 文化间交流国际课程 | 北京技术学院 | 参与 | 36 个月 |
| 中泰可持续资源管理课程 | 合肥联合大学 | 参与 | 30 个月 |
| 亚欧理解研究项目 | 厦门大学 | 参与 | 18 个月 |
| 保护与利用亚欧遗产地多学科管理战略 | 北京技术学院 | 参与 | 30 个月 |
| 中欧设计管理网络 | 哈尔滨技术学院<br>清华大学<br>上海交通大学 | 参与<br>参与<br>参与 | 24 个月 |

续表

| 项目名称 | 中国参与机构 | 参与身份 | 项目时限 |
|---|---|---|---|
| 职工计算机科学培训 | 北京技术学院 | 参与 | 36个月 |
| 土壤生物物理学术交流项目 | 中国科学院<br>南京农业大学 | 牵头单位<br>参与 | 36个月 |
| 水资源综合管理培训 | 中国科学院 | 参与 | 30个月 |
| 中欧大学通讯技术交流项目 | 洛阳技术学院 | 参与 | 36个月 |
| 课程设计和实施 | 北京联合大学 | 参与 | 36个月 |
| 公私营企业基础设施开发网络能力建设 | 清华大学 | 参与 | 36个月 |
| 亚欧城市建筑文化遗产人力资源开发 | 昆明科技大学 | 参与 | 36个月 |
| 自动化能力建设课程 | 天津大学 | 参与 | 36个月 |
| 中欧品牌建设与时尚管理课程 | 复旦大学 | 参与 | 24个月 |
| 亚欧核物理与天体物理 | 北京大学<br>中国原子能研究所<br>现代物理研究所 | 参与<br>参与<br>参与 | 36个月 |
| 亚欧比较研究课程 | 湖南师范大学 | 参与 | 34个月 |
| 中国地质环境工程培训 | 清华大学 | 牵头单位 | 36个月 |
| 中欧可持续建筑设计 | 重庆大学 | 参与 | 36个月 |
| 可持续建筑环境多学科研究 | 湖南大学 | 牵头单位 | 36个月 |
| 教学研究管理 | 科技管理大学 | 参与 | 30个月 |
| 亚欧信息技术和网络工程 | 上海交通大学 | 参与 | 36个月 |
| 亚欧食品营销网络建设 | 新疆农业大学 | 参与 | 36个月 |
| 企业家培训项目 | 同济大学 | 参与 | 24个月 |
| 中欧教育科研合作 | 浙江大学 | 牵头单位 | 36个月 |
| 革新管理战略与教育 | 北京师范大学<br>武汉大学 | 参与<br>参与 | 36个月 |
| 工业节能与环境保护高等教育培训 | 中南大学<br>北京科技大学 | 参与<br>参与 | 36个月 |
| 电子工程未来带头人培训 | 复旦大学<br>浙江大学 | 参与<br>参与 | 36个月 |
| 农村发展课程培训 | 农业发展中心 | 参与 | 20个月 |
| 公约与公平交易管理企业管理课程 | 同济大学 | 参与 | 30个月 |
| 计算机与网格开发 | 中国科学院<br>清华大学 | 参与<br>参与 | 36个月 |
| 企业信息系统管理培训 | 湖南大学 | 参与 | 24个月 |
| 中欧双硕士网格技术课程 | 中国科学院<br>清华大学<br>上海交通大学<br>华中科技大学 | 参与<br>参与<br>参与<br>参与 | 36个月 |

续表

| 项目名称 | 中国参与机构 | 参与身份 | 项目时限 |
| --- | --- | --- | --- |
| 管理与技术转让联合硕士课程 | 大连海洋大学 | 参与 | 30 个月 |
| 亚欧道路交通安全网络项目 | 北京技术大学 | 参与 | 36 个月 |
| 亚欧多学科企业管理课程 | 华东科技大学 | 参与 | 36 个月 |
| 医务工作者社会心理学研究生课程 | 同济大学 | 参与 | 36 个月 |

资料来源网站：http://www.chinamission.be/chn/sbgx/jy/yz/。

### 五、联系方式

联系方式可参见以下网站。

（1）欧盟中国协会：http://www.euro-china.us/index.asp。

（2）参见网址：http://cordis.europa.eu/fp7/people/home_en.html。

## 第三节　英国牛顿国际奖学金

### 一、英国牛顿国际奖学金概况

英国牛顿国际奖学金项目（Newton International Fellowships）是由英国社会科学院、英国皇家工程院和英国皇家学会共同设立的，旨在吸引优秀海外博士后研究人员到英国从事 1 ～ 2 年的研究工作。

### 二、资助范围

该奖学金资助范围覆盖自然科学、社会科学、工程学与人文科学等学科领域，为博士后研究人员提供每年 24 000 英镑的生活费、8 000 英镑研究费，以及一次性 2 000 英镑的安置津贴。为保持长久联系，该项目还为 10 年内曾获得牛顿国际奖学金的研究人员提供每年 6 000 英镑的活动经费资助。此外，牛顿国际奖学金获得者还有机会加入由英国研究理事会运作的国际校友录计划。

### 三、中国参与情况

中国获得牛顿国际奖学金的研究人员有以下三位。

（1）Chuanlong Xu，坎特伯雷肯特大学。资助研究领域为生物质 / 煤流特性研究，通过传感器集成与多尺度数据融合。

（2）Yan Yun，牛津大学。资助研究领域为中国清代精英家庭的财富，包括生活和物质文化方面。

（3）Junshan Zhou，谢菲尔德大学。资助研究领域为中英老年保健系统比较。

## 四、申请方式

牛顿国际奖学金的项目申请人在申请项目之前需要有一个英国的保证人或发起人来保证项目的执行，同时项目申请内容须有足够的吸引力。申请人通过英国皇家学会设立的 e-GAP2（Electronic Grant Application and Processing）电子申请系统（https://e-gap.royalsociety.org）在线提交申请。具体申请要求如下。

（1）申请书应由申请者本人和英国保证人共同完成。如果申请者没有找到保证人，那么保证人角色将由院校承担。在申请项目前，应确认该项目已经获得保证人的批准。

（2）保证所申请项目有两位独立的对项目领域熟悉的专家，他们对申请书的副本、项目的主要特征与目标有大致的了解。

（3）申请者将 e-GAP2 指南发给专家并告知他们如何进行评判。

（4）提供保证人的详细信息并且详细说明他对申请人的研究生涯的帮助。

（5）仔细研究评审标准以保证申请书信息的针对性和有效性，清晰地展示申请信息，包括研究计划、经济责任和可视化成果。仔细检查申请书后再提交。

## 五、评审标准

评审标准有包括以下几点。

（1）申请项目的学术研究背景；

（2）申请项目的质量；

（3）申请项目对申请者研究生涯的帮助；

（4）英国保证人及申请项目所在机构。

## 六、联系方式

参见网址：http://www.newtonfellowships.org/how-to-apply.aspx。

# 第四节　英国国际发展基金

## 一、简要介绍

英国国际发展部设立英国国际发展基金，与发展中国家包括政府机构、商业性机构及世界银行、欧盟委员会进行合作对贫穷国家施以政府援助，目前已在40个发展中国家设立办事处，并且为将近90个国家提供了资助。2013年，英国政府国民收入的0.7%用于英国国际发展基金。根据“千年发展目标”，英国国际发展部日益深化与中国在国际发展事务方面的合作，帮助中国总结在减贫过程中积累的经验，继续推进中英之间就可持续发展、气候变化、能源安全等问题的对话。英国国际发展部已参与到中国当地基础教育、艾滋病病毒和艾滋病防治、肺结核病控制、医疗体制改革、用水及环境卫生等项目当中。

## 二、资助机制与范围

英国国际研究发展部主要与实施“千年发展目标”的国家政府、研究机构、私营企业等多边机构，如WB、UN、欧盟等组织进行合作来施以援助，重点关注非洲次撒哈拉贫穷国家和亚洲地区，同时对中等收入国家进行扶贫。自2000年以来，为加强中国的医疗体系建设，英国国际研究发展部已为中国的艾滋病防治工作提供了逾8 600万英镑的资金援助。此外，英国国际研究发展部还为WB的一个项目提供了2 200万英镑的资金，该项目为四川、广西和云南三省140万贫困人口增加创收机会，改进农村基础设施、医疗和教育服务。

## 三、主要国际合作伙伴

英国国际研究发展部的国际合作伙伴包括澳洲国际发展署，财政部，国际金融公司，国际劳工组织，中国国家发展与改革委员会，中国国家林业局，中国国务院发展研究中心，中国劳动人事部，中国辽宁经济与贸易委员会，中国全国人民代表大会，日本厚生劳动省，瑞士联邦经济部，中国商务部，世界银行，斯坦林布什大学，中国四川商务厅，中国外交部，英国环境，食品及农村事务部，中国人民银行，中国银行协会，中国银行业监督管理委员会。

### 四、中方参与情况

英国国际发展部与中国商务部、外交部、财政部及多家发展银行共同举办高端研讨会，并召开中英可持续发展高层对话，热点议题覆盖可持续消费与生产、自然资源管理、可持续城区建设、可持续发展管理机制等方面，同时努力推动中英之间就气候变化和能源安全问题进行探讨。中方参与到其中的活动包括提高中国教育质量、加强肺结核病控制等项目。

### 五、联系方式

参见网址：http://ukinchina.fco.gov.uk。

## 第五节　法国梅里埃基金

### 一、基金概况

法国梅里埃基金会于1976年成立，是一家非营利性的私人基金会，自创建以来旨在提升公众健康，致力于地区的传染病研究和培训。目前该基金为马里、柬埔寨、老挝、马达加斯加和中国提供援助。

### 二、梅里埃基金的使命和资助重点

梅里埃基金的主要使命是通过宣传知识、培训卫生工作者等来抗击影响新兴国家发展的传染病，主要围绕加强监控设施、进行知识交流培训及提供母婴支持三个方面展开。

（1）加强监控设施：梅里埃基金利用其专业知识来强化发展中国家的生物能力，在流行病学监测及研究和培训方面发挥重要作用。除此之外，基金会也会更新发展中国家实验室的药物分析设备。

（2）知识交流和培训：为探测和识别新型传染病，梅里埃基金在发展中国家以会议和研讨会形式进行诊断工具的知识交流和培训，提高全球流行病学监测研究水平。

（3）母婴支持：梅里埃基金会通过建立小额信贷项目或者保健访问，提高改善发展中国家尤其是染病妇女和儿童的生活质量。

## 三、梅里埃基金资助范围

梅里埃基金主要支持健康事业，直接执行由鲁道夫·梅里埃实验室及实验室合作伙伴进行的项目，同时开发医疗诊断工具，资助创新科学研究及其应用研究项目。资助目标是在全球范围内使用改进的流行病监测工具提高监测和分辨新兴传染病源的能力，并促进发展中国家的先进研究。

## 四、应用研究计划

### （一）新兴病原体实验室

梅里埃基金的首要任务是支持传染性疾病的科学研究在发展中国家的应用，基于此目的，2008 年，梅里埃基金新兴病原体实验室成立了科学董事会，致力于应用分子生物学、细胞生物学和蛋白质生物化学领域的研究。

该实验室专注于三项活动：在发展中国家设立流行病监测工具；在传染病病原体研究中发现适当的生物标志物；利用创造和技术转让来适应发展中国家的研究。

### （二）鲁道夫·梅里埃实验室

由克里斯多夫基金和鲁道夫·梅里埃共同支持成立的鲁道夫·梅里埃实验室是传染病爆发研究方面的国际网络实验室，参与的国家有马里、柬埔寨、老挝、海蒂、马达加斯加和黎巴嫩。

鲁道夫·梅里埃实验室的研究重点包括以下方面：在不与当地实验室竞争的基础上执行复杂的当前不可用的医疗检验；支持研究计划（如艾滋病和结核病）；自己进行流行病研究项目；通过与公立医院和大学建立长期的伙伴关系，改善生物培训。

### （三）研究计划

梅里埃基金会支持如肺结核、呼吸道感染、疟疾、艾滋病和肝炎等在内的研究项目，同时还致力于发展中国家密切关注的出血热和南美锥虫病等疾病。梅里埃基金为发展中国家创造生物标志物研究技术的学习和转让机会，通过建立国际网络 GABRIEL 来开展应用研究活动。为促进发展中国家的高层次研究，梅里埃基金会参加了许多当地主要病症（如结核病、艾滋病和疟疾）的研究计划，为研究提供专家咨询、技术援助和财政援助。

### （四）让·梅里埃 BSL-4 实验室

1999 年，梅里埃基金会在里昂成立让·梅里厄 BSL-4 实验室，针对因气溶胶传播而致实验室感染和导致生命危险疾病的外源性病源进行研究。该实验室是生物安全第四级实验室，保护所有具有感染风险的研究人员，同时全面保护环境。

### （五）应用研究奖励

应用研究奖励颁发给发展中国家和工业化国家致力于传染病研究的年轻科学家，旨在促进南北交流合作，主要包括科学奖学金和克里斯托弗－梅里埃奖。其中科学奖学金颁发给从事传染病工作的科学家，克里斯托弗－梅里埃奖是法兰西学士院与克里斯托弗 - 罗多尔夫·梅里埃基金会合作设立的科学大奖，奖励发展中国家在传染病方面出色的科研工作者，奖金总额为 40 万欧元，其中 30 万欧元用于资助获奖研究团队的科研发展，10 万欧元颁发给研究团队的负责人。

### （六）GABRIEL 网络实验室

2008 年，梅里埃基金会启动 GABRIEL（低收入国家传染病疫情生物研究全球方法）网络实验室，建立了传染病研究领域的国际合作框架，该实验室设立的目的表现在三方面：①为新兴国家的研究需要传输先进的专业知识和知识应用，特别是为病原体鉴定和后续研究培养研究人员和技术人员；②进行国际多中心流行病学研究，并对当地的医疗队员及现有的诊断工具进行评估；③优化公共医疗政策，引导使用可靠和准确的流行病学数据。

## 五、中方参与情况

中国科学院生物物理研究所、北京大学与法国梅里埃研究院签订科研基金合作协议，由梅里埃科研基金资助两项研究：北京大学化学与分子工程学院的“糖基功能化的金纳米粒子用于食源性病原菌的检测”项目和中国科学院生物物理研究所的“蛋白质马达 ATP 合酶构建生物传感器”项目。每项资助 10 万美元。近年来，梅里埃科研基金在中国资助了病毒学、肿瘤学和食品安全检测等领域的研究，获资助的中国科学家人数超过梅里埃基金在全世界的颁发数的三分之一。

## 六、其他信息

更多关于全球生物安全顶级实验室（BSL-4, P4）的简要介绍，请登录 http://www.Jean Mérieux BSL-4 Laboratory web sit.cn 进行查询。

# 第六节　德国洪堡基金

## 一、洪堡基金概况

1860 年，洪堡基金成立于柏林，1923 年之前仅资助德国学者到国外考察，1925 年后，转为支持国外科学家和博士研究生在德国学习，1945 ～ 1952 年终止活动，于 1953 年 12 月 10 日再次启动，此后来自 100 多个国家的近 14 000 名学者得到过它的资助。

### （一）基金任务及资助范围

洪堡基金会不仅资助德国学者到国外进行学术交流，也邀请外国优秀的青年科学家来德国的大学和科研机构从事科研工作，并为他们提供奖学金。基金会每年为各国青年科学家提供不受专业、国籍、性别、种族等限制的奖学金。截至当前已有数据，全世界洪堡学者中，60% 从事的是自然科学研究，30% 从事人文社会科学研究，还有 10% 从事工程科学研究。

### （二）资金来源及资助机制

洪堡基金由德国联邦政府、德意志科学基金联合会、弗里茨－蒂森基金会、大众汽车基金会及化学工业联合会等机构进行资助。洪堡基金会设有外国科学家研究奖金、外国科学家科研奖金、德国科学家科研奖金、马克斯•普朗克科研奖金等类型。

### （三）中国的洪堡学者

自 1979 年中国获得洪堡基金资助起，每年都有大量中国学者获得资助，中国洪堡学者的专业领域 80% 集中在自然科学领域；工程科学领域约占 15%；人文社会科学仅占 5% 左右。1994 年，中华洪堡学者协会成立，目前在册的学者约 1 000 余名，他们当中包括核物理泰斗何泽慧院士、中国外科学奠基人裘法祖院士、路甬祥院士、韦钰院士、王大中院士，以及以“长江学者”和“百人计划”为代表中国科研战线的骨干人员。

## 二、洪堡基金奖金

### （一）外国科学家科研奖金

洪堡基金会每年向大约 600 名具有博士学位且年龄不超过 40 岁的优秀外国

科学家提供奖学金，资助时间为 1 ～ 2 年，评审专家由 100 名各学科的德国科学家组成，评审的唯一标准是学术水平。

### （二）洪堡科研奖金

洪堡基金会每年向 200 名国际公认的国外知名科学家授予不同项目的洪堡科研奖金，在授予奖金的同时还邀请他们在德国的研究所进行为期 4 ～ 12 个月的自选课题研究。资助金额为 20 000 ～ 120 000 马克不等，其中 80 项颁发给美国科学家。

### （三）德国科学家研究奖学金

佛欧多尔－吕南（Feodor-Lynen）奖学金每年资助不超过 200 名在德国获得博士学位且年龄不满 38 岁的学者。资助他们在国外研究所进行为期 1 ～ 4 年的科学研究，资助金额由洪堡基金会和客座研究所共同支付。

### （四）马克斯•普朗克科研奖金

洪堡基金会与马克斯•普朗克学会每年向国际知名的外国科学家和德国科学家颁发 12 项（各 6 项）马克斯•普朗克国际合作科研奖，奖金最高达 250 000 马克。

### （五）联邦德国总理奖学金

2006 年开始，洪堡基金会推出面向中国申请者的联邦德国总理奖学金项目（German Chancellor Scholarship Program）。该项目为中国科研人员提供在德国研究所从事学习或研究的机会，为申请者今后回国的学术生涯发展奠定了良好基础。

## 三、洪堡基金申请流程

### （一）外国科学家研究奖学金申请

1. 申请方法及申请者条件

（1）申请者条件：具有博士学位且年龄不超过 40 岁的优秀的外国科学家。

（2）申请方法：申请者可以随时向洪堡基金会递交申请材料，选拔委员会每年 3 月、6 月、11 月召开会议，全部申请材料最迟应在上述时间的前 5 个月交到基金会秘书处。

洪堡基金项目评审的唯一标准是申请者的研究方案和个人已发表的论文，研究方案要突出个人的前期工作积累，论文强调发表在国际学术期刊的英文论文，同时要求标出与博士论文相关的论文。

从事自然科学和工程科学的申请者及医生要熟练掌握英文；从事人文科学的申请者不仅需要熟练掌握英文，其德语也要相当熟练。

2. 申请者需要递交的材料

申请者需要递交的材料如下。

（1）博士学位证明（非德文或英文的，需译成德文或英文）；

（2）博士论文（非德文或英文的，需译成德文或英文，但不必全文翻译，最少 10 页以上）；

（3）护照尺寸的照片 2 张；

（4）申请表 3 份；

（5）研究方案 3 份（基金会有具体要求）；

（6）发表论文、著作的目录，且强调英文的论文和著作；

（7）3 ～ 4 篇个人代表作的复印件（非德文或英文的，需要作较详细的翻译，不能仅仅是英文提要）；

（8）德国大学或研究机构教授的邀请信；

（9）3 ～ 4 封推荐信，强调与申请者来自不同国家的推荐信，要求有自己导师的推荐信；

（10）德语和英语的水平证明（有固定的表格，要求相关的外语教师填写）；

（11）个人简历，最好突出申请表中未出现的内容。

3. 资助款项

按照学者的年龄和学术水平，洪堡基金资助金额为平均每月 2 100 ～ 3 000 欧元（免税）。奖学金一般先授予半年至一年，如能准时结题，可以申请延期资助，以继续其他相关课题的研究，但最多不超过 24 个月。根据需要，基金会为科研人员提供到德国之外的学术机构作不超过 6 个月的学术调研经费。资助范围包括德语培训费、家属生活补助、家属参加年会补助、学术交流资助、往返机票及国际会议资助。

4. 后续资助

洪堡基金会实行“一次资助，终生受益”的政策，洪堡学者回国后，基金会继续对他们进行资助，主要包括以下几个方面。

（1）再申请，即第一次获得洪堡奖学金的若干年之后，洪堡学者可以再申请，且没有年龄限制；

（2）再邀请：根据申请或需要，洪堡基金会可邀请一些前洪堡学者再回德国进行学术活动，且没有年龄限制；

（3）赠送科学书籍（总价值不超过 1 000 欧元）；

（4）向外汇短缺的国家赠送科学仪器（不超过 2 万欧元）；

（5）资助双方机构之间的国际合作项目；

（6）资助参加在德国召开的国际学术会议；

（7）资助学术著作在德国著名出版社出版；

（8）资助德方学者访问洪堡学者所在的学术机构。

### （二）联邦德国总理奖学金申请

该项目每年为中国提供 10 个奖学金名额，申请者研究背景不限，会优先考虑人文、法律、社会经济学及艺术领域的申请者。

1. 申请要求

申请者应为 34 岁以下至少已获得学士学位或同等学力，且具有实践经历并基本掌握德语的中国公民。

2. 申请材料

申请者需提交以下材料。

（1）填写完整且签字的申请表格；

（2）专业及学术项目计划叙述（包括研修目的及预期目标）；

（3）学位证书复印件或学术文凭（附翻译公证件）；

（4）3 ～ 5 封推荐信（说明申请人的职业经历、个人信息及学术背景）；

（5）负责人或导师的同意书，表示愿意担任申请者在德国期间的顾问；

（6）出版物列表，包括德语和英语等级证书。

3. 资助款项

资助款项包括在德国的生活费用（2 000 ～ 3 500 欧元 / 月）、德国往返路费、德语课程和学习考察的费用、配偶及子女津贴。

## 四、联系方式

联邦德国总理奖学金信息详细信息及申请表格请登录 http://www.wmo.int/pages/summary/progs_struct_zh.html 进行查询。

洪堡基金信息请登录 www.humboldt-foundation.de 进行查询。

# 第七节 日本国际交流基金会

## 一、日本国际交流基金会概况

为推进日本的国际文化交流，1972年，日本成立国际交流基金会（Japan International Cooperation Agency，JICA），设立本部和京都分部及两个附属机构（日语国际中心和关西国际中心），并在国外19个国家和地区设有20个海外事务所。JICA通过开展国际文化交流事业，加深各国对日本的了解，增进各国在文化和其他领域的交流和认识，以建立良好的国际环境，维持并发展和谐的国际关系。JICA主要工作围绕促进文化艺术交流、援助海外的日语教育和学习、促进海外的日本研究和知识交流，以及提供信息援助国际交流几个方面展开。为推进与中国的文化交流活动，1994年3月JICA在北京设立事务所，该研究所在中日两国政府签署《日本国政府和中华人民共和国政府关于互设文化中心的协定》后，于2008年8月1日正式更名为日本文化中心。

## 二、TJF项目概况

### （一）小额资助项目

1. 文化艺术交流

日本文化中心资助以促进国际文化交流为目的的演讲会、展览、舞台表演、日本文化节等文化项目，资助范围包括旅费（交通费、住宿费）、酬金（外部讲师等）、设施费（会场租借费等）及印刷制作费。资助项目包括由文化艺术团体、大学、研究机构、非营利团体组织的展览会、舞台表演、放映会、学校文化节等文化项目，以及由出版社（仅限申请出版、翻译项目者，个人仅允许以项目执行委员会的身份进行申请）进行的翻译出版工作。

2. 日本研究、知识交流

日本文化中心资助以促进知识交流为主题，以增进中日及亚洲各国相互理解为目的的研讨会、座谈会、交流会、出版等项目，提供包括旅费（交通费、住宿费）、酬金（外部讲师等）、设施费（全场租借费）及印刷制作费在内的部分资金援助。

3. 日语教育

JICA 资助日语教学的普及、扩大和发展，鼓励支持提高日语教师的教学水平和有助于日语教师间、日语教育机构间交流的项目。该基金不接受个人申请，不接受营利团体的申请，申请者必须是有能力按照事业计划实施且具有能够接受资助金汇款的国内银行账号的中国（含香港、澳门）境内的团体机构。

## （二）总部公开招募项目

公开招募项目是指对于计划从事国际交流活动的个人及集体，通过公开招募的方式，由 JICA 对其提供资助金、奖学金或图书等其他资料的一种制度。公开招募项目的目标是向各国介绍日本优秀文化艺术，促进他国对日本的理解，同时在世界文化艺术的创造、发展及现有文化艺术的保存、振兴方面贡献力量。

1. 文化艺术交流

基金会为造型美术、舞台艺术、影像出版三个艺术交流领域提供资助，主要资助内容如下：

（1）海外展资助项目。本项目为在国外举办的展览提供部分活动经费，其对象仅限于以介绍日本美术、文化为目的的展览。

（2）促进对日理解的出版、翻译资助项目。针对人文社科及艺术领域的日文版优秀书籍的外文版翻译及出版，本项目将资助部分经费。

（3）纪录片制作资助项目。针对海外团体制作的关于日本的纪录片及其他影像资料的制作，本项目将资助部分制作费用。

2. 日本研究、知识交流

JICA 主要通过“日本研究访日学者”公开招募项目来支援海外日本研究，主要资助内容如下：

（1）知识交流会议资助项目。该项目仅为非营利机构（大学、研究所、非营利公益团体）的国际会议、讨论会、工作坊等共同研究项目提供所需经费。

（2）日本研究访日资助项目。为从事日本研究（人文、社科领域）的学者、为完成博士论文而需要进行访日研究的人文社科专业的博士研究生及因研究需要希望短期前往日本开展收集资料、实地走访等调研活动的研究者提供资助经费。

3. 日语教育

基金会通过对海外日语教师提供研修、提供支援海外日语教育的各种资助等公开招募项目来支援海外日语教育。

## 三、TJF 项目申请

### （一）文化·艺术交流与日本研究·知识交流项目申请

1. 申请流程

项目申请流程如下。

（1）申请人最晚在项目实施开始两个月前提交资助申请书。

（2）由日本文化中心对申请内容进行审查，采用该项目时，会向申请人发送《资助决定通知书》。

（3）收到《资助决定通知书》的申请人提交《资助接受函》，指定资助金的接受方式。

（4）日本文化中心按照指定方式，将资助金交付申请人。

（5）收到资助金后，申请人开始实施项目，并在项目结束后两个月之内提交活动报告及会计报告书。

（6）日本文化中心对报告书进行审查并递交申请人《资助金支付确定书》。

2. 资助金额及其他

（1）2007 年度各项目实际获得资助金额约为 3 000 ～ 15 000 元左右。

（2）基金会就项目内容、规模、自筹资金与申请资助金的额度比等方面情况进行审查，确定资助额度。

（3）学会、研究会等定期集会活动的资助优先度较低。

（4）原则上，不会对同一机构连续资助超过三年。

### （二）小额资助项目日本语教育项目申请

申请计划书中要明确项目的概要（项目名称、实施日期、项目宗旨、实施计划、主要相关者、期待的效果、预算计划），以 2 ～ 3 张 A4 纸进行简洁的说明（形式不限），并经过北京日本文化中心对此项目内容进行确认，符合申请条件的，再请提交正式申请书，递交申请书流程如图 6-1 所示。

在基金会决定资助后，还需进行以下手续流程，如图 6-2 所示。

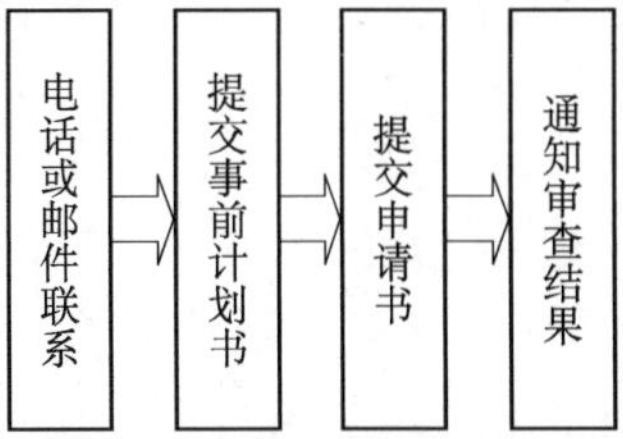


**图 6-1　提交申请书的流程**

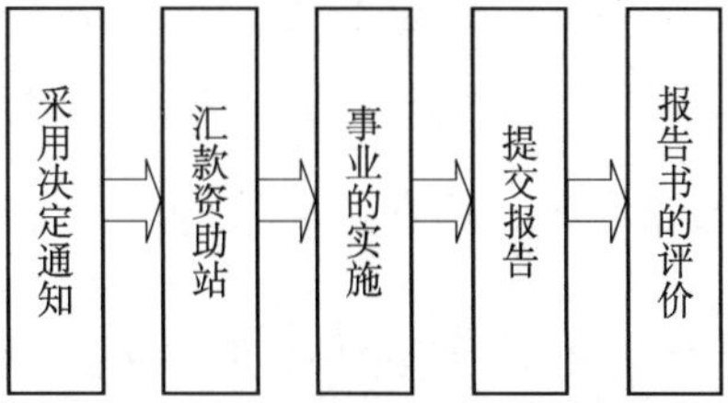


**图 6-2　决定资助后的手续流程**

### （三）总部公开项目日语教育项目申请

日语教育项目申请流程如图 6-3 所示。

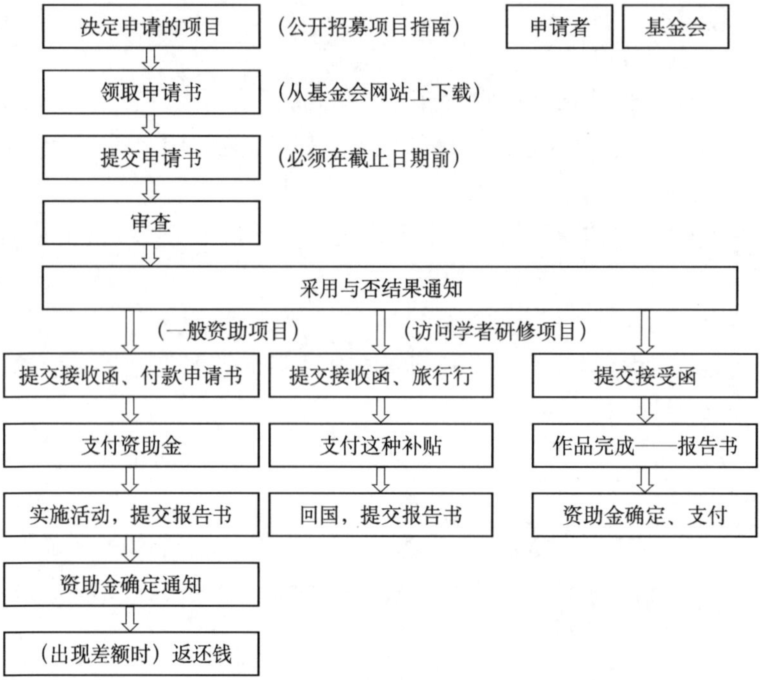


**图 6-3 日语教育项目申请流程**

## 四、联系方式

参见网址 http://www.jpfbj.cn。

# 第八节 清洁技术基金

## 一、清洁技术基金概况

### （一）清洁技术基金的发展现状

气候投资基金由发达国家和发展中国家共同设立，通过多边发展银行

（Multilateral Development Banks，MDBs）实施，以此来为本届和下届国际气候资金协议架设桥梁。清洁技术基金（Clean Technology Fund ,CTF）是政府开发援助的附加基金会，目的是帮助不同国家持续发展最终达到中等发展目标。2008年7月1日，CTF得到世界银行董事会的认可，筹集资金达到60亿美元以上。

### （二）CTF基金资助规模和影响

CTF倾向于清洁技术的投资。CTF寻求比多边发展银行的标准条款价格更加优惠的有效发展资金，在一定程度上帮助发展中国家，为其提供将全国性的缓和行动、可持续发展计划与投资决策结合起来的鼓励措施。通过CTF、多边发展银行和其他合作伙伴的合作，制定具有节省温室气体巨大潜力的示范计划，以及低碳技术的调度和转让投资计划。

## 二、资助情况

### （一）基金宗旨和重点资助范围

CTF是一种独特的融资工具，目的是通过扩大多边开发银行的资金规模来测试创新性项目的效果，以推动转型变革，走上低碳和抵御气候变化的发展道路。由非洲开发银行、亚洲开发银行、欧洲复兴开发银行、泛美开发银行、国际金融公司和世界银行共同实施。定向计划包括森林投资计划（The Forest Investment Program）、气候恢复力试点工程（The Pilot Program for Climate Resilience）和低收入国家可再生能源扩大计划（The Program for Scaling-Up Renewable Energy in Low Income Countries）。

### （二）资助类型、强度

据悉，目前已批准的13个CTF投资计划预计金额分别为：哥伦比亚29.95亿美元、埃及19.5亿美元、印度尼西亚31.1亿美元、哈萨克斯坦12.69亿美元、墨西哥61.97亿美元、摩洛哥19.5亿美元、菲律宾27.8亿美元、南非23.5亿美元、泰国42.63亿美元、土耳其21亿美元、乌克兰26.05亿美元、越南34.45亿美元，以及覆盖阿尔及利亚、埃及、约旦、摩洛哥和突尼斯等中东和北非地区的集光型太阳能发电计划56.04亿美元。

## 三、对国际开放项目申请程序与资助管理

CTF对申请资格暂无要求，起止时间每年不定。

CTF及其下属各项基金的重要监测和评估工具是其成果框架，成果框架的

指标集中于环境因素、社会因素、可持续发展措施和减少贫穷几方面。

战略环境和社会评审是每个 CTF 计划都要经历的过程，其目标是评价 CTF 计划对其他计划成就是否有不利影响，并对产生不利影响的项目提出管理建议。

战略环境和社会评审的评估方法包括分析和向利益相关者咨询，包括以下步骤。

1. 对向清洁能源方向转化的相关环境和社会问题进行评审

（1）确定文献综述，附有说明资料目录，备有证明文件的案例研究，描述 CTF 和 SREP 资助的社会、环境及性别相关的清洁能源项目影响的评估；若没有文献综述，则快速审查相关重要资料并附上附有证明的资料目录。

（2）利用这些资源准备问题表格，将信息整合在一起。

（3）将问题表格与多边发展银行委员会、首席问题官 /CSO 观察员（Chief Solving Offer，CSO）观察员（首席问题官）和信托基金委员会成员分享。

（4）根据反馈上传问题表格。

2. 在计划层次回顾包括环境和社会因素的良好实践机制

（1）吸取 CTF 投资计划的良好实践案例经验，总结回顾正在评估的气候试点项目（Pilot Progran for Climate Resilience，PPCR) 计划中出现的案例和其他正在进行中的计划，这些事例将为 CTF 提供有用信息，支持环境社会因素影响，对 CTF、SREP 和 PPCR 等的评估也有很大作用。

（2）确定 CTF 的良好实践案例和应用于环境社会因素的 PPCR 战略计划。

（3）确定类似计划并回顾它们的评估侧重点（环境社会因素）、机制和实施情况。

（4）准备一篇短报告，讲述可以应用的不同机制，确定充分涉及社会环境因素及所耗费时间。

（5）与CSO观察员和信托委员会委员分享并等待回馈，在回馈基础上上传报告。

3. 最大化社会环境共同效益和最小化CTF进行中相关变化的建议。

此分析将为每个计划的结果框架，提供改善发展影响相关指标的有用信息。确定可能加强 SREP、PPCR 和 FIP 计划的 CTF 投资准则和计划指导方针。促进 CTF 计划层面的环境社会问题审查。为使上述建议系统化，环境评价团队将会对前两步收集到的信息进行整合。

4. 全面的CTF水平评估。

此分析将会对 CTF 做整体分析，分析一个 CTF 计划是否对其他 CTF 计划的完成造成不利影响，若有不利影响则对其提出建议减少风险。在 CTF 结果框架实施阶段进行过程评估，此信息将与结果框架融合，作为 CTF 主要的管理监控工具。

（1）在已发表的文献书面评价上回顾每个实施项目的环境社会因素；

（2）确定可能会引发不适应状态的特殊案例；

（3）评估一个项目的进步是否会对另一项目社会环境因素有促进作用；

（4）回顾与作为主要管理工具的结果框架相关的推荐过程，从相似的项目中吸取经验；

（5）准备有调查结果和建议的报告；

（6）与 MOB 委员、CSO 观察员和信托委员会委员分享并等待回馈；

（7）在回馈基础上上传报告。

5. 资讯程序

SEA 在很大程度上依赖 CTF、TF 成员，观察员及 CTF 多边银行委员会委员的电子邮件咨询，通过 CTF 网页扩大影响力。SEA 提供资源，通过与国家官员，特别是直接受到影响的利益相关者进行电话访谈对咨询进行补充。SEA 也会对国家和多边银行的 CTF 投资计划咨询过程进行考量。

## 四、联系方式

参见网址：http://www.climateinvestmentfunds.org/cif/。

# 第九节　全球能源效率和可再生能源基金

## 一、全球能源效率和可再生能源基金概况

### （一）GEEREF 成立背景和宗旨

2004 年，欧盟环境总理事和欧洲援助合作办公室总理事联合发起全球能源效率和可再生能源基金（Global Energy Efficiency and Renewable Energy Fund，GEEREF），通过私人投资为发展中国家和经济转型国家的能源效应和可再生能源提供全球风险资金。GEEREF 旨在加快环境友好技术在世界不发达区域的转让、发展、使用和实施，帮助当地人民引进安全、洁净、适用的能源。

### （二）资助范围和规模

（1）区域：GEEREF 为撒哈拉以南地区、加勒比海地区、太平洋岛屿国家、拉丁美洲、亚洲、北非和其他欧洲相邻国家提供资助。对于具有可以让私有企业参与能源效应和可再生能源政策的国家施行优先政策。

（2）科技：GEEREF 为能源效应技术和可再生能源综合应用提供同等资助，强调具有可证明科技成就记录及被商业资金忽视的技术。混烧技术、能源服务公司和其他中小洁净能源解决方案均在资助范围内。

（3）受益者：GEEREF 支持可再生能源项目开发者和中小企业，重点指向资金小于 1 000 万欧元且容易被商业投资和国际基金忽略的项目。投资对象包括制造业、集体企业、消费者、中小企业和小型金融中介机构。

## 二、资助情况

GEEREF 为不同类型的投资项目提供可负担的风险资金。基金也包括约占总基金 10% 的技术辅助设备，鼓励当地或国际专家改善项目提案和商业计划，基金提供一站式服务，减低交易费用，提高基金的整体运作效率。GEEREF 的最初目标基金总数为 1 亿欧元，覆盖全球范围内的需求。

## 三、中方参与案例

GEEREF 是由欧洲议会批准通过的一个全球风险投资基金项目，主要投资者是欧洲联盟，由欧洲投资银行负责管理。绿星节能减排私募基金是中国首个专注投资能源效率的私募基金，由中国资源综合利用协会发起，能源资源综合利用委员会成立，并和国家发展与改革委员会和国有资产监督管理委员会共同领导。该基金的成立是国家层面利用市场推进节能减排产业的举措，国家并不直接拨款投资项目。2010 年，GEEREF 向中国绿星节能减排私募基金提供 1000 万欧元投资。

## 四、联系方式

参见网址：http://geeref.com/。

# 参 考 文 献


波茨坦地学研究中心 . 1996. 国际大陆科学钻探计划（ICDP）发起书 . 国外地质勘探技术，8（4）：39-48.

柴育成，周祖翼 . 2003. 科学大洋钻探：成就与展望 . 地球科学进展，18（5）：666-672.

陈春，张志强，张海华 . 2005. 日本学术振兴会（JSPS）科学基金资助机制与战略分析 . 世界科技研究与发展，27（06）：93-99.

陈春，张志强，张海华 . 2005. 日本学术振兴会（JSPS）科学基金资助机制与战略分析 . 世界科技研究与发展，27（6）：93-99.

陈春，张志强 . 2007. 日本学术振兴会（JSPS）人才培养机制及其学科发展的平衡性 . 世界科技研究与发展，（03）：93-99.

陈淮，刘秀萍，陈文涛 . 2005. 加拿大卫生研究院简介 . 中国基础科学，（01）：57-60.

陈淮，刘秀萍，刘羽，姚玉鹏 . 2006. 重大国际合作项目“新疆中生代恐龙化石研究”取得重要进展 . 自然科学基金，（07）：867.

陈景平，金邦源 . 1980. 英国皇家学会简介 . 科学学与科学技术管理，（03）：67-68.

陈乐生 . 2006. 德意志研究联合会主席换届 . 中国科学基金，（05）：320.

陈乐生 . 2008. 德国科学评估经验及其对中国科技评估实践的启示 . 科研管理，（04）：185-189.

陈乐生 . 2008. 简析德国科学基金会的国际化战略 . 中国科学基金，（02）：112-115.

陈特安 . 2002-03-27. 中加经贸合作前景广阔 . 市场报，（004）.

陈温舒 . 1992. 澳大利亚专家小组评估中澳合作项目 . 林产化学与工业，（02）：134.

陈文涛，陈淮，韩建国，等 . 2005. 国家自然科学基金重大国际合作研究项目系统芯片设计方法及其电子设计自动化（EDA）关键技术研究取得重要成果 . 自然科学基金，（01）：54.

陈新 . 1996. 中加合作“建筑节能与示范工程”项目 // 中国建筑业协会 . 中国建筑业年鉴 . 北京：《中国建筑业年鉴》杂志有限公司，151-152.

春华 . 2007. 纪震教授获 2007 年中国国家自然科学基金委员会和英国皇家学会共同批准的中英合作项目 . 深圳大学学报，（02）：182.

崔志 . 2003. 欧洲伽利略计划简要回顾 . 国际太空，( 07 )：12.
大型强子对撞机专题“大型强子对撞机科学家称可能已经接近上帝粒子——欧洲强子对撞机”开撞“制造迷你版宇宙大爆炸”. http：//news. xinhuanet. com/2010-11/09/c_13597939. htm.
丁兴强 . 2003. Galileo 计划在行动 . 天津航海，( 04 )：45-46.
段舜山 . 1991. 中国人与生物圈研究新动态 . 草业科学，( 4 )：72.
范英杰，鲁荣凯，韩建国 . 2008. 英国研究理事会的国际合作政策及启示 . 中国科学基金，( 5 )：317-320
方陵生 . 2011. 科学正在走向全球——英国皇家学会 2011 年科学发展报告摘要 . 世界科学，( 05 )：4-8.
葛全胜 . 2007. 全球变化研究进展与趋势 . 地球科学进展，22（4）：417-427.
龚旭 . 2005. 德意志研究联合会的评议过程指南 . 中国基础科学，7（6）：52-53.
龚旭 . 2009. 绩效评估与组织变革——日本学术振兴会的国际评估与年度评估 . 中国科学基金，( 01 )：60-64.
龚旭 . 2010. 美国国家科学基金会 2009 财年价值评议综述 . 中国基础科学，12（6）：43-48.
顾凡及 . 2001. 人类脑计划和神经信息学 . 世界科技研究与发展，( 3 )：11-13.
顾维民 . 1999. 国际科技合作确定先导性的重大国际合作项目 14 项 // 上海年鉴编辑部 . 上海年鉴 . 北京：中国人民大学出版社，152.
顾晓清，谢世颖 . 2010. 美国 NSF 教育技术项目分析 . 开放教育研究，16（4）：96-107.
国家自然科学基金委员会计划局 . 1997，国家自然科学基金国际合作交流项目资助经费管理暂行办法 . 中国中医基础医学杂志，124-126.
国家自然科学基金会生命科学部 . 2010. 国家自然科学基金委员会生命科学部 2010 年度重大国际合作研究一览表 . 生命科学，( 12 )：1379.
郭明 . 2001. Argo 全球海洋剖面浮标观测网 . 海洋技术，( 3 )：28-33.
韩建国，陈乐生，朱东华，等 . 2009. 科学基金国际评估的实践——中德科学中心评估工作 . 中国科学基金，( 03 )：173-176.
韩建国，陈乐生 . 2008. 中德科学中心评估工作简述 . 中国基础科学，( 01 )：50-52.
胡群芳 . 2005，中国参与欧洲伽利略计划总承包协议签署 . 中国航天，( 04 )：4.
黄永明 . 2010-04-08. 对撞才开始 . 南方周末，26.
江山 . 2005. 伽利略计划总承包协议签署 . 太空探索，( 05 )：12.
金振蓉 . 2006，国际热核聚变实验堆计划正式启动 . 光明日报，11（23）002.
科技项目信息共享技术支撑体系研究课题组 . 专题研究——美国国家科学基金会科技项目信息共享情况介绍 . http：//kjzc. jhgl. org/showinfo. aspx?id=4376. 2013-12-30.

李川 . 2003. 日本科学技术振兴事业团简介 . 全球科技经济瞭望，（11）：57-58.
李力 . 2005. 关于日本科学技术振兴机构的研究 . 江苏广播电视大学学报，（06）：90-91.
李文华 . 1987. 国际人与生物圈计划及其发展趋势 . 北京林业大学学报，9（2）：213-220.
梁知新 . 1995. 人与生物圈计划（MAB）简介 . 水利水电科技进展，（3）：31-34.
廖日坤，张琰，杨凌春，等 . 2010. 拓展国际科研合作的途径 . 科技导报，28（2）：126.
刘东生 . 2003. 大洋钻探与我国古海洋学研究的国际意义 . 科学通报，48（11）：2205.
刘立，田起宏，李红林，等 . 2007. 美国国家科学基金资助科学教育与普及的政策与实践研究 . 科普研究，（06）：62-70.
刘立群 . 2010. 日本科学技术振兴机构及其信息资源的使用 . 科技情报开发与经济，（11）73-76.
刘权 . 2009. NSF 资助项目费用使用的现场审查及对我国的启示 . 中国基础科学，11（2）：53-56.
刘玺书 . 1988. 加拿大自然科学与工程研究理事会预算增加 . 中国科学基金，（3）：64.
刘玺书 . 1988. 中国国家自然科学基金委员会与加拿大自然科学与工程研究理事会签署谅解备忘录 . 中国科学基金，（2）：25.
刘小平 . 2009. 持卓越研究的加拿大发现资助计划及其启示 . 全球科技经济瞭望，（1）：9-12.
刘云，周文能，邹立尧，等 . 2005. 几个国家科学基金组织的国际合作战略与资助格局 . 中国基础科学，（3）：51-58.
刘云，朱东华，顾明达 . 1996. 科学基金国际合作交流项目组织政策的现状与对策 . 科学管理研究，（05）：22-28.
鲁荣凯，范英杰，李苞 . 2005. 国家自然科学基金委员会和英国皇家学会合作合作项目回顾与评估 . 科学学与科学技术管理，（10）：15-17.
罗德隆，何开辉 . 2008. 国际热核聚变实验堆计划——从倡议到实施 . 中国基础科学・综述评述，（4）：3-8.
罗焕敏 . 2002. 人类脑计划：神经科学领域划时代的里程碑 . 暨南大学学报（自然科学与医学版），（6）：36-34.
罗云峰，陆则慰，柴育成 . 2003. 关于科学基金在推动科研支撑系统建设和资料、成果共享方面的思考 . 中国科学基金，17（3）：43-47.
孟激，杨慧娟 . 2008. 战略导向下的绩效评估——加拿大自然科学与工程研究理事会的评估制度与实践 . 中国科学基金，（5）：294-297.
孟庆国，詹世革 . 2004. 2003 年度力学科学处国际合作交流项目资助情况介绍 . 力学进展，（01）：139.

牟乃祥 . 2009. Infortrend 存储为 CERN 科研服务 . 计算机世界，5（61）.
彭海昫 . 1990. 联合国人与生物圈计划（MAB）及其在中国的发展 . 中国人口、资源与环境，（2）：89-92.
钱肃凡，石美鑫 . 2010. 如何从国内申请美国国家卫生署基金 . 中华医学杂志，90（9）：39-45.
曲晶 . 2004. 中国参加“伽利略计划”成为第一个非欧盟成员国 . 遥测遥控，（06）：8.
任世平，2008. 2007 年欧盟科技发展综述 . 全球科技经济瞭望，23（1）：47-59.
商红梅 . 2001. 使用 Argos 卫星系统对 Argo 浮标进行定位和数据传输 . 海洋技术，（3）：41-43.
沈钧贤 . 2001. 人类脑计划与神经信息学 . 生物物理学报，（4）：607-612.
石宏仁 . 1988. 美国大陆科学钻探计划的地壳深部研究项目 . 科技导报，（1）17-20.
石莉 . 2006. 美国国家科学基金海洋基础研究 . 海洋信息，（02）：32.
宋群 . 2000. 澳大利亚的科技政策体系及启示 . 科技导报，（12）：35-37.
孙朝辉，刘增宏，朱伯康，等 . 2006. 全球海洋中 Argo 剖面浮标运行状况分析 . 海洋技术，(3)：127-134.
孙雷心 . 2006. 美国国家科学基金资助项目 . 生物技术通报，08：224.
孙连浦，周祖翼 . 2003. 科学大洋钻探中的新技术 . 地球科学进展，18（5）：789-794.
孙枢 . 2003. 将我国深海大洋研究推向新阶段 . 地球科学进展，18（5）：653.
唐岚 . 2004.“伽利略计划”引领太空多极化时代 . 世界知识，（23）：36-38.
唐孝威，尹岭，沈公羽，等 . 2001. 人类脑计划和神经信息学 . 中国科学基金，（2）：37-39.
唐孝威，尹岭，唐一源 . 2003. 人类脑计划和神经信息学 . 武警医学 .（1）：37-39.
同济大学海洋地质教育部重点实验室等 . 2003. IODP 初始科学计划 2003 ~ 2013：地球，海洋与生命 . 上海：同济大学出版社 .
拓守廷，刘志飞 . 2003. 始新世——渐新世界线的全球气候事件：从“温室”到“冰室”. 地球科学进展，18（5）：691-696.
汪品先 . 2003. 走向地球系统科学的必由之路 . 地球科学进展，18（5）：795-796.
王军成，纪宝存 . 1998. FZF2-3 型海洋资料浮标系统研制 . 海洋技术，（2）：19-26.
王任飞，郑永和，刘云，等 . 2008. 美国国家科学基金的绩效评估体系 . 中国财政，（10）：70-71.
王汝建 . 2003. 极地海洋钻探研究进展 . 地球科学进展，18（5）：697-705.
王松，张铭 . 2003. 人类脑计划与感觉实验室项目 . 高等函授学报（自然科学版），（5）：1-4.
王祝文，李舟波 . 1998. 德国大陆科学钻探计划的测井成就 . 世界地质，（2）：68-73.

吴建南，马亮，郑永和 . 2009. 科学基金国际评估如何报告绩效——关于日本学术振兴会绩效报告的叙事分析 . 科学学与科学技术管理，( 12 )：55-59.

吴晓宏 . 2006，“伽利略”首颗实验星顺利升空 . 航天工业管理，( 01 )：42.

谢桂英 . 1999. 中加合作研究项目经费管理的几点经验 . 学海，( 05 )：102-103.

徐斐，周祖翼 . 2003. 洋底高原：了解地球内部的窗口 . 地球科学进展，18 ( 5 )：745-752.

薛惠芬，苗春葆，董明媚，等 . 2005. 全球 ARGO 浮标及其观测资料状况分析 . 海洋技术，( 5 )：23-28.

杨国军，朱九田，鄂宏哲 . 2005. 德意志研究联合会的科研评审体系研究及借鉴 . 科技导报，23 ( 11 )：75-77.

杨舰，节艳丽 . 2003. 日本学术振兴会促进知识创新与技术创新结合的机制和对策 . 中国科学基金，( 06 )：52-54.

杨珺 . 2004. 中国航天参与中欧伽利略计划 . 中国航天，( 11 )：7.

余立中 . 2001，Argo 浮标技术研究初探 . 海洋技术，20 ( 3 )：34-40.

袁业立，陈显尧 . 2001. ARGO 计划的最新研究进展 . 海洋技术，( 4 )：1-4.

曾志刚，秦蕴珊 . 2003. 大洋钻探对海底热液活动研究的贡献 . 地球科学进展，18 ( 5 )：764-772.

张济洲 . 2011. 美国国家科学基金资助大学科研的机制、特点及启示 . 教育与经济，( 01 )：61-65.

张黎 . 2004，中国即将加入“伽利略计划”联合执行体 . 交通运输系统工程与信息，( 04 )：124.

张琰，杨凌春，廖日坤，等 . 2010. 欧盟第七框架项目的参与和申请 . 科技导报，( 7 )：126.

张英兰，吕涛 . 1999. 国家自然科学基金委员会与英国皇家学会的合作与交流取得新进展 . 中国科学基金，( 03 )：66.

张英兰，张永涛，常青 . 2008. 国家自然科学基金委员会和日本科学技术振兴机构环境保护与重建中的生物修复功能与技术研讨会在西安召开 . 自然科学进展，( 10 )：1092-1127.

张永涛，张英兰 . 2010. 中日韩 A3 前瞻计划合作机制的建立、实践及启示 . 中国基础科学，01：65-68.

赵凤华 . 2007-12-26. 昆明医学院一项目获中澳科技合作特别基金资助 . 科技日报，007.

赵玲 . 1980. 美国国家科学基金委员会（NSF）资助的计算机科学基础研究 . 国外自动化，( 06 )：79.

赵松毓，金灿坤 . 1991. 中澳合作项目获的成功 . 国际人才交流，( 08 )：33.

赵献英 . 1989. 联合国教科文组织人与生物圈计划（MAB）国际协调理事会第九届会议简介 .

资源科学，(2)：95-96.

赵兴华 . 1985. 人与生物圈计划简介 . 新疆林业，(4)：51.

郑洪波 . 2003. IODP 中的海陆对比和海陆相互作用 . 地球科学进展，18（5）：722-729.

中国大洋钻探学术委员会 . 2003. 中国加入国际大洋钻探计划的 5 年总结（1998-2002）. 地球科学进展，18（5）：656-661.

中国大洋钻探学术委员会 . 2003. 中国加入综合大洋钻探（IODP）科学计划（2003-2013）. 地球科学进展，18（5）：662-665.

周林 . 2005. NIH 医学科学基金资助及管理研究 . 世界科技研究与发展，27（1）：39-42.

周林 . S2003. 美国 NIH 资助计划与我国生命科学基金资助模式 . 中华医学科研管理，16（3）：50-51.

周永生，丁安平 . 2009. 中日两国环境合作的机遇和对策 . 和平与发展，(02)：27-30.

朱光文 . 2001. 发展剖面探测浮标技术，支持我国参与 ARGO 计划 . 海洋技术，(2)：18-23.

朱洪柱 . 1995. 中澳合作研究项目《中国油料籽作物硼锌营养调控》通过鉴定 . 新农村，(01)：15.